普 通 高 等 职 业 教 育 规 划 教 材
21世纪卓越汽车应用型人才培养专用教材

汽车故障诊断技术

组　编　华汽教育
主　编　王胜年
副主编　郑　拓　李　俊
主　审　吴荣辉

同济大学出版社
TONGJI UNIVERSITY PRESS
·上海·

内 容 提 要

本书按照当前汽车维修行业技能型紧缺人才培养目标的要求编写，全面系统地讲解现代汽车的整车故障诊断与检测技术。本书按发动机系统故障诊断，底盘系统故障诊断，车身电器故障诊断三大模块编写，共23章，并有配套实训指导书。

本书内容新颖，实用性强，可作为高等职业技术院校汽车检测与维修专业教材；也可作为汽车维修学校及其他学校汽车专业的教学教材，还可作为汽车修理工、汽车驾驶人、汽车工程技术人员、汽车维修技术管理人员参考书以及汽车维修企业的技术培训或员工自学参考书。

图书在版编目(CIP)数据

汽车故障诊断技术/王胜年主编. --上海：同济大学出版社，2012.2（2023.1 重印）

普通高等职业教育规划教材　21世纪卓越汽车应用型人才培养专用教材

ISBN 978-7-5608-4772-6

Ⅰ.①汽…　Ⅱ.①王…　Ⅲ.①汽车—故障诊断—高等职业教育—教材　Ⅳ.①U472.42

中国版本图书馆 CIP 数据核字(2012)第007800号

普 通 高 等 职 业 教 育 规 划 教 材
21世纪卓越汽车应用型人才培养专用教材

汽车故障诊断技术

组编 华汽教育　主编 王胜年　副主编 郑 拓 李 俊　主审 吴荣辉

责任编辑 陈佳蔚　责任校对 徐春莲　封面设计 庞 波　项目执行 陈佳蔚 周群飞

出版发行 同济大学出版社（www.tongjipress.com.cn 地址：上海市四平路1239号 邮编 200092 电话 021-65985622）

经　销 全国各地新华书店

印　刷 常熟大宏印刷有限公司

开　本 889 mm×1 194 mm 1/16

印　张 24.75

印　数 14901-16000

字　数 792 000

版　次 2012年2月第1版

印　次 2023年1月第12次印刷

书　号 ISBN 978-7-5608-4772-6

定　价 48.00元

序

汽车产业是我国最重要的支柱产业之一，对国民经济的发展起着重要的作用。经过几代人的共同努力，20世纪90年代初，我国的汽车产业进入了前所未有的全面快速发展阶段。2009年，国内汽车产业实现了历史性跨越，以年产、销量均超1 000余万辆而居全球之首。

我们国家虽已成为汽车大国，但还远不是汽车强国。我们还没有大型国际化汽车公司，没有世界知名的自主汽车品牌，没有完全掌握汽车工业的核心技术，对国外汽车市场的开拓尚处于起步阶段。显然，要成为汽车强国，任重而道远。

汽车产业具有人才密集、资金密集、技术密集、装备集约化和生产规模化的特点。在这些产业要素中，专业人才具有极为重要的地位。无论是在汽车的研发、制造等汽车产业链的前端，还是在汽车的销售、应用、维修乃至报废处理等汽车产业链的后端，都需要大批具备基本理论知识、掌握现代汽车核心技术、具有熟练操作技能的工程技术人员和技术工人。

就汽车后市场而言，随着我国汽车产业的加速发展、汽车技术的不断进步、汽车社会保有量的持续增加，从事汽车技术服务与营销、汽车检测与维修的从业人员已日益增多，对高质量、高技能人才的需求仍将不断扩大，各类训练有素的高技能人才的短缺是不争的事实，这已引起全国上下的广泛关注。

开展多层次、多种形式的职业教育，加强从业人员的职前和职后培训，是解决汽车专业人才紧缺的有效途径。为此，许多高等职业院校增设了汽车专业，与汽车技术普及和提高相关的各类培训机构和技能鉴定机构亦大量涌现，职业教育呈现出良好的发展势头。然而，由于传统教学体制和教学理念的局限性，高等职业院校的专业建设水准与汽车产业发展的实际需要还有很大差距；各类培训机构也同样面临提高培训质量的问题。诚如教育部"教高[2006]16号文件《关于全面提高高等职业教育教学质量的若干意见》"中所指出："随着我国走新型工业化道路、建设社会主义新农村和创新型国家对高技能人才要求的不断提高，高等职业教育既面临着极好的发展机遇，也面临着严峻的挑战。"显然，提高教育质量和技能培训质量是当前高等职业教育面临的最大挑战。

教材建设是高等职业院校专业建设的基石，是人才培养计划得以成功的必要条件，是提高高等职业教育质量的重要保障。为认真贯彻党的十七大会议精神和《国务院关于大力推进职业教育改革与发展的决定》，根据教育部大力推动技能型紧缺人才培养培训工程的指导思想，同济大学出版社联合上海中锐教育集团旗下的华汽教育、无锡南洋职业技术学院以及与中锐教育集团合作开办汽车相关专业的全国15所高等职业院校，在总结近几年教学经验的基础上，组织编撰了"普通高等职业教育规划教材·21世纪卓越汽车应用型人才培养专用教材"丛书。

为了做好教材的组编工作，编撰人员深入探讨了国内高等职业院校的特点和教学规律，对德国、美国、日本等7个发达国家的汽车职业教育进行了多次考察，同时结合中锐教育集团为汽车生产厂商开发企业内部培训课程的经验，力求在"因材施教、学以致用"上有所突破；力求在"淡化学科分类、突出综合应用”上有所突破;力求在高等职业院校教材的内容、体例、风格上有所突破。

本丛书是为培养高素质、高技能紧缺人才而编写的,为此组建了以高等院校、高等职业技术学院、汽车工程学术组织、汽车技术研究机构、汽车生产企业、汽车经销服务企业、汽车维修行业协会、汽车流通行业协会以及汽车职业技能培训机构等各方人士相结合的教材编审委员会,以保证教材质量,促进我国高等职业教育事业的发展,造福于莘莘学子。

真诚地希望本丛书的出版能对我国的职业教育和技能培训有所裨益,热切期待广大读者提出宝贵意见和建议,使教材更臻完善。

李理光

2010年7月

前 言

目前，我国的职业教育事业突飞猛进，汽车维修专业和职业学校如雨后春笋，蓬勃发展，但教学的规范及教材、师资等方面很不合理，特别是学生使用的教材，知识点和内容相对落后，与目前汽车技术的发展极不对应，开发和编写全新的汽车维修专业教材成为目前汽车维修职业教育的重要任务之一。

“汽车故障诊断技术”作为汽车检测专业的灵魂技术，是汽车检测专业的终极学习目标，是与学生就业最密切相关的技术。本书全面讲解了现代汽车的整车故障检测、诊断及维修的专业知识和技能，重点讲解现代汽车的故障诊断与检测的思路。

本书参考了众多汽车维修专业教材，参阅了大量汽车厂家车型维修手册，紧跟汽车技术发展步伐，并结合当前汽车维修企业完成职业岗位实际工作任务所需要的的知识和技能要求而编写。本书的编写内容广泛而翔实，涉及的车型多而且具有市场代表性，介绍的诊断方法和使用的仪器设备齐全且具有先进性，充分体现了现代汽车维修的职业特点，具有很好的针对性和实用性，所涉及的知识内容都是现今汽车维修企业正在应用和广泛采用的技术。

汽车故障诊断技术的关键在于诊断思路，本书重点分析了汽车各系统的故障诊断流程与思路，对于各系统的结构和原理知识，不作为重点，因此学生必须在修完汽车构造与原理相关课程后，才能学习本课程，对于不熟悉的相关知识可以在课外预习和复习。

本书重视理论和实践的联系，重视培养学生的综合分析能力，特别重视学生知识的运用，理论知识尽量做到“够用为度，通俗易懂”，便于学生掌握和理解，并能用于实践。所涉及的故障和案例来自于不同车型，避免车型单一化。

本书的编写收集和参阅了大量汽车维修资料库、汽车维修技术文献、厂家车型维修手册和网络汽车维修信息资料，并加以整理，去粗取精，综合比较，选取有用之材，同时注入编者自己的思维和观点。

本书由武汉商业服务学院王胜年担任主编并负责统稿，郑拓和李俊担任副主编，吴荣辉担任主审，汪晨炜担任文字校对。教材的编写是一项烦琐而又细致的工作，本书的编写得到了中锐教育集团的同仁和武汉商业服务学院汽车教研室诸位老师的大力帮助和指导，并给予了很大的技术支持和协助，在此一并感谢！

由于当前汽车款式繁多，新技术层出不穷，故障的诊断思路和思维方式也是智者见智，加之编者水平有限，时间仓促，书中难免有不当之处，敬请广大同行和师生指正并提出宝贵意见，我们共同探讨和提高。

编 者

2012年1月

目 录

1 汽车故障诊断概论

学习目标

知识目标

（1）了解汽车故障的概念及故障产生的原因和分类；
（2）熟悉汽车故障诊断的基本方法和检测手段；
（3）掌握利用故障树等方法综合分析汽车故障的原理。

能力目标

（1）学会制作故障分析树；
（2）学会根据故障诊断思路编写故障分析案例；
（3）学会使用常用检测仪器和设备检测故障数据。

1.1 汽车故障概述

1.1.1 汽车故障的概念

进行汽车故障诊断之前，首先要明确什么是汽车故障？汽车故障包括以下两层含义。

1. 汽车部件或总成部分完全丧失原车设计所规定的工作能力的现象

汽车的工作能力指汽车按技术文件规定的使用性能指标，执行规定功能的能力。汽车的工作能力是动力性、经济性、工作可靠性、舒适性、安全性、环保等性能的总称。当车辆零部件或总成部分完全丧失工作能力，表示车辆存在故障，如无法起动、灯光不亮、没有制动、转向失灵等。

2. 汽车的技术状况和工作性能达不到要求

汽车的技术状况即汽车的技术性能，是指汽车能适应各种使用条件而发挥最大工作效率的能力。汽车的技术状况一般用汽车的使用性能指标、车辆装备的完善程度以及车辆外部完好状况来进行综合评价。汽车的使用性能指标主要包括汽车的动力性、汽车的使用经济性、汽车的制动性能、汽车的操纵性和稳定性、汽车行驶的平顺性、汽车的通过性等。汽车的技术状况达不到规定要求，表明汽车有故障，如加速不良、怠速不稳、尾气排放超标等。

1.1.2 汽车的可靠性

汽车的可靠性指汽车在规定的使用条件下，在规定的时间或者规定的里程内能稳定、安全行驶的能力，包括固有可靠性和使用可靠性。

固有可靠性指汽车在设计制造时所赋予的内在质量，只能通过重新设计和改造才能提高。使用可靠性是指汽车在使用过程中所表现出来的质量，可以通过维修手段来保持和提高。汽车在使用中技术状况下降，故障率上升，使汽车不能安全行驶，说明汽车的可靠性下降。汽车质量的核心，实质上就是可靠性。

汽车的故障就是汽车零部件或总成部分丧失设计的规定功能，使汽车的可靠性下降所产生的现象。

1.1.3 故障产生的原因

汽车由各种零件和总成组成，在使用中，随着行驶里程增加，由于机械磨损、化学腐蚀及变形，改变了零件原有尺寸、几何形状、配合间隙，长期载荷产生疲劳而变形，橡胶及塑料制品以及电子产品因长时间工作而老化等，都会产生故障。另外，汽车因设计、材料、生产工艺、使用方式、检修保养等差异，在使用过程中不可避免地要发生故障，而汽车在使用过程中，由于某种或几种原因，其技术状况将随行驶里程的增加而变化，其动力性、经济性、可靠性、安全性将逐渐或迅速地下降，排气污染和噪声加剧，也产生故障。

汽车故障产生的原因主要有以下两种。

1. 设计制造上的缺陷

汽车在设计和制造过程中有些缺陷，给汽车机件带来先天性不良，以致使用不久就出现故障，如发动机与底盘不匹配，造成换挡冲击；有的发动机散热系统设计不合理，引起发动机经常水温过高；有的曲轴材料缺陷，制造工艺不当，热处理工艺不良，造成曲轴早期断裂或变形，等等。对于因设计引起的故障，无法通过维修彻底解决，只能召回和改进。

2. 车辆使用因素与维修操作不当

1）车辆使用外部条件复杂

（1）气候关系。

汽车故障的发生与汽车工作的外部气候有很大关系，如炎热地区的车辆易引起发动机水温过高，而寒冷地区的车辆会产生起动困难故障。

（2）车辆行驶路况关系。

车辆经常在崎岖山路或丘陵地区行驶，车辆会产生剧烈跳动及转向剧烈，抖动会引起底盘的冲击和磨损，相关的零件如减振器和球头等易产生故障。

（3）地理区域的影响。

多雨和沿海地区的车辆，车身和底盘腐蚀较早较快，高海拔地区车辆行驶易产生动力不足的故障现象。

2）油料使用不当

（1）燃油使用不当。

汽车燃油使用不当，或标号不对、品质太差、含水过多、添加剂不良等，都会引起发动机产生故障，如引起爆燃、加速不良、氧传感器损坏、三元催化器损坏等。

（2）润滑油使用不当。

发动机机油黏度不对，或性能较差、等级低下，会增加发动机磨损，甚至导致发动机拉缸；变速器液品质较差，会直接腐蚀内部密封圈，而不同品牌的自动变速器油液混合又易产生化学反应，腐蚀部件。

3）驾驶人操纵不当或错误

驾驶人的素质与车辆的故障产生有很大关系，驾驶技术不熟练、不按规定操纵车辆、违规驾驶车辆、不按规定保养车辆等，都会造成汽车损坏和故障发生。

4）保养维护不当

定期正确的维护和保养车辆，是保证汽车技术状况完备，减少故障产生的重要措施，不按时间、不按标准、不规范的维护，都容易产生故障。

5）维修质量低下

维修人员的素质低下、维修技术差、工具设备不齐全、配件质量差、维修工艺落后、流程不规范、维修管理混乱等，都会使车辆产生故障。

3. 零件失效

汽车由上万个功能不同的零件和总成组成，其中大量橡胶件、塑料件、金属件，随着行驶里程增加，由于机械磨损、化学腐蚀及变形，零件原有尺寸、几何形状、配合间隙发生改变，长期载荷产生疲劳而变形，橡胶及塑料制品以及电子产品因长时间工作而老化等，都会产生故障。

1.1.4 汽车故障的规律

汽车故障出现有一定的规律性，这种规律用故障率来表示。

故障率指汽车发生故障的频率随行驶里程或行驶时间而变化的规律，通常用故障率曲线来表示，故障率曲线两端高，中间低平，呈浴盆状，故又称“浴盆曲线”，如图 1－1 所示。

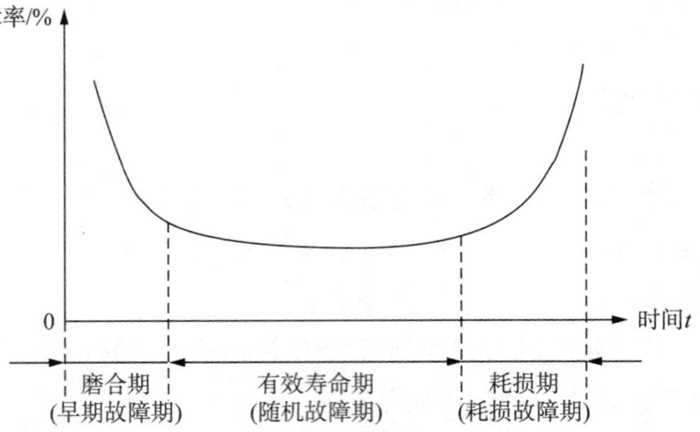

图1-1 汽车故障率“浴盆曲线”

根据“浴盆曲线”，汽车故障率随时间变化分为三个时期。

1. 早期故障期

“浴盆曲线”的左侧部分为早期故障期，这是新车或大修过的汽车开始使用的初期。新车出现早期故障是由于设计或制造上的缺陷等原因造成的，如设计不良、制造质量差、材料有缺陷、工艺质量有问题、装配不佳、调整不当、零件加工刀纹及残留物、工艺过程引起的应力、质量管理和检验的差错等，使故障率较高；大修车出现早期故障主要是由于装配不当、修理质量不高所致。早期故障可以通过强化试验和磨合加以排除。该阶段特点是故障率较高，但在此阶段中汽车故障随时间增加而迅速下降，属于故障率递减型曲线。

2. 随机故障期

“浴盆曲线”的中间部分为随机故障期，又称为偶然故障期，指汽车正常使用时期，故障发生比较少，不随时间变化。曲线特点是故障率的值比较低，并且相对稳定。此阶段故障率是与行驶里程和时间无关的常数，属于故障率恒定型曲线，故障的出现是随机的。

随机故障期内故障产生的原因：一是由偶然因素造成的，如材料缺陷、操作失误、超载运行、润滑不良、维修欠佳及产品本身的薄弱环节等引起的；二是由一些零件合乎规律的早期损耗所引起的。在随机故障期内发生故障的时间是随机的，难以确定的，但从统计学角度来看，故障发生的概率又是有规律可循的。汽车正常使用的过程中所出现的故障，多属于随机故障期故障。

3. 耗损故障期

“浴盆曲线”的右侧部分为耗损故障期，这段时期的故障率随时间的延长而上升得越来越快，属于故障率递增型曲线。耗损故障期内故障产生的原因主要是汽车机件的磨损、疲劳、变形、腐蚀、老化、衰竭等造成的。这种故障引起性能参数恶化、振动增大、出现异响等。故障率达到一定值时汽车或总成就不能再继续使用了，必须报废或大修。因此，确定汽车机件何时进入耗损故障期，是汽车生产厂家确定定期更换易损件的理论根据。

1.1.5 汽车故障分类

汽车故障按故障的性质及状态等不同，分为不同类型。

1. 按工作状态分类

按工作状态分为永久性故障和间歇性故障。

1）永久性故障

指如果不经人工维修排除，故障一直存在，无法消除。

2）间歇性故障

指有时发生，未经维修故障会自动消失，但又会反复出现的故障。

2. 按汽车丧失工作能力的范围分类

按汽车丧失工作能力的范围可分为局部故障和整体故障。

1）局部故障

指汽车部分丧失工作能力，而其他部分功能正常，即降低了使用性能的故障。汽车或其子系统的工作特性随着时间的延长而逐渐降低，当达不到规定的功能时即形成故障，如摩擦副的磨损、弹性件的硬化、油料的变质等都会使汽车性能或部分性能下降。

2）整体故障

指汽车某一功能丧失或完全丧失工作能力而不能行驶的故障。此类故障是由于汽车或其零件、部件在正常工作状态下，突然丧失功能，造成整个汽车功能不能实现，如分火头击穿、中心高压线掉线、转向节折断等。

3. 按汽车故障的严重程度分类

按汽车故障的严重程度分为轻微故障、一般故障、严重故障和致命故障。

1）轻微故障

指不会导致汽车停驶或性能下降，不需要更换零件，用随车工具能轻易排除的故障，如点火系统高压线掉线、气门芯渗气、车轮个别螺母松动、离合器因调整原因分离不彻底等。

2）一般故障

指汽车运行中能及时排除的故障或不能排除的局部故障。此类故障使汽车停驶或性能下降，但一般不导致主要零部件或总成严重损坏，并可用更换易损件和随车工具在较短时间内排除。如汽油泵损坏使发动机停止工作，从而使汽车停驶；风扇皮带断裂使发动机冷却系统停止工作，从而使汽车停驶；刮水器在雨天损坏使汽车在雨天难以工作等故障，均属于一般故障。

3）严重故障

指汽车运行中无法排除的完全故障。此类故障可能导致主要零部件、总成严重损坏，或影响行车安全；且不能用易损备件和随车工具在较短时间内排除。如发动机拉缸、后桥壳裂纹、操纵轮摆振、曲轴断裂、制动跑偏等，均属于严重故障。

4）致命故障

指导致汽车、总成重大损坏的故障。此类故障危及汽车行驶安全，导致人身伤亡，引起汽车主要总成报废；对周围环境有严重破坏，造成重大经济损失。如发动机报废、转向节臂断裂、制动管路破裂、操纵失灵等。

4. 按故障发展过程分类

按故障发展过程分为突变性故障和渐变性故障。

1）突变性故障

也称急剧性故障，指故障突然发生，在发生故障之前没有任何迹象。突变性故障的特点是技术性能参数产生跃变，突变性故障在任何时候都可发生，如汽车超载而引起的零件突然损坏。突变性故障发生后，不停机维修，汽车无法恢复正常运行。

2）渐变性故障

指汽车或机构由正常使用状况逐渐转化为故障状况。渐变性故障出现后一般可以继续行驶到修理厂。渐变性故障发展平稳、缓慢，汽车上的一般动配合零件都是按这种规律出现故障和发生损坏的。对于渐变性故障来说，汽车(或总成、零件)技术状况的变化是一个连续的过程，由初始状况(完好的技术状况)变到故障状况,要经过一系列的中间过程。渐变性故障之所以发展平稳、缓慢,是由于对汽车进行及时维护的结果,在全部的汽车故障中,有40%～70%属于渐变性故障。

5. 按故障产生的原因分类

按故障产生的原因分为设计原因引起的故障和使用原因引起的故障。

1) 设计原因引起的故障

包括结构设计欠合理、加工工艺不完善等,如由于汽车前悬架结构设计不合理造成汽车制动过程中的跑偏等。

2) 使用原因引起的故障

主要指违反行车规定,如汽车超载、使用不符合标准的燃料和润滑油;以及没有按规定进行维护等产生的故障,如由于两前轮轮胎气压不等造成的制动跑偏。使用原因引起的故障属人为故障。

1.1.6 汽车故障的表象

汽车故障的表象指汽车故障现象的具体表现。现代汽车结构庞杂,运行条件也极其复杂,因而产生的故障也多种多样,要准确诊断故障,必须首先熟悉其表现出来的不同的内在和外表的特征,并根据这些症状来排除故障。综合起来,汽车的故障表象可以归纳为如下几种。

1. 运行工况异常

指汽车在起动和运行中出现和存在不正常的工作状况。如发动机突然熄火后再起动困难,甚至不能起动;发动机不易起动或起动后运转不稳定;在行驶中动力性突然降低,使汽车行驶无力;行驶中突然制动失灵或跑偏、转向盘和前轮晃动甚至失控等。工况异常的故障症状明显,容易察觉,但是形成原因复杂,而且往往是从渐变到突变,因此,必须认真分析突变前有无可疑症状,去伪存真,才能判明故障的所在。

2. 异响

汽车在发动或行驶时,由于机件的运转、振动会发出声响,这种声响可分为正常响声和异常响声。正常响声指允许存在的轻微噪声,如发动机内部的活塞环与气缸壁的摩擦声、机油的激溅声、发动机爆发形成时的声音以及其他一些汽车运行过程中允许出现的声音。异常响声则指不正常的金属敲击声,或其他不应有的声音,如敲缸响、销子响、轴承响、窜气声等。这些异常声音存在说明有故障,应立即排除。应当指出的是,许多声响异常的故障会酿成重大机件事故,因此必须认真对待。

3. 温度异常

温度异常现象通常表现在发动机、变速器总成、驱动桥总成、制动鼓及电器元件上。在正常情况下,无论汽车工作多长时间,这些总成均应保持一定的温度。除发动机外,用手触摸这些总成时,应该能够忍受,若感到烫痛难忍,表明该处过热,说明有故障。一般电器工作一段时间,也会有一定温度,如触摸无温感,可判断其未工作。

4. 排放异常

发动机工作过程中,正常的燃烧生成物主要成分应当是二氧化碳和少量的水蒸气,因此发动机尾气应该是无明显颜色的烟雾。若发动机燃烧不正常,废气中会掺有未完全燃烧的碳粒、碳化氢、一氧化碳或者大量水蒸气,这时废气的颜色可能变黑、变蓝、变白,即排放不正常。排放不正常是发动机故障诊断的重要依据,正常的发动机废气无明显的烟雾,若气缸上窜机油时,则废气呈蓝色;混合气燃烧不完全时,废气呈黑色;燃油中掺有水时,废气呈白色。

5. 消耗异常

燃油、润滑油消耗异常指燃油、润滑油消耗超过其规定值。燃油、润滑油消耗异常也是一种故障症状。燃油消耗量增多，一般为发动机工作不良或底盘的传动系统、制动系统调整不当所致。机油的消耗量过多，除了渗漏的原因外，多是由于发动机有故障，这时常常伴有加机油口处大量冒烟或脉动冒烟，排气烟色不正常等现象，其主要原因是活塞与气缸壁的配合间隙过大或活塞环损坏失效。如果在发动机工作过程中，机油量有增无减，可能是由于冷却水或汽油渗入到油底壳引起。燃油、润滑油的消耗异常是发动机技术状况不良的一个重要标志。

6. 气味异常

气味异常是可用鼻子嗅出的不正常气味，如电路短路，烧着时的橡胶臭味；汽车行驶中，如有制动拖滞、离合器打滑等故障时散发出来的离合器摩擦片、制动蹄片烧蚀时的焦烟味；排气管排出的烟雾味、汽油味，以及发动机过热、机油或制动液燃烧时，散发的特殊气味等。行车中感觉气味异常，应尽快停车检查，确定并排除故障。

7. 失控或抖动

汽车或总成在工作中，出现操作失灵，操纵困难，不正常的自身抖动等，表示有故障存在，如四轮定位不正确、轮胎动不平衡、曲轴动不平衡、传动轴动不平衡等，都会引起车辆抖动和控制困难。

8. 渗漏

渗漏是指汽车的燃油、润滑油（机油、齿轮油）、冷却液、制动液（或压缩空气）以及动力转向油等油液的泄漏。渗漏故障症状明显，可直接观察发现。渗漏包括漏油、漏水、漏气、漏电等，渗漏会造成过热、转向、制动失灵，耗油量增加等故障，渗漏还会污染零件和环境，严重渗漏还会造成车辆工作性能下降甚至不能工作，因此一旦发现渗漏应随即排除。

9. 外观异常

汽车发生故障时，外表上的变化亦会反映出来。如将汽车停放在平坦场地上，检查其外形，如有横向或纵向歪斜等现象，则为外观异常。汽车外观异常的原因多系车架、车身、悬架装置、轮胎等出现异常，这会产生行驶方向不稳、行驶跑偏、重心偏移、轮胎摩擦不均匀等故障。

10. 仪表指示异常

汽车上的各种仪表（如车速表、机油压力表、水温表和气压表等）指示车辆有关部分的工作状况，如果仪表读数指示异常，表明该部位有故障，应立即停车检查排除。

11. 性能异常

车辆的各种使用性能随着行驶里程的增长而减弱，但很缓慢，一般不易感觉出来。若在行车中感到汽车使用性能突然变坏，则表明有了故障（如发动机动力迅速下降、汽车突然摇摆严重、制动器不灵等），应立即停车，检查排除。

12. 间隙异常

车辆部件的各部分间隙都有其标准数值，如果间隙过大或过小，都表明有故障，应进行调整或更换。

13. 仪表故障警告灯点亮

汽车组合仪表上有各个电控系统故障警告指示灯，当发动机起动后或汽车运行中，组合仪表有故障指示灯点亮，则表示该灯所代表的电控系统有故障。

1.2 汽车故障诊断概述

1.2.1 汽车故障诊断的概念

“诊断”一词源于医生，指医生通过观察、检查、化验等手段确定疾病，进而对症下药，治疗疾病的过程。

现代汽车维修界也有“汽车医生”与“汽车护士”之说。“汽车护士”指做维护保养工作的维修工;“汽车医生”通常指专门负责判断汽车故障部位,找出故障原因,指导维修的汽车维修技师。

随着汽车技术的发展,汽车结构日益复杂,汽车电子技术、电控系统也越来越复杂,单凭经验诊断汽车故障越来越困难,在汽车故障维修排除中,查找故障点和原因的时间占70%,而维修和排除故障的时间只占30%,因此故障诊断的地位越来越重要。

汽车故障诊断指在不解体(或仅拆卸部分零件)的条件下,通过检测和试验等综合方式,进行判断、推理、逻辑分析,确定汽车技术状况,找出故障发生的准确部位,查明故障产生的原因,为尽快修复汽车提供可靠依据。

故障诊断是汽车维修中的关键步骤,是汽车修理前的确诊环节。

1.2.2 故障诊断的基本原则

汽车故障诊断的原则可以概括为如下十大基本原则:

搞清故障现象
询问故障来由
熟悉工作原理
排除特殊情况
仔细逻辑分析
坚持从简到繁
适宜由表及里
判断准确合理
忌讳大拆乱拆
切勿随意换件

故障诊断的基本原则要求维修人员做到:

1) 抓住引起故障现象的外在特征

先全面搜集了解故障的全部现象,弄清故障出现的前提条件,在允许的情况下,可以改变汽车的工作状况,以了解汽车故障现象的变化,从中抓住故障现象特征,如是否冒烟、发动机抖动、无高压点火、灯泡不亮,等等。

2) 分析造成故障原因的内在本质

一个故障总是由一些实质性的原因造成的,必须经过仔细分析后再确定故障,以免走弯路,而要准确地抓住故障关键,必须熟悉汽车的结构、原理及工作所具备的条件,如发动机冒黑烟,本质上是混合气过浓;轮胎单边磨损的原因是汽车底盘前束和倾角数据不正确。

3) 避免盲目性

在诊断故障的过程中,尽量避免盲目拆卸,以免造成人力、材料和时间的浪费,同时防止因不正确的操作和拆装造成新故障的产生。

1.2.3 汽车故障诊断的基本思路

根据汽车故障诊断的基本原则,汽车故障可以根据如图 1-2 思路进行。

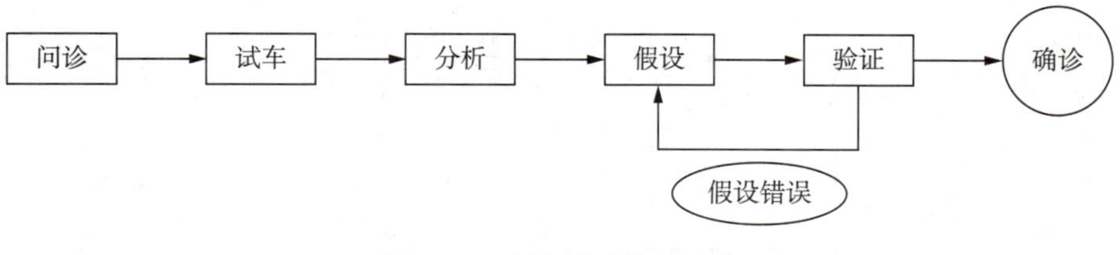

图 1－2 汽车故障诊断思路

根据故障诊断的思路和原则，要想实现故障快速、准确的诊断，必须具备以下条件：

(1) 熟悉汽车结构和工作原理，能判定故障现象相关的系统或总成范围，掌握判定对象的机、电、液结构和工作原理，这是进行故障诊断的前提。

(2) 具有清晰的检测和诊断思路，明确检测参数、正确的检测方法、参数检测顺序、参数测量值的变化形式和正常范围等，这是实现快速、准确诊断故障的关键。

(3) 具有较强的综合分析、逻辑推理和判断能力，这一方面直接决定着诊断结论的准确性，同时也影响着检测思路，这是实现快速、准确、有效的诊断故障的核心。

1.2.4 故障树分析法

故障树分析法(FTA)是美国贝尔电报公司的电话实验室于 1962 年开发的，它采用逻辑的方法，形象地进行分析工作，特点是直观、明了、思路清晰、逻辑性强，可以做定性分析，也可以做定量分析。

故障树诊断法是汽车故障诊断最常用的分析方法。汽车故障树诊断法又称汽车故障树分析法，它是将系统故障形成的原因由总体至部分按树枝状逐级细化的分析方法，其目的是判明基本故障，确定故障的部位和原因，它是对复杂系统进行故障诊断的有效工具。

汽车故障诊断的故障树分析法将汽车最直接的故障现象作为分析目标，然后寻找直接导致这一故障发生的全部因素，再寻找造成下一级事件的全部直接因素，一直追查到那些最基本的无需再深究的因素为止，其结果是反映汽车故障因果关系的树枝状图形——故障树。

上海大众桑塔纳前照灯不亮故障诊断故障树分析，如图 1－3 所示。

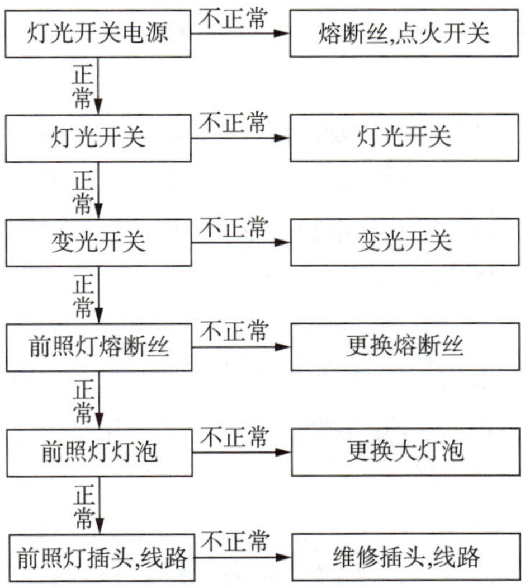

图 1－3 上海大众桑塔纳前照灯不亮故障树分析图

汽车空调系统故障诊断故障树分析，如图 1－4 所示。

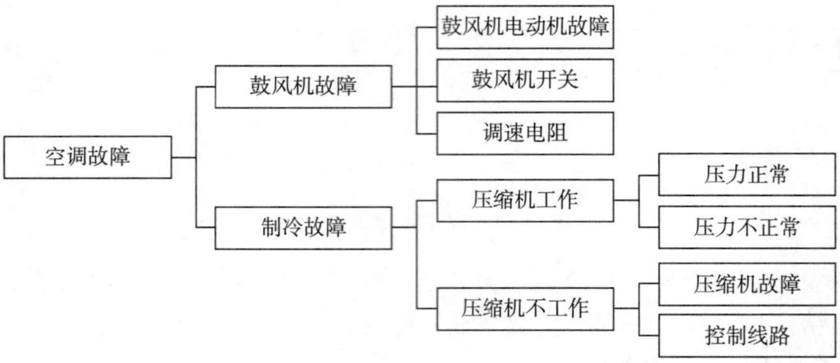

图 1-4　空调系统故障树分析图

1.2.5　汽车故障诊断技术的发展

1. 国外汽车故障诊断技术的发展

20 世纪 50 年代之前，国外就开始运用以故障诊断和性能调试为主的单项检测技术。早期的检测诊断设备以机械结构为主，单机人工操作。20 世纪 60 年代，随着机电一体化技术的发展，研制了单机自动化的设备，如四轮定位仪、非接触式速度计等。20 世纪 80 年代，随着计算机技术的发展和应用，开始汽车故障诊断控制自动化，出现了集检测工艺、操作、数据采集、存储和打印等多项功能于一体的系统软件。目前，车载自诊断系统和车外诊断系统正在进一步发展。

车载自诊断系统(OBD)利用安装在汽车内各个部位的传感器，自动检测系统故障，并以故障码形式显示，将故障信息存入电子控制单元(ECU)的 RAM 存储器中。在维修车辆时，维修人员能调出故障码，找出故障部位。

1994 年，美国汽车工程师协会(SAE)在第一代 OBD－Ⅰ基础上，制定了第二代在线诊断标准 OBD－Ⅱ。OBD－Ⅱ除了对电子控制系统检测外，还对与排放有关的系统监测，更注重绿色环保问题。

车外诊断系统通过传感器采集信号，送至车外仪器，在相应诊断软件的支持下，完成各种诊断工作，如发动机综合分析仪等。

2. 国内汽车诊断技术的发展

1) 手工(技术资料)阶段

20 世纪 80 年代，电控汽车进入到中国大陆，当时主要是日本汽车，如丰田、本田、日产等车型。这些车型基本上可以采用人工方法来读取和清除电控系统的故障码(OBD－Ⅰ)，但是维修资料奇缺，当时从台湾、美国、英国带来的技术资料成了修理工向往的“武林秘籍”。维修技术掌握在少数拥有资料和从实践中总结出经验、技巧的技术人员手里。

2) 检测仪器阶段

1994—1995 年左右，汽车开始采用第二代车载自诊系统(OBD－Ⅱ)等电控系统，以丰田 1MZ－FE 发动机(装备在 ES300，AVALON，凯美瑞等车型上)为标志。这些车辆大多必须利用检测仪器才能进行故障码诊断。

3) 原厂仪器阶段

1997—1998 年，车载局域网络技术应用于汽车防盗系统。以日产 CEFIRO A32 为标志。这些车辆的防盗系统一旦出故障，必须利用原厂提供的检测仪器和软件才能进行故障诊断。

4) 电脑网络阶段

2000 年起，CAN BUS 车载网络技术开始广泛应用，多用车载诊断 MOBD(又称 OBD－Ⅲ)技术产生，互联网技术应用于汽车故障诊断与维修中（远程诊断、资料更新、软件升级等）。

3. 汽车故障诊断技术的特征

现代汽车故障诊断技术是在传统汽车故障诊断的基础上发展起来的，具有以下几个特征。

1）故障诊断系统智能化

车载自诊断或使用故障诊断设备的诊断，主要诊断电子控制系统的故障，但有局限性，不能对 ECU 存储的数据进行分析。它用于电控系统又适用于机械系统的故障诊断，是现代汽车诊断技术的关键。人工智能技术的迅速发展，新的故障诊断系统，即专家系统被开发并逐步推向应用。

20 世纪 70 年代，国外汽车公司开始研究汽车故障诊断专家系统，主要针对发动机，到 90 年代，研究范围扩大到汽车各个系统总成。国内这个方面研究较晚，始于 20 世纪 80 年代末，到 90 年代中后期，部分研究达到了国外相同水平。

汽车故障诊断专家系统能模拟人类专家对复杂系统进行诊断，高效而准确地得出诊断结论，若与外部软件连接还可扩大诊断范围，具有咨询、存储和修改等功能。

2）诊断推理方法多样化

由于汽车故障诊断信息的不完全性，存在许多模糊信息，使用单一推理方法难以完成对故障的有效诊断。现代汽车诊断系统的基于神经网络的推理、基于案例的推理、基于模糊诊断的推理等推理方式，解决了故障症状的不确定性，有效地提高了诊断的精度。

3）故障诊断信息网络化

汽车是机、电、液一体化的高科技产品，新车型、新功能层出不穷，在汽车故障诊断时，专业人员对各种车型的技术资料掌握有限，通过汽车检测维修专业网络，可以传递诊断维修信息，彻底打破信息传递在时空上的局限性，实现资源共享，而且能在线得到诊断专家系统的指导。

4. 汽车故障诊断技术的发展趋势

高科技的发展，信息化的网络，使得汽车故障诊断技术必将向智能化、集成化方向发展。

1）基于神经网络的故障诊断专家系统

神经网络具有较好的容错性，较强的自学功能、自适应能力、大规模并行处理能力，把神经网络应用于诊断专家系统是新一类知识表达体系，在知识获取、并行推理等方面有明显的优越性，解决了传统专家系统在知识获取上的瓶颈问题，提高了诊断系统的智能水平。

2）基于网络的集成故障诊断专家系统

由于汽车故障诊断实例丰富，诊断信息量大，不确定因素多，因此，探索适合汽车领域的专家系统，集成规则、案例、模糊和神经网络理论，集成推理机制，以网络为框架，以多媒体技术为载体，研究多种诊断模型融合技术必将是发展方向。

集成故障诊断专家系统能自动选择合适的诊断模型，灵活处理诊断知识和应用推理方式，满足内在机理上的融合，避免诊断的冗余问题。多媒体技术集图形、音像、文本于一体，使诊断系统具有良好的人机界面和交互环境，增加了系统的可靠性，提高了诊断的效率，通过局域网、因特网实现异地诊断和在线诊断，达到多个专家协同诊断、提高诊断准确性的目的，还可以对汽车诊断人员进行远程培训，在多媒体情境中，使诊断技术易懂好学，提高培训成效，保持诊断技术的先进性。

5. 我国汽车故障诊断技术的差距

我国汽车故障诊断技术正在快速发展，但与国外先进水平相比，还有一定差距，突出表现在以下几个方面。

1）管理水平还须进一步提高

我国已基本建立了车辆检测诊断制度，实施了“定期检测、强制维护、视情修理”的汽车维修制度，但我国各地区经济和技术水平不一致，大部分地区尚未进行汽车维修行业的电脑化管理和信息化建设，甚至还有“事后维修”现象。汽车诊断技术的滞后，与高速发展的汽车技术和迅猛增长的汽车保有量严重脱节。

2）诊断设备和仪器的国产化研发能力欠佳

国产的诊断设备研发能力不足，而进口诊断设备价格昂贵，这些阻碍了我国汽车故障诊断技术水平的发展。

3）汽车维修人员的素质普遍不高

汽车的高科技化，现代检测设备本身的高性能，要求汽车维修人员具备一定的汽车专业、机电专业理论知识，懂计算机，会英语，综合职业能力强，但目前这种技能型专业人才紧缺。

1.3 汽车故障诊断的基本方法

汽车故障诊断的基本方法可以归纳为主观诊断法、客观诊断法、随车自诊断法、综合分析法四大类。

1.3.1 主观诊断法

主观诊断法又称人工经验诊断法，是诊断人员凭借丰富的实践经验和一定的理论知识，在汽车不解体或局部解体的情况下，借助简单的检查工具，主要采用眼看、耳听、手摸、鼻闻等手段，通过感官体验，进行检查、试验、分析，确定故障原因和部位的诊断方法。人工经验诊断法既是汽车故障诊断的传统方法，也是基本方法，即使在现代仪器诊断技术飞速发展的今天，也不可能取消人工经验诊断方法。人工经验诊断是汽车故障诊断的基础，它可以对汽车故障做出初步的判断和定性的分析。主观诊断法分为直观诊断法和经验诊断法。

1. 直观诊断法

直观诊断法是在原地或通过道路试验，依靠观察和感觉，或者使用简单的工具来诊断故障。其特点是不需要什么设备，也不受场地等条件的限制，随时随地都可以进行诊断，但是对复杂故障的诊断速度慢，诊断的准确性在很大程度上取决于诊断人员的经验，对于潜伏和隐蔽的故障无法查实，往往需要通过解体检查才能发现。

采用直观诊断时，首先要搞清故障的表现，有何特征及伴随症状，然后由简到繁，由表及里，逐步深入，进行推理分析，最后做出判断。这种故障诊断方法可以概括为：“望”、“闻”、“切”、“问”、“试”。

1）望

望就是看，即观察法，通过对故障现象的表面特征仔细观察分析，结合汽车原理和车辆状况，对故障做出判断。这是一种应用最多的最基本的也是最有效的故障诊断法。汽车发生故障后，元件的工作状况、几何外形、颜色等都会或多或少发生变化，如老化、脱落等现象。通过看，可以观察到元件损坏的表面现象，如断裂、脱落、松旷、泄漏、堵塞、脏污、烧蚀等，从而发现故障点。

2）闻

闻，一是嗅，通过嗅汽车运行中的各种气味，判断汽车存在的故障。汽车正常工作时，一般没有异味，如果闻到异味，说明汽车可能有故障，如线路的短路烧焦的糊味；制动片、离合片打滑的糊臭味；燃烧不完全排气管排出的汽油味；燃油泄漏的汽油味等。通过闻到的异味，可以判断汽车的故障所在。二是听，听主要是听汽车的异响，可以借助听诊器。汽车的异响往往从部件内部传出，无法通过眼睛，甚至仅器判断，完全凭耳朵听出故障部位，如气门异响、活塞敲缸声、漏气、漏电声、回火、放炮声等。因此听是一种重要的、无法取代的故障诊断方法。听故障需要有相当的知识和经验的积累。汽车发动机异响听诊器，如图1-5所示。

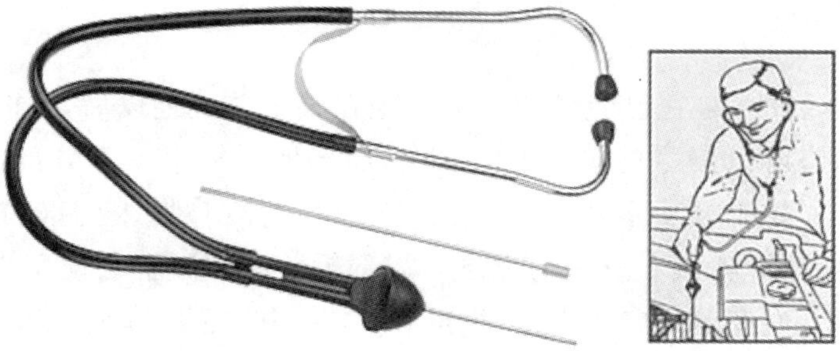

图1-5　发动机异响听诊器

3）切

切，就是触摸法。人的手脚都是灵敏的感觉器官，可凭感觉来诊断汽车和发动机故障，就像中医切脉一样，以汽车传到人体上的感觉来判断故障。通过接触，可以感知汽车故障部位的温度变化、压力大小、强度、震动频率等，可以诊断出相关系统的工作是否正常。

4）问

问，就是询问、调查、咨询车主，掌握车辆故障的详细资料。问诊不仅要达到全面了解故障症状的目的，更重要的是要了解故障发生的前因后果，如车辆的使用情况、驾驶人的驾驶习惯、维修保养情况、故障发生的环境因素等。

问诊的详细与完备程度直接影响到故障分析和诊断的准确性，问诊是维修技术人员了解故障发生情况的第一个环节，是维修人员与车主沟通的起点，也是维修人员间接掌握故障发生特征的最好途径。充分利用问诊时与车主交流的环节，认真做好问诊纪录，对故障诊断具有十分重要的意义。问诊表能够帮助汽车维修人员完整地记录应该了解的全部内容，并且不遗漏任何一点重要的信息，为后面的诊断工作提供详实的一手资料。

5）试

试就是在汽车不解体或少解体的情况下通过实地试验的方式检查汽车和发动机的功能，以达到诊断故障的目的。对于客户所反映的故障，维修人员需要试车，以确定是否为客户所反映的现象，并通过试车初步判断故障的类型和部位，如失速试验可以判断故障在发动机还是变速器部位。

2. 经验诊断法

经验诊断法，顾名思义指凭借维修人员的基本素质和丰富经验，快速准确地对汽车故障做出诊断。所谓基本素质，无论是驾驶人还是汽车维修人员，都必须向书本学习，并在实践中提高，从而获得基本的汽车知识和维修经验。

常见的经验诊断法有试探法、比较法、隔除法等。

1）试探法

试探法，即调整法，对故障可能的部位通过试探性调整，根据调整前后的故障现象变化，确定是否为故障部位，如怠速调整、气门间隙调整、分电器点火正时位置调整等。用试探法调整时，需要做好调整前的位置记号，若故障不在此处，应恢复原始位置。

2）比较法

比较法，即替换法，是将怀疑发生故障的部位用合格的总成和零部件替换可能损坏的总成和零部件，这是一种故障诊断过程中简化的有效方法。值得指出的是，替换用的备件应是经过试验后认为可靠的，或者新件必须是合格品，如果不慎将坏件替换了坏件，不但找不到故障，反而会使故障发生部位虚假化，增加诊断的难度。为了合理地应用替换法，使用替换法一定要慎重，故障判断应当八九不离十，避免盲目乱换，增加工作量。

3）隔除法

隔除法又称局部拆装法，是在已经判明故障发生在某个总成上以后，一时还不能准确判断具体是哪一部分发生故障时，可以按照总成的工作原理，局部地拆掉某一部分部件进行检查，确定故障点后，再装上去的方法。如果方法运用得当，可以立即判断故障发生的部位，因此，局部拆装法不失为一种简便易行的快速诊断汽车故障的方法。局部拆装法实际上是使正常工作的发动机或电路系统失去了原来的功能，而在非正常工况下动作，因此拆装一定要慎重，当涉及安全项目时要采取相应的安全措施。

1.3.2 客观诊断法

客观诊断法指借助诊断设备、检测仪器等非人为因素的方法诊断故障。客观诊断法有仪表检测法、故障诊断仪诊断法、设备分析法。

1. 仪表检测法

仪表检测法指使用各种检测仪表，测量汽车元件、单元或总成的各种电压、电阻、电流数据，根据检测的数据，对照标准数据，确定元件、总成或系统的性能是否正常，从而分析判断故障的方法。汽车故障诊断常用的检测仪表有万用电表、燃油压力表、机油压力表、自动变速器油压表、发动机真空度表、空调压力表、气缸压力表、正时枪、轮胎气压表等。汽车专用万用电表，如图 1－6 所示，可以测量电器元件的电阻、电压、电流、温度、频率通等数据。

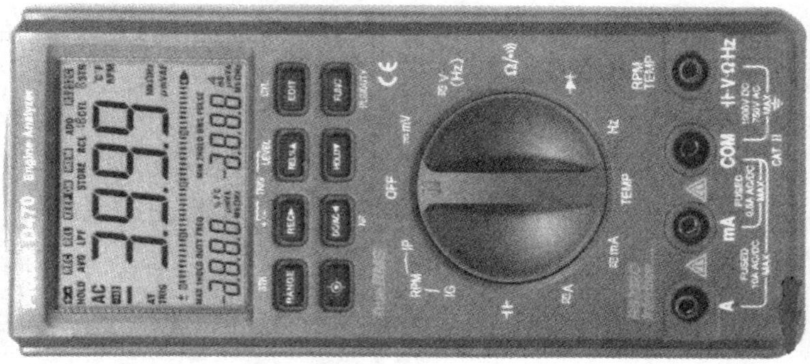

图 1－6　汽车专用万用电表

2. 故障诊断仪诊断法

故障诊断仪俗称解码器，是对电控单元进行故障诊断的仪器。汽车的电控系统是一个相当复杂的系统，电控单元（也称行车电脑或 ECU）在完成各项控制功能的同时，还带有诊断功能，即控制系统中有一套监控程序，能对系统中的传感器、执行器及电路和 ECU 自身情况进行监测，如果被监控的电路信号超出正常范围，ECU 将把异常信息记录并储存起来，同时运行备用程序维持车辆基本工作，诊断故障时，连接故障诊断仪器，可以从 ECU 中提取这些储存的信息，进行解码，就可以获取故障信息。

故障诊断仪分为通用型故障诊断仪和专用型故障诊断仪。

通用型故障诊断仪指可针对多种车型进行诊断的故障诊断仪。汽车修理厂常见的两款通用型故障诊断仪，如图 1－7 所示。

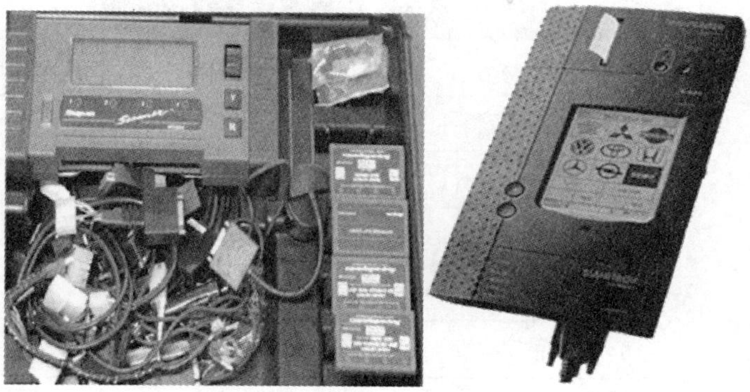

图 1－7　修理厂常用的通用型诊断仪器

专用型故障诊断仪指专门针对某一品牌汽车进行诊断的故障诊断仪。专用型故障诊断仪只能在厂家规定的车型上使用。目前各汽车厂商几乎都有自己的专用故障诊断仪，几款常见专用型故障诊断仪如图1－8所示。

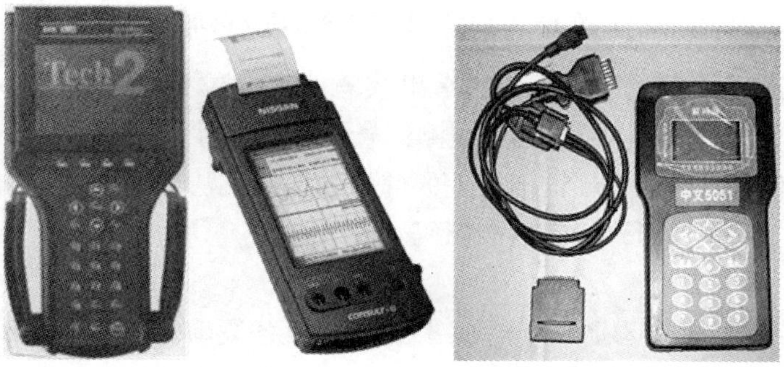

图 1－8　常见专用型故障诊断仪

汽车故障诊断仪是现代汽车故障诊断与维修中非常重要的工具，一般具有如下几项或全部的功能：

(1) 读取故障码；

(2) 清除故障码；

(3) 读取发动机动态数据流；

(4) 示波功能；

(5) 元件动作测试；

(6) 匹配、设定和编码等功能；

(7) 英汉辞典、计算器及其他辅助功能。

故障诊断仪大都随机带有使用手册，按照使用手册极易操作。故障诊断仪的操作步骤如下：

(1) 在车上找到诊断座；

(2) 选用相应的诊断接口连接到诊断座；

(3) 根据车型，进入相应诊断系统；

(4) 根据通道号码，选择诊断功能；

(5) 诊断维修之后清除故障码。

故障诊断仪诊断功能菜单，如图 1－9 所示。

利用故障诊断仪诊断故障具有方便、快捷、准确、先进等优点，但也存在局限性。故障诊断仪诊断的

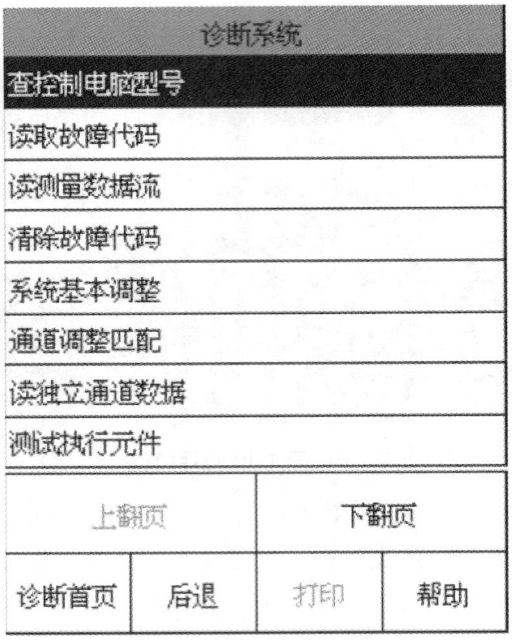

图 1-9　故障诊断仪诊断功能菜单

故障码只表明某部分电路有故障，并不能具体指出故障的准确位置，需要维修人员继续分析判断。另外，ECU 只能检测到信号的范围，不能检测到被测信号的变化特性，即只对值域和时域超过有效范围的信号设置故障码，对没有超出有效范围却不合理的信号数据则无法判断。因此，诊断仪所诊断的故障码只是一个参考，不能完全依赖诊断仪诊断的故障码，还需做更进一步的检测。

3. 设备分析法

设备分析法与仪器检测法的区别在于所使用的仪器设备既有检测数据、诊断故障的功能，还有调整、修复、参考、分析等功能。设备分析法所使用的设备一般为综合性诊断装备，功能比较齐全。汽车维修企业常用的检测设备有发动机综合分析仪、四轮定位仪、喷油器检测清洗仪、发动机尾气分析仪、轮胎动平衡机等。汽车底盘四轮定位仪，如图 1-10 所示。

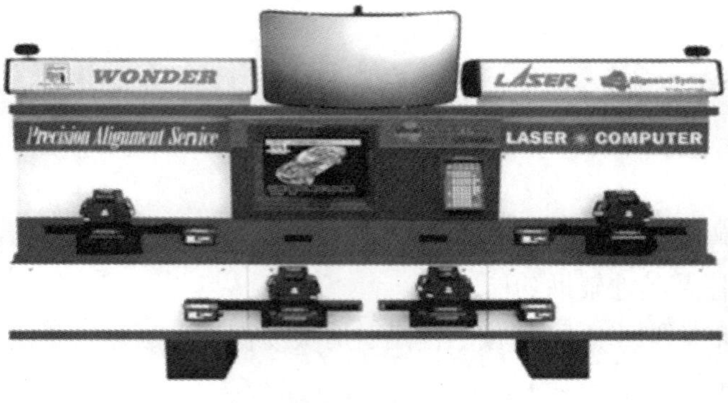

图 1-10　汽车底盘四轮定位仪

1.3.3　随车自诊断法

随车自诊断法指利用汽车电控系统自身的诊断系统诊断故障的方法。汽车电控单元多且复杂，都设有自诊断功能，可以通过人工读码或仪器读码的方法，读取电控单元储存的故障信息，并根据其分析判断故障。

汽车各控制系统具备自我诊断功能，控制单元故障信息可以通过人工读码的方式读取故障码，获取故障信息。一些高端车辆还设置有信息中心，车辆状况信息储存在信息中心，车辆产生故障，组合仪表警告灯会点亮，通知车主检测并排除故障，通过信息中心的设置按键，获取车辆各类信息，包括故障信息。奥迪 A6L 车辆信息中心，如图 1－11 所示。

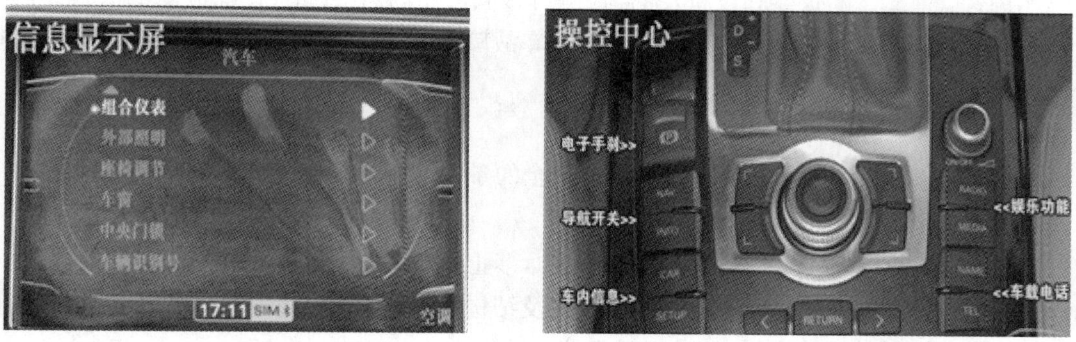

图 1－11 奥迪 A6L 车辆信息中心

1.3.4 综合分析法

综合分析法是结合、运用观察到的现象、仪器检测的数据、诊断仪的诊断结果等，通过综合判断、推理、分析，找出故障原因和部位的故障诊断方法。

汽车故障是多因素的、不确定的、随机性、复杂性和综合性的，仅凭单一诊断方法，不能完全、准确地诊断故障，需要通过各种诊断方法交互运用、综合分析，才能快速、准确地查找到故障部位。大部分汽车系统故障是通过综合分析法诊断的，特别是比较复杂的疑难杂症，只有通过综合分析法，才能查找到故障原因并加以排除。

1.4 汽车故障诊断的思维模式

1.4.1 汽车故障诊断的特殊性

1. 故障诊断的及时性

现代汽车维修企业竞争越来越激烈，客户的要求越来越高，迫使维修人员对故障能迅速诊断，否则可能失去一位客户，影响企业效益，故快速的诊断技术对提高生产效率起着重要作用。

2. 故障诊断的准确性

准确诊断汽车故障对减少损失、降低维修成本、提高维修效率至关重要，同时故障诊断的一次准确性可以避免故障扩大和延伸，而一次准确率的提高还可以增强维修人员的信心和成就感。

3. 故障诊断改正的及时性

任何修理厂或维修人员都不能保证无返修，也不可能百分之百地保证一次诊断正确，因为故障诊断与排除过程中存在太多不确定因素，而有些因素又是维修人员和企业力所不及的，因而及时地改正或采取补救措施，也至关重要。

1.4.2 汽车故障诊断的思维模式

汽车故障诊断的特殊性决定了汽车故障诊断需要一定的思维模式。

汽车故障诊断的思维模式指故障诊断过程中的检测手段、判断逻辑、推理方向、分析思路、诊断切入点等的总和。

理论是故障诊断思维的基础，技能是故障诊断思维的载体。

汽车发展到今天，汽车维修已经从凭经验，依靠更换配件解决问题，发展到今天依靠技术、依靠资料、依靠专用工具、依靠诊断仪器和设备，综合检测、诊断、分析，得出结论，排除故障的时代。汽车维修已从原始体力劳动彻底变革为全面的脑力劳动。汽车故障诊断技术的水平，10%靠知识，90%靠思维。

1.4.3 汽车故障诊断的注意事项

(1) 诊断、测试及排除故障时，要在绝对保证安全的条件下进行。使用专用诊断仪器时，不应一个人操作。

(2) 进行汽车故障诊断时，应尽量避免拆卸零件，禁止随意大拆大卸。

(3) 诊断故障前要先搞清故障部位的工作原理及结构类型，做到胸有成竹。对于重要系统(如电控系统)，若无生产厂家详细维修资料时，最好不要动手维修。

(4) 故障的判断要有充分的依据，不要乱拆、乱接、乱试，胡拆乱卸不但排除不了故障，反而有可能造成新的故障或损坏。

(5) 有些故障与汽车及各总成的工作原理没有任何关系，而是主要根据经验来判断，特别是长期维修某一车型的技术人员，有时只听故障现象介绍就可以准确判断故障部位及原因。因此，在进行故障判断时，不要总往复杂方面想，应从简到繁，由表及里，逐步深入。

(6) 电控系统发生故障时，先检查执行机构是否良好，导线接触是否良好等，不要轻易怀疑是电控单元(ECU)有故障。因为电控单元工作可靠，出现故障的可能性一般很小。

(7) 某些对汽车总成或零部件有伤害的故障不要长时间或反复测试，否则将使故障更加严重，造成更大的损失。

(8) 正确对待蓄电池的拆装条件，不要随意使用短接法、划火法、断电法、供电法检测线路。

(9) 正确使用万用表、测试试灯、二极管检测灯、诊断仪、示波器及其他检测仪器，分清各检测仪器的使用范围。

(10) 故障分析时，要追究导致故障产生的深层原因，不要头疼医头，脚疼医脚，否则可能会导致故障的反复出现。

本章小结

(1) 故障指汽车部分或完全丧失工作能力的现象，或车辆的技术状况和工作性能达不到要求。汽车故障是零部件丧失设计的功能，使汽车可靠性下降产生的现象。

(2) 汽车故障产生的原因包括设计制造上的缺陷，车辆使用因素与维修操作不当，零部件性能失效等。

(3) 汽车故障的规律是：早期故障期和耗损故障期故障率较高，随机故障期故障率较低。

(4) 汽车故障表象有运行工况异常，异响，温度异常，排放异常，消耗异常，气味异常，失控或抖动，渗漏，仪表指示警告，外观异常，间隙异常，性能异常等。

(5) 故障诊断指在不解体(或仅拆卸部分零件)的条件下，通过检测和试验等综合手段，进行判断、推理、逻辑分析，确定汽车技术状况，找出故障发生的准确部位，查明故障产生的原因，为尽快修复汽车提供可靠依据。

(6) 故障诊断的基本思路为问诊,试车,分析,假设,验证,确诊。

(7) 故障诊断的常见分析方法是故障树分析法。

(8) 故障诊断的基本方法有直观法,经验法,仪器设备诊断法,综合分析法等。

复习思考题

1. 查阅资料,你能知道多少汽车故障诊断仪器?
2. 在汽车故障产生的原因中,可能造成汽车油耗过高的原因有哪些?
3. 利用故障树分析法,写出汽油发动机无法起动的故障诊断思路?
4. 一辆行驶无力的故障汽车,通过观察,你能了解哪些故障表象?
5. 查阅资料,了解奥迪 A6L 车辆信息中心能查阅哪些车辆故障信息?

普 通 高 等 职 业 教 育 规 划 教 材
21世纪卓越汽车应用型人才培养专用教材

2 起动与充电系统故障诊断

学习目标

知识目标

(1) 了解汽车起动系统控制原理和常见故障；
(2) 熟悉汽车起动系统常见故障的诊断思路；
(3) 掌握诊断和检测发动机起动系统故障的方法；
(4) 掌握汽车充电系统的控制原理和故障诊断方法。

能力目标

(1) 学会根据电路图分析起动机控制原理；
(2) 学会诊断起动机不工作的故障原因；
(3) 学会使用万用表检测发电动机充电电压和判断充电性能；
(4) 学会排除车身电器漏电故障。

2.1 起动系统故障诊断

在汽车维修中，通常需要起动发动机诊断故障，如果起动系统有故障，发动机无法起动，则其他故障诊断难以进行下去，因此首先要排除起动系统故障。

起动机不工作，首先判断是起动机故障还是起动机控制系统故障。具体方法：

(1) 取下起动机电磁开关上的控制线路插头；

(2) 连接试灯；

(3) 点火开关转到起动挡；

(4) 如果试灯亮，说明起动机控制系统无故障，故障在起动机环节；

(5) 如果试灯不亮，说明起动机控制电路有故障。

2.1.1 起动机控制线路故障诊断

不同型号的汽车，起动机控制原理不一样，因此故障诊断的思路也不一样。起动机的控制形式可以分为：无起动机继电器控制，起动机继电器控制，ECU 直接控制，ECU 控制起动机继电器。

1. 无起动机继电器控制

无起动机继电器控制的起动机控制系统，由点火开关直接供电给起动机电磁开关。代表车型：桑塔纳、捷达、富康、赛欧等。上海大众桑塔纳 99 新秀起动机的控制原理，如图 2-1 所示。

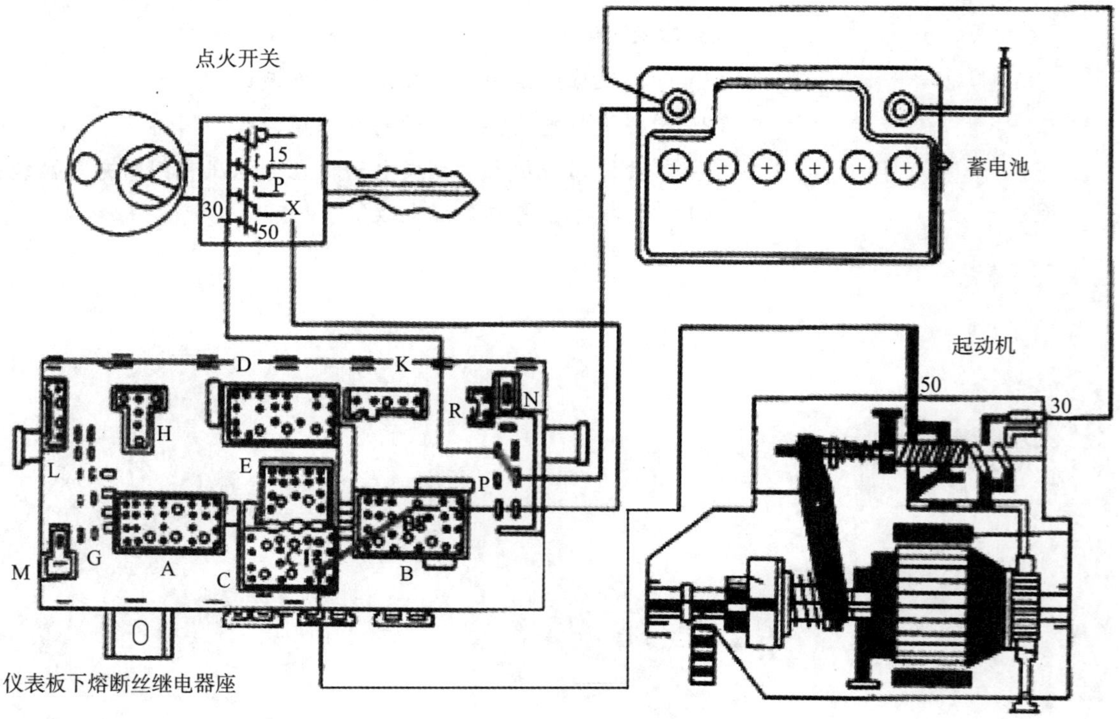

图 2-1 上海大众桑塔纳 99 新秀起动机控制原理图

以上海大众桑塔纳 99 新秀为例，起动机不工作的故障诊断流程如表 2-1 所示。

表 2-1　上海大众桑塔纳 99 新秀起动机不工作的故障诊断流程

步骤	检 测 操 作	检 测 结 果	诊 断 结 论
1	拔下起动机电磁开关控制线插头，连接测试灯，转动点火开关至起动挡(ST)，观察试灯是否点亮	试灯点亮(试灯不亮，转至下一步)	起动机故障
2	测量点火开关 D/50 针脚至起动机控制线插头是否导通	线路不通(若线路导通，转至下一步)	点火开关 D/50 针脚至起动机控制线插头线路断路
3	测量点火开关电源针脚 D/30 是否有 12 V 蓄电池电压	无电压(有电压，转至下一步)	点火开关电源线断路
4	短接点火开关插头针脚 D/30 与 D/50，起动机插头是否有电	有电(若无电，转至下一步)	点火开关 D/50 针脚至起动机控制线插头线路不良
5	插上点火开关插头，连接测试灯至 D/50 针脚，转动点火开关至 ST 挡，试灯是否点亮	不亮(如试灯可以亮，检查点火开关插头是否良好)	点火开关故障

2. 起动机继电器控制

起动机继电器控制系统，不是直接由点火开关控制起动机，而是由起动机继电器控制起动机，点火开关和挡位开关等控制继电器，这样可以保护起动开关，提高起动机控制电路稳定性能。代表车型：日系车、奇瑞车系、北京现代车系、通用车系、克莱斯勒车系等。当前车型大部分带起动机继电器控制，特别是自动变速器车型。丰田卡罗拉起动机控制电路，如图 2-2 所示。

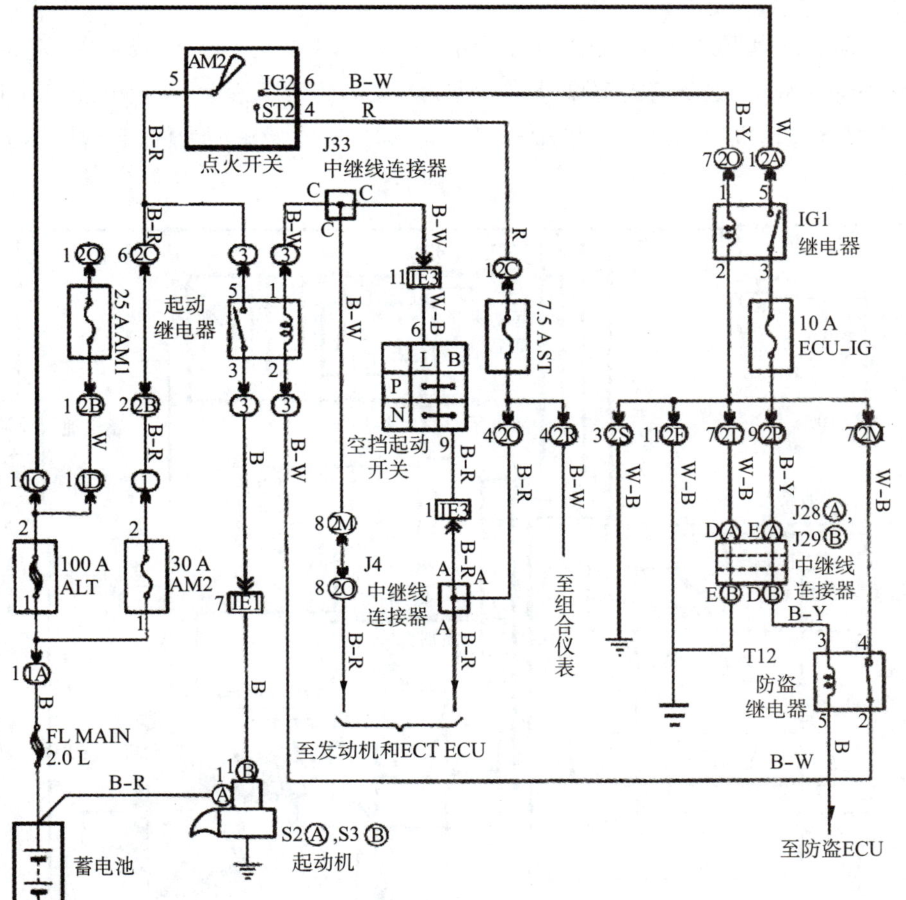

图 2-2　丰田卡罗拉起动机控制电路图

继电器控制的起动机控制系统，起动机不工作的故障诊断可以以继电器作为切入点，通过检测，将故障范围缩小到某一区域，再进一步诊断，以免从电路起止端查至最末端，耗时费事。以丰田卡罗拉为例，起动机不工作的故障诊断流程如表 2-2 所示。

表 2-2　　丰田卡罗拉起动机不工作的故障诊断流程

步骤	检 测 操 作	检 测 结 果	诊 断 结 论
1	试灯测试起动机继电器座端子 5，是否有 12 V 常电压	试灯不亮（若试灯亮，转至下一步）	电源主熔断丝 AM2 及线路故障
2	用带保护装置的短接线短接起动机继电器座端子 5 与端子 3，起动机是否动作	起动机无反应（若起动机工作，转至下一步）	起动机或继电器至起动机线路断路故障
3	转动点火开关至 ST 挡，测试自动变速器换挡开关插头端子 9 是否有电压	无电压（有电压，转至下一步）	点火开关或 7.5 A ST 熔断丝及线路断路故障
4	短接换挡开关插头端子 6 和端子 9，测试起动继电器座端子 1，转动点火开关至 ST 挡时，是否有电	有电（无电）	自动变速器换挡开关或开关至继电器线路断路故障
5	检测继电器座端子 2 是否搭铁良好	良好（不良）	起动继电器故障（继电器搭铁线路断路）

3. ECU 控制起动机继电器

ECU 控制起动机继电器系统，起动机继电器由发动机 ECU、车身 BCM 或防盗 ECU 等电控单元控制，起动机工作条件比较多，如防盗需解除等。起动机不工作的故障诊断，涉及电控单元时，需要通过诊断仪诊断。别克君威起动机控制电路，如图 2-3 所示。以别克君威车型为例，起动机不工作的故障诊断流程，如表 2-3 所示。

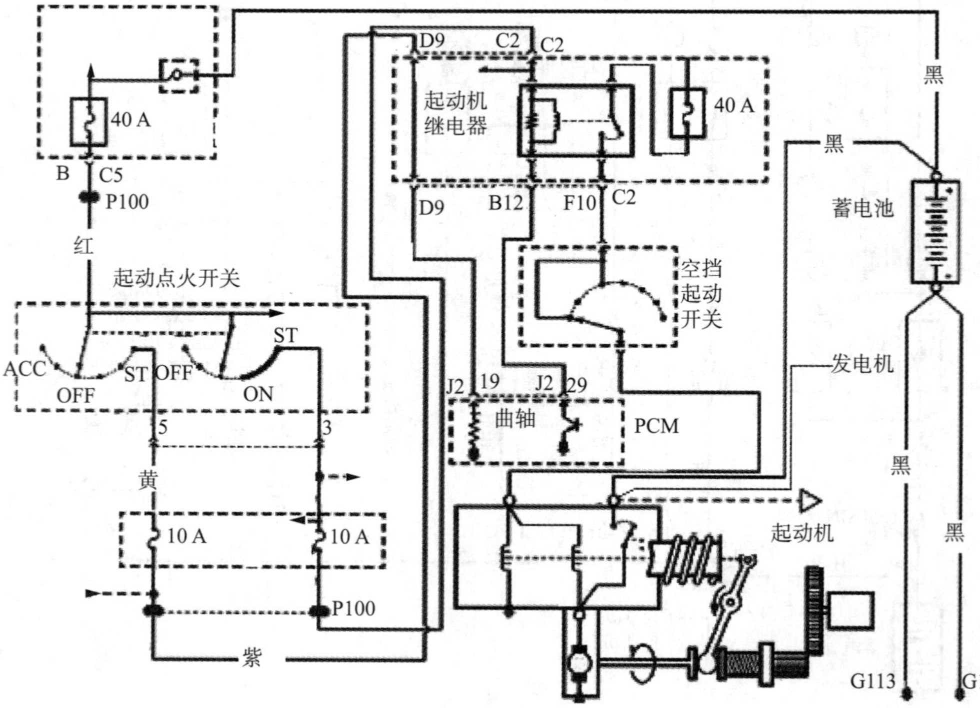

图 2-3　别克君威起动机控制电路图

表 2-3　　别克君威起动机不工作的故障诊断流程

步骤	检测操作	检测结果	诊断结论
1	试灯检测起动机继电器座端子 3 是否有 12 V 蓄电池电压	试灯不亮(若试灯亮,转至下一步)	40 A 起动熔断丝及线路断路故障
2	用带保护装置的短接线短接起动机继电器座端子 3 与端子 4,起动机是否动作	起动机工作(若起动机无反应,转至第 3 步)	转至第 5 步继续检测
3	用带保护装置的短接线连接自动变速器空挡起动开关 G 与端子 E,起动机能否工作	起动机工作正常(起动机无反应,继续第 4 步检测)	变速器空挡起动开关故障
4	检测挡位开关至起动机线路是否导通	不通(线路良好,则为起动机有故障)	挡位开关至起动机线路断路
5	点火开关旋转至 ST 挡,检测起动机继电器座端子 1 是否有电	无电(有电,转至下一步)	点火开关或 10 A 起动熔断丝故障
6	二极管灯连接起动机继电器座端子 1 和端子 2,点火开关转至 ST 挡位	二极管灯点亮(二极管灯点不亮,转至下一步)	起动继电器故障
7	检测继电器座端子 2 至 PCM 线路是否导通	不导通(导通,转至下一步)	继电器座端子 2 至 PCM 线路断路
8	检测 PCM 及 class-Ⅱ 网络线路是否断路	断路或不良(良好,则为 PCM 内部故障)	防盗钥匙系统或 BCM 及链路线路断路故障

4. ECU 直接控制起动机

ECU 直接控制起动机信号,使用在一些比较高端的车型上,如宝马、奔驰、沃尔沃等,该系统起动机直接由防盗 ECU、车身 BCM 或发动机 ECU 等控制,实质上,是起动机继电器集成于 ECU 内部。ECU 控制起动机故障诊断需要通过诊断仪器诊断故障。宝马 320i 起动机控制电路,如图 2-4 所示。

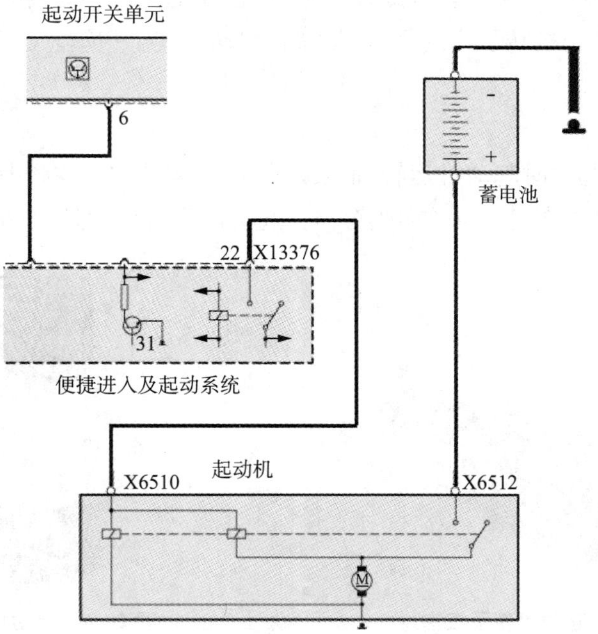

图 2-4　宝马 320i 起动机控制电路图

2.1.2　起动机故障诊断

起动机控制线路正常,起动机不工作,则故障在起动机部分。起动机部分的故障有起动机供电故障和起动机总成故障。

1. 起动机供电故障

1）电源故障

起动机是汽车瞬时用电量最大的电器，因此，起动机供电电源不正常，会导致起动机不能工作或工作不正常。起动机由蓄电池供电，蓄电池的常见故障有蓄电池内部极板损坏，蓄电池存电不足，蓄电池内部放电，蓄电池容量下降，蓄电池充不进电。

2）电源线故障

这里的电源线指蓄电池至起动机的主电源线，由于起动机工作电流比较大，高达几百安培，因此对起动机的供电电源线要求比较高，起动机电源线线径需要较粗，电源线常见的故障现象有电源线线径过小，蓄电池连接装置接触面过小或不良，起动机电源线连接柱不牢固，蓄电池连接装置安装不牢固。

3）搭铁线故障

起动机的工作电流大，对电源线的要求高，对搭铁线的要求也高，搭铁线不良，直接影响起动机的工作，搭铁线故障有蓄电池负极连接装置安装不牢固或不良，蓄电池负极与车身或发动机的搭铁线连接不良，发动机与车身的搭铁线连接不良。

2. 起动机总成故障

1）起动机不运转

起动机不运转的常见故障原因有蓄电池供电不良，起动机电磁开关不良，起动机碳刷磨损过多，起动机搭铁不良，起动机转子、定子线圈断路，起动机卡滞。

2）起动机运转无力

起动机运转无力的常见故障原因有电源接触不良，蓄电池电压不足，搭铁线不良，起动机电磁开关触点烧蚀引起通电不良，起动机转子或定子线圈短路，起动机转子扫镗。起动机转子扫镗现象，如图 2-5 所示。

3）起动机空转

起动机空转指发动机起动时起动机运转，而发动机没有运转的现象。起动机空转的故障原因为起动机单向啮合器打滑，需要更换起动机单向啮合器。起动机单向啮合器，如图 2-6 所示。

图 2-5 起动机转子扫镗

图 2-6 起动机单向啮合器

4）起动机异响

起动机异响，指起动时，起动机驱动齿轮不能与发动机飞轮齿啮合，发出非正常响声。起动机异响故障主要原因有起动机驱动齿轮磨损严重，发动机飞轮齿磨损严重或缺齿，或飞轮齿圈脱落，起动机与发动机型号不对，起动机驱动齿齿数与飞轮齿不对应，起动机安装位置不对。

2.2 充电系统故障诊断

2.2.1 充电故障的表现与判断

1. 充电异常的表现

发电动机与蓄电池并联，共同给汽车电器设备供电，当发动机运转时，由发电动机供电并给蓄电池充电，如出现如下现象，可能存在充电系统故障：

(1) 组合仪表充电指示灯报警；

(2) 蓄电池持续电压过低；

(3) 发动机 ECU 储存有与充电相关的故障码；

(4) 发动机运转状态下，测量蓄电池电压低于 12.35 V。

2. 蓄电池存电性能的判断

蓄电池存电量不足的检测方法：

(1) 蓄电池静态电压为 12.35 V 以上；

(2) 起动机工作时蓄电池电压降不低于 10.5 V。

3. 蓄电池充电性能判断

判断蓄电池充电是否良好，可以测量蓄电池的充电电压。如果测量充电电压值不正常，说明充电系统有故障，需要检测维修故障。蓄电池充电电压检测值如表 2-4 所示。

表 2-4　蓄电池充电电压检测值

转速/(r/min)	负　载	检测蓄电池电压/V
750	空载	>13
850	开空调，开前照灯	>12.5
1 500	空载	>13.5
1 500	开空调，开前照灯	>12.5

2.2.2 充电系统故障诊断

1. 发电机不发电故障

1) 发电机外部机械故障

发电机常见的外部机械故障有发电机皮带断裂，发电机皮带松旷打滑，发电机轴承磨损异响，直至卡滞，发电机过热，发电机漏油(少数柴油发动机)。

2) 发电机内部常见故障

发电机常见的内部故障有发电机定子线圈断路或短路，发电机转子线圈断路或短路，发电机碳刷磨损或不良，发电机整流二极管击穿烧毁，发电机内部电压调节器集成电路故障。

3) 发电机充电控制线路故障

根据发电机充电电压调节的电路控制方式，可以分为充电指示灯控制、点火开关激磁控制、发动机

ECU 控制、网络数据传输控制。

(1) 充电指示灯控制。

代表车型：大众汽车。大众帕萨特 1.8 T 充电系统电路，如图 2－7 所示。发电机不发电的故障诊断流程如表 2－5 所示。

表 2－5　　大众帕萨特发电机不发电的故障诊断流程

步骤	检测操作	检测结果	诊断结论
1	点火开关转到 ON 挡，观察充电指示灯是否点亮	充电灯点亮（充电灯不亮，转至下一步）	转至第 4 步，继续检测
2	试灯将发电机接线柱端子 D＋与车身搭铁短接，充电指示灯是否点亮	充电指示灯点亮（充电灯不亮，转至下一步）	发电机调节器故障
3	检测发电机端子 D＋至仪表线路是否导通	线路导通（不通，为线路断路故障）	仪表及充电指示灯故障
4	起动发动机，测量发电机 D＋端子是否有 12 V 电压	无电压（有电压，故障为仪表及线路断路故障）	发电机故障

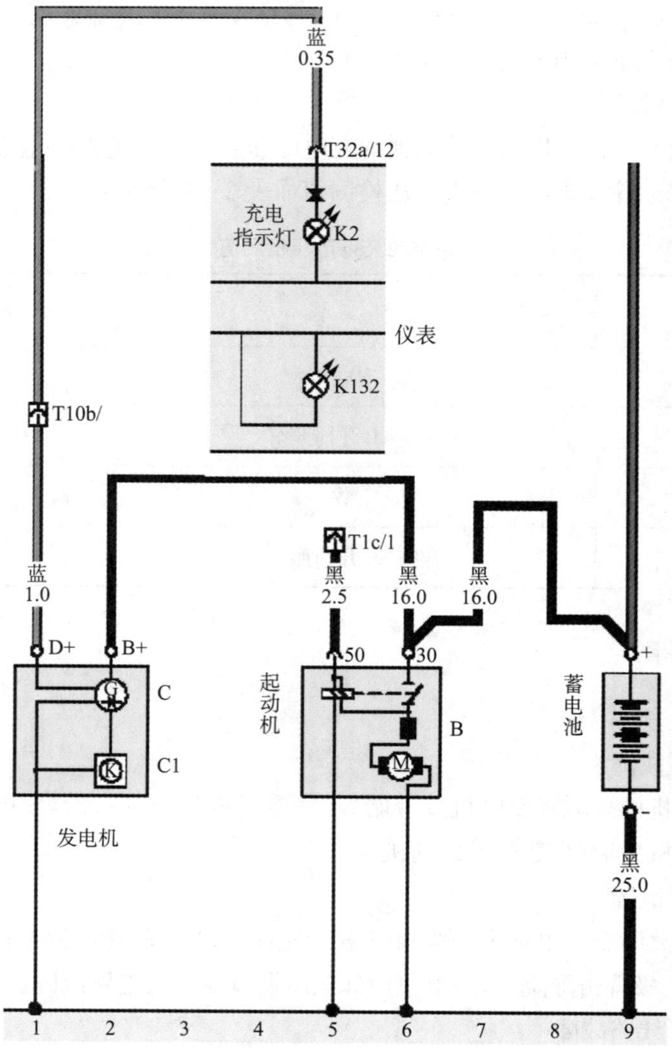

图 2－7　大众帕萨特 1.8T 充电系统电路图

(2) 点火开关激磁控制。

发电机激磁信号在点火开关位于 ON 挡时有电。代表车型：丰田车系等。丰田卡罗拉充电系统电路，如图 2-8 所示。发电机不发电的故障诊断流程如表 2-6 所示。

表 2-6　　丰田卡罗拉发电机不发电的故障诊断流程

步骤	检 测 操 作	检 测 结 果	诊 断 结 论
1	点火开关转到 ON 挡，观察充电指示灯是否点亮	充电灯点亮（充电灯不亮，转至下一步）	转至第 3 步，继续检测
2	用试灯将发电机接线柱端子 L 与车身搭铁短接，充电指示灯是否点亮	充电指示灯点亮（若充电指示灯不亮，则为仪表或线路断路故障）	至下一步继续检查
3	点火开关至 ON 挡，检测发电机端子 IG 是否有电	无电（有电，至下一步检查）	充电熔断丝或线路断路
4	检测发电机端子 S 是否有 12 V 常电压	有电（无电，则为熔断丝及线路断路故障）	发电机内部故障

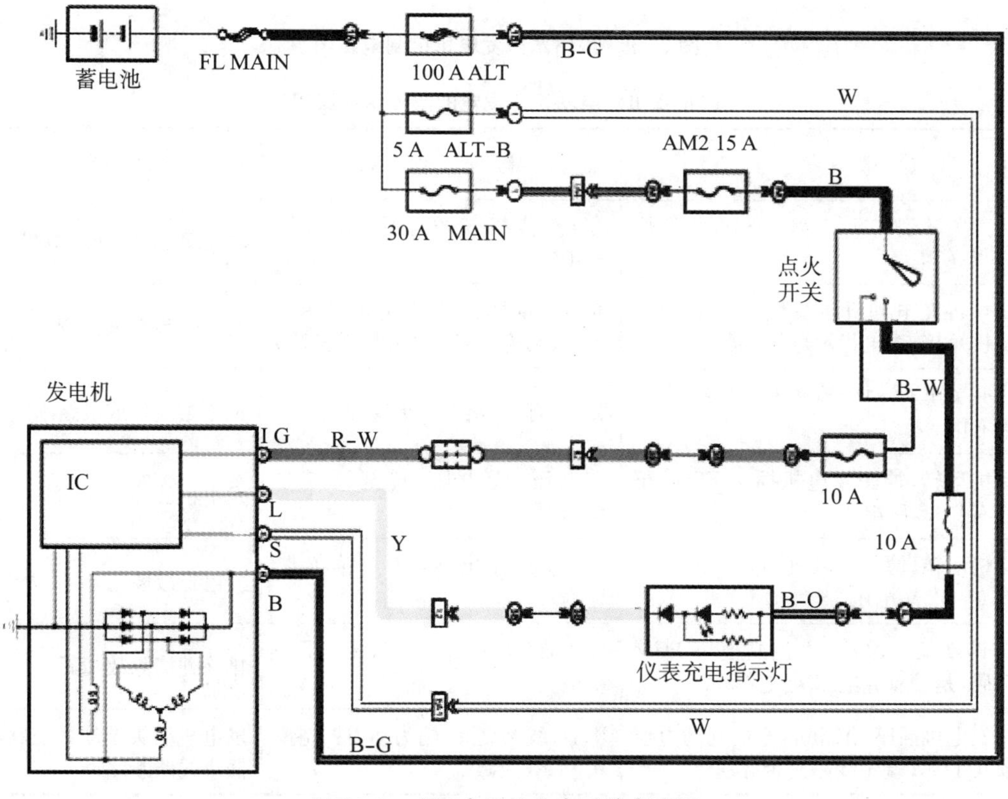

图 2-8　丰田卡罗拉充电系统电路图

(3) 动力控制模块或发动机 ECU 控制。

代表车型：本田汽车等。广州本田发电机控制电路，如图 2-9 所示。发电机不发电的故障诊断流程如表 2-7 所示。

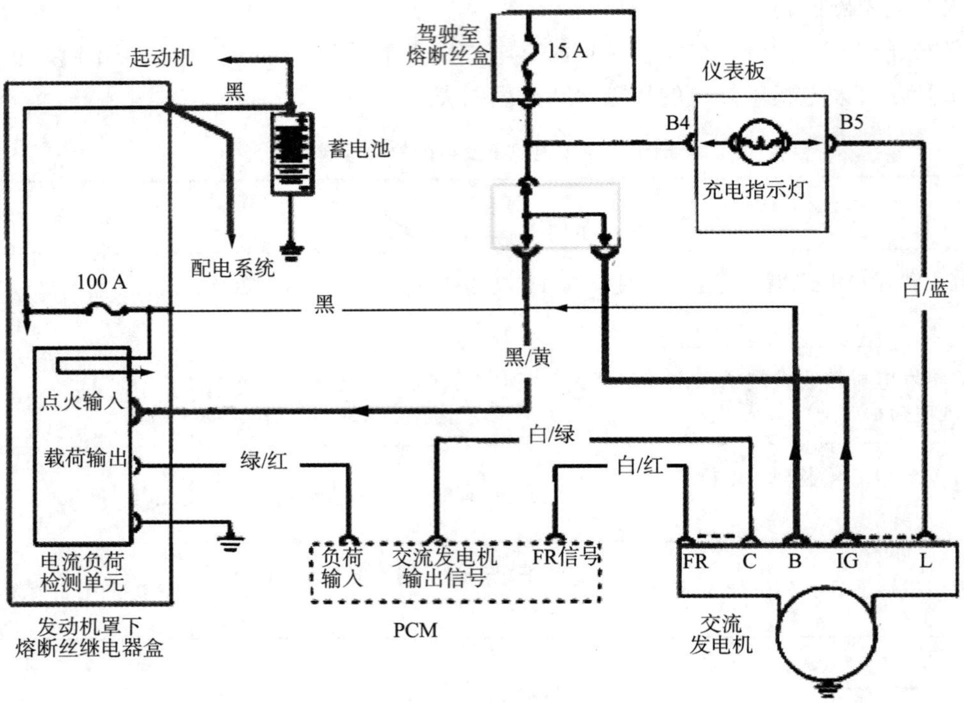

图 2-9　广州本田发电机控制电路图

表 2-7　　广州本田发电动机不发电的故障诊断流程

步骤	检 测 操 作	检 测 结 果	诊 断 结 论
1	点火开关转到 ON 挡，观察充电指示灯是否点亮	充电灯点亮(充电灯不亮，转至下一步)	转至第 3 步，继续检测
2	用试灯将发电动机接线柱端子 L 与车身搭铁短接，充电指示灯是否点亮	充电指示灯点亮(若充电指示灯不亮，则为仪表或线路断路故障)	至下一步继续检查
3	点火开关至 ON 挡，检测发电机端子 IG 是否有电	无电(有电，至下一步检查)	充电熔断丝或线路断路
4	发动机运转，检测发电机插头 FR 端子是否有 0～5 V 电压	有电压(无电压，转至第 6 步检测)	发电机故障
5	发动机运转，检测发电机插头端子 C 是否有 0～12 V 电压	有电压(无电压，转至第 6 步检测)	发电机故障
6	连接诊断仪，读取动力控制模块 PCM 故障码，是否有充电相关故障码	储存故障码(无故障码，转至下一步检测)	排除并清除故障码
7	测量发电机插座 FR 和端子 C 到动力控制模块 PCM 端子线路是否导通	不通(线路良好，则为动力控制模块 PCM 故障)	发电机插头至动力控制模块 PCM 插头线路断路

(4) 网络数据传输信号控制。

网络信号控制系统，组合仪表的充电信息(充电指示灯、充电警告信息、蓄电池电压信息等)通过仪表控制单元与动力控制模块 PCM、发动机 ECU 或 BCM 等通过网络信息交流传送。代表车型：别克、M6 等。别克君威发电机控制电路，如图 2-10 所示。发电机不发电的故障诊断流程如表 2-8 所示。

表 2-8　　别克君威发电机不发电的故障诊断流程

步骤	检 测 操 作	检 测 结 果	诊 断 结 论
1	点火开关转到 ON 挡,观察充电指示灯是否点亮	充电灯点亮(充电灯不亮,仪表单元故障)	转至下一步继续检查
2	连接诊断仪,选择发动机控制单元,读取故障码,是否有充电故障码	有故障码(无故障码,转至下一步继续)	排除故障并清除故障码
3	读取发动机系统数据流,发电机充电控制数据流是否正常	数据流正常(数据流不正常,转至下一步检查)	发电机故障
4	检测发电机连接器端子 S 是否有 12 V 常电	无电压(有电压,转至下一步检测)	发电机电源熔断丝及线路断路
5	检测发电机插头 F 和端子 L 到 PCM 之间线路是否断路	线路良好	PCM 故障

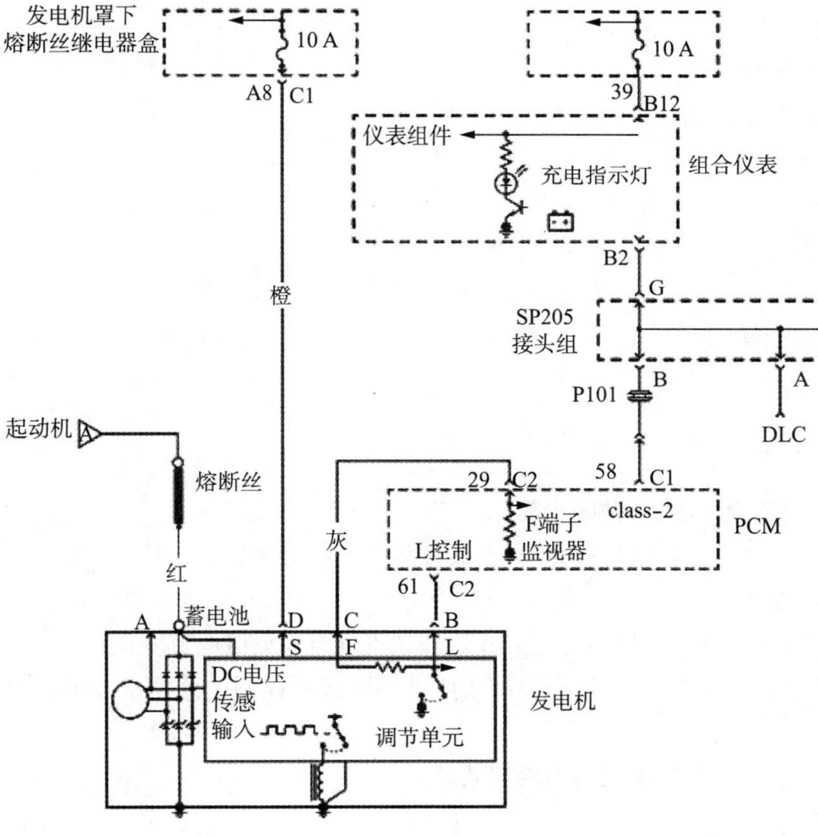

图 2-10　别克君威发电机电路图

2. 发电机充电电压过低

发电机充电电压过低的故障原因有发电机调节器模块故障,发电机线圈绕组有一组断路,发电机碳刷磨损,发电机转子滑环磨损,发电机皮带调节过松,发动机 ECU 充电检测信号过高。

3. 发电机充电电压过高

发电机充电电压过高的故障原因有发电机定于线圈短路,发电机电子调节器故障,发动机 ECU 检测电压信号丢失。

2.2.3 车身电器漏电故障诊断

1. 车身电器漏电故障现象

具备以下条件，则可判断车身电器存在漏电现象。

(1) 蓄电池性能良好；

(2) 充电系统无故障；

(3) 发动机关闭一段时间，无用电设备使用；

(4) 反复出现蓄电池电压下降，无法起动车辆的现象。

2. 车身电器漏电故障的判断方法

(1) 关闭全车电器，取出点火钥匙，车门关闭并上锁，等待 5 min 以上；

(2) 断开蓄电池负极和正极，在蓄电池正极和正极接柱之间连接万用表；

(3) 连接蓄电池负极，测量蓄电池放电电流(10 A 电流挡)；

(4) 车身电器系统正常休眠电流小于 50 mA，若测得放电电流大于 50 mA，则可判断车身有电器漏电现象。

3. 漏电的故障原因

(1) 用电设备没有关闭，仍然在工作；

(2) 电控单元内部短路，引起放电；

(3) 车身电控单元不能进入休眠；

(4) 电源线路短路；

(5) 点火开关关闭不良；

(6) 继电器触点粘连；

(7) 车门关闭不严，室内灯不灭；

(8) 发电机内部故障。

4. 漏电故障的排除方法

1) 熔断丝拔除法

(1) 取出点火钥匙，关闭全车电器，关闭车门，并上锁；等待 5 min 以上；

(2) 断开蓄电池正极，在蓄电池正极柱与正极接线柱之间连接电流表；

(3) 观察并记录放电电流；

(4) 逐一拔出发动机舱熔断丝继电器盒内熔断丝，并观察电流表放电电流变化；

(5) 当拔出某一熔断丝后，放电电流急剧下降，表明该熔断丝所控制电路系统或该用电设备存在漏电故障现象；

(6) 相同方法拔出驾驶室熔断丝继电器盒内熔断丝。

2) 断开控制单元法

熔断丝全部拔除，均不能找到漏电部位，则需要切断控制单元。分别对怀疑漏电的电控单元拔除连接插头，当拔到某一电控单元时，电流表数据急剧下降，可以判断此电控单元有漏电故障存在。

3) 线束分段断开法

根据车身线束结构，按顺序逐一断开线束连接器，将漏电区域范围逐渐减小，直到找出漏电部位。

本章小结

(1) 起动系统的故障主要有起动机故障和起动机控制系统故障。

(2) 起动机控制线路分为起动继电器控制,无继电器控制和 ECU 控制系统。

(3) 起动机系统的常见故障有起动机不运转,起动机运转无力,起动机空转,起动机运转异响等。

(4) 发电机系统的常见故障有发电机机械故障,发电机控制线路故障,发电机内部故障。

(5) 发电机发电控制系统分为充电指示灯控制,点火开关激磁控制,发动机 ECU 控制,网络传输信号控制系统。

(6) 蓄电池充电系统的主要故障有发电机不发电,充电电压过高,充电电压过低。

(7) 汽车车身电器漏电故障的常见排除方法有熔断丝拔除法,控制单元切断法,线路区域断开法等。

复习思考题

1. 根据汽车电路原理,分析蓄电池正、负极装反,会产生哪些故障或危害?
2. 蓄电池电压不足,无法起动发动机时,采用蓄电池跨接起动时,应注意哪些事项?
3. 如何使用蓄电池单独测试起动机性能?
4. 发动机运转时,测量蓄电池充电电压正常,但仪表充电指示灯仍亮的故障原因有哪些?
5. 如何使用小功率测试灯诊断车身电器漏电故障?

普通高等职业教育规划教材
21世纪卓越汽车应用型人才培养专用教材

3 汽车点火系统故障诊断

学习目标

知识目标

(1) 了解发动机点火系统常见故障；
(2) 熟悉发动机点火系统常见故障的诊断思路；
(3) 掌握诊断和检测发动机点火控制系统故障的方法。

能力目标

(1) 熟练使用火花塞测试高压火，并根据火花判断火花塞性能；
(2) 能借助测试灯、二极管灯、万用表等工具诊断点火系统初级电路故障；
(3) 学会使用示波器检测点火系统控制信号，并检测点火低压、高压波形，进行波形分析；
(4) 学会使用点火正时枪检查点火提前角；
(5) 学会检测高压线、点火线圈性能；
(6) 使用故障诊断仪读取、分析点火系统故障码、数据流，并分析故障原因。

3.1 无高压火故障诊断

点火系统无高压火，首先确定是点火低压电路故障还是点火高压系统故障。低压电路指点火线圈初级控制系统，高压电路指点火线圈次级输出系统。以下分别从点火低压电路和点火高压电路分析故障原因。

3.1.1 点火低压电路故障诊断

点火低压电路指点火线圈的初级线圈控制电路。点火线圈初级线路故障主要有点火线圈正极电源故障和点火线圈负极控制系统故障。

1. 点火线圈正极电源故障

点火线圈工作需要正极供电正常，点火线圈的正极一般由主继电器供电，继电器对点火线圈的正极控制有两种型式：

(1) 点火开关在 ON 挡，点火线圈正极有电；

(2) 发动机运转(有转速信号)时，点火线圈正极有电。

大众帕萨特 1.8 T 点火系统电路，如图 3－1 所示。点火线圈无电源的故障诊断流程如表3－1所示。

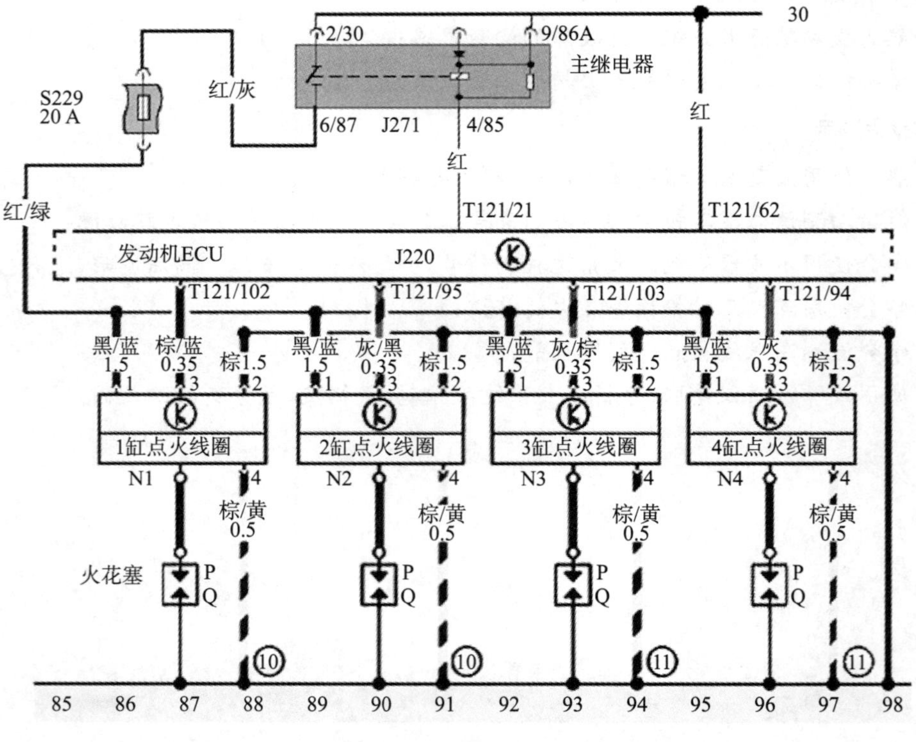

图 3－1 大众帕萨特 1.8 T 点火系统电路图

2. 点火线圈负极控制系统故障诊断

点火线圈初级线圈的负极由点火放大器控制，各车型点火系统结构和原理不一样，点火线圈初级线圈负极信号的控制模式也不一样。点火线圈的负极控制分为外置点火放大器(点火模块)，点火线圈内置点火放大功能，发动机 ECU 内置点火放大功能三种形式。

表 3-1　点火线圈正极无电源的故障诊断流程

步骤	检测操作	检测结果	诊断结论
1	点火开关转至 ON 挡，万用表测试点火线圈正极端子是否有 12 V 电压	无 12 V 电压(有 12 V 电压，转至第 2 步检测)	转至第 3 步检测
2	用测试灯测量点火线圈正极端子，试灯是否点亮	试灯不亮(试灯亮，正极电源正常)	熔断丝、点火开关、主继电器、点火失效器故障
3	转动点火开关至 ST 挡，万用表测量点火线圈正极端子是否有 12 V 电压	无电压(有电压，正极电源正常)	转至第 4 步继续检测
4	检测主继电器电源是否有电压	有电压(无电压，熔断丝及线路故障)	转至第 5 步检测
5	检测发动机 ECU 是否有故障	ECU 无故障码	转至第 6 步检测
6	检测发动机 ECU 是否接收转速信号	有转速信号(无转速信号，则为曲轴位置传感器有故障)	发动机 ECU 故障

1) 外置点火放大器(或点火模块)

外置点火放大器(或模块)一般使用于带分电器的车型，此类车型设计有独立的点火放大器(或点火模块)，由点火放大器控制点火线圈的初级线圈的负极信号。代表车型：日产 SR20DE 发动机、三菱 6G72 发动机、丰田分电器点火发动机等。日产 SR20DE 发动机点火系统电路，如图 3-2 所示。

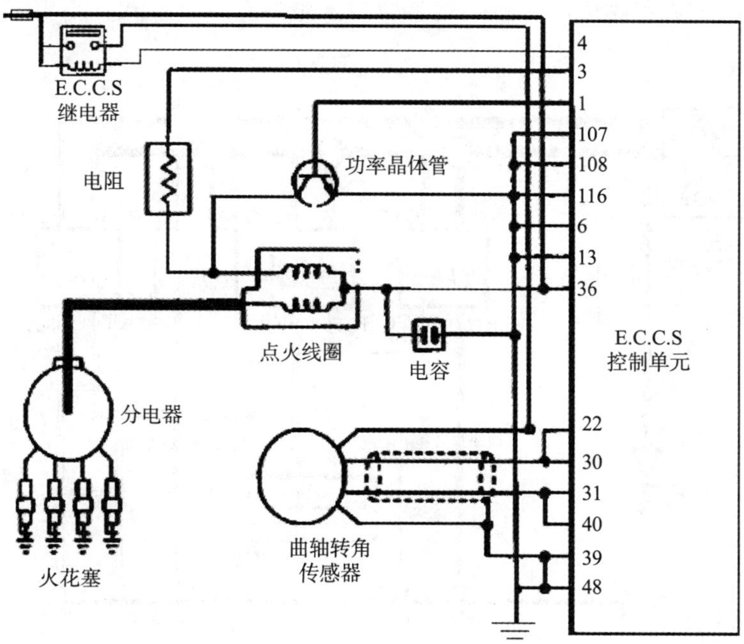

图 3-2　日产 SR20DE 发动机点火系统电路图

外置点火放大器(或点火模块)型点火系统无高压火的故障诊断流程，如图 3-3 所示。

2) 点火线圈内置点火放大功能

点火线圈内置点火放大功能指点火线圈内部带放大集成块，外部电路没有点火放大器，发动机 ECU 直接控制点火线圈。点火线圈内置放大有单缸独立点火，双缸同时点火两种类型。

(1) 单缸独立点火方式

单缸独立点火指每个气缸安装一只点火线圈，由发动机 ECU 按点火顺序控制点火信号，代表车型：

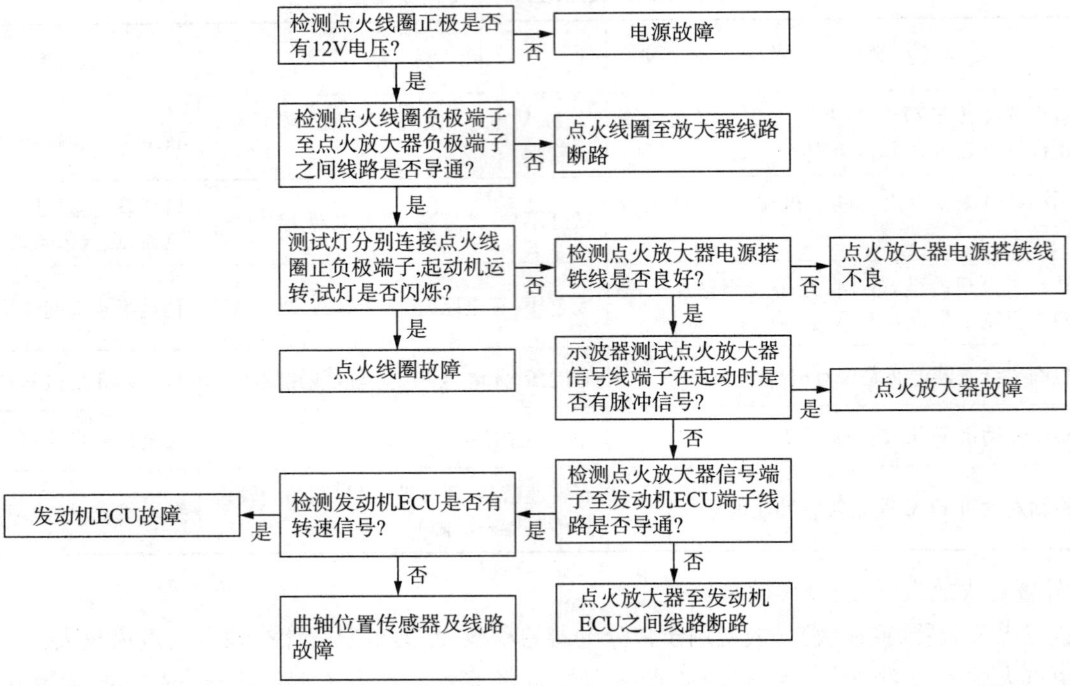

图 3-3　外置点火放大器系统无高压火故障诊断流程图

丰田卡罗拉、奥迪 A6L、别克君越等。当前新款车型多采用独立点火方式。丰田卡罗拉点火系统电路,如图 3-4 所示。

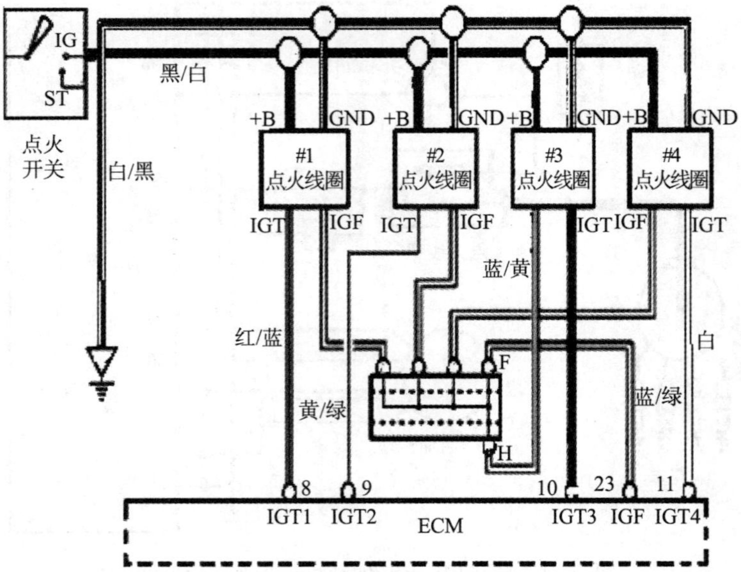

图 3-4　丰田卡罗拉点火电路图

根据丰田卡罗拉点火系统电路原理,单缸独立点火系统无高压火故障的诊断流程如图 3-5 所示。

单缸独立点火系统,发动机 ECU 控制点火线圈的信号脉冲波形如图 3-6 所示。

(2) 双缸同时点火方式

双缸同时点火方式指两个气缸共用一个点火线圈,这种点火方式只用于气缸数目为偶数的发动机上,两个火花塞共用同一个点火线圈且同时点火,一个是有效点火(压缩行程),另一个则

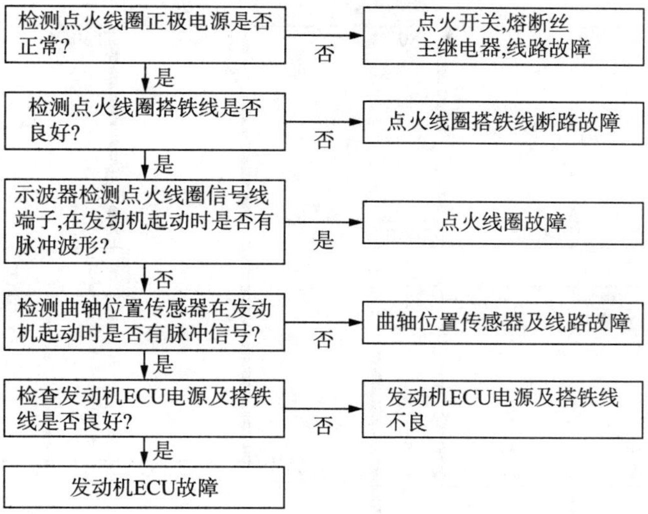

图 3-5 独立点火系统故障诊断流程

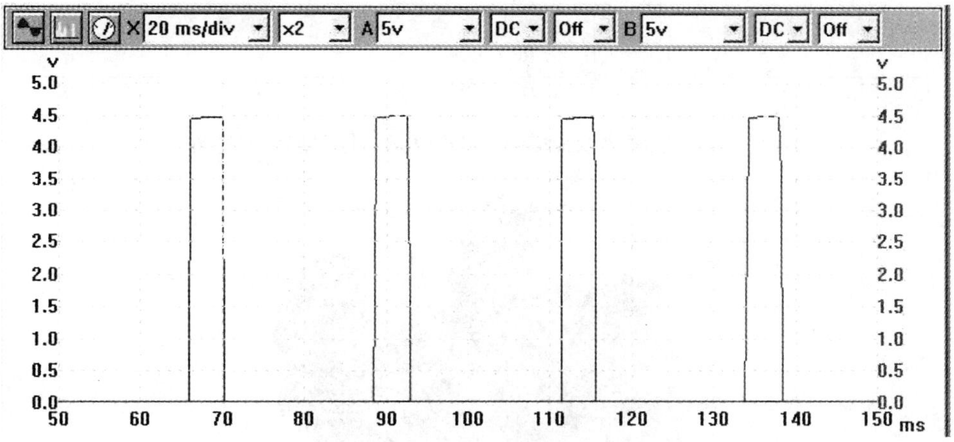

图 3-6 独立点火系统点火控制脉冲信号波形图

是无效点火(排气行程),前者处于高压低温的混合气之中,后者处于低压高温的废气中,因此两者的火花塞电极间的电阻完全不一样,产生的能量也不一样,导致有效点火的能量大得多,约占总能量的 80%以上。上海大众桑塔纳 2000GSI 双缸点火系统电路,如图 3-7 所示。双缸点火系统故障诊断与独立点火系统相同,使用示波器测量发动机点火脉冲信号。上海大众桑塔纳 2000GSI 双缸点火线圈,如图 3-8 所示。

(3) 发动机 ECU 内置点火放大功能

发动机 ECU 内置放大型点火控制系统,指点火放大功能移植到发动机 ECU 内部,外部电路不再设有放大器,点火线圈负极直接由发动机 ECU 控制。代表车型:上海大众桑塔纳 2000GLI、爱丽舍、切诺基等。上海大众桑塔纳 2000GLI 点火系统电路,如图 3-9 所示。

根据上海大众桑塔纳点火系统电路控制原理,发动机 ECU 内置点火放大功能式点火系统无高压火的故障诊断流程如图 3-10 所示。

3.1.2 点火高压电路故障诊断

点火系统高压电路故障主要在点火高压系统元件故障,如点火线圈故障、高压线故障、分电器故障、

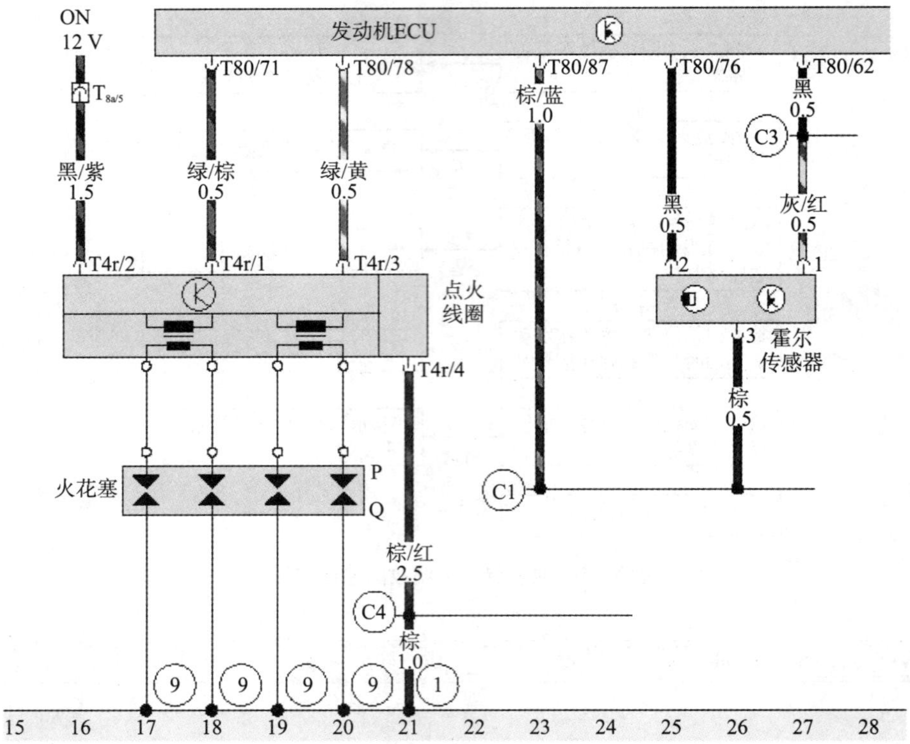

图 3-7　上海大众桑塔纳 2000GSI 双缸同时点火电路图

图 3-8　上海大众桑塔纳 2000GSI 点火线圈(内带集成放大模块)

火花塞故障等,通过元件检测和测试,确定故障原因。

1. 点火线圈故障诊断

点火线圈的初级线圈与次级线圈匝数比通常约为 1∶100。初级线圈的电阻值为 1～4 Ω,次级线圈的电阻:冷值为 8 000～16 000 Ω;热值为 11 000～18 000 Ω。通过检测点火线圈电阻值,可以判断点火线圈的好坏。双缸同时点火的点火线圈电阻测量方法,如图 3-11 所示。

点火线圈常见的故障有点火线圈内部断路,点火线圈内部绝缘不良,短路,点火线圈内部放大器集成电路故障,点火线圈漏电。

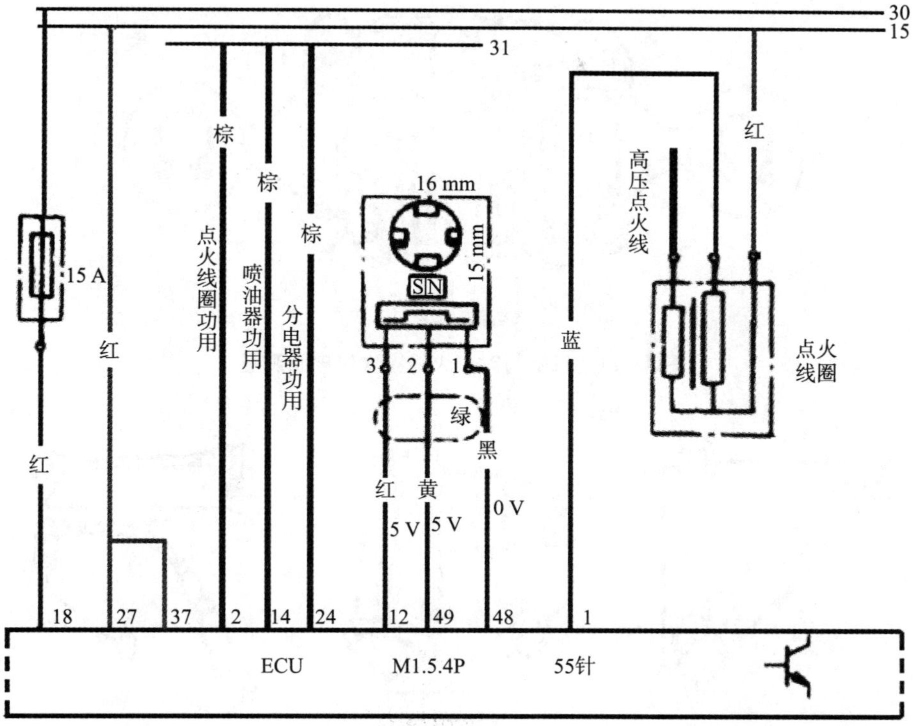

图 3－9　上海大众桑塔纳 2000GLI 点火系统电路图

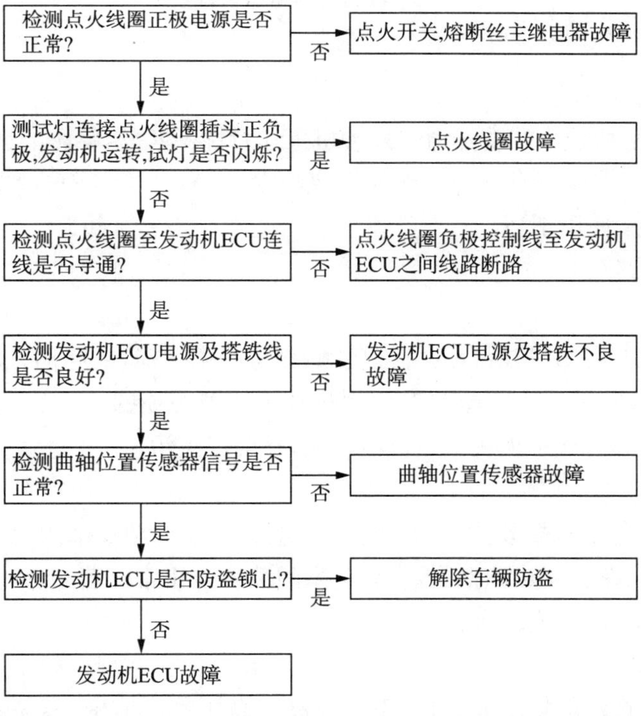

图 3－10　发动机 ECU 内置点火放大功能式点火系统故障诊断流程图

2. 高压线故障诊断

高压线电阻值在 5～25 kΩ,若测量数值不正常,则高压线不良。高压线的电阻测量方法,如图 3－12 所示。

高压线的常见故障有高压线断路,高压线漏电,高压线老化、破损。

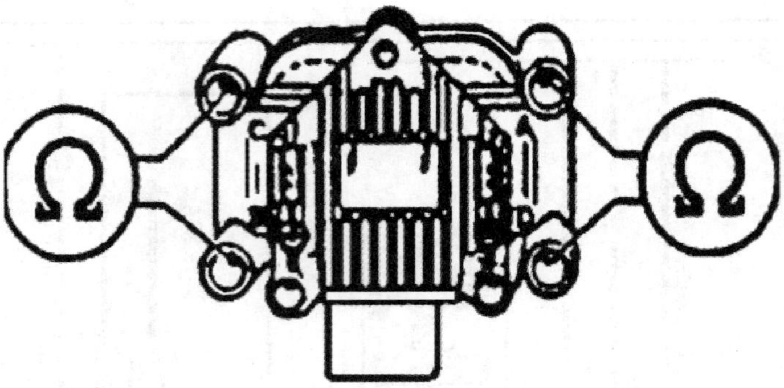

图 3-11　双缸同时点火线圈次级电阻测量

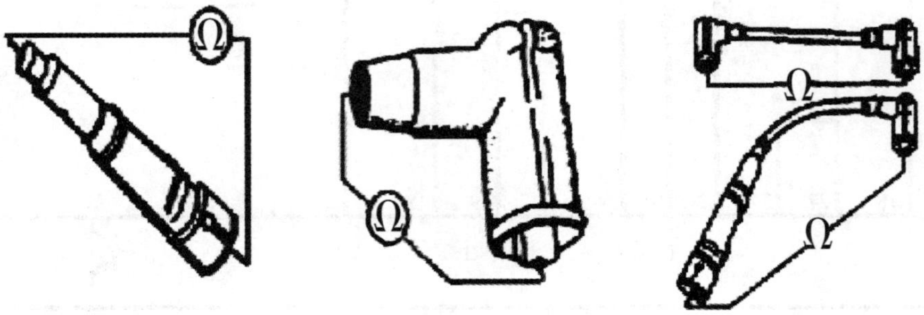

(a) 检测火花塞插头电阻　　(b) 检测防干扰接头电阻　　(c) 检测高压线整体电阻

图 3-12　高压线的电阻测量方法

3. 火花塞故障诊断

1）造成火花塞产生故障的原因

(1) 火花塞选型不当：所装火花塞热值与发动机工作特性不匹配，将影响火花塞的工作性能。

(2) 发动机系统工作不正常：某些元件调整不当，燃油质量、空燃比等不符合要求，将影响火花塞的工作。

(3) 火花塞安装、调整、使用不当。

2）火花塞的常见故障

(1) 火花塞污损

由于火花塞工作在气缸内，并与混合气直接接触，容易产生污损，如起动方法不当，使大量的机油进入了气缸，就会造成火花塞污损。火花塞是在使用过程中逐渐污损的，一般由于电极烧损、火花塞间隙不正常、高压线有问题等原因，或是火花塞热值不匹配，都会产生污损。

(2) 火花塞电极损耗

火花塞跳火容易造成金属电极发生损耗，当损耗量过大时，火花塞间隙变大，使火花塞跳火困难。可以轻敲侧电极，或使用火花塞间隙调整器，使火花塞间隙恢复正常。若中心电极和侧电极的电极头变圆，表明损耗已经相当严重，应更换新火花塞。

(3) 火花塞绝缘体损坏

火花塞绝缘体一般由特殊陶瓷制成，由于工作在高温高压的环境中，容易出现龟裂，使火花塞产生漏电故障。绝缘体损坏的火花塞不能修复，必须更换。

(4) 火花塞热值不匹配

不同的发动机使用不同热值的火花塞，若两者不匹配，火花塞容易出现故障。根据火花塞绝缘体的颜色，可以判断火花塞的工作温度。若绝缘体颜色发黑，又无其他明显原因，说明火花塞热值过高，应选用热型的火花塞；若火花塞绝缘体上没有任何附着物，则热值合适；若火花塞绝缘体上没有任何附着物，但绝缘体出现青白光亮的变色，说明火花塞温度过高。

（5）火花塞漏电

火花塞漏电多由于火花塞帽出现损坏，在起动时，可以发现火花塞外侧有蓝色的火花，表示火花塞帽在向火花塞外壳放电。

（6）火花塞积炭

混合气在燃烧室内燃烧时，会产生各种物质，这些物质会粘附在火花塞上形成积炭，积炭过多和火花塞污损一样，极易引起火花塞漏电，或者形成表面点火的热源。有时积炭堆积在火花塞间隙中间形成短路，使火花塞不能跳火。

3）火花塞的故障诊断方法

（1）断缸法：发动机工作中，人工切断某缸的点火系统，根据发动机工作状况，判断该缸点火性能的方法。

（2）试火法：火花塞安装在高压线端，直接对缸体测试点火，通过观察火花塞火花强弱，判断火花塞性能。

（3）元件互换法：将怀疑有故障的火花塞与确定良好的火花塞互换，观察发动机工况变化，判断火花塞性能。

（4）示波器检测法：通过示波器，检测发动机各缸点火波形，通过观察，比较波形特征，判断点火状况和发动机工作状况。

4）通过火花塞外观，判断发动机工况

从发动机上拆卸的火花塞，观察其外观，可以判断发动机的工作状况及火花塞的工作情况，火花塞上保留着发动机内部工作的特性信息。火花塞外观判断发动机常见故障，如图 3－13 所示。

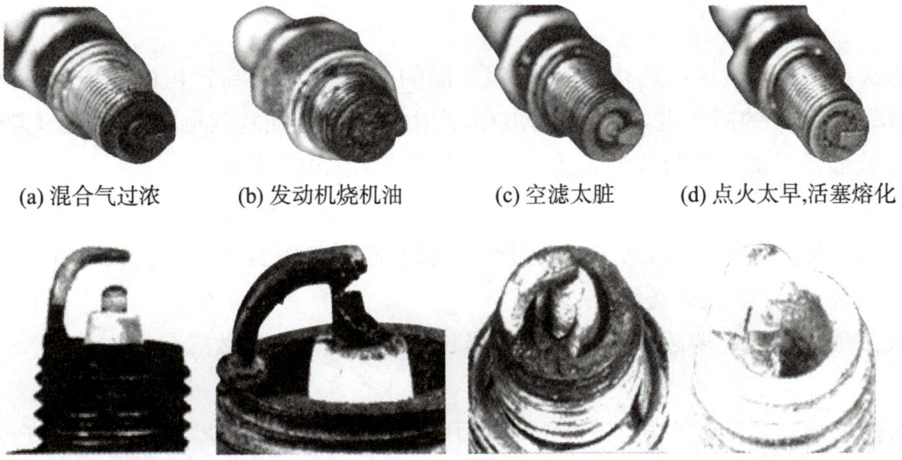

(a) 混合气过浓　(b) 发动机烧机油　(c) 空滤太脏　(d) 点火太早,活塞熔化

(e) 火花塞老化　(f) 过热,熔化　(g) 爆震　(h) 电极过长

图 3－13　火花塞判断发动机故障

3.2　高压火异常故障诊断

高压点火异常的常见故障有高压点火弱，高压漏电，高压断火等。高压点火异常会引起发动机工作不正常，高压点火的性能可以通过示波器观测和分析。

3.2.1 高压点火波形

利用示波器，可以读取发动机工作中的点火波形，包括一次电流波形、一次电压波形、二次电压波形等。示波器可以观测到的波形模式有单缸波形，多缸平列波形，多缸并列波形，多缸重叠波形四种。

1. 单缸波形

单缸波形反映了单缸点火的工作情况。当点火装置出现故障时，次级电压的波形就会发生变化，因此根据波形的变化可初步判断故障所在。单缸波形有四个故障反应区，分别为 A 区域、B 区域、C 区域、D 区域。如图 3-14 为点火波形故障反映区域，代表的波形含义如下：

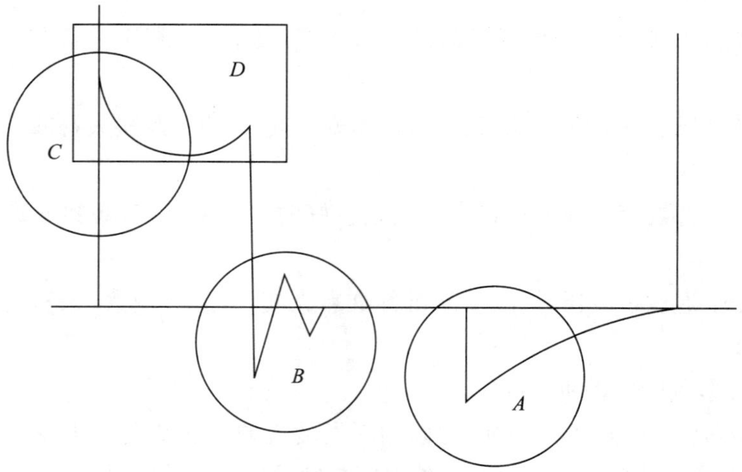

图 3-14 点火波形故障反映区域

1) C 区域

C 区域为点火区域：当低压电路切断时，初级线圈的电流迅速下降，产生的磁场发生巨大变化，在次级线圈内产生 15～20 kV 的高压电，将火花塞击穿，产生火花。火花塞放电后，次级电流随之迅速下降。

C 区域点火波形异常的主要故障原因为点火放大器或消弧电容故障。

2) D 区域

D 区域为燃烧区域：火花塞击穿后，电极间产生电火花，点燃混合气。火花放电过程一般持续0.6～1.5 ms，在高压点火波形上形成火花线。

D 区域点火波形异常的主要故障原因为分电器、高压线、火花塞等故障。

3) B 区域

B 区域为振荡区域：火花塞放电终了，点火线圈中的能量不能维持火花放电时，残余的能量以阻尼振荡的形式消耗殆尽，点火电压波形上出现具有可视脉冲的低频振荡波形。

B 区域点火波形异常的主要故障原因为点火线圈不正常。

4) A 区域

A 区域为闭合区域：低压电路再次闭合后，次级线圈感应出 15～20 kV 与蓄电池电压相反的感生电压。在点火波形上出现迅速下降的垂直线，然后上升过度为水平线。

A 区域点火波形异常的主要故障原因多为分电器不良。

2. 多缸平列波形

按点火顺序，从左至右首尾相连的点火波形，用于诊断点火初级、次级电路的通断、接触性能以及电容器、低压电路、高压线、火花塞等元件性能，如图 3-15 所示。

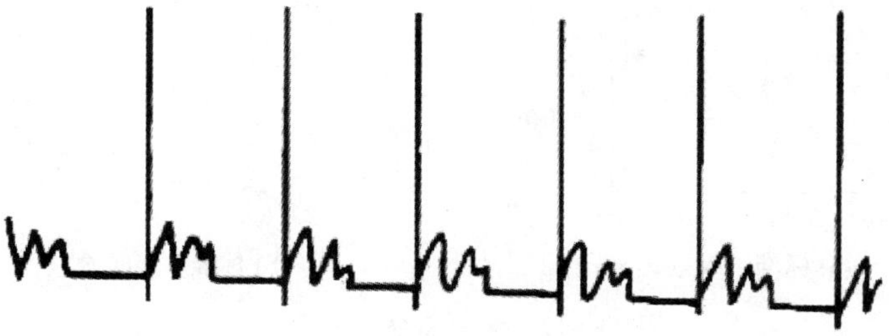

(a) 标准初级平列波

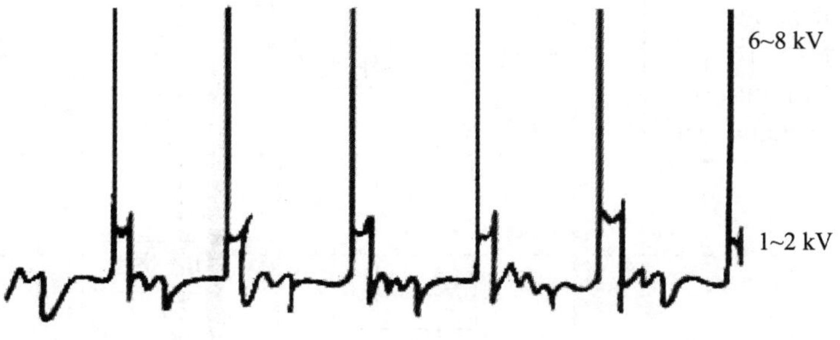

(b) 标准次级平列波

图 3 - 15　多缸平列波形图

3. 多缸并列波形

多缸并列波，即在屏幕上从下到上，按点火次序将所有各缸点火波形，首尾对齐，并分别放置的波形图，如图 3 - 16 所示。

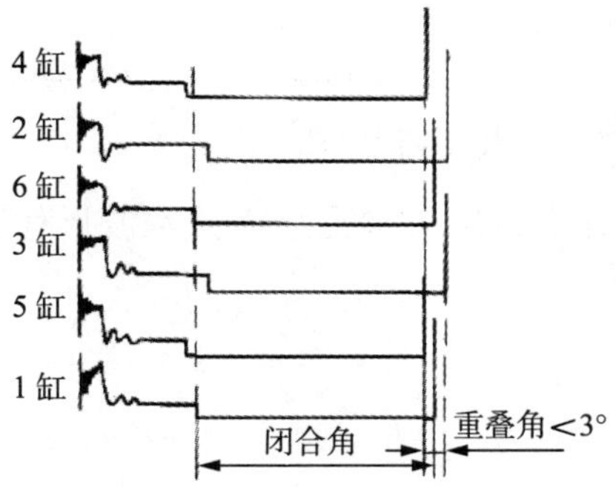

(a) 标准初级并列波

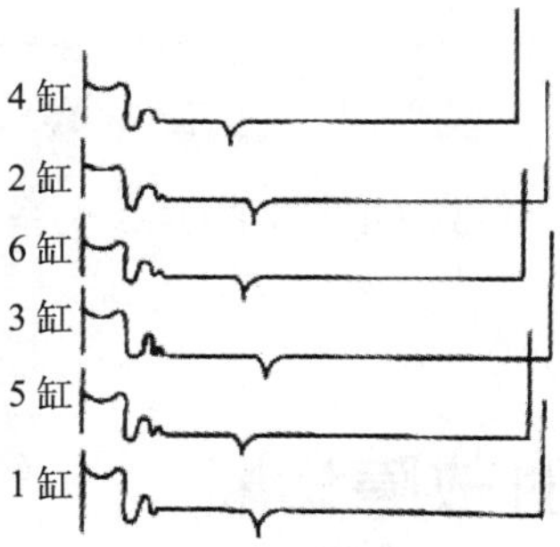

(b) 标准次级并列波

图 3 - 16　多缸并列波形图

4. 多缸重叠波形

多缸重叠波形指将各单缸波形之首对齐并重叠在一起的排列方式，如图 3 - 17 所示。重叠波形是各缸点火波形的叠加，可评价各缸工作的一致性。各缸工作一致的重叠波就像一个单缸波形，只要其中任一缸工作不佳，其波形就会偏离重叠波，通过逐个单缸断火可立即找出这一工作不佳的气缸。

3.2.2　点火波形故障分析

根据示波器检测的各缸点火波形或多缸并列波形，可以分析判断发动机点火系统的故障，点火波形

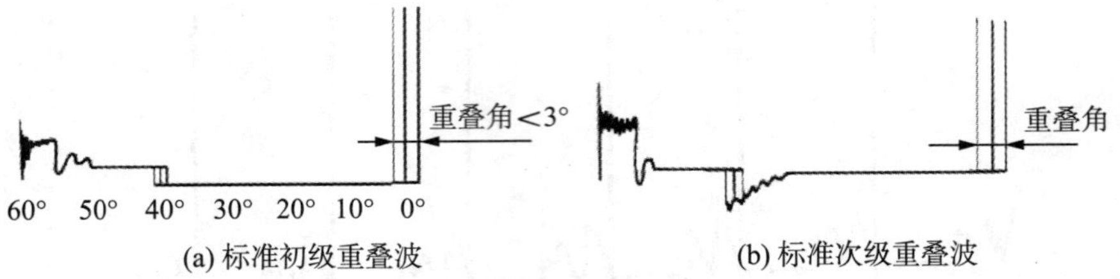

图 3－17　多缸重叠波形图

的各个区域代表相应的含义。标准单缸点火波形含义，如图 3－18 所示。

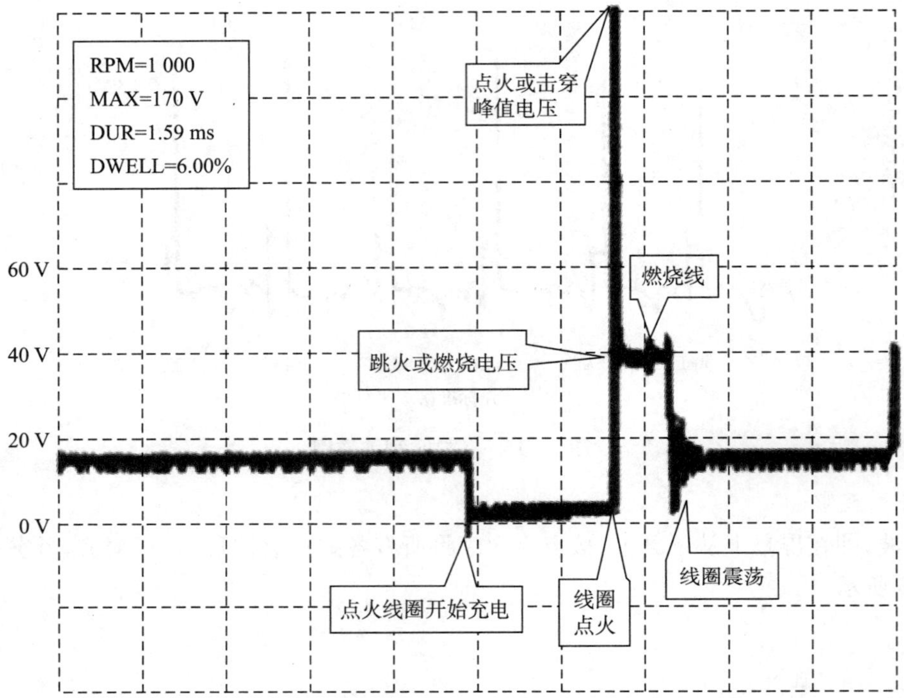

图 3－18　标准单缸点火波形含义

点火波形图上的异常波形线，表示点火系统存在故障。常见点火异常波形代表的故障原因，如图 3－19所示。

3.3　点火正时故障诊断

发动机点火正时不正确时，会产生发动机起动困难、发动机起动时回火放炮、有着车迹象但不能起动、起动时发动机反转、加速不良等故障现象。

点火正时故障包括：点火顺序错误、点火正时错误、点火提前角不正确。

3.3.1　点火顺序错误

点火顺序错误常指带分电器的点火系统，高压点火线分缸线的顺序错误。

1. 一缸位置确定

确定点火顺序，首先必须确定一缸位置，再判断点火顺序。发动机结构不同，一缸的位置也不相同。

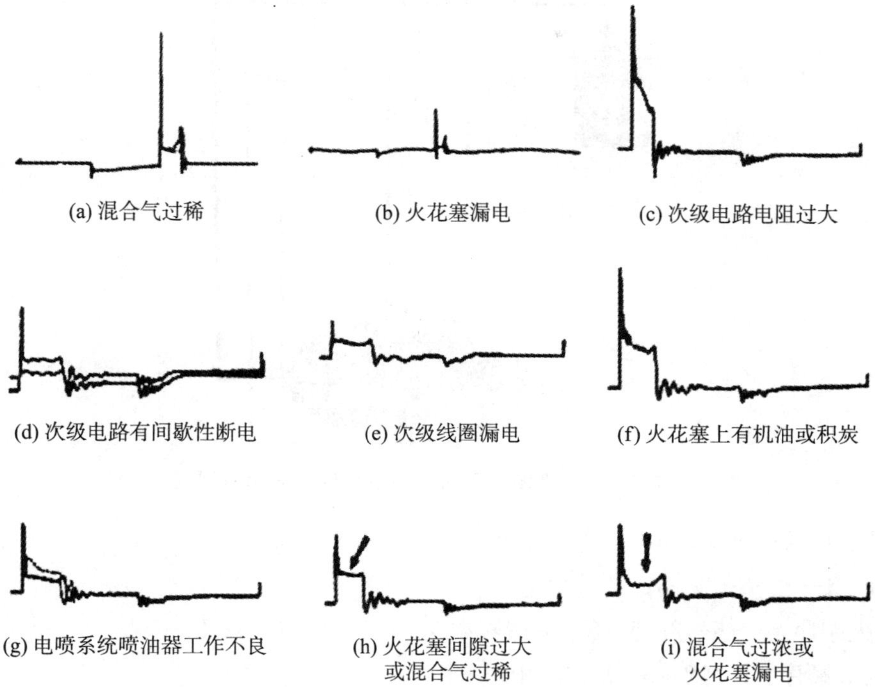

图 3-19　常见点火波形异常代表的故障原因

常见发动机气缸排列方式，如图 3-20 所示。根据气缸排列方式可以确定一缸具体位置。

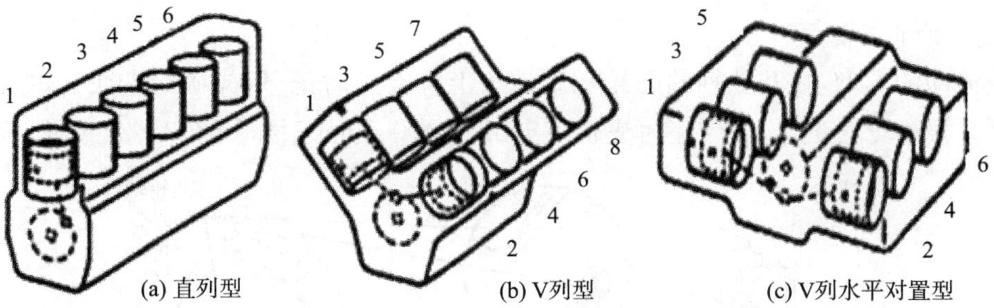

图 3-20　发动机气缸的排列方式

2. 分火头旋转方向

确定一缸位置后，必须确定分电器的旋转方向，多数带分电器的发动机，分电器的旋转方向为顺时针旋转。上海大众桑塔纳 2000GLI 发动机的分电器旋转方向，如图 3-21 所示。

3. 点火顺序

发动机结构特点不同，点火顺序也不相同，必须以维修手册确定的点火顺序为正确标准。维修发动机时，必须查阅维修手册，确定标准的点火顺序。常见的发动机点火顺序如下所述。

1) 直列式发动机的常见点火顺序

(1) 4 缸点火顺序：1—2—4—3 或 1—3—4—2；

(2) 5 缸点火顺序：1—2—4—5—3；

(3) 6 缸点火顺序：1—5—3—6—2—4 或 1—4—2—6—3—5。

2) V 列式发动机的点火顺序

(1) V6 点火顺序：

① 日产：1—2—3—4—5—6；

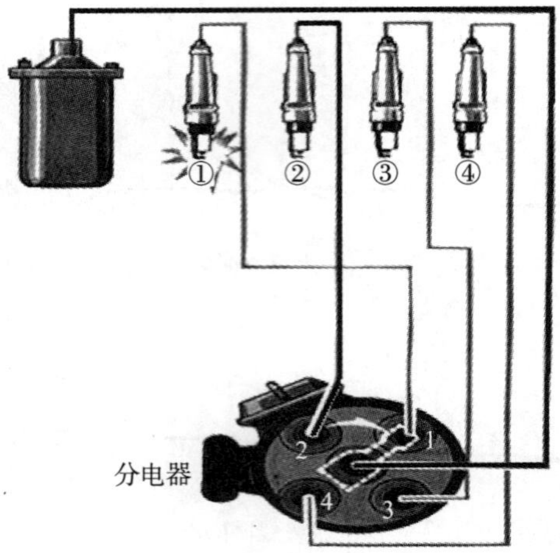

图 3-21　四缸发动机分电器旋转方向示意图

② 本田：1—4—2—5—3—6；

③ 奥迪：1—4—3—6—2—5。

(2) V8 点火顺序：1—6—2—5—8—3—7—4 或 1—5—4—8—6—3—7—2。

(3) V12 点火顺序：1—12—5—8—3—10—6—7—2—11—4—9。

3.3.2　点火正时确定

发动机正时传动机构的主要型式有正时皮带传动，正时链条传动，正时齿轮传动。

1. 正时皮带的正时记号

正时皮带传动的车型，在凸轮轴的凸轮和后挡板上标有正时记号，先确定曲轴正时记号，再确定凸轮轴正时记号。根据正时记号，安装正时皮带。丰田 LS400 正时记号，如图 3-22 所示。

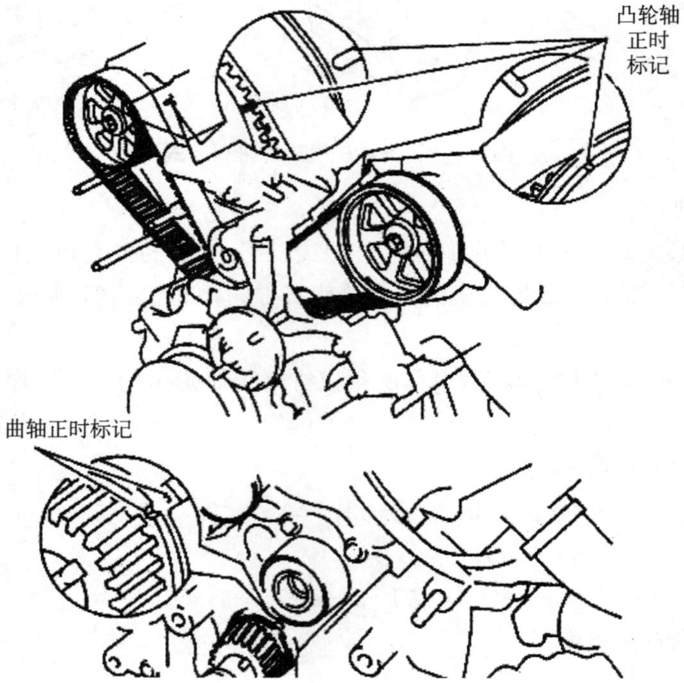

图 3-22　丰田 LS400 正时记号

2. 正时链条的正时记号

正时链条的正时记号在链条上,正时链条上设有彩色链节,分别与曲轴齿轮和凸轮轴齿轮上的正时记号相对。本田雅阁 2.4 正时记号,如图 3-23 所示。

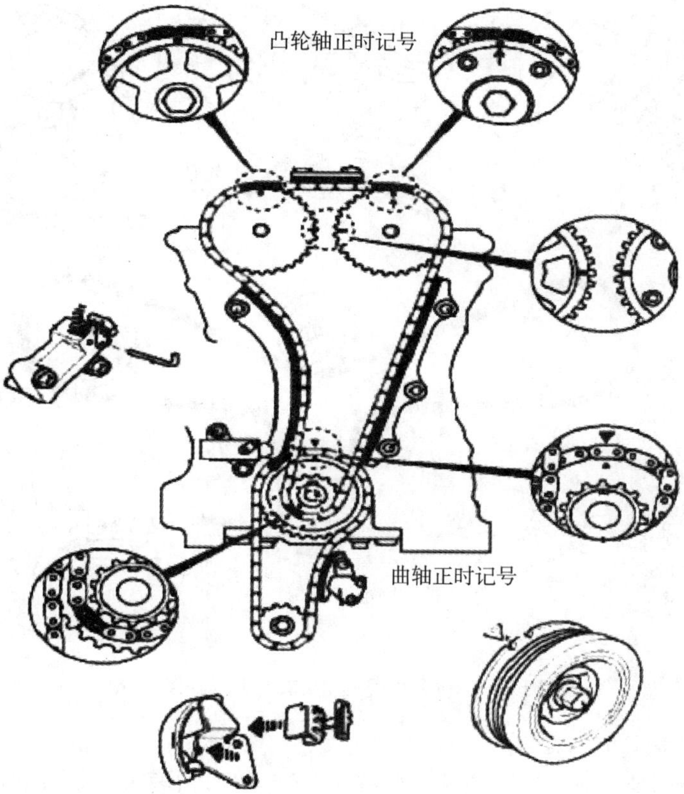

图 3-23　本田雅阁 2.4 正时记号

3. 正时齿轮的正时记号

正时齿轮运用在比较早期车型和柴油发动机及一些特殊车型上,曲轴和凸轮轴各齿轮上有正时记号,分别对准即可。五十铃柴油发动机正时记号,如图 3-24 所示。

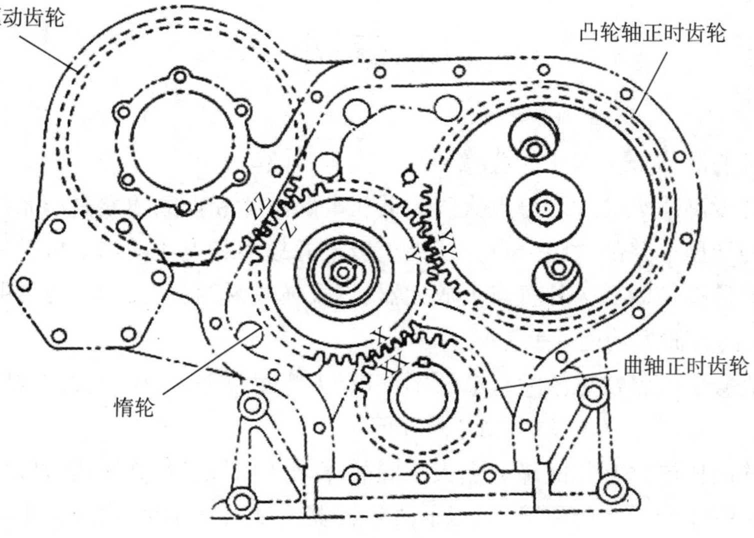

图 3-24　五十铃柴油发动机正时记号

4. 专用工具对正时

新款汽车的点火正时没有记号。安装配气机构时，使用专用工具，分别固定曲轴和凸轮轴，然后安装正时皮带或链条。安装完毕，取下专用工具即可。2001 款奥迪 A6 正时安装方法，如图 3-25 所示。

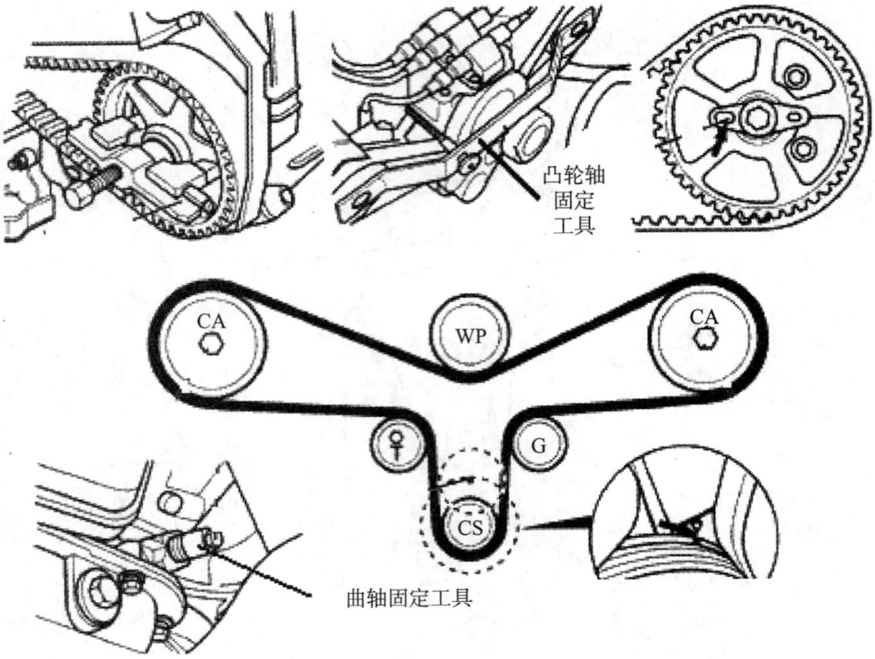

图 3-25　2001 款奥迪 A6 2.4 正时安装方法

5. 点火正时系统安装时的注意事项

(1) 拆卸配气系统前，必须确定正时记号，没有正时记号的，需要人工标注正时记号；

(2) 正时皮带或链条安装完毕，需要转动曲轴轮数转，确定正时无误及轮轴无卡滞现象；

(3) 正时安装完毕，需要放置 30 min 以上，才能起动发动机；

(4) 正时皮带每 10 万 km 必须更换；

(5) 有些新车型，点火正时位置不在一缸上止点，而是四缸活塞同在中心水平位置时。

本章小结

(1) 点火系统的故障分无高压火故障和高压火异常故障。

(2) 点火系统无高压火的故障分点火线圈低压电路故障和点火线圈高压系统故障。

(3) 点火线圈低压电路的故障分点火线圈正极电源故障和点火线圈负极控制系统故障。

(4) 点火线圈负极控制分为外置点火放大器(点火模块)控制型式，点火线圈内置点火放大功能控制型和发动机 ECU 内置放大功能控制型式。

(5) 点火系统低压电路常见故障有电源不良，点火线圈故障，点火放大器故障，发动机 ECU 故障，曲轴位置传感器故障，发动机 ECU 防盗锁止故障等。

(6) 点火系统高压电路常见故障有点火线圈故障，分电器故障，高压线故障，火花塞故障等。

(7) 点火系统高压火异常的故障，可以通过示波器测试点火初级、次级波形，比较分析故障原因。

(8) 发动机正时传动方式分为正时皮带传动，正时链条传动，正时齿轮传动。

(9) 发动机点火正时错误故障包括点火顺序错误和点火正时错误。
(10) 发动机正时安装方式分为：正时标记对正式和专用工具固定式。

复习思考题

1. 拆卸发动机缸盖前，应做哪些正时方面的工作？
2. 发动机点火时间过早和点火时间过晚，发动机工作会产生哪些故障现象？
3. 如何使用诊断仪诊断点火系统故障？
4. 如何排除一缸失火故障？
5. 如何使用示波器诊断一缸不工作故障？
6. 如何判断单缸独立点火系统点火线圈的性能？

普通高等职业教育规划教材
21世纪卓越汽车应用型人才培养专用教材

4 发动机燃油系统故障诊断

学习目标

知识目标

(1) 了解发动机燃油喷射系统常见故障；
(2) 熟悉发动机喷油系统常见故障的诊断思路；
(3) 掌握诊断和检测发动机燃油喷射控制系统故障的方法。

能力目标

(1) 学会连接燃油压力表测试燃油供给压力；
(2) 借助工具根据电路图，查找燃油泵不工作故障原因；
(3) 学会使用二极管灯检测喷油器工作状况；
(4) 学会检测判断喷油器性能好坏；
(5) 根据发动机故障现象，诊断燃油系统故障原因；
(6) 使用故障诊断仪器，读取分析燃油系统数据信息。

4.1 燃油供给系统故障诊断

4.1.1 燃油泵不工作

电动燃油泵控制的形式有燃油泵继电器控制，燃油泵 ECU 控制，ECU 直接控制燃油泵。

1. 燃油泵继电器控制

大多数汽车采用燃油泵继电器控制燃油泵电动机工作，继电器由发动机 ECU 控制工作信号。大众帕萨特燃油泵控制电路，如图 4－1 所示。

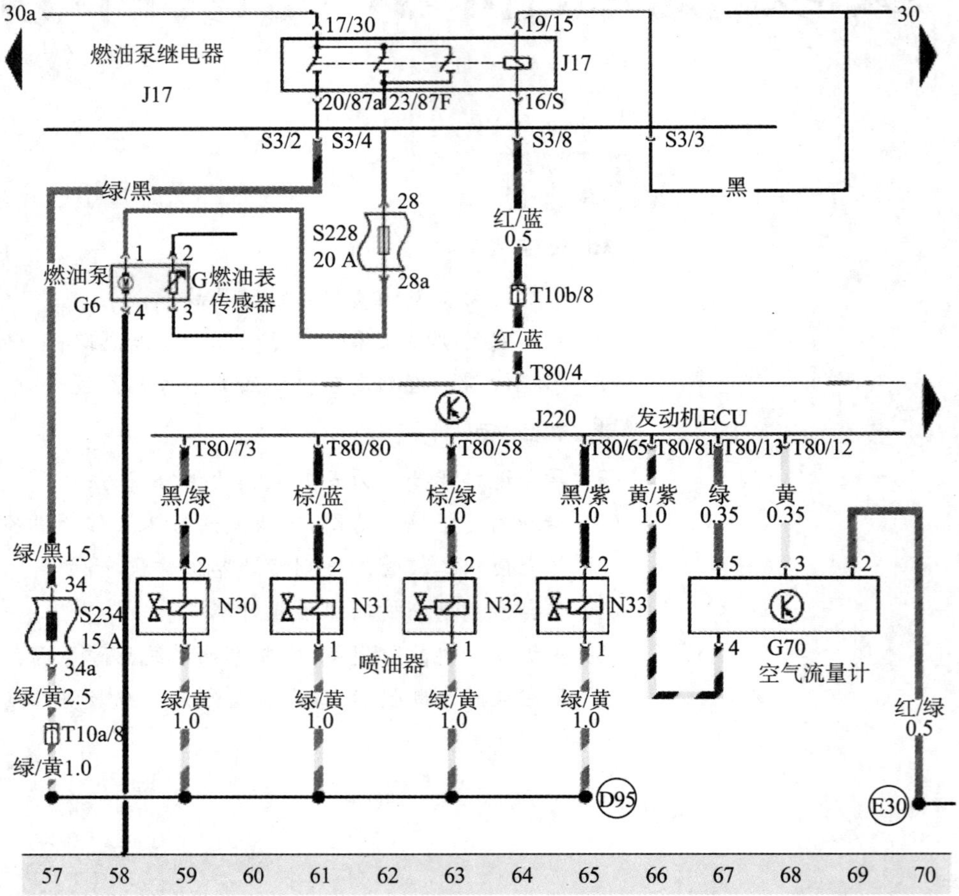

图 4－1 大众帕萨特燃油泵控制电路图

以大众帕萨特为例，继电器控制的燃油泵不工作的故障诊断流程如表 4－1 所示。

2. 燃油泵 ECU 控制

燃油泵电动机由燃油泵 ECU 控制。代表车型：丰田雷克萨斯 400、丰田卡罗拉 3.0 等。此类车燃油泵电动机的工作电压在 8～14 V，发动机 ECU 根据转速、负荷发送信号给燃油泵 ECU，燃油泵 ECU 供8～14 V 的电压给燃油泵电动机，燃油泵电动机以不同转速运转。丰田雷克萨斯 400 燃油泵控制电路，如图 4－2 所示。

表 4-1　继电器控制燃油泵不工作的故障诊断流程

步骤	检测诊断操作	是	否
1	拔下燃油泵继电器，测量继电器座端子 30 是否有 12 V 电源电压	转至第 2 步	燃油泵继电器电源及线路故障
2	测量燃油泵继电器座端子 87F 与搭铁是否导通	转至第 5 步	转至第 3 步
3	检查燃油泵熔断丝 S228 是否良好	转至第 4 步	更换燃油熔断丝 S228
4	测量燃油泵插头电动机端子 1 和端子 4 是否导通	转至第 5 步	燃油泵电动机或线路断路
5	使用带保护装置的短接线，短接燃油泵继电器座端子 30 与 87F，油泵是否工作	转至第 6 步	油泵电动机故障
6	点火开关 ON 挡，测量燃油泵继电器座端子 15 是否有12 V 电源电压	转至第 7 步	继电器控制电源不良
7	发光二极管灯连接燃油继电器座端子 15 与端子 S，起动发动机，二极管灯是否点亮	燃油泵继电器故障	转至第 8 步
8	测量燃油泵继电器座端子 S 至发动机 ECU 端子 T80/4 之间线路是否导通	转至第 9 步	燃油泵继电器至发动机 ECU 之间线路断路
9	检测发动机 ECU 之曲轴转速信号是否良好	发动机 ECU 故障	曲轴位置传感器故障

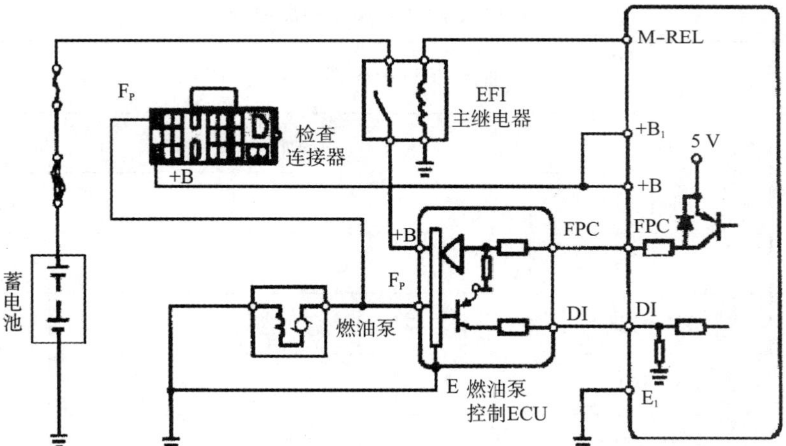

图 4-2　丰田雷克萨斯 400 燃油泵控制电路图

丰田雷克萨斯 400 燃油泵 ECU 安装位置，如图 4-3 所示。燃油泵 ECU 位于后备箱，离燃油箱较近位置。

图 4-3　丰田雷克萨斯 400 燃油泵 ECU

丰田燃油泵控制 ECU 的检测与诊断方法：

(1) 读取及清除发动机 ECU 故障码；

(2) 短接诊断座端子+B 与 FP，确定燃油泵电动机电路是否良好，短接方法如图 4-4 所示；

(3) 检测燃油泵 ECU 是否接收发动机 ECU 信号，燃油泵 ECU 各端子检测数据如表 4-2 所示；

(4) 检测燃油泵电动机电阻值是否正常；

(5) 检测燃油泵电动机是否能在 8～14 V 电压运转；

(6) 此类燃油泵电动机为特殊燃油泵电动机，不能使用普通燃油泵电动机替代。

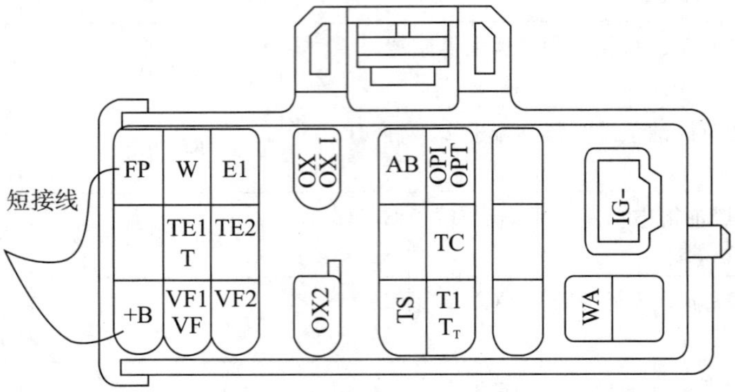

图 4-4　短接法测试油泵电路图

表 4-2　丰田燃油泵 ECU 端子检测数据

电动燃油泵 ECU 上各端子的检测值			
检测项目	端子	条件	标准值/V
导通性	E-接地	—	导通
导通性	D1-接地	—	导通
电压值	FP-接地	急加速	12～14
电压值	FP-接地	怠速	8～10
电压值	+B-接地	点火开关“ON”位置	9～14
电压值	FPC-接地	急加速到 6 000 r/min 或更高	4～6
电压值	FPC-接地	怠速	2.5

3. ECU 直接控制燃油泵

部分高端车型燃油泵控制系统无油泵继电器，燃油泵直接由控制单元(BCM 或 ECU 等)控制，代表车型：宝马。宝马 ECU 直接控制燃油泵系统，燃油泵电动机工作受发动机 ECU 和车身 CAN 网络严格控制和失效保护，当车辆发生碰撞故障，安全气囊系统触发时，燃油泵电动机的工作将被切断，以保护车辆安全。宝马 E65 燃油泵控制电路如图 4-5 所示。

ECU 直接控制燃油泵故障，需使用专用诊断仪，读取控制单元和网络系统故障、数据、功能测试。

4. 燃油泵电动机切断的特殊情况

新型汽车在很多涉及安全的特殊状态下，控制模块或电路会切断燃油泵电路，以保护车辆安全。当

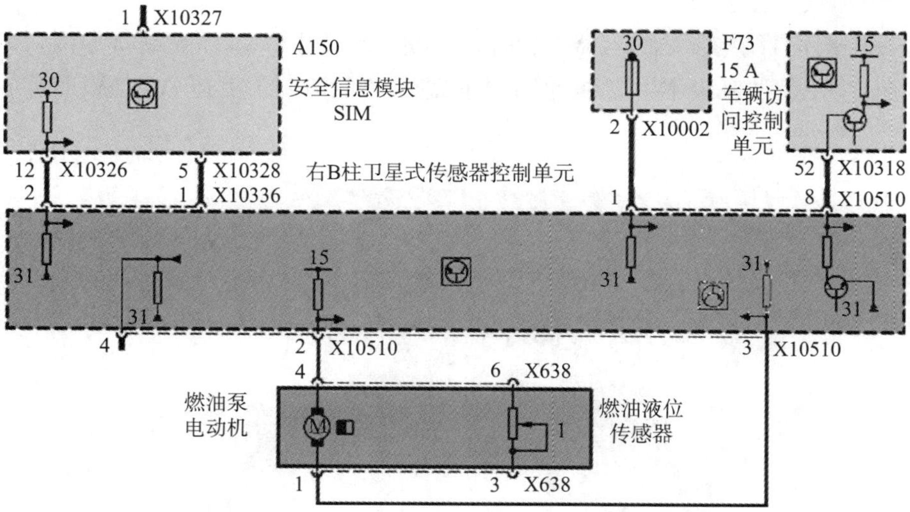

图 4-5 宝马 E65 燃油泵控制电路图

发生如下情况时，燃油泵电动机电路将被切断：

（1）车辆发生碰撞事故，燃油切断开关触发（如雪铁龙、福特）；

（2）安全气囊引爆（如宝马）；

（3）燃油箱无油（如别克）；

（4）防盗触发。

对于带燃油切断功能的车辆，在发生碰撞事故，燃油切断情况下，当事故修复以后，需要做燃油切断功能复位，否则燃油泵无法工作。雪铁龙爱丽舍燃油切断惯性碰撞开关，如图 4-6 所示。

图 4-6 雪铁龙爱丽舍燃油切断惯性开关

4.1.2 燃油泵工作，无燃油供给

燃油泵电动机控制电路正常，供电正常，燃油泵运转正常，但无燃油供给，故障的主要原因在燃油泵总成和油箱系统。

燃油泵工作正常，但无燃油供应的常见故障有以下几种。

1. 燃油箱无油

燃油箱无燃油，除了不能抽上燃油外，由于燃油泵电动机需要通过燃油的运行散热，长时间燃油箱无燃油会导致燃油泵电动机烧毁。

2. 燃油箱变形，吸不上燃油

燃油箱是一个密闭且结构复杂的容器，燃油箱的变形、通气孔堵塞、不密封等原因，都可能导致燃油箱内压力异常变化，使燃油泵吸不上燃油，但不可能造成燃油泄漏。奥迪 A8 马鞍形燃油箱结构，如图 4-7 所示。

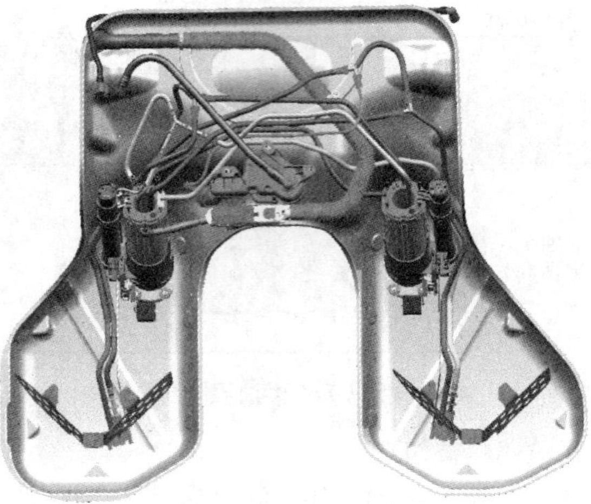

图 4-7　奥迪 A8 马鞍形燃油箱结构图

3. 燃油滤清器堵塞

许多车型燃油滤清器与燃油泵电动机为一体总成，安装在燃油箱内，燃油滤清器堵塞或安装不当，会造成燃油泵电动机虽工作，但供油不畅的故障。带燃油滤芯的燃油泵总成结构，如图 4-8 所示。

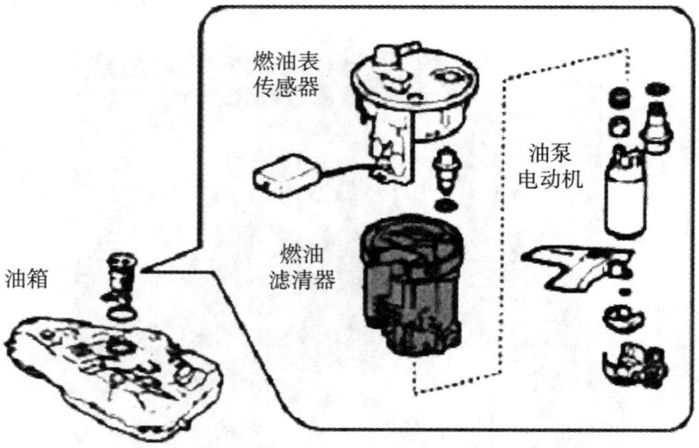

图 4-8　带燃油滤芯的燃油泵总成结构图

4. 燃油泵的油管脱落

燃油泵电动机连接油管脱落，燃油泵电动机虽然工作，但燃油在燃油箱内循环，不能输送到燃油管道。燃油管脱落多为更换安装燃油滤芯时，安装不牢固所致。

5. 燃油输送管道堵塞

燃油输送管道指燃油泵至发动机油轨之间的油路管道。油管堵塞的原因主要是油管变形，或外装燃油滤芯堵塞。大众车系外装燃油滤清器，如图 4-9 所示。

4.1.3　燃油压力过低故障诊断

燃油压力过低会导致喷油器喷油量减小或不喷油，产生发动机起动困难或加速不良等故障。燃油

图 4－9　外装燃油滤清器

压力包括：工作压力、回油压力、保持压力等。常见车型发动机正常工作标准燃油压力，如表 4－3 所示。

表 4－3　　常见车型标准燃油压力表

车　型	排　量/L	喷射类型	系统油压(接真空管)/kPa	残　压
上海大众桑塔纳 2000	1.8	多点喷射	约 300	150 kPa(停车 10 min 后)
奥迪 A6	1.8	多点喷射	约 350	250 kPa(停车 10 min 后)
别克车系	3.0	多点喷射	284～325	33 kPa(停车 10 min 后)
通用车系	5.0	单点喷射	75	残压很低
丰田车系	—	多点喷射	196～235(怠速) 265～304(静态)	熄火后 5 min 不降低
克莱斯勒车系	2.5	单点喷射	98	残压很低
本田车系	2.0	多点喷射	265～305(怠速)	150 kPa(停车 10 min 后)
福特车系	2.3	多点喷射	206～318(怠速)	熄火后 5 min 不降低

燃油压力过低的主要故障原因有：

1. 燃油泵故障

1) 燃油泵电动机控制电路故障

(1) 燃油泵电动机供电电压过低；

(2) 燃油泵继电器接触不良；

(3) 燃油泵电动机搭铁线不良；

(4) 燃油泵电动机线路接触不良；

(5) 燃油泵 ECU 故障。

2) 燃油泵电动机故障

(1) 燃油泵电动机线圈短路；

(2) 燃油泵电动机电阻过大;

(3) 燃油泵电动机转速降低。

3) 燃油泵电动机机械故障

(1) 燃油泵电动机磨损、卡滞;

(2) 燃油泵泄漏、泄压;

(3) 燃油泵单向限压阀不良;

(4) 燃油泵滤网堵塞;

(5) 燃油泵总成漏油。

2. 油压调节器故障

(1) 油压调节器真空管脱落,真空泄漏;

(2) 油压调节器损坏;

(3) 油压调节器回油过多。

3. 燃油滤清器堵塞

(1) 燃油滤清器过脏;

(2) 燃油滤清器安装方向装反,燃油滤清器的正确安装方向如图 4-10 所示;

(3) 燃油滤清器变形堵塞。

图 4-10 燃油滤清器的安装方向

4.2 燃油喷射系统故障诊断

4.2.1 喷油器不喷油故障诊断

1. 喷油器控制电路故障诊断流程

电喷发动机喷油系统由发动机 ECU 控制喷油器电磁阀的打开和关闭,控制喷油。大众帕萨持 1.8 T喷油器控制系统电路,如图 4-11 所示。

根据喷油器工作的控制原理,喷油器不工作的故障诊断流程如图 4-12 所示。

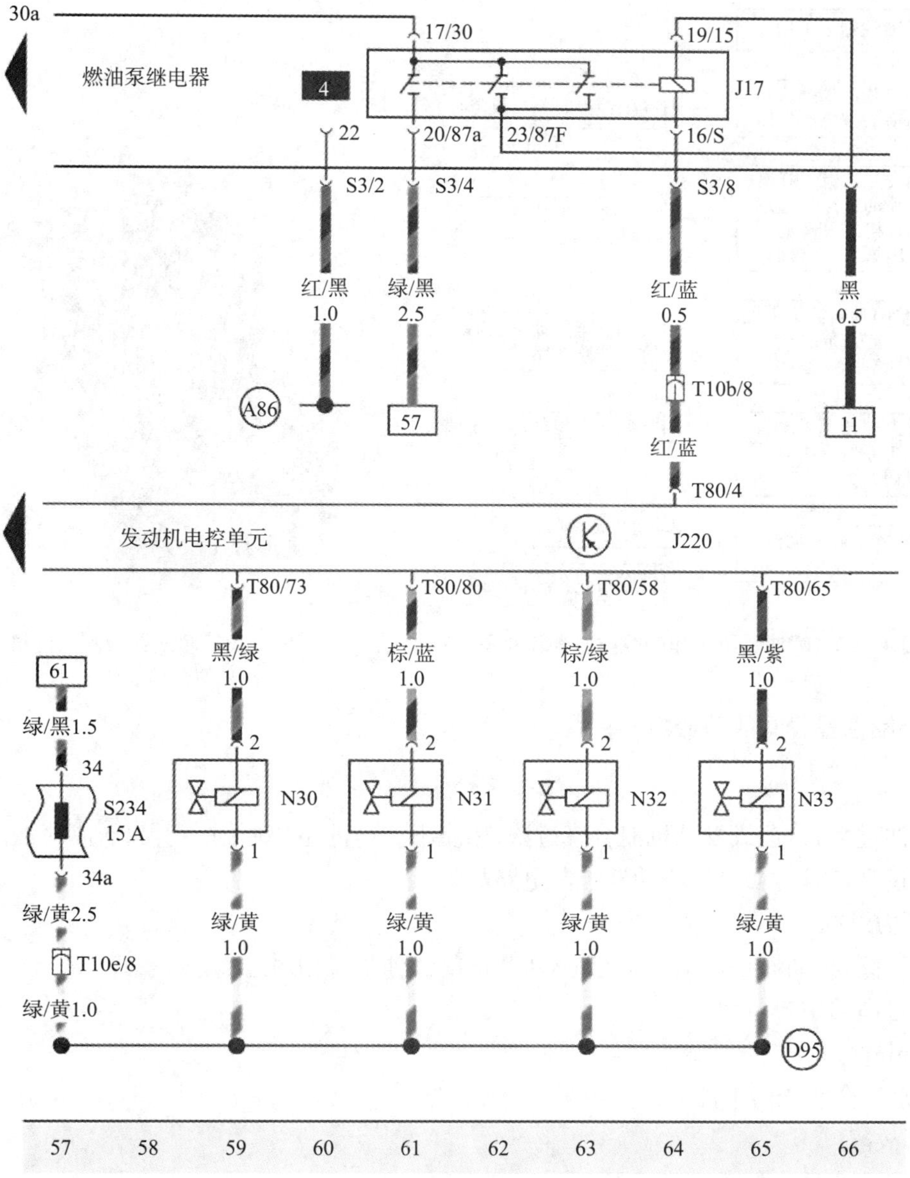

图 4－11　大众帕萨特 1.8 T 喷油器控制电路图

2. 喷油器故障诊断

1）喷油器电阻测量

喷油器分为低电阻喷油器（2～5 Ω）和高电阻喷油器（10～14 Ω）。新车型大多采用高电阻喷油器。通过测量喷油器电阻值，确定喷油器电磁线圈是否良好。

2）喷油器测试

使用连接线，通过蓄电池，直接给喷油器电磁阀供电，检查喷油器是否动作，确定喷油器工作性能。

3）仪器设备测试

使用喷油器检测清洗机，检测并清洗喷油器。喷油器检测清洗机可以检测喷油器是否喷油、喷油量大小、喷油是否均匀及喷油器是否泄漏等现象，并对喷油器进行清洗维护。喷油器检测清洗机如图 4－13 所示。

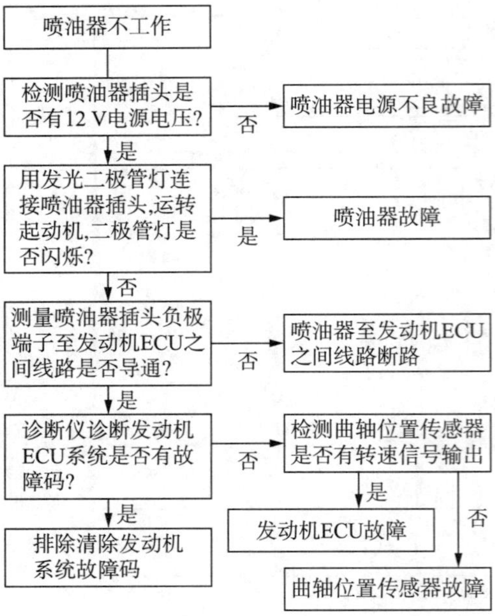

图 4－12　喷油器不工作的故障诊断流程图

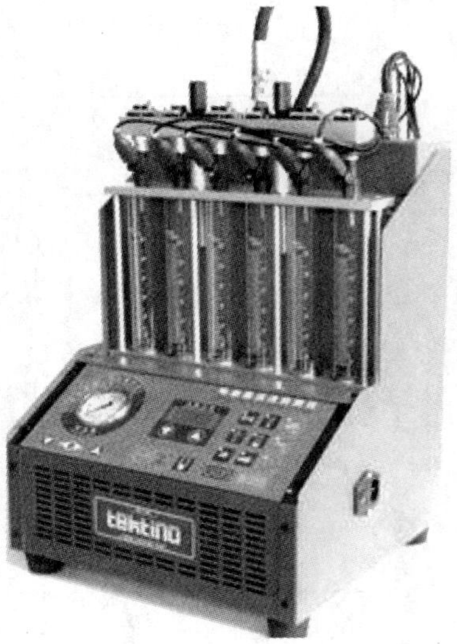

图 4－13　喷油器检测清洗机

4.2.2　喷油器喷油量异常故障诊断

1. 喷油过多

喷油器喷油过多,是造成发动机混合气过浓、燃烧不完全的主要原因。引起造成喷油过多的主要因素有燃油压力过高,喷油器故障,喷油器控制电路故障。

1）燃油压力过高

燃油压力过高,喷油器正常工作状态下,所喷射的燃油量就相对过多。

燃油压力过高的主要原因有：

(1) 回油阀故障；

(2) 燃油泵安全泄压阀卡滞。

2）喷油器故障

喷油器造成喷油量过多的主要原因有：

(1) 喷油器喷射不均匀；

(2) 喷油器喷射孔变大；

(3) 喷油器滴油；

(4) 喷油器密封圈不良；

(5) 喷油器卡滞。

3）喷油器控制电路故障

喷油器控制电路故障主要指发动机 ECU 控制喷油信号异常。引起发动机 ECU 控制喷油器信号异常的常见原因有：

(1) 空气流量计故障(或进气压力传感器故障)；

(2) 节气门位置传感器或加速踏板位置传感器故障；

(3) 发动机冷却液温度传感器断路；

(4) 氧传感器故障；

(5) 发动机 ECU 及线路故障。

2. 喷油过少

喷油器喷油量过小，会造成混合气过稀，产生发动机加速无力的故障现象，引起造成喷油器喷油量过小的主要原因有：

(1) 燃油压力过低；

(2) 喷油器堵塞；

(3) 空气流量计故障；

(4) 冷却液温度传感器短路或损坏；

(5) 氧传感器故障；

(6) 发动机 ECU 及线路故障。

本章小结

(1) 发动机燃油系统故障分为燃油供给系统故障和燃油喷射系统故障。

(2) 发动机燃油供给由燃油泵提供，燃油泵电动机工作由发动机 ECU 控制。

(3) 燃油泵电动机控制分为燃油泵继电器控制、燃油泵 ECU 控制和 ECU 直接控制。

(4) 燃油供给系统故障主要有不供油、燃油压力过高、燃油压力过低等。

(5) 喷油器工作受发动机 ECU 控制，喷油器控制电路通过二极管灯或示波器检测。

(6) 喷油器性能可以使用喷油器检测清洗仪检测和维护。

(7) 喷油器故障主要有喷油器不喷油、喷油量过大、喷油量过小等。

复习思考题

1. 四缸发动机，只有一缸喷油器不工作的故障原因有哪些？
2. 连接燃油压力表检测燃油系统压力时，需注意哪些事项？
3. 拆装燃油泵和燃油管需注意哪些事项？
4. 为什么许多车型燃油箱用橡胶或塑料制成？
5. 发动机冒黑烟的油路故障有哪些？
6. 分析四缸同时喷油和双缸同时喷油系统的发动机工作原理。

5 发动机机械故障诊断

学习目标

知识目标

(1) 熟悉发动机气缸压力异常引起的发动机故障；
(2) 掌握气缸压力测量与故障判断方法；
(3) 掌握排除发动机气缸压力异常故障思路；
(4) 掌握诊断可变气门正时调节系统故障方法；
(5) 掌握分析诊断发动机异响的故障思路。

能力目标

(1) 熟练测量发动机气缸压力；
(2) 根据气缸压力判断发动机故障原因；
(3) 学会诊断可变气门正时调节系统故障；
(4) 掌握辨听发动机异响、判断故障部位的方法。

5.1 发动机气缸压力异常故障诊断

气缸压力指发动机压缩终了时，气缸内的气体压力。在一定的压缩比、转速和温度状态下，气缸压力与机油黏度、气缸活塞组的技术状况、配气机构调整的正确性及气门、气缸垫的密封性等有关。

气缸压力是判断发动机气缸密封性的重要依据，通过测量气缸压力，可以诊断气缸工作性能。

气缸压力不是固定不变的，不同车型发动机在不同转速、不同工况下，发动机气缸压力也不一样。如果气缸压力不正常，会产生发动机无法起动或工作不良等故障现象。

测量气缸压力应遵循以下原则：

(1) 测量气缸压力前，必须断开点火和喷油电路；

(2) 火花塞全部拆除；

(3) 发动机转速必须在 300 r/min 以上；

(4) 节气门必须全部打开；

(5) 每缸测量不得少于 2 次，取平均值；

(6) 发动机运行期间禁止测量气缸压力。

气缸压力异常的常见故障有气缸压力过高，气缸压力过低。

5.1.1 气缸压力过高

气缸压力过高，会造成发动机水温过高、发动机工作不平顺、爆燃等故障发生。气缸压力过高的根本原因是燃烧室容积变小、压缩比增大，造成气缸压力增大。

引起气缸压力过高的常见故障原因有气缸内部积炭过多，气缸垫过薄，气缸盖磨削过多。

1. 气缸内部积炭过多

发动机气缸内部积炭过多，直接占据燃烧室空间，使气缸容积减小，造成气缸压缩比增加，导致气缸压力过高。

造成的发动机气缸积炭过多的常见原因有：

(1) 燃油品质较差；

(2) 混合气不均匀；

(3) 空气滤芯堵塞；

(4) 发动机点火性能变差；

(5) 发动机长期低速运行；

(6) 发动机不定期维护。

2. 气缸垫过薄

更换新的气缸垫，如果使用非标准气缸垫，气缸垫厚度不够，就会造成燃烧室容积减小，气缸压缩比增加，产生气缸压力过高现象。

3. 气缸盖磨削过多

气缸盖由于变形、烧蚀等原因，需要经过加工再使用，在气缸盖磨削加工中，如果磨削量过多，会造成气缸燃烧室容积减小。发动机气缸盖磨削极限标记，如图 5 - 1 所示。

5.1.2 气缸压力过低

气缸压力过低，会导致发动机动力性、经济性下降，产生汽车行驶无力、油耗增加、起动困难等故障。

图 5-1　气缸盖磨削极限标记

当气缸压力达到标准缸压的 75%以下时，表明气缸磨损过度，发动机需要进行大修，而且各缸缸压与平均缸压差不得相差 8%。

气缸压力降低的主要原因是气缸密封不严，引起气缸泄漏，造成气缸压力下降。

气缸压力偏低，可以通过缸压测量方式，分析确定故障原因和部位。

1. 检测方法

1）机油加注法

当测量气缸压力过低时，可以从火花塞孔注入少量机油，运转一下发动机，再次测量，比较两者的差别。若是两次测量缸压一样过低，故障在于气门部位；若第二次测量气缸压力比第一次高，则故障在于活塞环部位。

2）起动检测

（1）在起动机刚运转时，气缸压力表的指针上升很少，随着起动机运转时间的延续，指针慢慢上升，但升高值不大，最终指针不动，压力表的读数仍很低，以此可以判断故障在于气门漏气。

（2）在起动机刚转动时，气缸压力表的读数很低，但随着起动机运转时间的延续，气缸压力由低逐渐升高，但最终读数要比该气缸压力的标准值低，此故障应为活塞漏气。

3）缸压比较法

（1）若检测相邻两气缸的压力相等，且都偏低时，故障原因为相邻两缸的气缸垫烧穿。

（2）若各缸压力普遍偏低时，故障原因可能为配气相位、正时错误。

2. 缸压过低原因

1）气门漏气

气门漏气引起缸压过低的故障原因和部位有：

（1）气门杆与气门座密封不严；

（2）气门弹簧或顶柱失效；

（3）气门间隙调整不当；

（4）气门积炭过多；

（5）气门杆或气门座缺损、变形。

2）活塞漏气

活塞漏气引起缸压过低的故障原因和部位有：

（1）活塞环磨损、变形；

（2）活塞环装错；

（3）气缸筒磨损、拉伤、变形；

(4) 活塞磨损,间隙大。

3) 缸盖漏气

缸盖漏气引起缸压过低的故障原因和部位有:

(1) 缸盖螺栓力矩不足,缸盖松懈;

(2) 缸盖变形;

(3) 缸垫烧蚀、冲床;

(4) 缸盖烧蚀;

(5) 缸体、缸盖有裂纹。

4) 配气相位错误

配气相位错误引起缸压过低的故障原因和部位有:

(1) 正时齿轮安装错误;

(2) 齿轮键槽不正确;

(3) 正时齿轮损坏或磨损过度;

(4) 凸轮轴正时齿轮上的轮廓与轮松动;

(5) 正时皮带跳齿或断裂。

5.2 可变气门正时调节系统故障诊断

5.2.1 可变气门正时调节系统的故障现象

可变气门正时调节系统通过控制油压控制阀(OCV)的油压,按照发动机的运行条件,不断地调节进气凸轮轴与进气凸轮轴前端的曲轴的相位,优点是具有能同时兼顾高速及低速不同工况,提高发动机的动力性和经济性,明显降低发动机排放,明显改善发动机怠速及低速时的动力性及稳定性。

可变气门正时调节系统有故障时,发动机反映出的常见故障现象有:

(1) 加速不良,特别是大负荷行驶时;

(2) 怠速不稳;

(3) 气门或凸轮轴间异响;

(4) 产生故障码:凸轮轴位置传感器故障;

(5) 产生故障码:P0012——CMP 正时过迟;

(6) 产生故障码:P1656——可变气门油压调节阀(OCV)故障。

5.2.2 可变气门正时调节系统故障原因

可变气门正时调节系统产生故障的主要原因有机油压力异常,油压控制阀(OCV)故障,可变正时调节器故障。

1. 机油压力异常

可变气门正时的调节是通过电磁阀开闭,调节可变正时调节器的机油压力,来改变凸轮轴的运转步调,由于可变正时调节器为油压调节器,因此机油压力尤为关键。可变正时调节系统的机油压力故障原因有:

(1) 发动机机油压力过低;

(2) 机油油道堵塞；

(3) 可变正时调节器漏油泄压。

2. 油压控制阀(OCV)故障

1) 电阻测量

断开油压控制阀(OCV)插头，测量阀端子电阻，丰田卡罗拉油压控制阀的电阻值为6.9～7.9 Ω(其他车型参考维修手册)，如果测量的电阻值不正确，则可判断油压电磁阀有故障。

2) 通电测试

直接从蓄电池连接导线，给油压电磁阀通电，电磁阀应能正常动作，如果电磁阀无动作，或动作异常，则可判断油压调节电磁阀故障。大众帕萨特可变正时相位调节装置如图5-2所示。

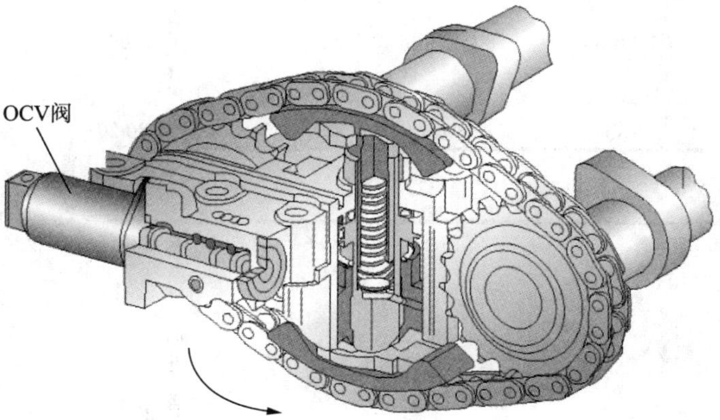

图5-2 大众帕萨特可变正时相位调节装置

3. 可变正时调节器故障

可变正时调节器的工作是通过机油压力而进行调节工作，因而检测可变正时调节器的性能，可以通过高压空气代替机油压力，测试可变正时调节器的工作性能。本田可变正时调节器的性能检测操作，如图5-3所示。

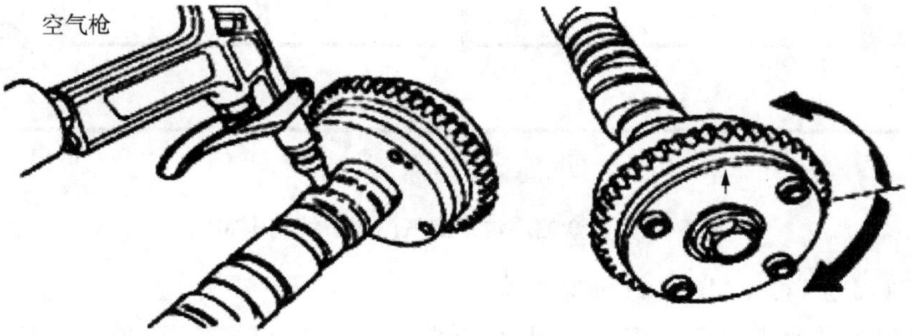

图5-3 本田可变正时调节器的性能检测

5.2.3 可变气门正时调节系统故障诊断

1. 故障码DTC P0010：CMP执行器电路故障

发动机ECU持续监视调节电磁阀(OCV)电压，如果ECU检测到调节电磁阀(OCV)的控制电压(根据OCV计算)低于或者高于上限电压(根据电源正极电压计算)，则ECU判断调节电磁阀电路出现故障，点亮发动机故障灯，并在PCM中存储故障码DTC P0010。大众帕萨特可变气门调节控制电路如图5-4所示。故障诊断及原因如下：

(1) 调节电磁阀 OCV 电源电路断路故障；

(2) 检测调节电磁阀 OCV 至发动机 ECU 线路是否导通；

(3) 可变气门正时调节电磁阀 OCV 不良故障；

(4) 发动机 ECU 故障。

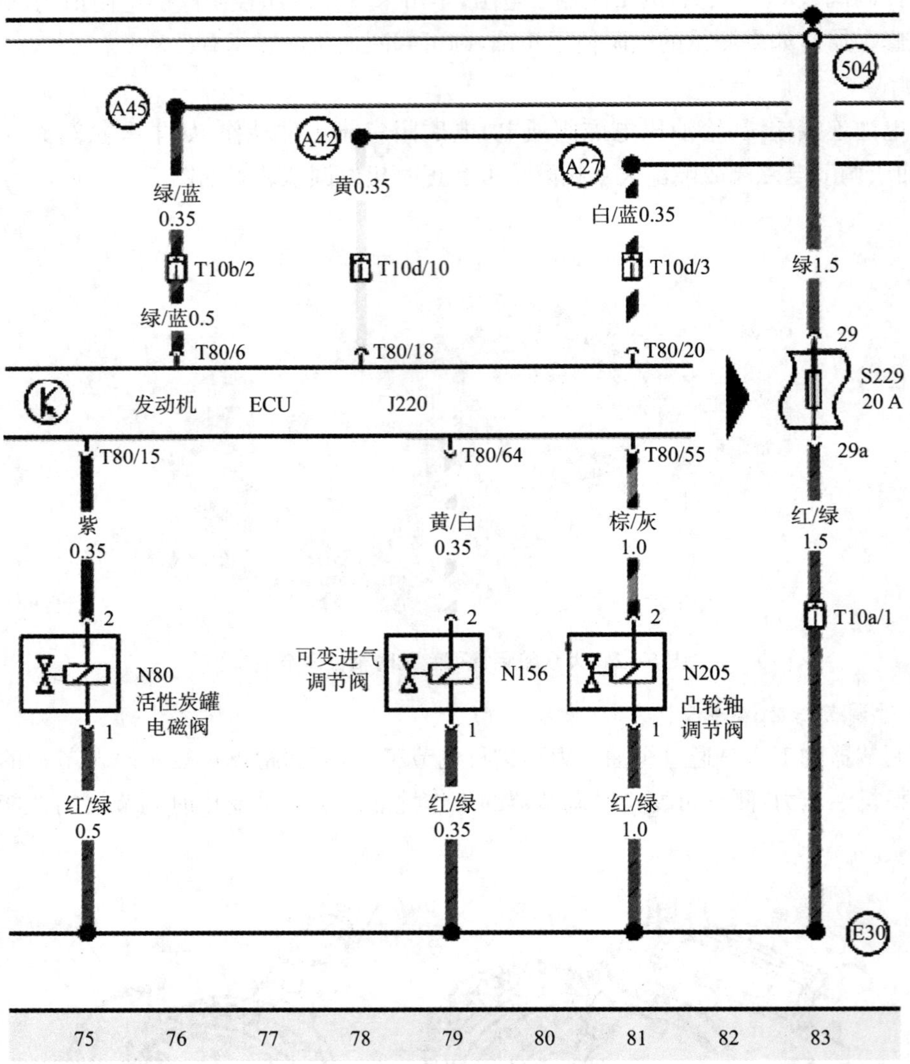

图 5-4　大众帕萨特可变气门调节控制电路图

2. 故障码 DTC P0011：CMP 正时过度提前

当 OCV 被控制在最大滞后角位置时，如果实际气门正时比目标值提前 30°，则 PCM 记录故障码 DT CP0011，且点亮发动机故障灯。

故障诊断及原因如下：

(1) OCV 电磁阀故障；

(2) OCV 滑阀被卡在提前的位置；

(3) 可变气门正时执行器被卡在提前的位置；

(4) 正时皮带过松或者由于正时皮带打滑而造成不当的气门正时；

(5) 发动机 ECU 故障。

3. 故障码 DTC P0012：CMP 正时过度滞后

当可变气门控制系统控制在反馈范围内，而实际气门正时调节比目标值滞后 5°达 5 s 以上，发动机 ECU 将记录故障码 DTC P0012，并点亮发动机故障指示灯。

故障诊断及原因如下：

(1) OCV 调节阀故障；

(2) 机油压力过低；

(3) OCV 滑阀被卡在滞后的位置；

(4) 可变气门正时执行器被卡在滞后的位置；

(5) 机油压力开关和 OCV 之间的油道堵塞或渗漏；

(6) OCV 和可变气门正时执行器的油道堵塞或渗漏；

(7) 可变气门正时执行器油腔出现阻塞或渗漏现象；

(8) 正时皮带过松或者由于正时皮带打滑而造成不当的气门正时；

(9) 发动机控制单元故障。

5 3　发动机异响故障诊断

发动机工作时，各部件振动、摩擦发出的声音统称为发动机的响声。发动机响声可分为正常响声和非正常响声(异响)。发动机正常工作的响声是轻微、有节奏、平稳、连续的均匀变化、圆滑过渡而不间断的。随着发动机工作时间的增加，发动机在运转的过程中出现间歇且无规律的碰撞声、摩擦声和强烈的振动声，是发动机的工作中的不正常的响声，称为发动机异响。

发动机的很多故障都是通过异响表现出来的，异响是现象，故障才是本质。

5.3.1　发动机异响的分类

1. 根据异响的属性分类

根据异响的属性分为：敲击异响、摩擦异响、空气动力异响、燃烧异响。

1) 敲击异响

敲击异响指发动机运动机件由于配合面配合间隙增大，或有损伤，在运转中产生冲击和振动，发出异响，如连杆轴承异响、曲轴轴承异响、气门异响、正时齿轮异响等。

2) 摩擦异响

摩擦异响指运动的发动机接合机件由于摩擦力减小、接合不够紧密，在运转中产生异响。摩擦异响主要产生于金属与金属或金属与橡胶件、塑料件之间，如皮带异响、轴承异响、曲轴油封异响等。

3) 空气动力异响

空气动力异响指发动机工作时气流振动造成的异响，主要指发动机排气和进气系统产生的异响，如排气管漏气声、真空漏气响声、消声器异响等。

4) 燃烧异响

发动机气缸内部正常的燃烧产生的异响，如爆燃异响、排气管“放炮”声等。

2. 根据异响的部位分类

根据异响的部位可分为发动机外部异响，发动机连接件异响，发动机附件异响和发动机内部异响。

1）发动机外部异响

发动机外部异响指来自于发动机外部机件的异响。外部异响可以通过观察、拆卸、替换等方法诊断和排除，如高压线漏电发出的响声、皮带打滑的啸叫声、进气管漏气的声音等。

2）发动机连接件异响

发动机与车身连接部位和元件发出的异响，如发动机座减振胶异响、离合器异响等。

3）发动机附件异响

安装在发动机上的附属部件产生的异响，如发电机异响、转向助力泵异响、空调压缩机异响、皮带张紧轮异响等。

4）发动机内部异响

发动机工作时内部机件产生的异响，如曲轴异响、活塞异响、连杆异响等。

发动机内部异响是发动机最常见的异响，发动机内部异响主要是由于内部零件磨损、松旷、受力变形或者维护不良所致。这些异响不仅引起机件的磨损加剧，而且还会影响到发动机的正常工作，有些响声若不及时排除，还有可能造成事故。因此，内部异响要及时诊断，尽快加以排除。

发动机内部异响的表现较为复杂，同时又受负荷、润滑条件、温度等诸多因素的影响，所以判断内部异响是一项技术性较强的工作。判断异响部位时，除了应注意响声的不同外，还要注意在特定的条件下响声的特殊反映，响声的出现时机及响声的变化规律等。

5.3.2 影响发动机异响的因素

发动机的异响与润滑条件、温度、转速、负荷和配合间隙都有关系。

1. 润滑条件

品质好的润滑油和适宜的压力，能产生较好的润滑油膜。油膜越厚，机械冲击就越小，噪声就越轻，异响就越不易产生。

2. 温度

金属零部件受高温的作用，会引起几何形状发生变化，这种变形又会影响到配合间隙的变化，进而产生异响。

另外，润滑油在高温下易变质或变稀（润滑油黏稠度下降），使润滑油膜变薄，润滑性能变差，从而产生异响。

3. 转速

发动机之所以出现异响，是因为每种响声都有其特定的振动频率，当转速频率是异响频率的整数倍时，就会产生共振现象，于是响声加剧，形成异响。因此，每种异响在其响声最明显时会对应一个转速范围。

4. 负荷

负荷越大，异响会越明显。根据异响随负荷变化的规律和特点，可以判定异响的性质和部位。

5. 配合间隙

当润滑、温度、转速、负荷一定时，异响是随着配合间隙的增大而变得明显的。如活塞与缸套的配合间隙越大，响声越明显。

5.3.3 异响的诊断方法

发动机异响故障可以根据响声的大小、响声部位、声音的特点、振动程度、出现的时机以及响声变化的规律等因素初步诊断，并根据排气烟色和烟量的观察、发动机温度、机油压力的变化及工作中其他相关情况作出全面的分析和推断。

异响故障诊断中,还常使用断缸法和借助听诊器等辅助仪器,使诊断更准确。

发动机内部常见异响的故障诊断方法如表5-1所示。

表5-1　　发动机内部常见异响的诊断表

异响声音	响声部位	响声特征	水温上升	转速提高	单缸断火	其他操作
曲轴轴承异响	气缸体下部	沉重、发闷的金属敲击声	变化不明显	响声增大	变化不明显	相邻两缸断火,响声减弱
连杆轴承异响	气缸体下部	沉重、短促的金属敲击声	变化不明显	响声增大	减弱或消失	复火重复出现
活塞销异响	机体上部	清晰、有节奏的"嗒嗒"声	变化不明显	响声增大	明显减弱或消失	复火瞬间重复出现
活塞敲缸	气缸体上部	清脆的"当当"声	逐渐减小	响声增大	减弱或消失	冷车断火响声减弱
活塞环异响	气缸两侧或加机油口处	纯哑的"啪啪"声	变化不明显	响声增大	响声减轻但不消失	复火重复出现
气门异响	气门室盖	连续有节奏的"嚓嚓"声	变化不明显	响声增大	无明显变化	拆卸气门室盖,响声明显
正时齿轮异响	发动机前端	有节奏、钝重的"嗒嗒"声	变化不明显	怠速、中速较明显	无明显变化	怠速、中速较清晰

本章小结

(1) 气缸压力异常的故障有气缸压力过高、气缸压力过低。

(2) 气缸压力过高的根本原因是气缸燃烧室容积减小,压缩比增大,造成缸压过高。燃烧室容积减小的常见原因有积炭过多,缸垫太薄,缸盖磨削过多。

(3) 气缸压力过低的根本原因是气缸密封性能变差,引起气缸漏气,造成气缸压力过低。气缸漏气的主要原因有气门漏气,活塞环漏气等。

(4) 可变气门正时调节系统常见的故障有可变正时调节器故障,正时调节电磁阀及控制电路故障,机油压力过低或机油油道堵塞。

(5) 发动机异响包括发动机外部异响,发动机内部异响,发动机附件异响和发动机连接件异响。

(6) 发动机异响分为机械敲击异响,摩擦异响,空气动力异响,燃烧异响。

(7) 影响发动机异响的因素有润滑条件,温度,转速,负荷和配合间歇。

(8) 发动机异响诊断方法有辨听,听诊器诊断,单缸断火试验,示波器诊断等。

复习思考题

1. 叙述使用气缸压力表检测气缸压力的流程。

2. 设计诊断和排除气缸压力过低故障的流程。
3. 发动机气缸压力过高,会产生哪些故障现象?
4. 发动机工作中有哪些现象,可能是可变正时调节系统有故障?
5. 如何判断发电机皮带异响?
6. 如何区分和辨别发动机附件异响?

6 发动机进气系统故障诊断

学习目标

知识目标

(1) 了解电控发动机怠速和加速控制的原理;

(2) 了解发动机怠速不良和加速不良的故障现象;

(3) 掌握诊断发动机怠速异常故障和加速不良故障的方法;

(4) 熟悉发动机怠速控制系统和加速控制系统的常见故障排除思路。

能力目标

(1) 学会调整发动机怠速高低;

(2) 学会拆装,清洗,检测怠速阀和怠速电动机;

(3) 掌握怠速设定的方法;

(4) 借助诊断仪诊断怠速控制和加速控制系统故障码;

(5) 熟练拆装清洗维护节气门和电子节气门总成。

6.1 发动机怠速不良故障诊断

6.1.1 怠速不良故障诊断

怠速指维持发动机没有做功时正常运转的最低转速，是发动机空转时的一种工作状况。怠速不良不仅影响发动机运行的稳定性，还会增加尾气中有害气体的排放。怠速不良多数还伴随有加速不良故障。怠速不良是电喷发动机最常见的故障之一，它有多种表现形式，最常见的故障有怠速偏低，怠速偏高，怠速不稳，怠速游车，无怠速，不提速等。

1. 怠速偏低

大部分汽油车发动机怠速在 750 r/min 左右，转速过低，发动机会表现出运转不稳定，工作抖动，甚至容易熄火，即可断定为怠速偏低。怠速过低的根本原因是进气量太少。发动机在怠速工况时的进气量取决于节气门的开度，怠速调整螺钉的位置，怠速控制阀的开度，附加空气阀的开度，曲轴箱通风单向阀的开度等五个因素。

根据控制进气量的因素，怠速偏低的故障原因主要有如下方面：

1）节气门故障

节气门关闭过严，或电子节气门卡滞打不开，会导致进气量过小，造成发动机怠速过低。

处理方法：清洗节气门，如图 6-1 所示，对节气门作初始化设置。

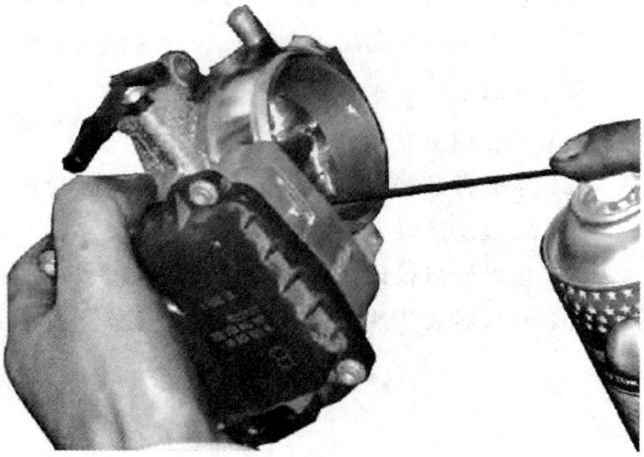

图 6-1 清洗电子节气门

2）怠速控制单元故障

怠速控制电动机（怠速阀）关闭、卡死打不开，将会导致怠速空气减少，引起怠速过低。

处理方法：清洗怠速控制阀（步进电动机），如图 6-2 所示，或更换怠速控制电动机。

3）单缸不工作

有一缸或多缸不工作，或工作不良，影响到发动机的功率输出，降低发动机动力，导致怠速过低，造成发动机熄火。

处理方法：通过断缸法，找出不工作或工作不良的气缸，检修排除故障。

4）进气管堵塞或漏气

进气管堵塞，主要指空气滤芯过脏或堵塞，直接导致进气量减小；而进气管漏气，指进气系统的管道

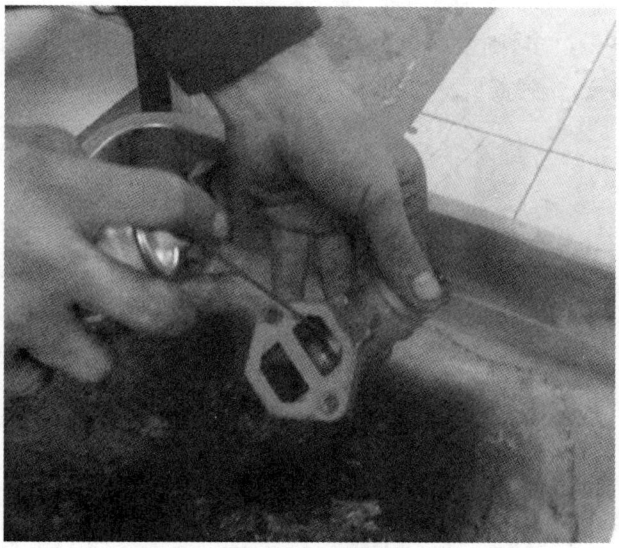

图 6-2 清洗怠速阀

或真空管泄漏，导致混合气过稀，引起怠速下降。

5）怠速调整不当

对于怠速可调整的发动机，怠速调整过小，会引起怠速偏低，可以尝试反复调整怠速螺钉，直至怠速值在规定的范围，如图 6-3 所示。

图 6-3 调整怠速螺钉

6）曲轴箱通风系统故障

曲轴箱通风系统 PCV 阀失效，会引起发动机进气量发生变化，造成发动机怠速过低抖动。

7）点火时刻不正确

点火时间过晚，会引起怠速偏低，发动机抖动。

2. 怠速偏高

发动机运转平稳的前提下，发动机转速越低越好，各车型均有标准怠速，怠速高于标准值，即可断定为怠速过高。怠速过高会增加油耗，并影响车辆起步功能。怠速过高的常见原因有：

1）节气门开度过大

节气门开度过大，进气量过多，则发动机怠速增高。造成节气门开度过大的主要原因有：

（1）节气门过脏，如图 6－4 为需要清洗的节气门。

图 6－4　需要清洗的节气门

（2）节气门卡滞，开闭不灵活；

（3）节气门位置调整不当；

（4）节气门位置传感器故障。

通过诊断仪读取节气门开度数据流，可以确定节气门开度是否在正常范围，多数车型怠速时的节气门开度在 8°～10°，若节气门开度偏大，则需要清洗、调整节气门。

2）怠速控制电动机故障

怠速电动机（怠速阀）卡滞在开度大的位置，会引起怠速过高。

处理方法：清洗或更换怠速电动机（怠速阀）。

3）进气系统漏气

进气系统漏气，特别是漏气量较大，进入气缸的空气多，会引起怠速偏高。

4）燃油压力过高

燃油压力过高，将会增加喷油器的喷油量，提高发动机运转速度。

处理方法：连接燃油压力表，仔细检测燃油压力是否符合规定值。

5）冷却液温度传感器故障

发动机冷却液温度传感器及线路断路，发动机 ECU 判断水温过低，会提高转速，进入暖机模式，引起怠速过高。

处理方法：检测冷却液温度传感器及线路。

6）喷油量过大

喷油量的大小决定了发动机的转速高低，怠速高，可能是喷油量较大，怠速状态下喷油量较大，必然是发动机 ECU 接收到不正常的控制信号，然后发出加大喷油量的指令。影响喷油量的信号的传感器及元件有：

（1）节气门位置传感器；

（2）空气流量计；

（3）进气压力传感器；

(4) 冷却液温度传感器；

(5) 进气温度传感器；

(6) 发动机控制单元。

通过诊断仪，读取发动机 ECU 信息，根据故障码和数据流，确定故障部位及元件。

3. 怠速不稳

1) 怠速不稳故障现象

怠速不稳是发动机最常见的故障之一，指发动机怠速运转时，工作不稳定，发动机抖动，故障现象比较复杂。确定怠速不稳标准如下：

(1) 观察发动机缸体的抖动程度，也可以观看机油尺把晃动的程度，平稳发动机的油尺把很清晰，抖动的发动机的机油尺把看起来是双影的；

(2) 从发动机转速表或读数据流观察，转速以怠速期望值为中心上下波动，或在期望值一侧剧烈波动，程序中的怠速期望值包括标准怠速值、负荷(打开灯光，自动变速器挂上挡等)怠速值、空调怠速值、暖车怠速值等；

(3) 原地起动发动机，坐在座椅上，能感觉车身的震动，特别是转向盘震动。

2) 怠速不稳的故障分类

(1) 冷车(冷却液温度低于 50℃)怠速不稳；

(2) 热车(冷却液温度高于 50℃)怠速不稳；

(3) 无规律的抖动。

3) 怠速不稳的故障原因

(1) 直接原因，指机械零件脏污、磨损、安装不正确等，导致个别气缸功率的变化，从而造成各气缸功率不平衡，致使发动机出现怠速不稳。

(2) 间接原因，指发动机电控系统不正常，导致混合气燃烧不良，造成各气缸功率难以平衡，使发动机出现怠速不稳。

4) 怠速不稳的故障诊断

(1) 进气系统故障原因

① 进气歧管或各种阀泄漏

当不该进入的空气、汽油蒸气、燃烧废气进入到进气歧管，造成混合气过浓或过稀，使发动机燃烧不正常，就会造成发动机怠速的抖动。常见原因有：

a. 进气总管卡子松动或胶管破裂；

b. 进气歧管衬垫漏气；

c. 进气歧管破损或其他机件将进气歧管磨出孔洞；

d. 喷油器 O 型圈漏气；

e. 真空管插头脱落、破裂；

f. 曲轴箱强制通风(PCV)阀开度大；

g. 活性炭罐阀常开；

h. 废气再循环(EGR)阀关闭不严。

② 节气门和进气道积垢过多

节气门和周围进气道的积炭、污垢过多，空气通道截面积发生变化，使得控制单元无法精确检测怠速进气量，造成混合气过浓或过稀，使燃烧不正常。常见原因有：

a. 节气门有油污或积炭；

b. 节气门周围的进气道有油污、积炭；

c. 怠速步进电动机、占空比电磁阀、旋转电磁阀有油污、积炭。

③ 怠速空气执行元件故障

怠速控制元件有故障，会导致怠速空气控制量不准确，引起怠速不稳。常见原因有：

a. 电子节气门电动机损坏或发卡；

b. 怠速步进电动机、占空比电磁阀、旋转滑阀电磁阀损坏或发卡。

④ 进气量失准

控制单元接收错误信号而发出错误的怠速控制指令，引起发动机怠速进气量控制失准，使发动机燃烧不正常，属于怠速不稳的间接原因。常见原因有：

a. 空气流量计或其线路故障；

b. 进气压力传感器或其线路故障；

c. 发动机冷却液温度传感器及线路故障；

d. 发动机控制单元插头接触不良或内部故障。

(2) 燃油系统故障

① 喷油器故障

喷油器的喷油量不均、雾化不良，会造成各气缸的功率不平衡，从而产生发动机工作抖动。常见原因有：

a. 喷油器堵塞；

b. 密封不良；

c. 喷油不均匀。

② 燃油压力故障

燃油压力不稳定，造成喷油器的喷油不稳定，引起怠速发抖。常见原因有：

a. 燃油滤清器堵塞；

b. 燃油泵滤网堵塞；

c. 燃油泵的泵油能力不足；

d. 燃油泵安全阀弹簧弹力过小；

e. 进油管变形；

f. 燃油压力调节器有故障；

g. 回油管变形、堵塞，回油不良；

h. 燃油阻尼器故障。

③ 喷油量失准

各传感器或线路故障，导致发动机 ECU 发出错误喷油指令，使喷油量不正确，造成混合气过浓或过稀，属于怠速不稳的间接原因。

喷油器滴漏或堵塞，使其无法按照 ECU 的指令进行喷油，从而造成混合气过浓或过稀，使个别气缸工作不良，导致发动机怠速不稳。常见原因有：

a. 空气流量计(或进气歧管压力传感器)故障；

b. 节气门位置传感器故障；

c. 节气门怠速开关故障；

d. 冷却液温度传感器故障；

e. 进气温度传感器故障；

f. 氧传感器故障；

g. 各传感器的线路有断路、短路、接地故障；

h. 发动机控制单元插头接触不良或 ECU 内部故障。

(3) 点火系统故障

① 点火模块与点火线圈故障

新款汽车多将点火放大单元与点火线圈集成于一体，点火放大器或点火线圈有故障，引起高压火减弱，高压火不稳定，点火能量不足，都会引起发动机工作不稳。常见原因有：

a. 点火触发信号缺失；

b. 点火模块故障；

c. 点火模块供电或接地线连接松动、接触不良；

d. 初级线圈或次级线圈有故障。

② 火花塞与高压线故障

火花塞、高压线故障导致点火能量下降或失火，引起怠速不稳定。常见原因有：

a. 火花塞间隙不正确；

b. 火花塞电极烧蚀或损坏；

c. 火花塞电极有积炭；

d. 火花塞绝缘体有裂纹；

e. 高压线电阻过大；

f. 高压线绝缘外皮或插头漏电；

g. 分火头电极烧蚀或绝缘不良。

③ 点火提前角失准

由于传感器及线路故障属于引起怠速不稳的间接原因，控制单元发出错误指令，使点火提前角不正确，或造成点火提前角大范围波动，引起怠速不稳。常见原因有：

a. 空气流量计或进气压力信号失常；

b. 霍尔传感器故障；

c. 冷却液温度传感器故障；

d. 进气温度传感器故障；

e. 爆震传感器故障；

f. 各传感器的线路有断路、短路、接地故障；

g. 发动机控制单元插头接触不良或内部电路损坏。

(4) 发动机机械系统故障

气缸内气体作用力的变化(一个气缸气体作用力变化或几个气缸气体作用力变化)，引起各气缸功率不平衡，导致活塞在做功行程时的水平方向分力不一致，出现对发动机横向摇倒的力矩不平衡，从而产生发动机异常抖动。凡是引起发动机气缸内气体作用力变化的故障都有可能导致发动机怠速抖动。常见的原因有：

① 配气机构

配气相位的错误会使气门不按规定时刻开闭，致使进入气缸内的空气量不稳定，同时由于窜气也使进气歧管内的温度有所升高，从而使发热元件的冷却程度降低，因而输出给 ECU 的电压信号就低，喷油量就会减少，容易造成发动机在怠速时运转不稳。常见的原因有：

a. 正时皮带安装错误，使各缸气门的开闭时间发生变化，导致配气相位失准，造成各气缸燃烧不正常；

b. 气门工作面与气门座圈积炭过多，气门密封不严，使各气缸压力不一致；

c. 凸轮磨损，各缸凸轮的磨损不一致，会导致各气缸进入空气量不一致；

d. 气门相关件有故障，如气门推杆磨损或弯曲、摇臂磨损、气门卡住或漏气、气门弹簧折断等，都可能造成怠速不稳。

② 发动机缸体、活塞连杆机构

连杆活塞机构故障会使个别气缸功率下降过多，从而使各气缸功率不平衡，导致发动机怠速运转不稳定而抖动。常见原因有：

a. 气缸衬垫烧蚀或损坏，造成单缸漏气或两缸之间漏气；

b. 活塞环端隙过大、对口或断裂，活塞环失去弹性；

c. 活塞环槽内积炭过多；

d. 活塞与气缸磨损，气缸圆度、圆柱度不符合标准；

e. 因气缸进水后导致的连杆弯曲，改变压缩比；

f. 燃烧室积炭会改变压缩比，积炭严重导致怠速不稳。

③ 其他原因

曲轴、飞轮、曲轴皮带轮等运转部件动平衡不稳定；发动机支脚垫断裂、损坏；发动机底护板因变形与油底壳相撞击等，也会造成发动机振动而影响转速。大众帕萨特曲轴飞轮由两片齿轮盘通过橡胶件连接为一体，当连接橡胶老化断裂，两片齿轮盘产生分裂，飞轮运转时，产生动态不平衡，就会引起发动机抖动，如图 6－5 所示。

图 6－5　大众帕萨特曲轴飞轮

(5) 其他故障原因

自动变速器、空调、转向助力器等有故障会增加怠速负荷，引起怠速不稳。发动机控制单元与空调、自动变速器控制单元之间的怠速提升信号中断；CAN BUS 总线系统故障，电控单元的搭铁线不良；发动机与车身的搭铁线不良等，均会造成发动机怠速运行不稳。

4. 怠速游车

怠速游车指发动机转速有规律或无规律地在一定转速范围内上下波动的现象。造成发动机怠速游车的根本原因是发动机 ECU 在检测到不正确的传感器信号或判断进气混合比不正常时，不断地修正发动机空燃比，从而引起发动机怠速不稳定的现象。据此原则，电控发动机怠速游车的故障原因主要有：

(1) 燃油压力不稳定；

(2) 进气系统真空管漏气；

(3) 氧传感器失效或反馈控制电路有故障；

(4) 空气流量计故障；

(5) EGR 阀故障；

(6) 燃油蒸汽回收控制系统故障；

(7) 发动机 ECU 及线路、连接器不良等故障。

5. 无怠速

无怠速，指松掉加速踏板则发动机熄火，只有踩下加速踏板，才能稳住发动机转速的工作状态。根据无怠速的现象，可以判断无怠速是没有足够的进气量造成。而怠速状态下，进气量的控制主要依靠怠速控制元件(怠速阀、怠速电动机或节气门电动机)的作用，因此无怠速的故障部位在怠速控制元件。无怠速的常见故障原因和部位有：

(1) 怠速电动机卡死，打不开；

(2) 节气门体故障；

(3) 电子节气门单元故障；

(4) 发动机 ECU 及线路。

6. 不提速

电控发动机在负荷增加，如开空调、转向、挂挡、开前照灯等时，发动机怠速会自动提高，当发动机执行提速操作时不能提速，则会引起发动机怠速运转不稳抖动，甚至熄火。

根据开关信号的控制原理，电控发动机不提速的故障原因有：

(1) 开关信号传送错误或不良；

(2) 发动机 ECU 故障；

(3) 执行元件：(怠速控制阀、电子节气门)故障；

(4) 开关、ECU、执行元件的线路不良。

6.1.2 怠速的设定

电子控制燃油喷射的发动机，在进行一些维修、保养操作如清洗节气门后，会出现怠速不良的故障现象，如怠速偏高、怠速偏低、游车等，这主要是发动机 ECU 的控制程序出现差错引起的，需要对发动机 ECU 的程序作怠速的初始化设置，才能恢复怠速功能。电控发动机进行如下操作后，需要进行怠速设定的操作：

(1) 清洗节气门；

(2) 更换节气门传感器元件；

(3) 断开节气门电子元件插头；

(4) 更换节气门体总成；

(5) 更换发动机 ECU；

(6) 更换发动机总成；

(7) 蓄电池断电；

(8) 发动机电控单元储存有需要节气门设定的故障码。

怠速设定的方法有人工设定与仪器设定两种方式。有的车型使用人工设定方法，而有的车型需要使用厂家专用诊断仪设定。

1. 人工设定

人工设定指不用诊断仪操作的设定方法，各车型的怠速人工设定方法各不相同。以下列举日产车的怠速设定方法：

1）加速踏板释放位置操作

通过监测加速踏板位置传感器输出信号，学习加速踏板完全释放时的位置。在每次断开加速踏板位置传感器或ECM的线束接头后，必须进行此操作，操作步骤：

(1) 确认加速踏板完全释放；

(2) 将点火开关转到ON位置，等待至少2 s；

(3) 将点火开关转到OFF位置，等待至少10 s；

(4) 将点火开关转到ON位置，等待至少2 s；

(5) 将点火开关转到OFF位置，等待至少10 s。

2）节气门关闭位置操作

通过监测节气门位置传感器输出信号，学习节气门完全关闭时的位置。在每次断开电子节气门控制执行器或ECM的线束接头后，必须进行此操作，操作步骤：

(1) 确认加速踏板完全释放；

(2) 将点火开关转至ON位置；

(3) 将点火开关转到OFF位置，等待至少10 s。

此时通过节气门的动作声音来确认节气门设定。

3）怠速空气量操作

使发动机转速保持在规定范围内的怠速进气量，在发生了下列情况后，必须进行此操作，操作步骤：

(1) 每次更换电子节气门控制执行器或ECM后；

(2) 怠速或点火正时在规定范围以外时。

进行“怠速空气量操作”前，确认满足下列所有条件，即使是瞬间，如果有任何一个条件不满足，操作将被取消：

(1) 蓄电池电压：大于12.9 V(怠速时)；

(2) PNP开关：ON；

(3) 电器负载开关：OFF(空调、前照灯、后窗除雾器)；

(4) 转向盘：中间位置(正直向前位置)；

(5) 车速：停止；

(6) 变速箱：已预热；

(7) 发动机冷却液温度：70℃～100℃。

操作方法如下：

(1) 进行“加速踏板释放位置”的操作；

(2) 进行“节气门关闭位置”的操作；

(3) 起动发动机暖机至正常工作温度；

(4) 检查并确认在“准备工作”的所有项目都正常；

(5) 关闭点火开关，等待至少10 s；

(6) 确定加速踏板完全释放，将点火开关转到ON位置，等待3 s；

(7) 在5 s内迅速重复以下操作5次：

a. 完全踩下加速踏板；

b. 完全释放加速踏板；

(8) 等待 7 s，完全踩下加速踏板，并保持 20 s，直到 MIL 停止闪烁并点亮；

(9) MIL 灯点亮后 3 s 之内，完全释放加速踏板；

(10) 起动发动机，使其怠速运转一段时间；

(11) 怠速运转 20s 以上；

(12) 使发动机高速运转两三次，确认怠速和点火正时都符合规定。

2. 仪器设定

仪器设定指使用汽车厂家专用的诊断仪，对控制单元作程序的重新编写，需要使用专门的仪器，通过专门的操作程序完成，人工操作无法完成。下面以本田思域和别克君越为例，说明怠速的仪器设定方法。

1) 本田思域节气门设定程序

(1) 连接本田专用诊断仪 HDS，如图 6-6 所示；

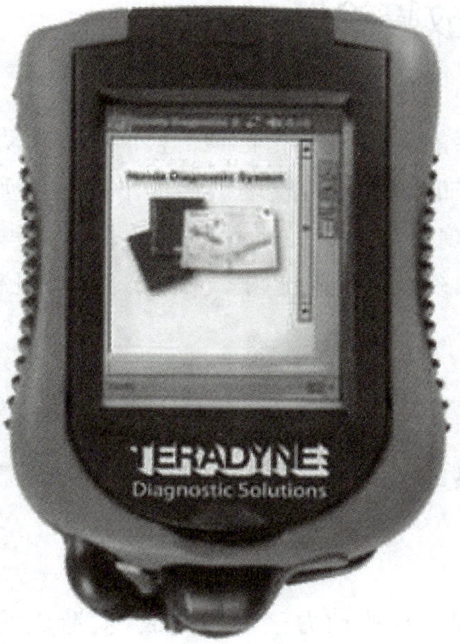

图 6-6　本田专用诊断仪 HDS

(2) 打开点火开关，选择进入发动机系统；

(3) 选择"INSPECTION"(检测)功能；

(4) 选择"ETCS"项目；

(5) 按照提示执行第 1 步，节气门位置传感器的测试；

(6) 按照提示执行第 2 步，节气门位置传感器匹配功能；

(7) 执行完上述功能后，关闭点火开关；

(8) 起动发动机，检查怠速是否正常。

2) 别克君越节气门设定程序

别克君越，清洗节气门后，怠速高达 2 000 r/min 以上，需要使用专用仪器(TECH-2)，根据专门的编程程序，对发动机 ECU 进行编程操作，怠速才能恢复正常。操作方法：

(1) 连接别克君越诊断仪(TECH-2)和程序 PC；

(2) 打开点火开关，选择诊断仪和 PC 版本；

(3) 选择车型和年款；

(4) 输入车型 VIN 码(注意不要输入本车 VIN 码，可以输入 TIS2000 可以识别的其他车型 VIN 码)；

(5) 选择发动机系统；

(6) 选择车辆类型；

(7) 将程序下载到 PCM 中；

(8) 第一次编程，屏幕显示编程错误；

(9) 重新输入维修车辆 VIN 码，重新编程；

(10) 编程结束，屏幕显示 ECM 怠速学习值清除；

(11) 编程完毕，清除 ECM 故障码；

(12) 起动发动机，路试怠速状况；

(13) 退出，断开诊断仪，编程完成。

6.2 发动机加速不良故障诊断

加速性能是评价发动机动力性能的最重要指标，加速不良是发动机的常见故障之一。加速不良指发动机加不上油，故障现象是踩下加速踏板后，发动机转速不能马上升高，有迟滞现象，有时加速会引起发动机抖动、"回火"、"放炮"、甚至熄火现象。加速不良的根本原因是混合气空燃比不当，点火、密封性能变差。下面从点火系统、进气系统、燃油系统、排气系统、发动机机械等方面分析加速不良的故障原因。

6.2.1 点火系统故障

点火系统引起发动机加速不良的原因有：单缸或多缸不工作或工作不良，点火能量不足或点火时间不正确等。

1. 单缸工作不良

一缸不做功，或者做功不好，四个缸的动力三个缸完成，就造成发动机加速不良。对于单缸或多缸不工作或工作不良的故障，可以通过断缸法检查判断，断开某一缸的点火或喷油，发动机怠速无变化，则可判断该缸工作不良或不工作。

2. 点火能量不足

点火能量不足，火花塞高压火花过弱，会造成发动机混合气燃烧不充分，做功不能达到最大，产生发动机动力不足的现象。如图 6－7 为火花塞点火的高压火花强弱图，造成点火能量不足的主要原因有：

(1) 点火线圈性能不良；

(2) 火花塞间隙过大或过小；

(3) 高压线老化、漏电；

(4) 点火放大器(点火控制模块)故障；

(5) 发动机控制单元及线路故障。

3. 点火时间不正确

点火时间不正确，造成发动机工作不正常，引起动力不足，产生加速不良的故障现象。

(a)点火强劲

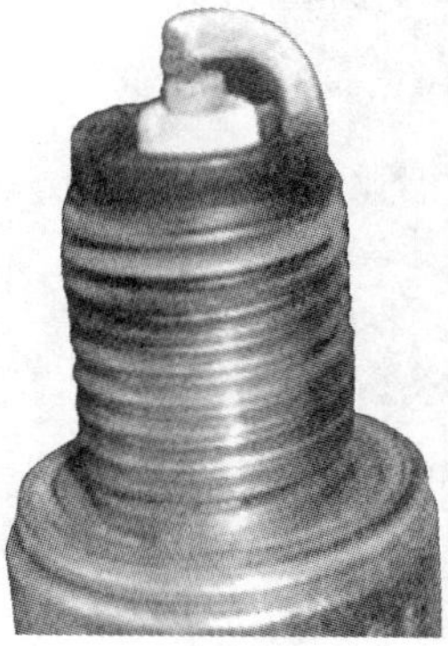

(b) 点火不足

图 6－7　火花塞点火火花强弱

通过踩踏加速踏板加速，根据发动机运转的声音，判断发动机点火时间过早或过迟；也可以通过点火提前角测试仪，测试发动机点火提前角度。发动机怠速时，点火提前角为一稳定的点火提前角度；当加速时，点火提前角加大。

点火提前角过大或过小，都会引起发动机加速不良。点火正时不良的主要故障原因有：

(1) 正时皮带安装错误；

(2) 正时齿轮错齿、跳齿；

(3) 可变正时器故障；

(4) 曲轴、凸轮轴位置传感器故障。

6.2.2　进气系统故障

发动机加速通过进气、燃油的相应增加而实现，而喷油量的增加依据进气量参数，进气量数据信号不正确，则发动机会产生加速不良故障现象。进气系统的常见故障部位和原因有：

(1) 进气管堵塞；

(2) 空滤脏堵；

(3) 节气门或电子节气门故障；

(4) 空气流量计及线路不良；

(5) 可变进气系统出现故障；

(6) 涡轮增压系统故障；

(7) 发动机控制单元及线路故障。

6.2.3　燃油系统故障

1. 燃油压力不良

燃油压力过低，会导致发动机动力不足，产生加速不良的故障现象。通过燃油压力表可以检测燃油系统的油压，普通的电喷发动机燃油压力为 0.25～0.35 MPa，燃油压力不正常，需要检查燃油泵、燃油滤芯、回油阀等部件性能。数字式燃油压力表，如图 6－8 所示。

2. 燃油品质不良

燃油品质不良，直接导致混合气燃烧质量下降，使发动机工作不正常，同时造成排放异常，还会产生爆燃等故障现象。燃油品质差引起的氧传感器损坏，如图 6－9 所示。

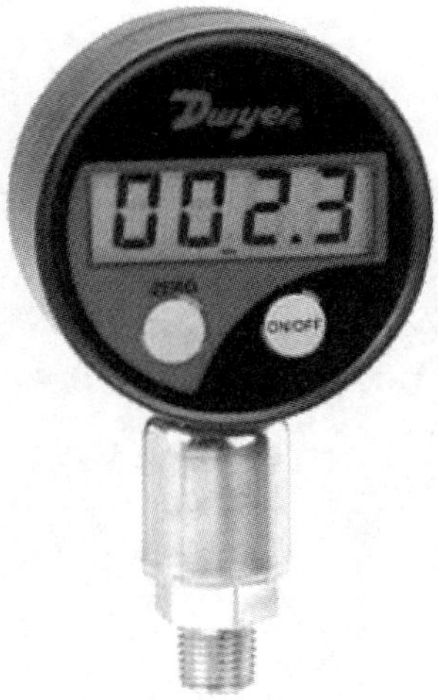

图 6-8　数字式燃油压力表

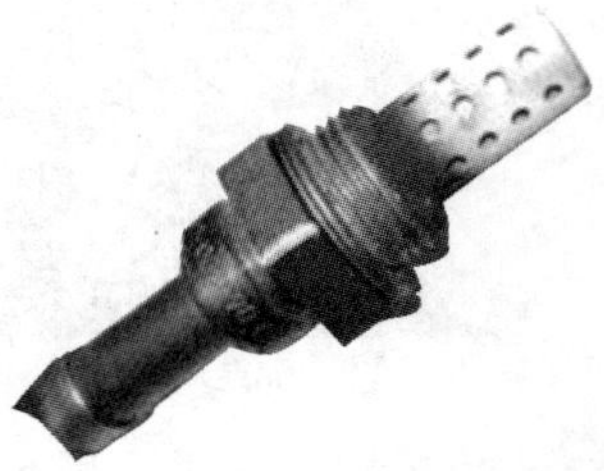

图 6-9　发动机排放损坏的氧传感器

燃油品质不良主要指如下几种情况：

(1) 燃油标号不对；

(2) 使用高含铅汽油；

(3) 燃油添加剂异常；

(4) 燃油水分过多；

(5) 燃油杂质超标。

3. 燃油喷射不良

1) 喷油器故障

发动机的加速状况通过喷油器增加喷油量实现，喷油器喷油性能不良或喷油器控制异常，会造成发动机的加速不良。喷油器的性能检测与维护可以通过喷油器清洗检测仪实施。

2) 喷油器控制故障

喷油器喷油不良与喷油器的电脑控制有关，发动机 ECU 控制喷油器信号异常，可能是 ECU 接收到不正常的传感器信号，或者 ECU 本身有故障，或者控制线路故障。喷油器控制信号异常的常见故障原因和元件部位有：

(1) 加速踏板位置传感器及其线路故障；

(2) 空气流量计或进气压力传感器及其线路故障；

(3) 节气门位置传感器或电子节气门及其线路故障；

(4) 爆震传感器及其线路故障；

(5) ECU 及其线路故障。

6.2.4　排气系统故障

发动机排气系统堵塞，排气性能降低，将直接影响发动机加速性能。发动机发生加速不良故障，需要检查发动机排气系统是否畅通。排气系统最常见的故障是三元催化器堵塞，如图 6-10 所示。排气性能可以采用背压检测实验测试排气压力。

6.2.5　发动机机械故障

发动机机械性能降低，如气缸磨损、曲轴变形、凸轮轴磨损、气缸漏气、活塞环密封性能变差等，

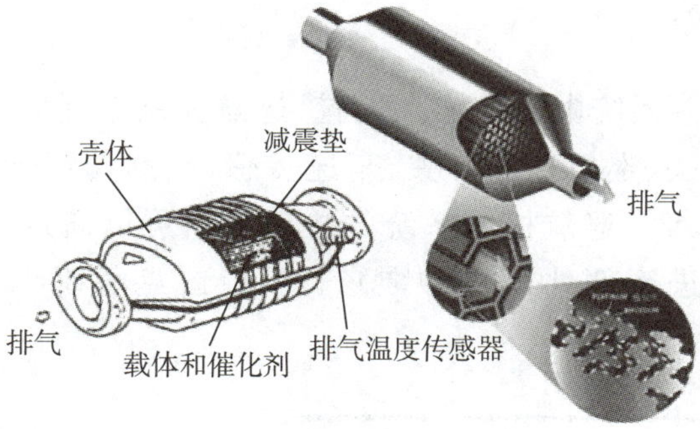

图 6－10　三元催化转换器结构

都会造成发动机动力性变差，具体表现为加速不良。对于机械故障引起的加速不良，需要测量气缸压力，如果低于规定的标准压力值，则必须进行发动机大修，以恢复发动机动力性能。机械原因引起的加速不良故障的常见原因有：

（1）活塞或缸套磨损过度；

（2）气门间隙过大；

（3）缸盖烧蚀或变形，密封不良；

（4）其他机械磨损原因（曲轴、凸轮轴磨损等）。

6.3　巡航控制系统故障诊断

巡航控制（CRUISE）是一种利用电子控制技术保持汽车自动定速行驶的系统。当汽车在高速公路上长时间行驶时，接通巡航控制主开关，设定希望的车速，巡航控制系统将根据汽车行驶阻力的变化，自动增大或减小节气门开度，使汽车按设定的车速等速行驶，驾驶人不必操纵加速踏板。组合仪表上巡航指示灯，如图 6－11 所示。

图 6－11　组合仪表上巡航指示灯

巡航控制系统分独立巡航控制系统和发动机 ECU 控制巡航系统。新型汽车多采用发动机 ECU 直接控制巡航系统。

6.3.1 独立巡航系统故障诊断

传统的汽车独立巡航控制系统由信号输入装置、巡航控制单元和巡航控制执行器组成。信号输入装置包括巡航控制主开关、巡航控制开关、车速传感器、制动灯开关、挡位开关(自动变速器)或离合器开关(手动变速器)等。巡航控制系统的故障诊断可以通过检测巡航控制单元输入信号的方法判断故障部位,然后进行部件检查与维修。丰田雷克萨斯 400 巡航控制系统电路,如图 6-12所示。

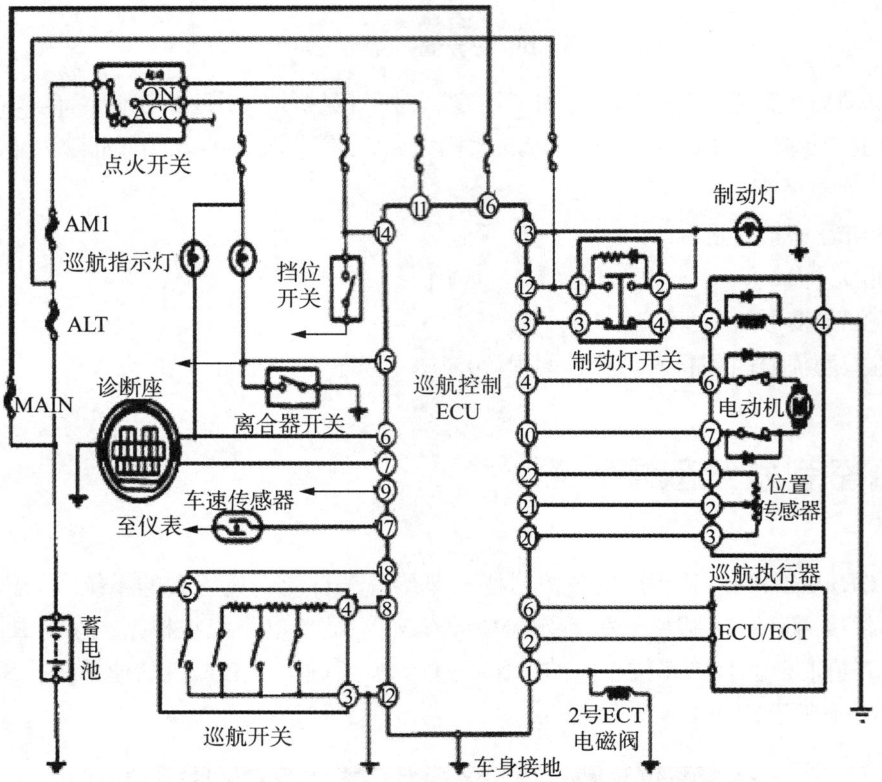

图 6-12 丰田雷克萨斯 400 巡航控制系统电路图

以丰田汽车为例,独立巡航系统故障诊断方法如下:

1. 巡航指示灯

巡航功能首先确定巡航指示灯是否正常,巡航开关打到“设定”挡,仪表巡航指示灯点亮,如果巡航指示灯不亮,则巡航指示灯电路有故障。

2. 故障诊断

1) 读取故障码

(1) 点火开关 ON;

(2) 用跨接线跨接诊断座端子 TC 与 E1;

(3) 通过仪表巡航指示灯闪烁故障码;

(4) 取掉跨接线,关闭点火开关。

2) 清除故障码

断开蓄电池负极 10 s 以上,或拔掉发动机舱熔断丝盒“DOME”熔断丝,10 s 后装复。

6.3.2 发动机ECU控制巡航系统故障诊断

发动机ECU直接控制式巡航系统，发动机ECU内设计有巡航控制程序。当发动机ECU接到巡航开关信号，则直接控制电子节气门动作，使节气门保持在一定的开度，稳定车速；当ECU接到撤销巡航指令，或制动灯开关信号，则取消巡航功能。

1. 巡航功能设定

巡航功能为发动机ECU程序功能，因此巡航功能可以通过程序的修改而取消和设定，当车辆无巡航功能时，则需要确认是否设定或取消了巡航功能。

以大众汽车为例，巡航功能的设定和取消程序操作步骤：

(1) 连接诊断仪；

(2) 选择01(发动机系统)；

(3) 选取通道号11(登录)；

(4) 输入登录密码“11463”(开启巡航)；

(5) 点击确定，激活巡航功能；

(6) 若要取消巡航功能，输入登录密码“16167”(取消巡航)；

(7) 点击确定，取消巡航功能；

(8) 清除故障码，退出诊断仪。

一汽大众迈腾巡航操纵开关，如图6-13所示。

图6-13 一汽大众迈腾巡航操纵开关

2. 巡航系统故障诊断

1) 读取故障码

分别读取发动机控制单元和车身控制单元故障码，确定无巡航故障码。巡航相关故障码有：巡航开关故障、制动灯开关故障、车速传感器故障、节气门故障等。

2) 读取数据流

选择读取数据流，选取巡航开关项目，拨动巡航开关，观察数据流变化，数据流变化不符合开关相应动作，则巡航开关及线路又故障。别克君越巡航系统电路，如图6-14所示。

本章小结

(1) 发动机怠速不良的主要故障有怠速偏低，怠速偏高，怠速不稳，怠速游车，无怠速，不提速等。

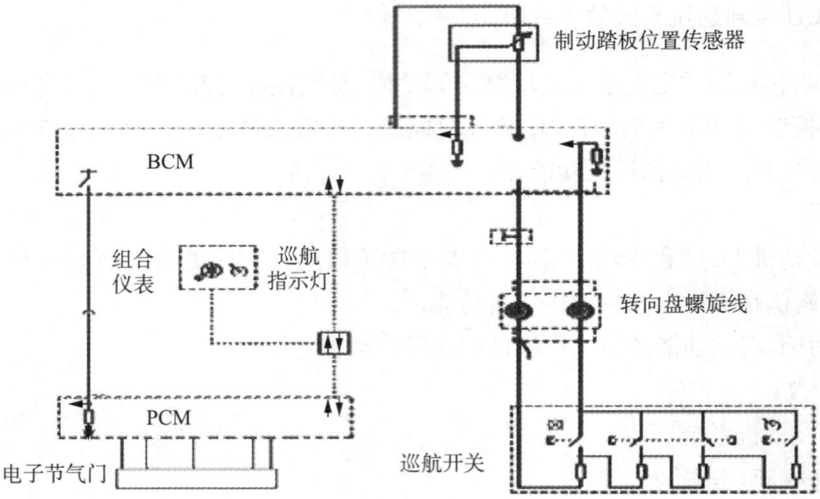

图 6－14　别克君越巡航系统电路图

(2) 怠速过低的根本原因是怠速进气量过小。怠速过低的主要原因有怠速阀故障，节气门开度过小，怠速调整过低等。

(3) 怠速过高故障的主要原因有节气门开度过大，怠速阀开度过大，燃油压力过高，喷油量过多，水温传感器不良等。

(4) 怠速不稳的常见原因有点火性能不良，喷油器不良，机械故障，进气系统漏气等。

(5) 无怠速的故障原因主要是节气门关闭，开度太小或怠速阀开度过小。

(6) 不提速的故障原因是发动机 ECU 未接收到提速的开关信号。

(7) 加速不良的故障原因包括点火性能，混合气浓度，排气系统，机械，电控单元等。

(8) 点火性能引起加速不良的故障原因为点火能量不足，点火线圈性能不良是主要原因。

(9) 发动机 ECU 检测进气流量信号不准确是引起加速不良的进气系统产生的主要原因。

(10) 排气管堵塞会造成发动机加速不良。

(11) 发动机气缸磨损、缸压不足，会导致加速不良，动力不足。

(12) 发动机 ECU 发生故障会引起加速不良。

(13) 巡航系统包括传统独立巡航控制系统和电控单元直接控制巡航系统。

(14) 大众车巡航功能可以通过诊断仪进行功能的设定和取消操作。

复习思考题

1. 如何检测和判断怠速控制阀或怠速控制步进电动机的性能？
2. 如何检测电子节气门的工作性能？
3. 怠速游车时，如何通过试验确定故障部位？
4. 通过路试，可以判断加速不良的哪些故障范围？
5. 别克君越巡航控制系统，制动灯开关信号如何检测？

7 冷却系统故障诊断

学习目标

知识目标

(1) 了解发动机冷却系统的常见故障;
(2) 熟悉冷却系统的故障诊断方法和思路;
(3) 掌握排除发动机水温过高的故障的方法。

能力目标

(1) 掌握检测水温表电路故障;
(2) 掌握检测发动机水温过高故障;
(3) 使用冷却液泄漏检测器检测冷却系统漏水;
(4) 掌握检测冷却风扇控制电路故障;
(5) 学会根据发动机故障现象判断冷却系统故障原因;
(6) 掌握检测节温器的性能;
(7) 掌握检测冷却液温度传感器的性能。

7.1 发动机水温过低

发动机冷却系统的作用是保证发动机在最适宜的温度范围内工作。当发动机冷却系统发生故障时,发动机会过热或过冷,导致发动机出现功率下降、燃油消耗增加和工作不平稳等不良现象,严重时产生受力零件损坏、活塞卡缸或拉缸等现象。发动机冷却系统的常见故障有水温过低和水温过高。

发动机水温过低,多发生在冬季或高寒地区以及发动机起动初期,指发动机运行中升温慢或发动机工作温度低。发动机水温过低会导致发动机动力不足、加速磨损、油耗增加。

发动机水温过低的常见现象有:水温表指示偏低,散热器、水管温度较低等。

发动机水温过低的根本原因是发动机冷却系统散热过度,主要是在冷车起动阶段。水温过低的常见故障原因有节温器故障,散热系统故障,冷却液温度传感器故障等。

7.1.1 节温器故障

节温器是调节冷却液大、小循环的关键元件,当节温器卡滞在开启状态,冷却液一直以大循环运行,则在起动初期或低温状态下,发动机将被冷却过度,造成发动机温度过低。

1. 机械式节温器故障诊断

发动机冷起动后,打开散热器加水口,若散热器内冷却液立即开始循环,表明节温器失常或未装节温器。因为水温低于 70℃时,节温器膨胀筒处于收缩状态,主阀门关闭;当水温高于 80℃时,膨胀筒膨胀,主阀门渐渐打开,散热器内循环水开始流动。当水温表指示 70℃以下时,散热器进水管若有水流动,水管温热,则表示节温器主阀门关闭不严,使冷却水过早大循环。

发动机工作初期,水温上升很快。当水温表指示 80℃后,升温速度减慢,则表明节温器工作正常;反之,若水温一直升高很快,当内压达到一定程度时,沸水突然溢出,则表明主阀门有卡滞,突然打开。

水温表指示 70℃～80℃时,打开散热器盖和散热器放水开关,用手感水温,若均烫手说明节温器工作正常;若散热器加水口处水温低,且散热器上水室进水管处无水流出或流水甚微,说明节温器主阀门无法打开。

2. 电子节温器故障诊断

奥迪 A4、宝马等新型车型采用电子节温器,该车型冷却液温度调节、冷却液的循环(节温控制)均由发动机负荷决定并由发动机控制单元控制,其中冷却液温度调节装置采用电子节温器。电子节温器有故障或发动机控制单元异常,都能产生水温过低故障。

电子节温器内带加热电阻,由发动机控制单元根据发动机温度和负荷等条件,给其通电加热,加热元件融化蜡芯,打开节温阀,电控单元同时控制打开程度,控制冷却液的循环量。当发动机控制单元检测到错误的温度信号时,就会错误地打开电子节温器,造成发动机水温过低故障。电子节温器结构如图 7－1 所示。

电子节温器控制系统的常见故障有:

(1) 电子节温器故障;

(2) 冷却液温度传感器及线路故障;

(3) 发动机控制单元故障。

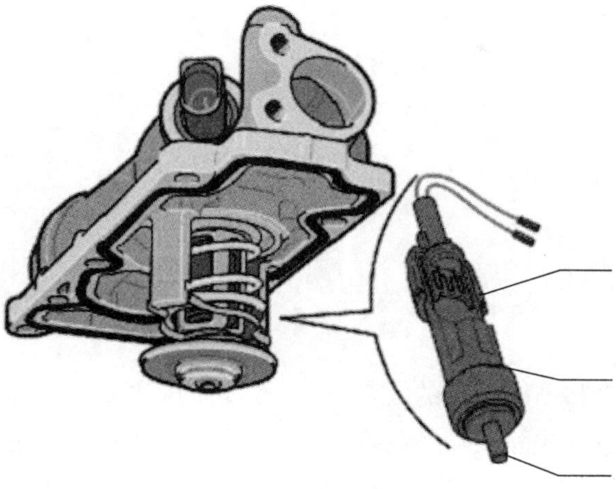

图 7－1　电子节温器

7.1.2　散热系统故障

散热器的过度冷却也会造成发动机水温过低。散热器过度冷却的主要原因有：

(1) 环境温度过低；

(2) 散热器百叶窗全开不能关闭；

(3) 冷却液温度传感器故障；

(4) 散热器风扇故障。

1. 机械风扇故障

机械风扇的主要故障为风扇耦合器故障。对于安装耦合器风扇的发动机，可在冷态起动发动机后，观察风扇转动情况，若随发动机转速升高，风扇也由慢到快地转动，说明风扇耦合器有故障，应检修或更换。硅油风扇耦合器结构如图 7－2 所示。

图 7－2　硅油风扇耦合器结构

2. 电子风扇故障

电子风扇的工作受发动机冷却液温度控制，若电子风扇的低速、高速运转不受冷却液温度控制，电子风扇一直以高速运转，则在起动阶段或低速运行中，会出现发动机水温过低或水温上升缓慢现象。

电子风扇在低温以高速运转的故障原因有：

(1) 冷却液温度传感器及线路故障；

(2) 电子风扇控制单元故障;

(3) 发动机控制单元故障;

(4) 冷却液温控开关故障;

(5) 空调压力开关异常故障。

7.2 发动机水温过高

发动机水温过高是发动机冷却系统常见的故障,也是冷却系统主要的故障,若发动机出现水温过高故障,则必须立即停止发动机工作,排除故障,以免因水温高造成发动机的更大损伤。

7.2.1 水温过高的故障判断

1. 组合仪表显示水温信息

汽车组合仪表信息系统有发动机水温指示装置,若发动机冷却液温度异常,组合仪表上将有显示或警告,以警示驾驶人,需要维修。

1) 水温表指示

水温表指示发动机冷却液的温度,冷却液温度传感器良好的情况下,当水温表指针超过规定数值或达到红线刻度,表示发动机温度过高,即冷却系统出现故障,须立即停止发动机运行,检查排除冷却系统故障。汽车组合仪表水温表如图 7－3 所示。

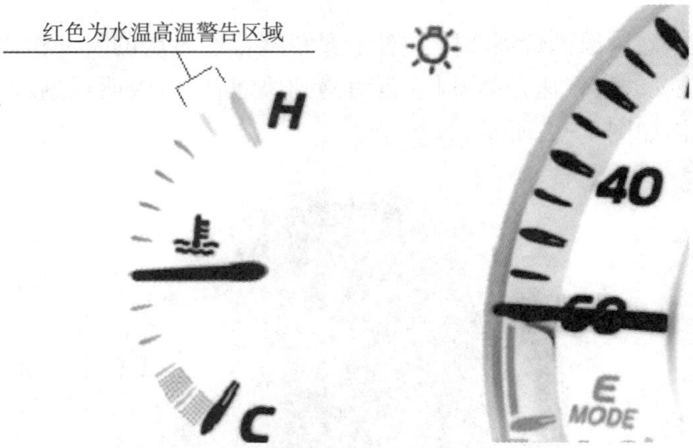

图 7－3 水温表警示示意图

2) 水温警告灯点亮或闪烁报警

部分车型,组合仪表没有设计水温表,而是设有水温警告灯,或冷却液位警告灯,当组合仪表水温警告灯点亮,则表示发动机冷却液温度异常(刚起动时,蓝色水温灯点亮,表示水温低;红色灯点亮,则表示水温过高;发动机温度正常情况下,组合仪表水温指示灯不亮),东风日产轩逸组合仪表的水温警示灯如图 7－4 所示。

3) 水温异常信息显示

部分高端车型(如宝马),仪表上设有液晶的信息显示区域,当电脑检测到故障时,将以文字信息显示出来,提醒驾驶人车辆产生故障。如图 7－5 为宝马组合仪表,组合仪表上无水温表和水温警告灯,水温信息通过仪表信息显示区读取。

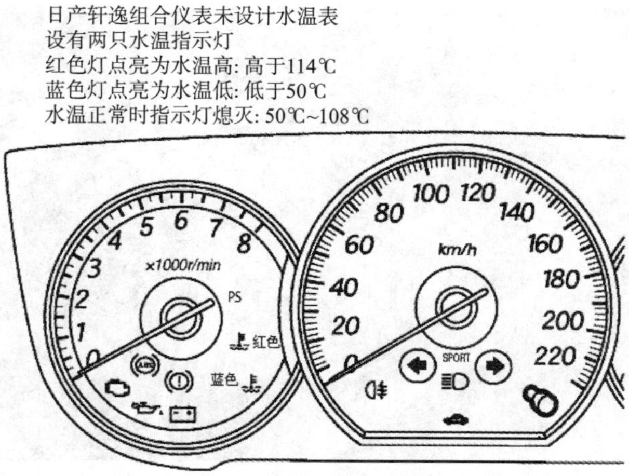

图 7－4　东风日产轩逸组合仪表水温指示

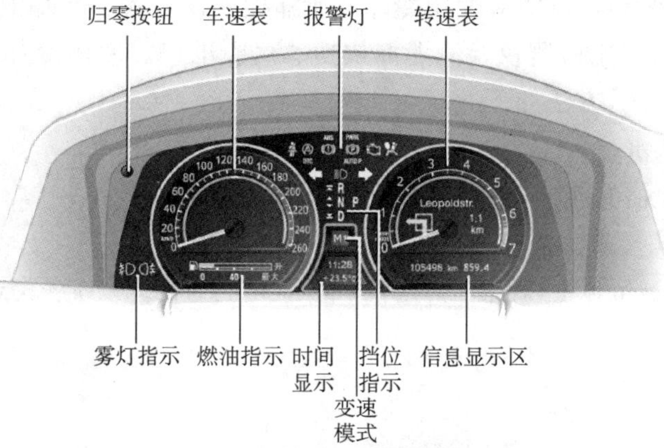

图 7－5　宝马组合仪表

2. 发动机冷却液沸腾

当发动机冷却液发生沸腾现象，俗称“开锅”，不论组合仪表上水温信息有何种显示，皆表示发动机温度过高，需要检查发动机冷却系统。

发动机“开锅”时，不要随意打开散热器盖，以免发生人身伤害，须等待发动机冷却至安全状态，方可进行操作。

7.2.2　水温过高的故障诊断

1. 冷却液不足

冷却液不足，直接导致发动机散热功能不良，产生水温过高故障。冷却液量可以通过检查散热器或冷却液储液罐，确定冷却液液位。导致冷却液不足的原因有如下几种情况：

1) 冷却系统泄漏

冷却液泄漏是冷却液不足的重要原因。冷却液不足，首先要确定冷却系统是否有泄漏现象。

检查冷却液泄漏的方法有：

(1) 观察法

大部分汽车发动机冷却液中加入专用冷却液，多数冷却液是有色的，如红色、蓝色等，当冷却系统发生冷却液泄漏时，泄漏处会残留有痕迹，方便查找泄漏点。冷却液泄漏痕迹如图 7－6 所示。

(2) 冷却液泄漏检测仪检测法

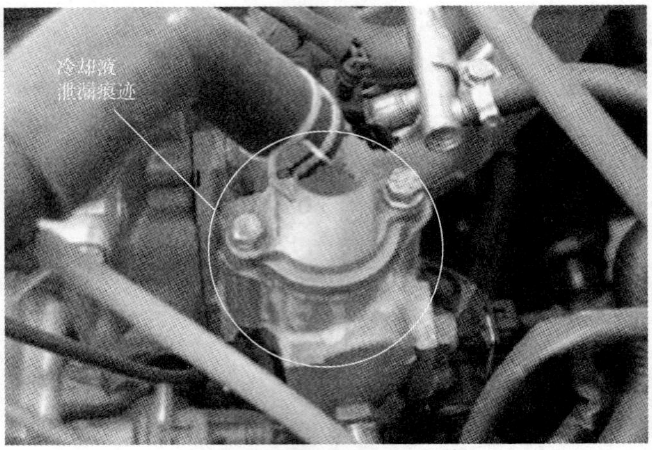

图 7－6　发动机漏水痕迹

若通过观察，无法找到泄漏点，则需要使用冷却液泄漏检测仪查找。冷却液泄漏检测仪是专门用于检查发动机漏水的检测仪器，使用检测仪检测泄漏快捷、方便、准确。使用冷却液泄漏检测仪查找发动机漏水故障操作如图 7－7 所示，方法如下：

① 发动机冷却系统加满水；

② 选择散热器盖相同规格的连接口，安装在散热器口，连接检测仪器；

③ 通过加压装置，向散热系统加注 0.1 MPa 左右的气压；

④ 保持压力不动，等待 5 min 以上，观察压力是否下降；同时检查冷却系统各密封部位是否有漏水现象。

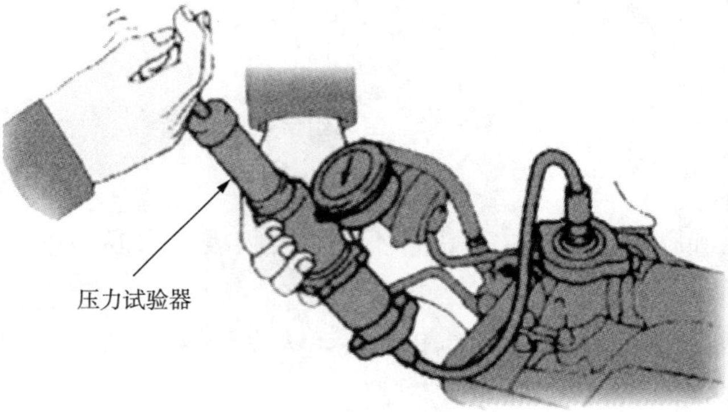

图 7－7　冷却系统泄漏检测试验

冷却液泄漏的部位和常见故障有：

(1) 散热器泄漏；

(2) 水管泄漏；

(3) 散热器盖漏水；

(4) 节温器漏水；

(5) 水泵漏水；

(6) 暖风箱漏水。

2) 散热器盖失效

散热器盖除了有密封散热器的作用外，还有保持冷却液压力稳定的作用。当散热器冷却液压力过大时，散热器盖弹簧压缩，冷却液从散热器释放到储液罐，压力下降后，冷却液从储液罐又返回散热器。这一功能由散热器盖完成。若散热器盖损坏，释压功能失效，散热器压力高时，冷却液泄漏到散热器之外，就造成冷却液缺少。

3）气缸垫烧蚀

发动机气缸垫发生烧蚀，发动机水道与气缸之间串通，冷却液会进入气缸，造成冷却液减少。判断气缸垫烧蚀的方法有以下几种：

（1）检查机油里是否有水

若发动机气缸垫烧蚀，冷却液将进入气缸和润滑系统，则引起机油里面会有水。通过检查机油尺，观察机油里是否有水，判断发动机气缸垫是否烧蚀。

（2）检查火花塞是否有水珠凝结

起动发动机，热车以后关闭发动机，等待发动机彻底冷却后，拆卸火花塞，观察火花塞。若气缸垫烧蚀，冷却液漏入气缸，挥发成水蒸气，当发动机冷却后，水蒸气会凝结在火花塞上。通过此操作，判断气缸是否冲垫。

（3）观察散热器加水口

打开散热器盖，起动发动机，急速踩踏加速踏板。若气缸垫烧蚀，气缸内气压会进入水道，引起散热器口冷却液喷出。通过此现象观察，可以判断气缸垫是否烧蚀。

2. 冷却液循环不良

1）水泵故障

水泵是冷却液循环的动力来源，若水泵出现故障，如发生卡滞或运转不灵，就直接影响冷却液的循环。

2）节温器故障

节温器控制着冷却液循环的流量，进而控制冷却液的循环，若节温器卡滞无法打开，则冷却液循环受阻，造成冷却液循环不良。

3）水道堵塞

冷却液在水道中循环，若水道堵塞，则冷却液不能循环。常见的水道堵塞有散热器堵塞，水管堵塞，发动机循环水道堵塞。

3. 散热器散热性能不良

散热器是发动机冷却液与外界交换温度、散发热量的部件，若散热器性能不良，将直接影响冷却系统的散热效果，造成发动机散热不良，水温升高。

1）散热器的常见故障

（1）散热器老化；

（2）散热器内部积垢、堵塞；

（3）散热器翅片倒伏；

（4）散热器通风系统不良。

2）散热器的检修与保养

散热器老化、积垢，会造成散热性能降低，可通过清洗散热器的方式恢复或部分恢复散热功能。发动机散热系统的清洗维护如图 7－8 所示。

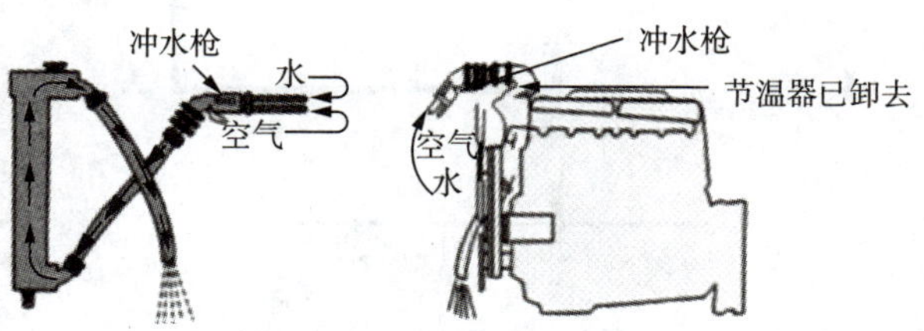

图 7－8　清洗散热系统

4. 冷却风扇工作不良

1）机械冷却风扇故障

（1）风扇耦合器故障

散热器风扇是发动机功率的消耗者，最大时消耗发动机功率的10%，为降低风扇的功率消耗，减小噪音和磨损，防止发动机过冷，节约能源，风扇设计了耦合器。发动机低温或冷起动时，耦合器分离，风扇低速运转；发动机温度升高后，耦合器接合，风扇高速运转，加大散热效果。若散热器风扇耦合器失效，则风扇风速无变化，不能起到调节散热变化的功能。耦合器失效或有故障，需要更换风扇耦合器总成。

（2）风扇叶片故障

风扇叶片的形状变形、叶片破损缺失，均会影响风扇的风力，导致散热不良。

（3）风扇罩故障

风扇罩安装不良、罩框与散热器间隙过大、风量损失较大，则散热器的散热性能下降。

2）电子风扇故障

新型汽车多采用电子风扇散热系统，散热风扇电动机通过发动机水温控制，风扇转速可以调节。若风扇不工作或工作不良，散热器将散热不好，使发动机温度升高。

电子风扇控制方式分为温控开关控制，继电器控制，散热模块控制，发动机ECU控制。

（1）温控开关控制

散热器风扇电动机直接受温控开关和空调系统控制。代表车型：上海大众桑塔纳。上海大众桑塔纳2000风扇控制电路如图7-9所示。

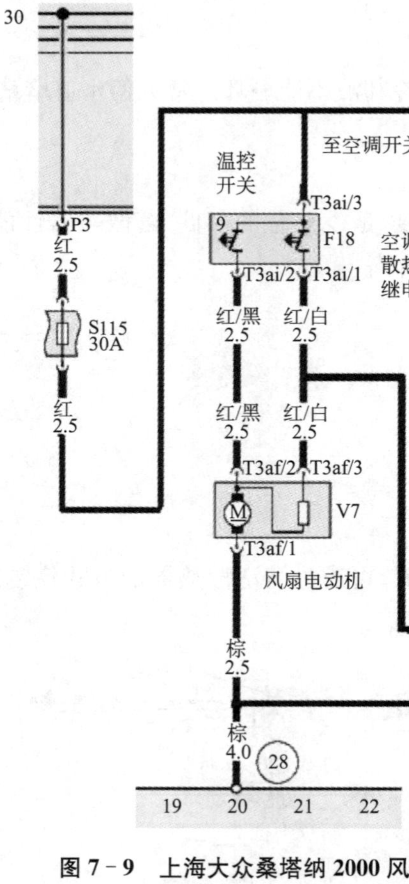

图7-9　上海大众桑塔纳2000风扇控制电路图

以上海大众桑塔纳为例，散热器风扇不运转的故障诊断流程如图 7－10 所示。

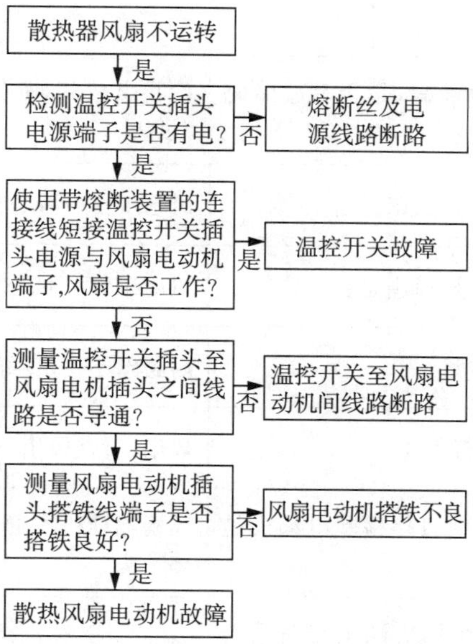

图 7－10　上海大众桑塔纳风扇不工作故障诊断流程图

(2) 继电器控制

继电器控制散热风扇系统，散热器风扇电动机由继电器控制，继电器由发动机控制单元或散热控制 ECU 开关控制。代表车型：通用别克。别克君越风扇控制电路，如图 7－11 所示。

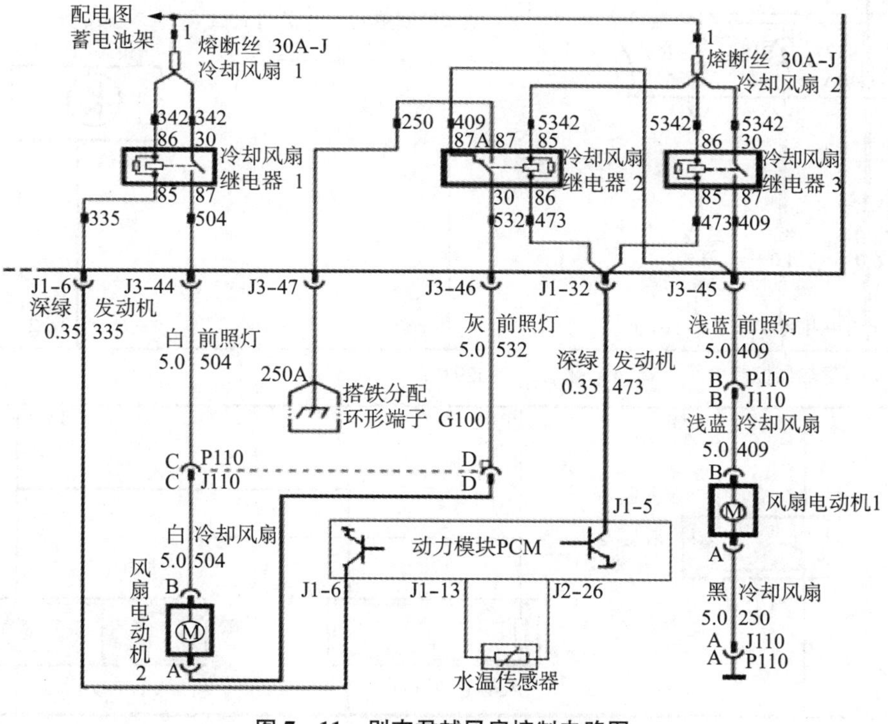

图 7－11　别克君越风扇控制电路图

别克君越散热风扇不工作的故障诊断流程如表 7－1 所示。

(3) 散热控制单元控制

散热控制单元控制风扇的实质是将继电器移植到控制单元内部，增加一些控制元件，诊断散热控制

表 7－1　别克君越散热风扇不工作的故障诊断流程

步骤	检 测 操 作	检 测 结 果	结论与排除
1	连接诊断仪，读取发动机系统故障码，是否有故障码 P0480、P0481	诊断出故障码（无故障码，转至第 2 步）	清除故障码
2	元件动作测试，输入低速风扇信号，风扇是否工作	风扇工作（不工作，转至第 4 步）	PCM 故障
3	元件动作测试，输入高速风扇信号，风扇是否工作	风扇工作（不工作，转至第 4 步）	PCM 故障
4	检查散热风扇电源熔断丝是否良好	熔断丝不良（良好，转至第 5 步）	更换熔断丝
5	短接法连接继电器端子，风扇是否工作	风扇工作（风扇不工作，转至第 6 步）	继电器故障
6	检测风扇电动机是否导通（蓄电池直接检验电动机是否工作）	风扇电动机不通（电动机导通，转至第 7 步）	风扇电动机总成故障
7	检测继电器座端子至风扇电动机插头端子线路是否导通	线路不通（线路导通，继电器故障）	继电器至风扇电动机线路断路

单元故障，要测量散热模块插头各针脚信号是否正常，以判断故障部位。大众 POLO 散热风扇控制系统电路，如图 7－12 所示。

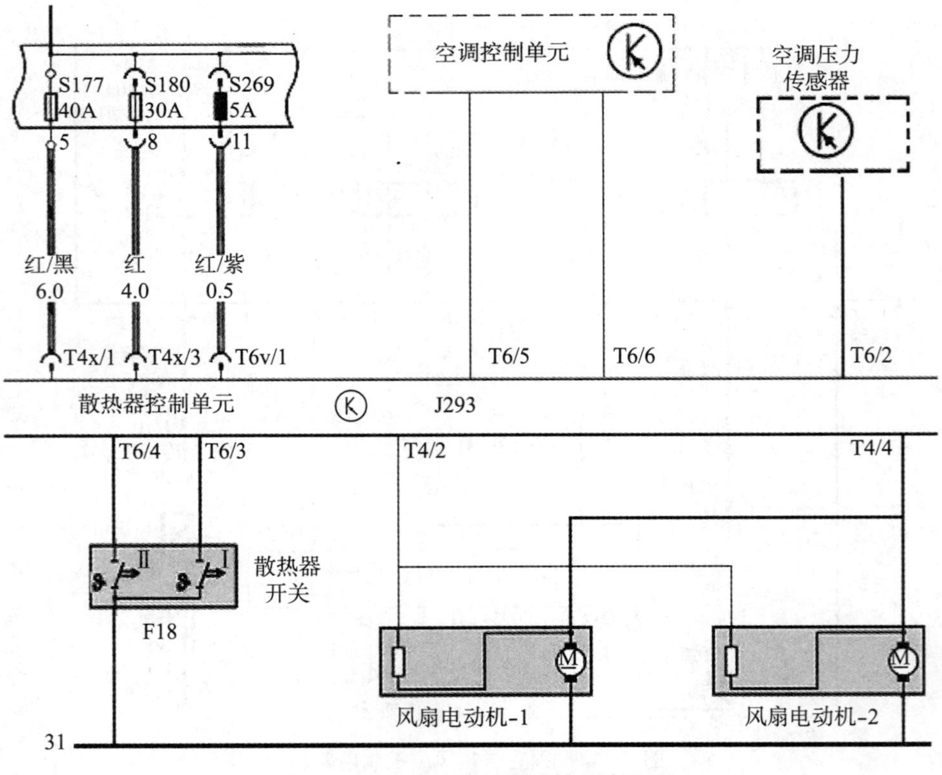

图 7－12　大众 POLO 风扇控制电路图

以大众 POLO 为例，散热风扇不工作的故障诊断流程如表 7－2 所示。

表 7－2　　散热风扇不工作的故障诊断流程

步骤	检　测　操　作	检　测　结　果	结论与排除
1	检查散热风扇电源熔断丝是否良好	熔断丝不良(良好，转至第 2 步)	更换熔断丝
2	拔掉水温传感器插头，风扇是否高速运转	风扇运转(风扇不转，转至第 3 步)	水温传感器故障
3	短接法连接继电器端子，风扇是否工作	风扇工作(风扇不工作，转至第 7 步)	转至第 4 步
4	测量风扇控制单元电源搭铁是否良好	电源、搭铁不良(均良好，转至第 5 步)	检查电源熔断丝和搭铁线
5	检测风扇控制单元至继电器线路是否良好	线路不良(线路正常，转至第 6 步)	检修线路断路故障
6	用功能正常的风扇控制单元替换故障控制单元，风扇是否工作	风扇工作(风扇不工作，转至第 7 步)	风扇控制单元故障
7	检测风扇电动机是否导通(蓄电池直接试验电动机是否工作)	风扇电动机不良(风扇电动机良好，转至第 8 步)	风扇电动机故障
8	检测风扇电动机搭铁线是否良好	搭铁线不良(搭铁线良好，转至第 9 步)	搭铁线故障
9	检测风扇电动机至继电器线路是否导通	线路导通	风扇电动机及插头接触不良故障

(4) ECU 直接控制

ECU 直接控制风扇的原理是利用网络传输发动机控制信号给风扇控制模块总成(与风扇电动机一体)，并且风扇电动机的转速为无级变速。代表车型：丰田雷克萨斯、宝马等。奥迪 A6L 风扇控制电路，如图 7－13 所示。

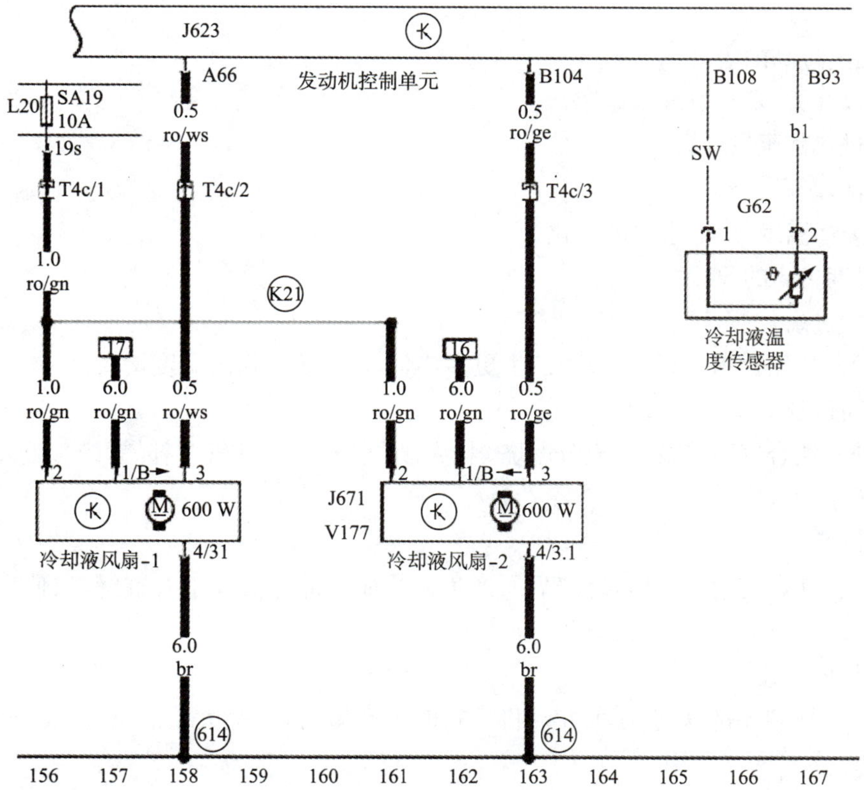

图 7－13　奥迪 A6L 风扇控制电路图

根据电路图和工作原理，ECU 控制风扇不工作的故障诊断流程如图 7－14 所示。

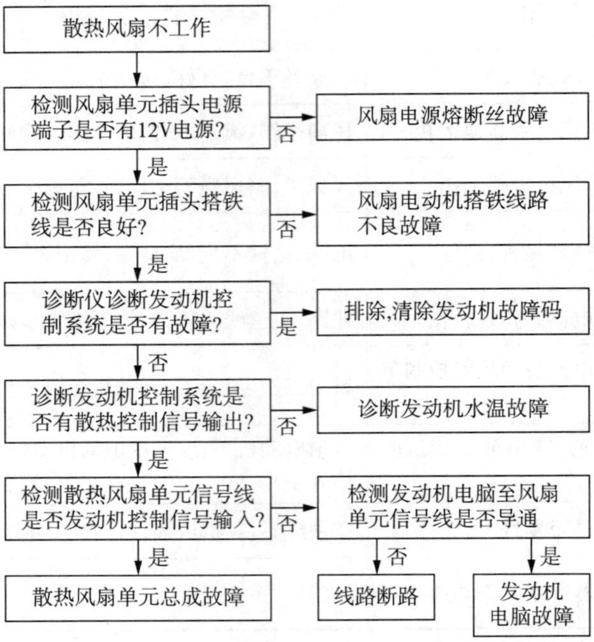

图 7－14　ECU 控制散热风扇不工作故障诊断流程图

5. 发动机温度过高

发动机的工作温度过高，引起冷却液温度过高，无论散热性能如何良好，也不能降低水温。遇到发动机工作温度过高时，不能强行提高散热性能，试图降低水温，如加装电子扇等，需要排除发动机温度过高的故障。

1) 发动机温度过高的表现

(1) 关闭点火开关，发动机继续运转；

(2) 排气管过热甚至发红；

(3) 加速不良，爆燃、敲缸；

(4) 发动机表面温度高，沾水立即汽化。

2) 发动机温度过高的原因

(1) 气缸压力过高

气缸压力过高，压缩比增大，活塞压缩产生更多热量，发动机工作时温度增高。

(2) 点火时间过晚

点火时间过晚，混合气不能及时、充分燃烧，未燃烧的燃料在排气管内补燃，既影响发动机的动力输出，又会使发动机温度升高。

(3) 混合气过稀

混合气过稀，会使燃烧速度缓慢，燃烧后所产生的热能大部分散失于气缸壁，致使发动机缸体温度升高。

(4) 发动机装配过紧

发动机曲轴、连杆装配过紧，会增加发动机运行时的摩擦力，产生大量热量，散发到气缸体，增加发动机缸体表温度。

本章小结

(1) 发动机冷却系统故障为水温过低故障和水温过高故障。

(2) 判断发动机温度是否正常,可以通过组合仪表水温表或水温指示灯确定。

(3) 发动机水温高的主要故障原因有发动机冷却液不足,冷却液循环不良,散热器散热性能不良,散热风扇故障。

(4) 冷却液缺少的主要原因有漏水,缸垫烧蚀,散热器盖失效。

(5) 冷却液循环不良的主要原因是水泵故障或节温器打不开。

(6) 散热器散热性能不良的主要原因有散热器老化,散热器堵塞,散热器通风不良,散热器翅片倒伏等。

(7) 电子风扇控制类型分为:温控开关控制,继电器控制,散热控制单元控制和 ECU 直接控制。

(8) 发动机工作温度过高的主要原因有发动机气缸压力增大,点火时间过晚,混合气过稀发动机装配过紧等。

复习思考题

1. 如何区分是发动机水温过高,还是组合仪表上水温表故障?
2. 使用故障树分析法,表述发动机水温高的故障诊断流程。
3. 电子风扇只有高速,无低速,故障如何诊断,故障可能原因是什么?
4. 描述发动机少水的故障诊断过程。
5. 发动机水温高,如何确定是气缸垫冲垫?

普通高等职业教育规划教材
21世纪卓越汽车应用型人才培养专用教材

8 发动机润滑系统故障诊断

学习目标

知识目标

(1) 了解发动机润滑系统的常见故障；

(2) 熟悉发动机润滑系统常见故障的诊断思路；

(3) 掌握诊断和检测发动机润滑系统故障的方法。

能力目标

(1) 掌握使用机油压力表检测发动机机油压力；

(2) 学会根据润滑油的品质和压力判断润滑系统故障；

(3) 学会根据电路图分析机油警告灯电路故障；

(4) 掌握使用专用工具更换漏油油封。

润滑系统对发动机具有润滑、清洗、密封、散热、防腐、防锈、减震、降噪等功能。润滑系统出现故障，会造成发动机异常磨损、阻力增大、功率降低，严重时，会发生拉缸、烧瓦、抱轴，甚至曲轴、连杆、凸轮轴断裂等严重事故。因此，在发动机运行中，如遇润滑系统出现故障，应立即停车检查，诊断并排除故障，以免造成发动机的严重损坏。

润滑系统产生故障的原因主要是发动机润滑油路循环的途径发生异常，因此诊断润滑系统故障必须熟悉发动机润滑系统的结构和功能。发动机润滑系统常见的故障有发动机漏机油，机油压力过低，机油压力过高，机油变质，机油消耗异常等。

8.1 发动机漏油故障诊断

保持发动机润滑系统工作正常，首先必须保证发动机润滑油不能缺少，如果发动机有漏油等现象，则会造成发动机机油量不足，润滑系统会产生故障。

检查发动机机油尺，发现机油尺刻度上机油液面降低，则要判断是有漏油故障，还是发动机存在烧机油的故障。正常机油液面在机油尺的刻度线的上下刻度之间。发动机机油尺刻度线如图 8－1 所示。

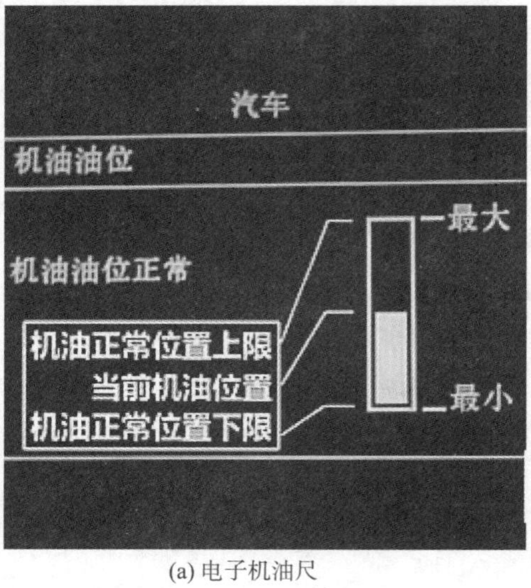

(a) 电子机油尺

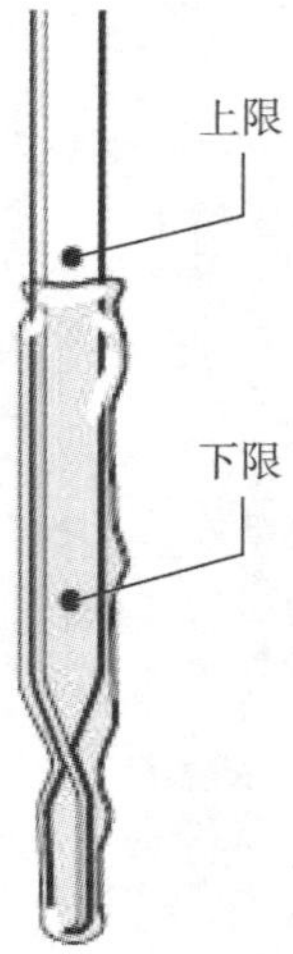

(b) 常规机油尺

图 8－1　机油尺刻度线

发动机发生漏油，首先必须判断是漏机油，还是漏其他油液，如转向助力液、制动液、变速器油等。若发动机漏机油，当立即检查修复，以免引起机油过少，故障扩大。

8.1.1 发动机漏机油的常见故障及部位

发动机漏油的原因比较多，主要有以下几种情况：

(1) 油底壳衬垫损坏或放油螺栓松动；

(2) 油底壳放油螺栓衬垫损坏、漏装或松动；

(3) 正时齿轮盖衬垫装配不当、损坏或螺栓松动；

(4) 发动机支架板变形或衬垫密封不严；

(5) 气门室盖衬垫密封不严；

(6) 曲轴前油封损坏；

(7) 曲轴后油封损坏;

(8) 曲轴后端回油螺纹被污垢堵塞,回油螺纹加工不当或螺纹轴颈与油封座孔同轴度超差;

(9) 凸轮轴承后封盖不严;

(10) 机油散热器密封不严;

(11) 机油滤清器密封不严;

(12) 分电器壳体承装孔密封不严;

(13) 机油泵衬垫损坏或螺栓松动。

8.1.2 发动机漏油的原因

发动机漏油的原因,有以下几种情况:

(1) 产品(配件)质量、材质或工艺不佳;

(2) 装配不当,配合表面不清洁,衬垫破损、位移或未按操作规范进行安装;

(3) 紧固螺母拧紧力矩不均、滑丝、断扣或松旷、脱落等,导致工作失效;

(4) 密封材料长期使用后,磨损过限、老化变质、变形失效;

(5) 润滑油添加过多,油面过高或加错油品;

(6) 零部件(边盖类、薄壁件)接合表面挠曲变形、壳体破损,使润滑油渗出;

(7) 通气塞、单向阀堵塞,因箱壳内外气压差的作用,引起密封薄弱处漏油。

8.1.3 发动机漏油的人为因素

发动机漏油的人为因素,有以下几种情况:

(1) 安装螺栓力矩不标准;

(2) 使用质量不合格的材料和配件;

(3) 安装操作不规范;

(4) 安装面洁净度不够;

(5) 粗暴拆装,使零部件变形。

8.1.4 防止发动机漏油的规范操作

防止发动机漏油,有以下几种规范操作:

(1) 油底壳放油螺栓按标准力矩安装;

(2) 油底壳螺栓安装需逐次加力上紧,不能一次上紧一颗螺栓;

(3) 更换曲轴油封使用专用工具安装;

(4) 仔细检查工件是否有变形、裂纹等现象;

(5) 保持安装部件的表面洁净;

(6) 检查通气阀孔不能堵塞;

(7) 结合面不平的,需要加装密封垫或涂抹密封胶。

8.2 机油压力过低故障诊断

发动机润滑系统出现机油量少、机油泵工作不正常、油道堵塞等,均会造成机油压力过低。机油压力过低，会加速曲轴、凸轮轴磨损，甚至因为润滑不良而使发动机抱轴，严重的会造成发动机的报废。所以，在汽车组合仪表上，都设有机油压力指示系统，显示发动机润滑系统的压力。发动机润滑系统异常，首先应判断是否为机油压力过低。

8.2.1 机油压力低的判断方法

机油压力过低是发动机润滑系统最常见的故障之一，判断机油压力过低的常见的方法有观察组合仪表机油压力警告灯，机油压力表测试机油压力和观察气门室是否上机油。

1. 组合仪表机油压力警告灯报警

汽车组合仪表上设有机油压力警告灯或机油压力表，如图 8－2 所示。机油压力警告灯(表)报警(点亮)，首先必须确定是机油压力警告灯(表)的电路故障，还是发动机机油压力低。排除了机油压力警告灯电路故障，才能判断发动机机油压力低的故障。组合仪表上机油压力表如图 8－3 所示。

图 8－2 组合仪表机油液位警告灯

图 8－3 发动机机油压力表

机油压力警告灯电路故障的常见诊断方法是，将机油压力传感器插头断开，直接对发动机搭铁，若断开时机油压力报警灯熄灭，搭铁时机油压力报警灯点亮，表示机油压力警告灯系统正常。否则，表明机油压力警告灯电路存在故障。机油压力警告灯的控制原理如图 8－4 所示。

如下介绍几种特殊机油报警灯电路故障诊断方法：

1）上海大众桑塔纳机油报警灯电路故障的诊断

上海大众桑塔纳机油压力警告灯由高、低压两个压力开关控制，控制电路如图 8－5 所示。低压开关

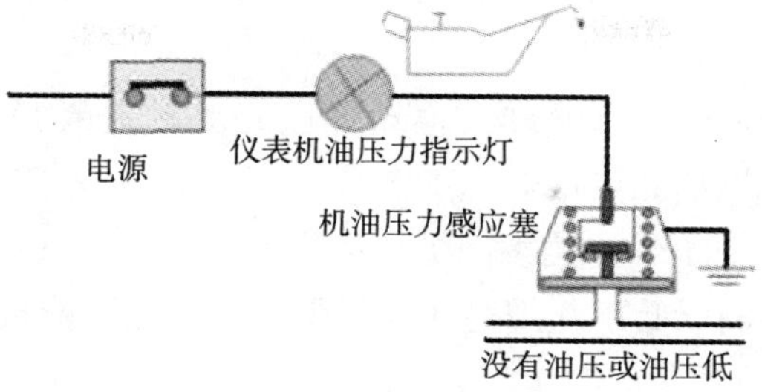

图 8-4　机油压力警告灯控制原理图

为常闭开关，即在常态下（无压力时），内部触点处于闭合状态；高压开关为常断开关，即在常态下（没有油压时），内部触点处于断开状态。组合仪表内设有机油压力控制器，内部集成有机油压力指示灯（发光二极管）。控制器除了与两个机油压力感应器连接外，还接收发动机的转速信号。

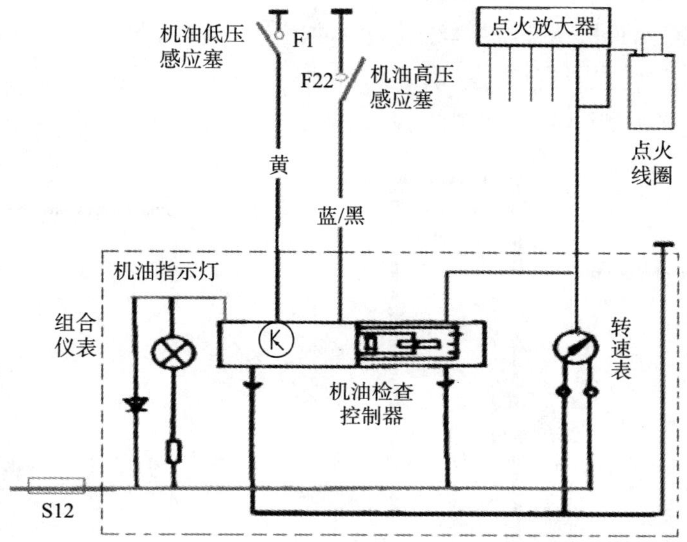

图 8-5　上海大众桑塔纳机油压力报警控制电路图

上海大众桑塔纳机油压力警告灯控制原理如图 8-6 所示。

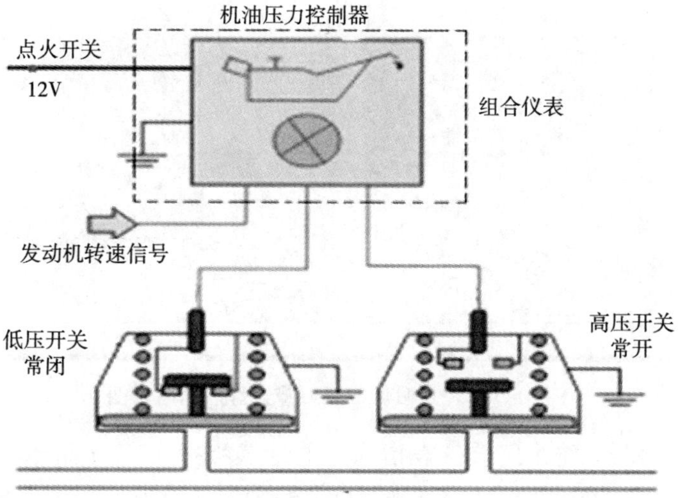

图 8-6　上海大众桑塔纳机油压力警告灯控制原理图

(1) 打开点火开关而未起动发动机时，没有油压，低压开关处于闭合状态，机油压力控制器控制警报灯（发光二极管）闪烁。

(2) 发动机运转，油压达到 0.03 MPa 时，推动低压开关触点断开，警报灯熄灭。一旦油压低于 0.03 MPa，低压开关触点又闭合，警报灯闪烁。

(3) 油压控制器检测发动机的转速，当发动机转速达到约 2 000 r/min，机油压力应达到 0.18 MPa，推动高压开关的触点接通。若油压低于 0.18 MPa，高压开关触点不能接通，油压控制器控制警报灯闪烁，并启动蜂鸣器报警。

根据原理，发动机工作时，机油压力在正常范围，则低压开关断开，高压开关闭合。若机油警告灯报警，可以断开低压开关插头，搭铁高压开关插头。如果机油灯继续报警，则故障为警告灯电路故障。若警告灯熄灭，说明机油压力警告灯控制系统正常。可以更换压力传感器，若故障仍旧存在，可以确定故障为发动机机油压力不正常。

2) 大众帕萨特机油报警灯电路故障诊断

大众帕萨特仪表设有两个机油警告灯，红色为机油压力警告灯，黄色为机油液位警告灯。发动机运行，机油正常时，两灯均不亮。当红色灯点亮，表示机油压力故障；黄色灯点亮，表示机油量和品质有故障。大众帕萨特机油警告灯控制电路，如图 8－7 所示。

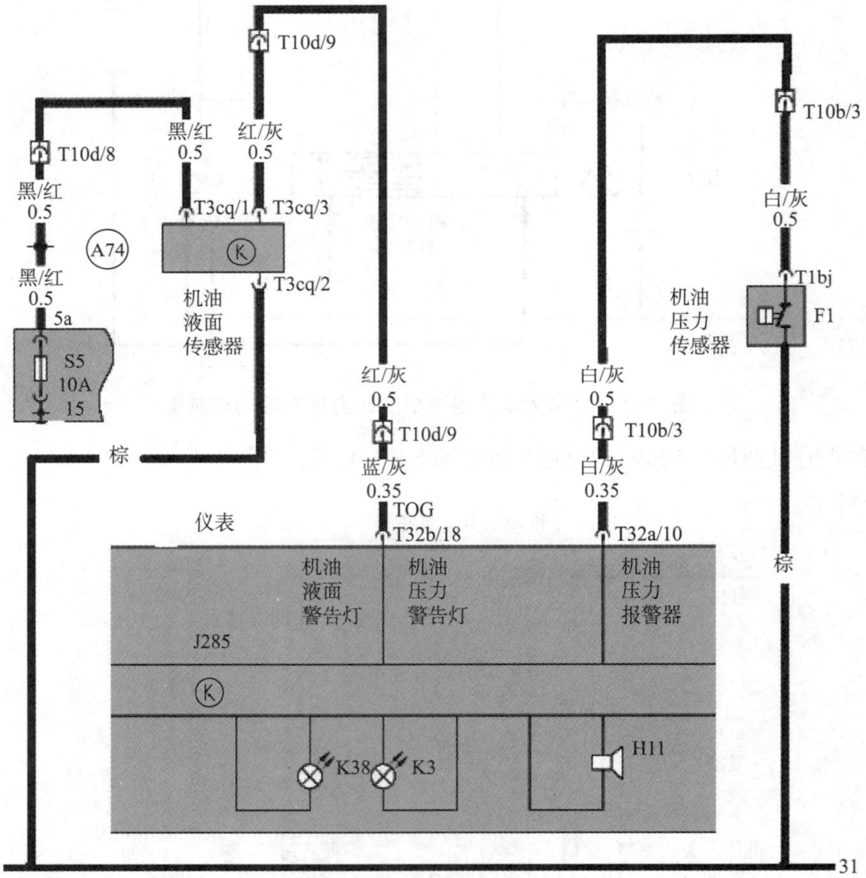

图 8－7　大众帕萨特机油警告灯控制电路图

根据原理，机油液位警告系统由组合仪表指示灯电路、装在油底壳上的油位/油温传感器和连接线组成。油位/油温信息由传感器通过导线以脉冲宽度调制频率信号的形式连续不断地传递到组合仪表，组合仪表电路对信号进行分析计算后，将油位信息显示在组合仪表上，而油位信息则用于低油位警告灯开启的依据；同时油温、油位的信息还用于组合仪表对燃油消耗量及行驶里程的计算以及保养间隔里程和时间的确定。机油油温传感器控制原理如图 8－8 所示。

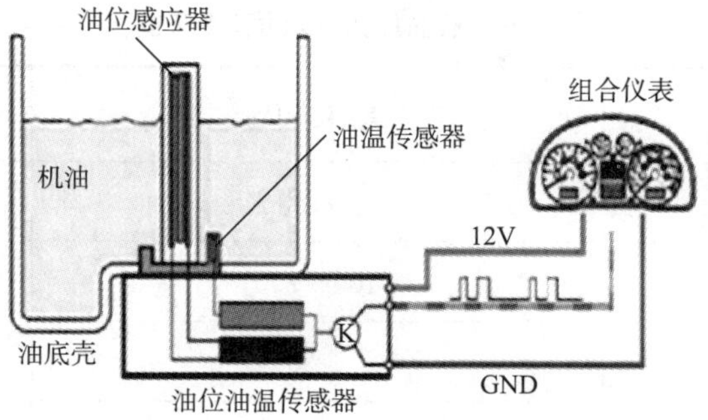

图 8－8　机油油温传感器控制原理图

根据原理，机油油位/油温传感器上共有 3 根导线，分别为正极线、搭铁线和信号线。组合仪表在信号线上输出一个大约 11 V 的高电位，传感器控制接地产生脉冲宽度调制信号，标准信号波形如图 8－9 所示。其中第 1 部分是传感器对油位传感器进行瞬间加热的脉冲信号，加热的时间取决于机油的温度，加热的目的是为了根据传感器冷却时间来判断机油油位。传感器进入冷却阶段(第 3 部分)后，冷却时间的长短与机油的油位基本成一定比例关系。冷却时间越短，说明机油油位越高；时间越长，说明机油油位越低。对油位的判断误差不会大于±3 mm，冷却时间在 200～1 000 ms。机油温度是传感器直接测量出来的，温度信号是通过脉冲信号(第 2 部分)来进行传输的，信号脉宽在 25～85 ms。

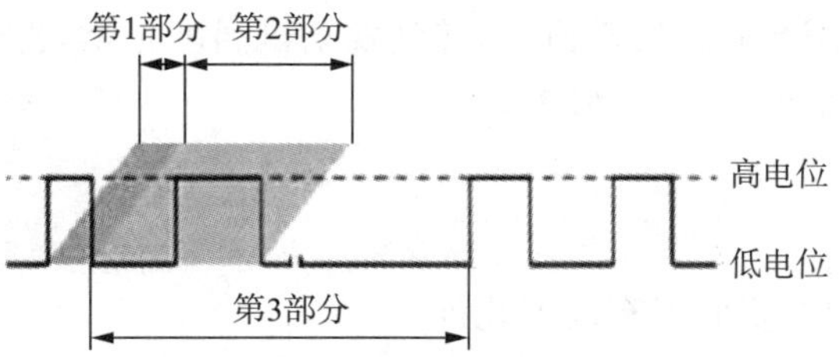

图 8－9　机油油位信号波形图

2. 机油压力表测试

机油警告灯报警，警告发动机机油压力异常，为确定发动机机油压力的具体情况，需要连接机油压力表，检测发动机机油压力值是否正常。机油压力表连接口为机油压力传感器的安装口，如图 8－10 为

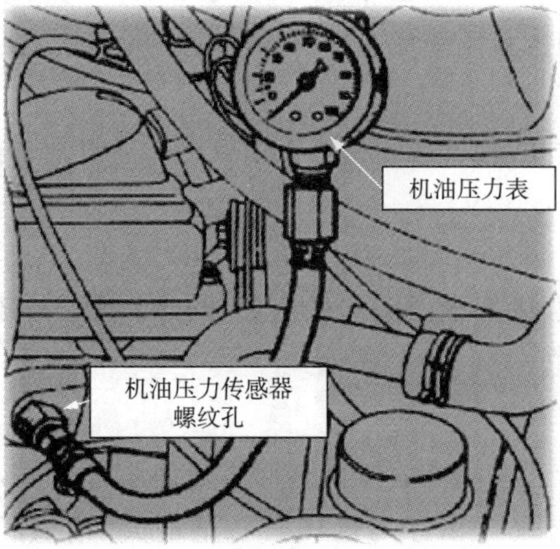

图 8－10　机油压力测量方法

机油压力测量方法。通过机油压力表测试，若测得的数值不在规定范围，则说明发动机润滑系统有故障。常见车型机油压力标准值如表 8-1 所示。

表 8-1　常见车型机油压力标准值(参考值)

车　型	怠速/kPa	2 000～3 000 r/min(水温 80℃)
上海大众桑塔纳	>180	>200
奥迪 A6	100～250	300～500
丰田凯美瑞	>29	170～300
别克君越	>100	103～200
本田雅阁	>70	>490
奇瑞车系	120～150	>320
神龙富康	>100	>400

3. 气门室观察法

机油压力表测量的是缸体的主油压，并不能代表气缸盖上的机油压力。如由于油道堵塞等原因，气缸盖上润滑不充分，会导致气门异响、凸轮轴磨损、抱死等故障。故有必要确定气门室是否上机油。

气门室观察是否上机油，需要起动发动机，运转到发动机温度正常，打开机油加注口盖，观察气门室是否有机油飞溅，并且凸轮轴组件上有机油润滑。

8.2.2　机油压力低的原因

引起发动机机油压力低的主要原因有以下几种。

1. 机油量不足

发动机机油量不足，油底壳内机油液面较低，机油泵吸入机油少，就会导致润滑系统机油压力下降，甚至不产生压力。

2. 机油黏度降低

机油黏度实际是机油流动时的内摩擦阻力的大小。机油流动时的内摩擦阻力小时，其流动性好；反之，机油流动时的内摩擦阻力大时，其流动性差。因此黏度是机油品质最主要的衡量指标之一。若机油黏度降低，则机油压力也下降。

机油过稀或因发动机温度过高造成机油变稀，机油就会从发动机的各摩擦间隙中泄漏，造成机油压力低。

3. 机油泵性能不良

机油泵是润滑系统的动力源，机油泵内部齿轮磨损，间隙过大或卡死，都会导致机油泵泵油量减小或不泵油，直接导致机油压力过低。

4. 机油滤清器堵塞

机油滤清器的作用是进一步过滤很小的机械杂质。当使用过久后，被过滤出的机械杂质集存在滤芯上，随着使用时间延长，滤芯外表面积存的机械杂质量增大，堵塞润滑油流动通道，导致机油压力减小。

5. 限压阀调整不当

限压阀靠平衡弹簧和球阀(或锥阀)来限制机油压力,使机油压力不超过技术文件的规定值。机油压力超过规定值时,便克服弹簧的弹力将阀门推开,使系统内泄压。机油压力低于弹簧弹力时,阀门在弹簧的作用下关闭。因此,润滑系统的机油压力取决于弹簧弹力的大小。如果调整的弹簧弹力过小或弹簧疲劳导致弹力过小,就会使系统内的机油压力降低。

此外,限压阀受机械杂质影响而关闭不严,也会使机油压力下降。

6. 泄漏量大

油泵能够产生压力的原因是机油在油道内流动有阻力。如润滑系统的油道有泄漏,限压阀调定压力过低或关闭不严、曲轴或凸轮轴颈等处因磨损配合间隙过大,都会造成润滑系统的泄漏量增大,系统内的机油压力会随着泄漏量增大而相应降低。

8.3 机油压力过高故障诊断

润滑系统内的机油压力过高,主要是机油在系统内流动阻力过大所引起。机油压力过高的表现为:发动机在怠速以上运转时,发动机温度正常而机油压力高于规定值;或在低速运转时机油压力指示器的浮标已升到最上方。机油压力过高的主要原因有以下几个方面。

1. 机油黏度过大

机油黏度的大小表明了机油流动时的内摩擦阻力大小。机油黏度的大小与发动机温度有关,发动机温度低时,机油黏度大;反之,发动机温度高时,机油黏度小。机油黏度大时流动性差但密封性好,泄漏量少。如果机油黏度超过规定值,机油在润滑系统内流动阻力会增大,同时压力升高。因此,发动机温度低或机油本身黏度大(因对机油牌号选用不当,即机油牌号不适合环境温度,如冬季选用了夏季黏度大的机油)时,机油压力会升高。

2. 润滑部位配合间隙过小

润滑部位的凸轮轴轴颈、连杆轴颈、曲轴轴颈、摇臂轴等,这些润滑部位如果配合间隙过小,会使润滑油路的流动阻力增大,造成机油压力升高。

3. 机油滤清器堵塞

滤清器的滤芯过脏使机油回路堵塞,造成机油压力过高。

4. 限压阀调整不当

限压阀调整的弹簧弹力过大,会导致润滑系统内的机油压力过高。

8.4 机油变质故障诊断

发动机运行过程中,受各种因素的影响,特别是异常的磨损、缸体穿孔、冲缸床等,会造成机油的氧化和变质。机油变质破坏了油膜的特性,使润滑性变差甚至润滑功能丧失,造成轴瓦异响、活塞油环卡死、尾气冒蓝烟烧机油、油耗增加、缩短发动机使用寿命等后果,最终导致发动机提前大修。因此,在定期检查机油的存量的同时,应该检查机油是否变质。

8.4.1 机油变质的判断

机油是否变质的准确判断方法要通过专门的仪器来测定,但明显的变质可以通过检查和观察确定。

1. 观察机油的颜色

优质的机油呈半透明的黄棕色或浅蓝色，当机油中有水时则呈褐色，发动机运转一段时间后，会呈乳白色，并伴有泡沫。机油呈黑色通常是油泥和铁屑过多，或机油中炭粒过多。抽出机油标尺对着光亮处观察刻度线是否清晰，当透过油尺上的机油看不清刻线时，则说明机油过脏，需要更换机油。

2. 观察油流

将装有机油的量杯慢慢倒向另一空杯，观察其流动情况。质量好的机油的油流应该是细长、均匀、连绵不断，变质的机油会呈油滴状态。

3. 指捻法

将机油倒在拇指与食指之间捻磨，手感应该有润滑性、无磨屑、无摩擦。如果感到手指之间有砂粒之类较大摩擦感，则表明机油内有铁屑、油泥和杂质。

4. 光照法

在有太阳的日子，用机油检查棒撩起机油，对照阳光观察油滴情况，在光照下如果看到机油中无磨屑，说明可继续作用，如果磨屑过多，说明机油已经变质不能继续使用。

5. 嗅觉法

凡是对嗅觉刺激大且有异味的机油均为变质或劣质机油，好的机油应无特别的气味，只略带芳香。

6. 滤纸法

用机油尺蘸取机油滴在白色滤试纸上，待机油渗漏后，若表面有黑色粉末，用手触摸有阻涩感，则说明机油里面杂质已很多。好机油无粉末，用手摸上去干而光滑，且呈黄色痕迹。

8.4.2 机油变质的原因

1. 机油中渗进了水分

由于气缸穿孔漏水、气缸垫损坏或其他原因导致缸体或曲轴箱进水，当含水量超过0.1%时，机油添加的抗氧化剂、清净分散剂等就会失效，因而加速机油的氧化过程。机油中含较多的水时，机油润滑性变差，黏度下降。含水的机油呈雾状，油色浑浊，乳化，泡沫状。

2. 活塞环漏气

由于活塞环或气缸磨损，一部分可燃混合气和废气经活塞周围间隙窜到曲轴箱内。窜到曲轴箱为的废气内含有水蒸气和二氧化碳：水蒸气凝结后在机油中形成泡沫；二氧化碳溶于水中形成酸，这些駿性物质带进润滑系统内，使机油变质。

3. 曲轴箱通风装置失效

曲轴箱通气性差，机油散热不良，同时一些燃烧气体窜入曲轴箱内，曲轴箱内的气压将升高。若压力高于外界大气压力，则会给活塞运行带来一定阻力，导致机油由油底壳与气缸体结合处向外渗漏。另外，泄漏到曲轴箱内的气体中含有二氧化硫，会促进机油很快变质。

4. 润滑油品质差

不同型号的发动机，使用的润滑油品质不同。润滑油品质太差，在发动机的高温下会变稀，黏度减小，润滑性能变差。

5. 空滤过脏

空气滤芯太脏，进气杂质比较多，燃烧产生过多积炭和杂质，会造成机油变质。

6. 燃油进入润滑系统

由于泄漏，燃油混入发动机润滑系统油道，特别是汽油混入机油，就会引起机油变质。

7. 发动机燃烧混合气过浓

发动机混合气过浓，燃烧产生积炭，会导致润滑油过早变质。

8. 发动机温度过高

发动机温度高，机油在高温下变稀，油质变差。

9. 机油使用时间过长

不按规定保养时间更换机油，机油使用时间过长，机油品质会越变越差。

8.5 机油消耗异常故障诊断

发动机机油消耗异常指机油消耗过多。正常发动机，机油消耗量有限。机油消耗量超过规定值，则说明机油消耗过多。机油消耗过多的主要原因如下：

1. 机油泄漏

发动机各密封面和油封损坏，造成润滑油的渗漏，会引起机油量减少。

2. 烧机油

活塞或气门间隙过大，涡轮增压器泄漏等，会导致发动机烧机油，将大大损耗机油。

3. 发动机温度过高

发动机温度高，引起机油的温度过高与压力过高，机油黏度变低，使窜入燃烧室的机油增加，增加了机泊的消耗量。

4. 机油过多

发动机油底壳机油添加过多，使曲轴运转时飞溅到缸壁的机油过多，润滑油被吸入气缸燃烧，引起机油消耗。

5. 发动机工作不正常

汽车严重超载、发动机长时间大负荷工作等，也会造成机油消耗量过大。

本 章 小 结

(1) 润滑系统的主要故障有发动机漏油，机油压力过低，机油压力过高，机油变质，机油消耗量过大。

(2) 发动机机油压力和机油液位通过组合仪表机油指示灯监测。若机油指示灯报警，则表示发动机润滑油有故障，需要检查维修。

(3) 发动机漏油的常见故障有曲轴前油封漏油，曲轴后油封漏油，气门室盖漏油，油底壳漏油，机油滤芯漏油，油底壳放油螺栓漏油。

(4) 机油压力低的主要原因有机油泵磨损，曲轴轴承或连杆轴承间隙过大，限压阀调整不当，机油量过少，机油黏度变差等。

(5) 机油压力高的主要原因有机油黏度过大，主油道堵塞，曲轴轴承和连杆轴承装配间隙过小，机油滤清器堵塞，调压阀调整不当等。

(6) 机油变质的主要原因有机油进水，汽油泄漏到润滑系统，活塞环漏气，曲轴箱通风系统不良，混合气过浓等。

(7) 机油消耗过大的原因主要有发动机漏机油，发动机烧机油，发动机温度过高，发动机高负荷长时间工作等。

复习思考题

一辆带传统电子点火系统的普桑乘用车，行驶中组合仪表中机油警告灯点亮。经检查，用油压表测试，发动机机油压力正常，于是更换了机油压力高压和低压两个感应器，但故障依旧；检查传感器到仪表线路，没有短路或断路故障，于是怀疑仪表故障，更换一只正常车辆组合仪表总成，试车故障依旧。如下3种不同最终解决方案，根据图8－6，试分析诊断思路：

(1) 更换了发电机，故障排除；

(2) 更换点火放大器，故障排除；

(3) 更换了高压线，故障排除。

9 发动机综合故障诊断

学习目标

知识目标

(1) 了解发动机起动困难的常见原因;
(2) 了解发动机排放异常的故障原因;
(3) 掌握分析发动机起动困难的方法;
(4) 掌握发动机排放异常的故障诊断方法。

能力目标

(1) 学会运用诊断仪分析发动机起动困难故障原因;
(2) 熟练检测传感器数据并判断故障点;
(3) 根据故障现象查找发动机起动困难的故障点;
(4) 根据发动机的排烟,判断发动机故障原因;
(5) 根据发动机的故障现象分析发动机排放的故障原因。

9.1 发动机起动困难故障诊断

起动困难是电控发动机常见的故障现象之一。起动困难并非无法起动。它有明显的着车征兆，但不易起动，或需要连续多次起动或长时间运转起动机才能起动，或在某种特定条件下才能起动，总之不同于无法起动。无法起动是不经过维修无法排除的起动故障。

起动困难的常见故障包括冷车起动困难，热车起动困难，间歇性起动困难。

9.1.1 冷车起动困难

发动机在低温状况下，机械结构紧密，运转阻力大，需要较优先的起动条件。当这些优先条件不成熟时，冷车起动就变得困难。为保证发动机在温度低的情况下起动性好，发动机 ECU 设计了冷车起动程序，即温度传感器监测发动机温度，低温时，发动机 ECU 调整混合气，便于提高起动性能。当温度监测及应变环节出现故障，则产生冷车起动困难的故障。

汽油发动机冷车起动困难的主要故障原因有发动机转速过低，点火性能不良，燃油供给不良，电控单元故障，机械故障。

1. 发动机转速过低

发动机在冷车时，机件阻力大，需要较大的起动机运转力矩。而冷车时蓄电池电压也相对较低，使得发动机转动较慢，影响起动性能。故在冷车起动时，首先排除发动机运转转速过低故障。起动机转速过低的故障原因有：

(1) 蓄电池电压过低或存电不足；

(2) 蓄电池接线柱接触不良；

(3) 发动机搭铁线不良；

(4) 起动机性能变差；

(5) 起动机电源线不良。

2. 点火性能不良

电控发动机在低温起动时，需要更大的点火能量，点火过弱则会引起发动机冷车起动困难。冷车起动困难的点火系统故障有：

(1) 点火线圈性能不良；

(2) 火花塞老化或型号不对；

(3) 高压线漏电；

(4) 点火放大器(点火模块)不良；

(5) 发动机 ECU 故障。

3. 燃油压力不良

燃油系统引起冷车起动困难的原因主要在于燃油保持压力不足。由于冷车多是车辆长时间没发动，燃油系统发生泄压，油压无法保证起动时的足够压力，造成冷车起动困难。

连接燃油压力表，测试燃油保持压力，若 30min 内燃油压力下降达 50%以上，就表明燃油保持压力不足。燃油系统引起冷车起动困难的故障原因有：

(1) 燃油泵电动机故障；

(2) 燃油滤芯堵塞；

(3) 燃油泵保压性能较差；

(4) 回油调压阀故障；

(5) 燃油品质差。

4. 混合气空燃比异常

混合气的浓度直接影响到发动机的着火性能，混合气过浓或过稀都会引起冷车起动困难。通过火花塞反映出混合气的状况，如图 9-1 所示。混合气引起起动困难的故障原因有：

(1) 空气滤芯脏堵；

(2) 燃油滤芯堵塞；

(3) 喷油器堵塞；

(4) 燃油蒸气回收炭罐及控制线路故障；

(5) 节气门过脏。

(a) 混合气过浓

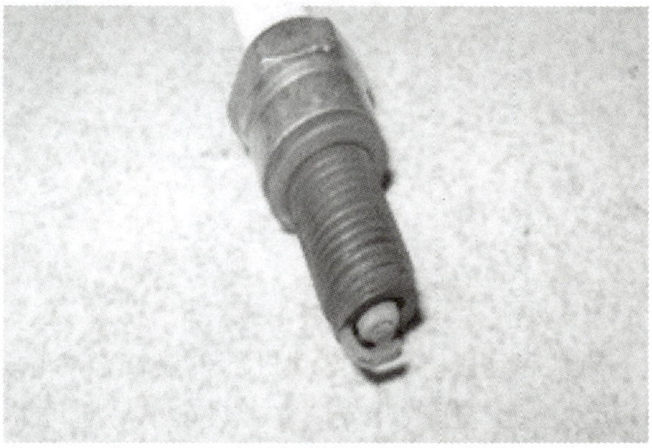

(b) 混合气过稀

图 9-1　根据火花塞判断混合气浓稀

5. 发动机 ECU 故障

电喷发动机的起动由发动机 ECU 控制。ECU 检测信号错误或不良以及 ECU 内部故障，都会导致发动机冷车起动困难。ECU 及线路引起起动困难的故障原因有：

(1) 冷却液温度传感器及线路故障；

(2) 进气温度传感器及线路故障；

(3) 怠速控制单元及其线路不良；

(4) 电子节气门单元及线路故障；

(5) 发动机 ECU 及线路故障。

6. 发动机机械故障

冷车状况下，发动机机件比较紧凑，运转不够灵活，引起各方面工况不能达到最佳状态，发动机起动也比较困难。常见的发动机冷车起动困难的机械方面的故障原因有：

(1) 气门关闭不严、气门积炭、胶质物堆积等使气门关闭不够严密，引起气缸压力不足，导致起动困难。一旦发动机温度上升，积炭胶质物等软化，气门状况变好，起动性能又得到改善。气门脚胶质物如图 9-2 所示。

(2) 机油润滑不良。

(3) 涡轮增压器故障。

(4) 可变进气系统故障。

(5) 气缸压力不足。

(6) 点火时间不准确。

图 9-2 气门积炭和胶质物

9.1.2 热车起动困难

热车起动困难多与发动机部件受高温影响引起性能变差有关。热车起动困难在发动机温度降低后,起动性能有所改善或恢复。热车不易起动的环节有点火系统,燃油系统,机械变形,密封不良,水温过高,传感器受热,发动机 ECU 高温。

1. 点火系统

点火系统故障主要是点火线圈或点火控制模块高温发热后损坏、失效或性能变差,可通过高压火花强度测试判断点火性能及元件性质。点火系统易发热部件有:

(1) 点火线圈;

(2) 点火放大器;

(3) 单缸独立点火线圈;

(4) 主继电器;

(5) 发动机 ECU。

2. 燃油系统

燃油系统引起热车难起动的主要原因是燃油泵性能变差或燃油气阻引起供油不畅,而造成起动困难故障。主要故障原因有燃油泵电动机和燃油气阻。

1) 燃油泵电动机

燃油泵电动机因高温发热、性能变差、运转不良,造成燃油压力下降,导致供油不畅,造成发动机起动困难;或因燃油泵继电器发热工作不良,引起燃油泵工作不良。

2) 燃油气阻

燃油在油管内流动,当外界温度升高后,部分燃油在油管内挥发,形成燃油蒸汽,挤占油管空间,形成一股股压力气体,即“气阻”,影响发动机供油。“气阻”多发生在夏季气温较高时段。对于燃油气阻现象应及时清洗燃油滤清器,保证油路畅通,这是最基本的防止办法。当然,也有一些可以参考的技巧。一旦燃油系统发生气阻时,应对燃油管路进行排气;或高速运行发动机,使油路畅通,消除“气阻”。

3. 机械故障

热车起动困难的机械故障原因主要是气缸垫有轻微烧蚀，当发动机温度上升后，气缸垫产生泄漏；而发动机温度下降后，症状有所改善或恢复。轻微冲蚀的气缸垫，如图 9－3 所示。

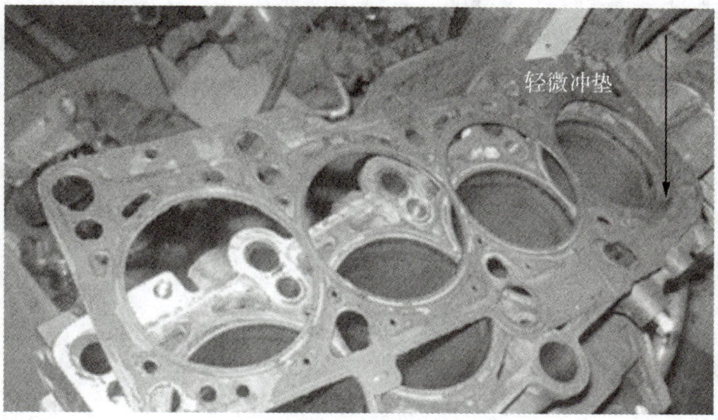

图 9－3　轻微冲蚀的气缸垫

4. 水温过高

部分车型，当发动机温度过高后，机件发生变形，或发动机 ECU 检测到温度过高而保护性切断起动功能，产生起动不着的故障现象。这种状况在发动机冷却后故障消失，又可正常起动，对于这类故障，不需维修，只需等待发动机温度下降，但要防止发动机温度过高损坏机件。

5. 传感器故障

有些传感器，如曲轴位置传感器等，在高温条件下，会发生性能变差，产生故障。当温度下降后，性能又有所恢复，发动机又可以起动。对于此类传感器，最好更换新件，保证起动性能正常。

6. 发动机 ECU

发动机 ECU 在工作温度过高的情况下，会产生故障，引起起动困难或发动机 ECU 内部自带散热风扇失效，引起发动机 ECU 温度偏高，ECU 保护性丧失功能，当温度下降后，功能自行恢复。

9.1.3　间歇性起动困难

1. 燃油系统间歇故障

燃油泵随机发生卡滞，燃油滤芯堵塞，都会引起供油不畅，发生间歇性起动困难。

2. 发动机 ECU

发动机 ECU 偶发故障及发动机 ECU 线路，传感器信号偶发错误，引起发动机 ECU 判断错误，产生发动机间歇起动困难。

3. 继电器、线路间歇故障

继电器接触不良、工作不正常，熔断丝、线路接触不良，均会引起发动机间歇性起动困难。

9.2　发动机排放异常故障诊断

发动机正常工作时，排放的尾气是无色透明的气体，只有在短时间内接近全负荷运转或起动时，才会排出灰色或深灰色尾气。发动机尾气排放异常指汽车排气管排放的尾气颜色和气味异常。尾气排放异常故障主要包括发动机冒白烟,发动机冒蓝烟,发动机冒黑烟。

9.2.1 发动机冒白烟

排气管冒白烟,实际上是冒“白汽”,是排气管排出的水蒸气。发动机在冷车,特别是冬天发动机排气管冒白烟,热车后消失,属正常现象。而水温上升后,仍冒白烟,则属异常现象,说明发动机存在故障。

发动机冒白烟的根本原因是发动机气缸有水进入,高温变成水蒸气,通过排气管排出,遇冷便变“白汽”。

汽油发动机运行中,排气管冒白烟的主要故障原因有:

(1) 燃油含水分太多;

(2) 气缸垫冲蚀;

(3) 缸体有裂纹。

9.2.2 发动机冒蓝烟

排气管冒蓝烟,表明发动机烧机油,机油窜入气缸燃烧后随废气排出,产生蓝色烟雾。机油进入气缸的途径有:气门、活塞环、其他油道或进气道。

根据机油进入气缸的途径,诊断发动机烧机油的故障原因有:

1. 气门原因

气门原因引起烧机油,指气门的密封性能不良,气门室内的机油由进气门通道进入气缸燃烧,机油从气门座进入气缸的原理如图 9-4 所示。气门泄漏烧机油的故障原因有:

(1) 气门杆磨损过大;

(2) 气门导管松旷;

(3) 气门杆座磨损异常;

(4) 气门油封失效;

(5) 气门座圈变形。

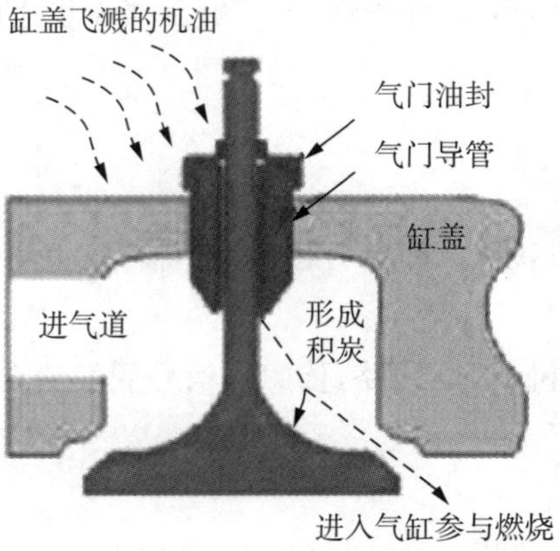

图 9-4 机油从气门座进入气缸的原理图

2. 活塞原因

活塞引起烧机油的原因主要是活塞环不能密封,以至于曲轴箱的机油泄漏至气缸燃烧。发动机气缸烧机油痕迹如图 9-5 所示。活塞部位引起烧机油的故障原因有:

(1) 气缸磨损过度;

(2) 活塞磨损过度;

(3) 活塞环磨损过度;

(4) 活塞环安装不对。

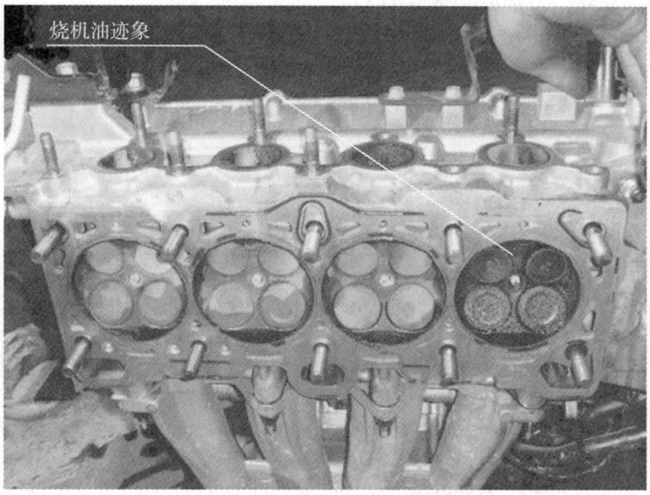

图 9-5 发动机气缸烧机油痕迹

3. 曲轴箱通风机构

曲轴箱通风阀损坏或曲轴箱通风口堵塞使曲轴箱内的压力增大,导致机油随曲轴箱气体进入气缸参与燃烧。曲轴箱通风系统引起烧机油的主要元件是曲轴箱通风管上的 PCV 阀,单向阀堵塞或导通,都会引起曲轴箱通风性能失常,可能导致烧机油。发动机曲轴箱通风装置如图 9-6 所示。

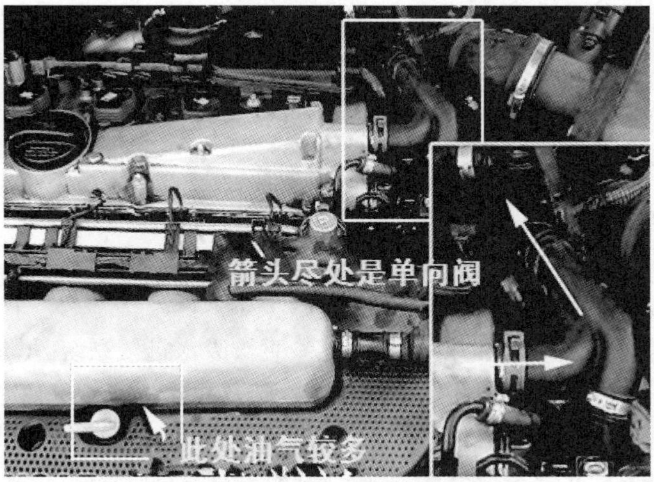

图 9-6 发动机曲轴箱通风装置

4. 涡轮增压器

进气系统吸入机油的最主要部位是涡轮增压器。涡轮增压器需要机油润滑,当涡轮增压器的润滑系统密封性能不良,就有可能将机油带入进气系统,进入气缸燃烧,产生烧机油冒蓝烟现象。对于带涡轮增压系统的发动机,必须检查涡轮增压器的润滑油密封性。

9.2.3 发动机冒黑烟

发动机冒黑烟,根本的原因是混合气过浓,燃烧不完全,或燃油根本没燃烧,直接排放到排气管,产生炭化,导致排气管冒黑烟。

1. 燃油压力过高

燃油压力过高，超过标准燃油压力，则喷油器喷射过多燃油，造成混合气过浓，燃烧不充分，导致排管冒黑烟。燃油压力过高，需要检测的故障点有：

（1）燃油泵电动机及燃油泵卸压阀；

（2）燃油泵控制电路；

（3）燃油滤芯；

（4）油压调节器；

（5）回油管路。

2. 喷油器泄漏或滴油

喷油器泄漏或滴油，燃油不能完全燃烧，直接排放到排气管，产生黑烟。

喷油器泄漏或滴油故障，可以使用喷油器检测清洗仪检测。对不正常喷油器应进行更换，并更换密封胶圈。

3. 单缸不工作

一缸或多缸有喷油，无点火，或点火弱，导致一缸或多缸不工作或工作不良，燃油不能充分燃烧，变成黑烟排出。

4. 发动机 ECU 控制喷油脉宽过大

喷油器的喷油脉宽受发动机 ECU 控制，发动机 ECU 接收到传感器信号，控制喷油量。当发动机 ECU 接收到错误的传感器信号，或者发动机 ECU 本身出现故障，就会造成控制喷油器的喷油脉宽过高，或不正常。发动机 ECU 控制喷油脉宽过高的故障原因有：

（1）节气门位置传感器及线路故障；

（2）空气流量计或进气压力传感器及线路故障；

（3）冷却液温度传感器及线路故障；

（4）进气温度传感器及线路故障；

（5）氧传感器及线路故障；

（6）空燃比传感器及线路故障；

（7）发动机 ECU 故障。

5. 燃油蒸气回收炭罐故障

燃油蒸气回收电磁阀短路或一直打开，燃油蒸气一直被吸入进气系统，增加了混合气浓度，就会引起排气管冒黑烟。应检查燃油蒸气炭罐性能和控制电磁阀及线路故障。奥迪 A6 燃油蒸气回收控制电磁阀如图 9－7 所示。

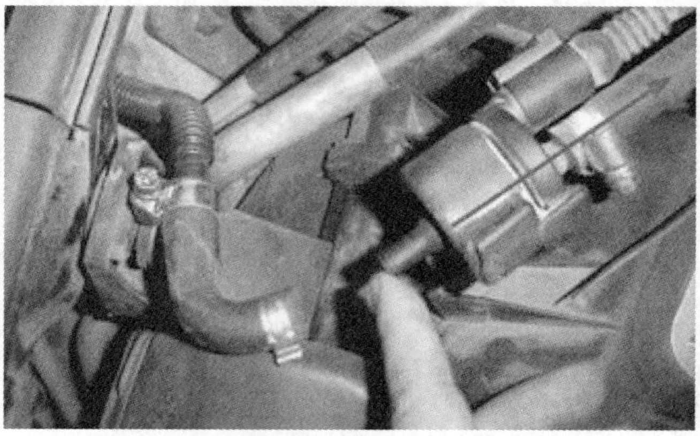

图 9－7　奥迪 A6 燃油蒸气回收控制电磁阀

本章小结

(1) 发动机起动困难的故障分为冷车起动困难，热车起动困难，间歇性起动困难。

(2) 发动机冷车起动困难的故障原因主要有起动机运转不良，燃油压力不足，点火性能太差，混合气过浓或过稀等。

(3) 发动机热车起动困难的故障原因主要有点火线圈发热性能变差，燃油气阻，传感器发热性能变差，电控单元发热产生故障等。

(4) 发动机间歇性起动困难的故障原因主要是线路、继电器、电源等发生间歇性故障。

(5) 汽油发动机冒白烟的根本原因是气缸有水进入。

(6) 汽油发动机冒蓝烟的故障原因是机油进入气缸燃烧，即烧机油。

(7) 造成发动机烧机油的原因有气门密封不严，活塞环漏气，涡轮增压器泄漏等。

(8) 汽油发动机冒黑烟的主要原因是混合气过浓，燃烧不完全。

复习思考题

1. 排气管冒黑烟和冒蓝烟对发动机有什么损伤和影响？
2. 冷车起动困难与热车起动困难的诊断思路有什么区别？
3. 如何使用尾气分析仪分析发动机的工作状况？
4. 诊断仪对发动机间歇性起动困难的诊断有什么作用？
5. 阐述发动机烧机油的故障检修流程。

普通高等职业教育规划教材
21世纪卓越汽车应用型人才培养专用教材

10 柴油发动机故障诊断

学习目标

知识目标

(1) 了解柴油发动机的工作特性；
(2) 熟悉柴油发动机的常见故障；
(3) 熟悉柴油发动机电控系统的常见故障；
(4) 掌握柴油发动机及其电控系统故障诊断的思路和方法。

能力目标

(1) 掌握柴油发动机起动困难的故障诊断思路；
(2) 掌握柴油发动机油路排空气的方法；
(3) 掌握柴油发动机喷油器的拆装和性能检验；
(4) 掌握柴油发动机喷油正时的校对方法；
(5) 能使用诊断仪读取柴油发动机电控系统故障码和工作数据流；
(6) 通过诊断仪分析柴油共轨电控系统的故障。

10.1　传统柴油发动机故障诊断

10.1.1　柴油机起动困难

柴油发动机正常工作的条件有：

(1) 起动机较高的转速；

(2) 足够的气缸压力；

(3) 足够高的柴油喷射压力；

(4) 喷射的柴油雾化良好；

(5) 充足的新鲜进气；

(6) 压缩后的高温；

(7) 正确的配气相位和供油正时。

根据柴油发动机的工作条件，柴油发动机不能起动或起动困难的实质是柴油是否进缸及进缸是否工作。判断柴油是否进缸的方法是起动时，排气管是否有烟排出。在发动机不能起动时，若排气管无烟排出，则可以判断柴油并未进缸；若有烟排出，则柴油已经进缸，但并未燃烧或燃烧不好。

1. 柴油未进缸故障诊断

柴油发动机工作首先要柴油进入气缸，柴油不能进缸的故障有柴油供给系统故障，柴油高压喷油泵故障，喷油器故障。

1) 柴油供给系统故障

柴油发动机供油系统的常见故障有：

(1) 燃油箱无燃油，或输油泵吸不上燃油(燃油箱变形)；

(2) 燃油泵及控制线路故障；

(3) 燃油滤芯堵塞；

(4) 燃油管堵塞或变形；

(5) 燃油输送管道进空气；

(6) 柴油标号不对或品质不良。

对于柴油油路进空气，需要逐级对管道油路进行排空气，一直到高压油泵入口，不再有空气为止，如图 10-1 所示。对不带手油泵的柴油发动机，要借助起动功能排空气。

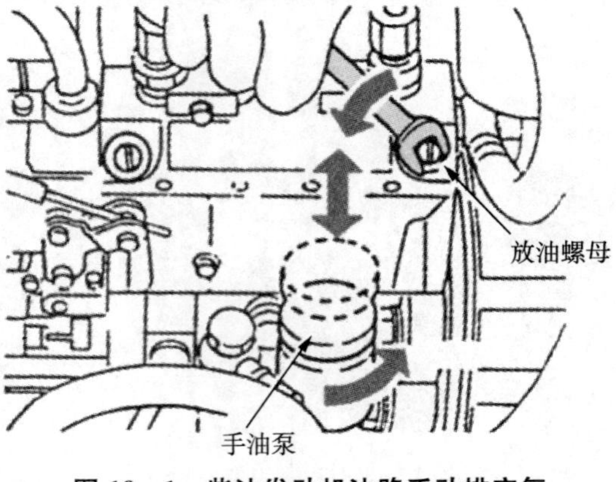

图 10-1　柴油发动机油路手动排空气

2）柴油高压喷油泵故障

输油泵将柴油输送到高压喷油泵，高压喷油泵将柴油加压为高压燃油，并按喷油顺序，输送到各缸喷油器，供喷油器喷射入缸。长城 GW－2.8TC 柴油发动机高压喷油泵，如图 10－2 所示。

图 10－2　长城 GW－2.8TC 柴油发动机高压喷油泵

高压喷油泵的常见故障原因有：

(1) 喷油泵内有空气；

(2) 熄火电磁阀关闭；

(3) 调速器卡滞；

(4) 喷油泵驱动齿轮不良，发动机不能驱动喷油泵；

(5) 喷油泵柱塞磨损；

(6) 喷油泵其他故障。

柴油发动机高压喷油泵故障，不喷油，或喷油压力异常，需要使用油泵校调试验台进行调试。高压油泵校调试验台，如图 10－3 所示。

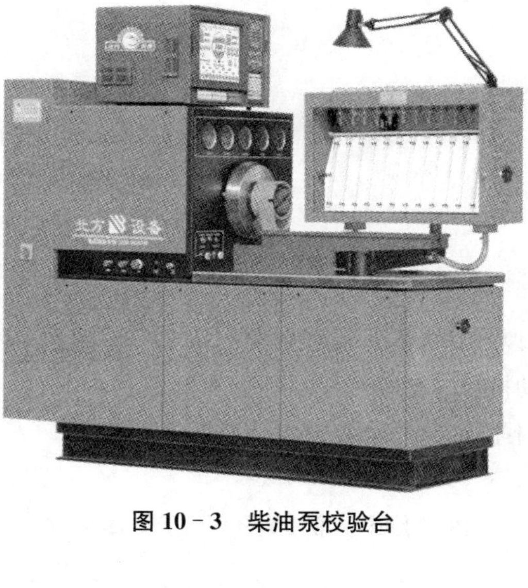

图 10－3　柴油泵校验台

3）喷油器故障

高压喷油泵将燃油加压到高压，输送给喷油器，由喷油器喷射入气缸。喷油器不喷油或喷油不良的故障原因有：

（1）喷油器阀针卡滞；

（2）喷油器喷孔堵塞；

（3）喷油压力过低或过高。

喷油器不工作，或喷油性能不良，需要使用喷油器校调设备进行调试检测，如图 10－4 所示。

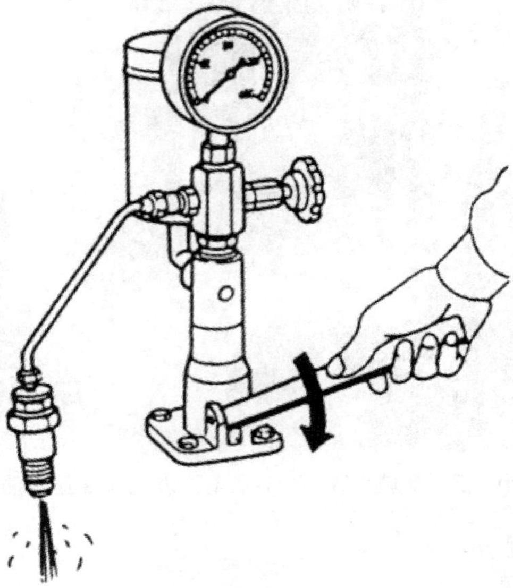

图 10－4　喷油器性能检测试验

2. 柴油已进缸故障诊断

柴油已进气缸，一般会有着火征兆，若发动机仍无法起动，常见的故障原因或部位有：

（1）起动机转速过低；

（2）柴油压力不足；

（3）柴油标号不对；

（4）柴油雾化不好；

（5）喷油器喷射不良或泄露；

（6）空滤堵塞，进气不畅；

（7）气缸压缩不良；

（8）供油正时不对；

（9）气缸温度过低。

10.1.2　柴油机怠速不稳

柴油发动机使用一段时间以后，由于机械磨损等原因，导致发动机运行时，怠速忽高忽低，机体抖动，运转不平稳。造成柴油发动机怠速抖动的主要原因有两点：

（1）喷油泵供油技术状况不良；

（2）调速器工作不正常。

柴油发动机怠速不稳的故障原因及诊断方法如表 10－1 所示。

表 10－1　　柴油发动机怠速不稳的故障诊断流程

检查重点		故障原因		排除方法
燃油系统	→NG	燃油系统存在漏油现象	→	修理、更换
↓OK	→NG	燃油系统中混入空气	→	排空气
	→NG	燃油中有水	→	更换
燃油滤清器	→NG	滤芯堵塞	→	清理、更换
↓OK				
喷油器	→NG	喷油器偶件卡死、滴漏	→	校调、更换
↓OK	→NG	喷油器开启压力低、喷油质量不好	→	校调、更换
喷油泵	→NG	怠速转速偏低	→	调整、更换
↓OK	→NG	各缸供油不均	→	调整、修理、更换
	→NG	出油阀性能差、卡死	→	调整、修理、更换
	→NG	柱塞磨损、柱塞弹簧断裂	→	更换
	→NG	凸轮轴磨损、挺柱磨损	→	更换
调速器	→NG	调速器失效		调整、修理
↓OK				
发动机机械	→NG	气门间隙不对	→	调整
	→NG	气门、气门座圈密封不良	→	修理、更换
	→NG	缸套磨损、活塞环卡死或断裂	→	修理、更换
	→NG	喷油正时不对		调整

注：OK—正常，NG—不正常。

10.1.3　柴油发动机动力不足

柴油发动机动力不足，根据故障现象可以分为如下几种情况：

1. *发动机动力不足，排烟少，运转均匀*

柴油发动机运转均匀，排烟较少，但加速无力，说明发动机气缸内混合气燃烧充分，但最大供油量不足，混合气过稀，导致加速不良。常见的故障原因有：

(1) 供油压力过低。

(2) 喷油泵磨损，高压喷油不良。

(3) 调速器调整不当，加速性能不良。柴油发动机调速器，如图 10－5 所示。

(4) 喷油器喷孔堵塞，喷油量不足。

(5) 柴油标号不正确。

2. *发动机动力不足，排白烟*

柴油发动机运转不稳定、加速无力而且排灰白色烟雾，表明是柴油燃烧不完全所致，或柴油含水。

图 10－5　柴油发动机调速器

常见的故障原因有：

（1）供油正时过迟；

（2）发动机温度过低；

（3）喷油器压力低，柴油雾化不良；

（4）气缸压力过低；

（5）柴油含水较多；

（6）气缸有裂纹或气缸垫有烧蚀。

3. *发动机动力不足，排黑烟*

发动机运转无力，加速冒黑烟，且加速有敲缸声，说明柴油燃烧不完全，混合气过浓。常见的故障原因有：

（1）空滤堵塞；

（2）进气、排气管道不畅；

（3）气门间隙过大；

（4）高压油泵供油不正常；

（5）喷油器喷油不良，喷油过多或滴油，如图 10－6 所示；

（6）供油正时过早或过晚；

（7）气缸压力不足。

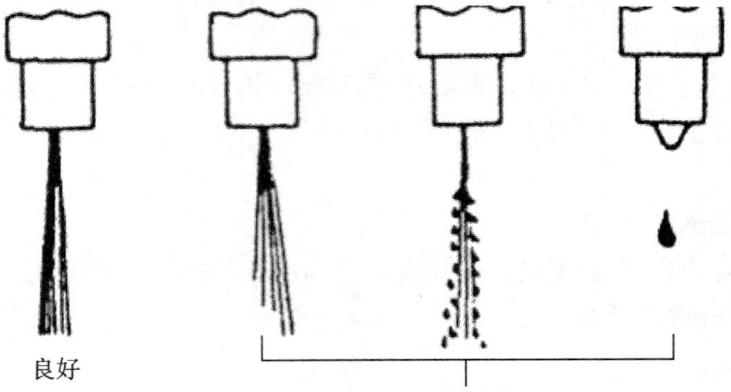

图 10－6　喷油器工作性能

10.1.4 柴油发动机飞车

1. 故障现象

柴油发动机飞车指发动机转速升高或突然升高超过最高转速而失去控制，且伴有特殊的巨大声响，排气管冒黑而浓的烟的现象，“飞车”是柴油发动机特有的一种恶性故障。

2. “飞车”产生的原因

(1) 喷油泵的调速器出现故障，丧失了正常的调速特性，不能控制转速；

(2) 额外的柴油或机油进入气缸燃烧。

3. 飞车的故障排险

“飞车”现象都是突然发生的，在极短时间内便会造成严重的危害。因此发现“飞车”征兆，不要手忙脚乱，应采取正确的紧急熄火措施，设法制止并查出故障原因。“飞车”的紧急熄火措施有：

(1) 抬起加速踏板，有熄火拉钮的发动机应拉出熄火拉钮，有减压杆的发动机应提起减压杆，有排气制动阀的发动机则踩下(或按下)排气制动开关，迫使发动机熄火。

(2) 如果抬起加速踏板，拉出熄火拉钮仍不能熄火，或者发动机上没有减压装置和排气制动阀时，则应挂上高速挡，踩住制动踏板，快抬离合器，强制发动机熄火。

(3) 堵塞进气口，切断进气。

(4) 松开全部高压油管接头，切断供油。

以上几种紧急熄火法应根据具体条件灵活运用，以能使发动机尽快熄火为原则。一般讲，如果在车上发生“飞车”，应采用前两种方法熄火。如果发动机还没有装车时发生“飞车”，则应采用后两种方法熄火。

4. 飞车的故障原因

发动机熄火后，可按照下列步骤查找故障原因：

(1) 如果抬起加速踏板后，发动机转速随之降低或者熄火，说明故障是因调速器内润滑油过稠或调速器(RQ 型或 R 型调速器)总成从凸轮轴脱落引起的。

(2) 如果抬起加速踏板后，发动机转速继续升高，则故障可能是供油拉杆卡死、柱塞与柱塞套卡死、调速器内部机件卡死或供油拉杆与调速器之间连接关系中断等原因造成。

(3) 如果拉出熄火拉钮后，发动机能熄火，说明供油拉杆和柱塞均被卡死，应检查调速器与供油拉杆的连接是否可靠，调速器飞锤销是否脱出，调速器(飞球式调速器)总成与凸轮轴之间是否松脱。

(4) 如果熄火拉钮拉出后，发动机转速仍继续升高，则说明故障是由供油拉杆被卡在供油位置引起的。拆下喷油泵检视窗盖板，用手扳动油量调节齿圈或供油拉杆，若扳不动，则可证实供油拉杆与泵体座孔或柱塞卡死。

(5) 分解检查调速器内部零件。

(6) 检查机油滤清器的润滑油量，使油平面与油盘的刻度线平齐。

(7) 检查低温起动装置的电磁阀是否有漏油现象。

5. 防止“飞车”的注意事项

“飞车”是柴油发动机发生恶性事故的一种特殊现象，如不及时制止，将引起严重后果。

(1) 柴油机一旦发生“飞车”故障，驾驶人应保持镇静，迅速采取果断措施，强迫柴油发动机立即熄火。

(2) 强迫柴油机迅速停车的应急措施主要包括迅速切断油路，迅速切断气路或迅速推(拉)动减压杆，具体采取哪种措施简便易行和切实有效，需视柴油机的具体结构而定。

(3) 堵塞进气口、切断进气时，要注意不能使所堵物件被吸到气缸内。

(4) 安全停车后，应在查明原因、排除故障并确认各部件正常的情况下，方可重新起动。否则，不能起动、运行发动机，以防再次发生“飞车”现象。

(5) 出现“飞车”现象后，绝对禁止降低甚至去掉柴油机的负荷，以免造成转速更加急剧升高。

柴油机发生“飞车”是最危险的故障之一，将会引起连杆螺杆折断，瓦座飞出打碎机体，连杆弯曲，活塞破碎，缸套损裂，缸盖打坏，配气机构各部件也极易受损变形，严重时甚至发生机毁人亡的事故，为此应引起柴油车驾驶人的足够重视，所以为预防柴油机发生“飞车”，驾驶人平日应做到以下几点：

(1) 不要随意调整和拆卸高压油泵，确需调整，应由专业人员在专门的试验台上进行；

(2) 加强柴油机燃油泵的保养工作，保持高压油泵的齿杆、扇形齿轮、控制套等机件的清洁，并经常检查扇齿与控制套的配合情况，使之配合正确，活动灵活；

(3) 定期更换调速器的润滑油，加注的润滑油必须符合规定；

(4) 燃油和润滑油质量应符合规定；

(5) 每个驾驶人对自己车辆的发动机在出现“飞车”现象后应采取哪种紧急停车措施，必须做到心中有数；

(6) 保证曲轴箱通气孔畅通；

(7) 按技术要求清洗、维护空气滤清器。

10.1.5 柴油发动机工作粗暴

技术状况良好的柴油发动机，怠速运转时可听到均匀而轻微的排气声；高速运转时发出平稳的轰鸣；加速时发出有力且过渡圆滑的轰鸣。若柴油发动机发出清脆、有节奏的金属敲击声，急加速声响增大且冒黑烟，气缸内敲击声无节奏并排黑烟；发动机运转不稳，振动并有熄火现象，则说明发动机工作粗暴。

柴油发动机工作粗暴的根本原因是发动机缸内燃烧不正常，主要故障原因有：

(1) 点火时间过早；

(2) 个别缸供油过大；

(3) 喷油器滴油；

(4) 气门活塞磨损，气缸不密封；

(5) 进气阻力大，进气不足；

(6) 发动机温度过高；

(7) 燃烧室积炭，缸压增大，压缩比过大。

柴油发动机工作粗暴的诊断方法：

(1) 若敲缸声比较有节奏，说明各缸工作情况类似，故障主要在喷油正时过早；

(2) 若敲缸声无一定规律，且排气管冒黑烟，表明各缸工作情况不一致，故障在喷油器喷油不正常或滴油；

(3) 供油不均匀，供油量多的气缸会产生敲缸声，可以通过单缸断油法诊断，如图 10-7 所示。

10.1.6 柴油机冒黑烟

柴油车冒黑烟的故障现象很常见，而且伴随着动力不足，它严重地影响了柴油发动机的运转性能、经济性和使用寿命。柴油发动机冒黑烟的根本原因是混合气过浓，柴油燃烧不充分。柴油发动机冒黑烟的主要原因有以下几个方面：

图 10－7　单缸断油法

1. 供油系统

(1) 喷油提前角不正确：提前角偏大或偏小；

(2) 喷油泵柱塞或出油阀磨损严重；

(3) 喷油器(嘴)有故障；

(4) 喷油器雾化不良、卡死或滴油严重或喷油压力过大；

(5) 喷油泵调速器有故障；

(6) 喷油泵供油过大。

2. 燃烧系统

(1) 气缸压缩压力不足：活塞顶间隙太大、气门密封不严、气门座圈凹入过深；

(2) 气门间隙不对；

(3) 发动机负荷过大。

3. 进气系统

(1) 空气滤芯堵塞；

(2) 进气管阻力过大；

(3) 进气温度过高。

4. 排气系统

(1) 消声器堵塞；

(2) 排气管阻力过大。

10.2 电控柴油发动机故障诊断

10.2.1 起动困难

电控柴油发动机通过电控单元控制柴油喷射，没有点火系统。无法起动或起动困难的故障，结合电控汽油车和柴油发动机两方面思路诊断故障。电控柴油喷射系统结构，如图 10－8 所示。

1. 转速信号

转速信号是电控发动机起动和运行的必要信号，一般为曲轴位置传感器信号，可以根据诊断仪检

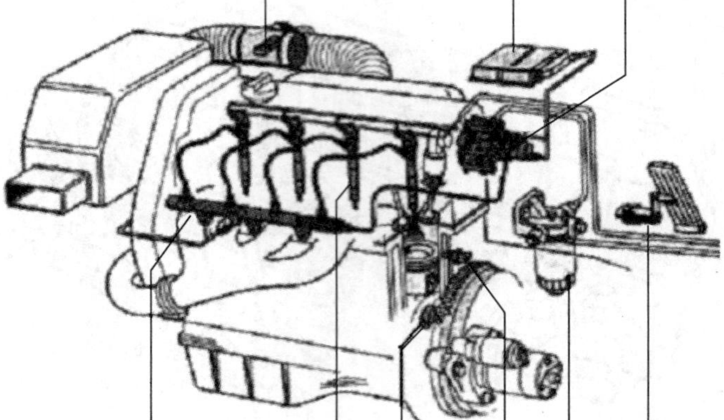

图 10－8　电控柴油喷射系统结构

测，或使用示波器测试，使用发光二极管灯也可以检测到曲轴位置传感器信号。

2. 喷油器

电控柴油发动机有着与电控汽油发动机相似的喷油器，柴油喷射通过发动机电控单元控制喷油器的开闭完成。柴油发动机喷油器，如图 10－9 所示。

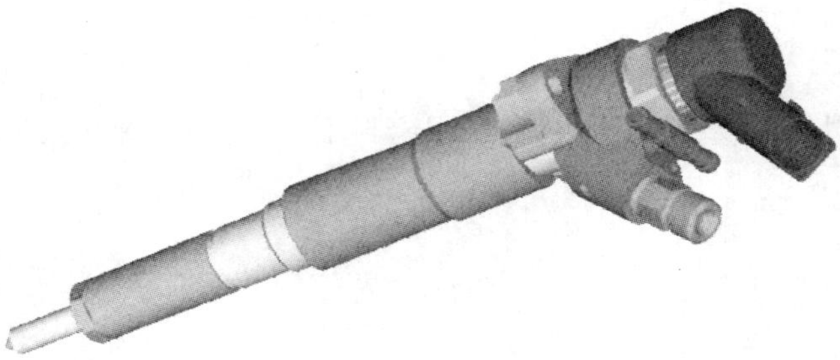

图 10－9　柴油发动机喷油器

3. 喷油压力

电控柴油发动机的共轨油压比汽油发动机的燃油压力高得多，高压共轨燃油压力最高可到达135 MPa以上。若高压油泵有故障，柴油喷射压力不足，会引起发动机起动困难，或工作不良等故障。

4. 喷油正时

喷油正时错误或不良，会导致发动机起动不着或起动困难。喷油时刻错误，起动有着车征兆，排气管会有烟排出，但不能起动或起动困难。

5. 气缸压力

和汽油发动机一样，气缸压力是柴油发动机起动和工作的必要保证，柴油发动机没有点火系统，依靠压缩做功，气缸压力不足，压缩性能不佳，发动机将无法起动，或工作不正常。

10.2.2　怠速不稳

电控柴油发动机怠速工况靠发动机 ECU 控制，引起发动机怠速不良的主要故障原因有：

(1) 燃油系统有空气；

(2) 低压油路堵塞或压力过低；

(3) 喷油器工作不良；
(4) 喷油器控制不正常；
(5) 共轨压力传感器或共轨压力调节器不良；
(6) 高压喷油泵不良；
(7) 一缸或多缸不工作或工作不良；
(8) 发动机 ECU 故障。

10.2.3 加速不良

共轨柴油发动机加速不良的主要原因有以下两个方面：

1. 机械系统

机械系统故障，主要是高压共轨燃油压力不够。共轨柴油发动机的高压油泵可将燃油压力升高到 135 MPa 以上，高压压力不足，则发动机会出现加速不良故障现象。

2. 电控系统

电控系统故障，通过故障诊断仪，读取和分析故障码，读取和分析数据流，查找故障部位。主要故障原因有：

(1) 加速踏板位置传感器及线路故障；
(2) 空气流量计及其线路故障；
(3) 氧传感器及其线路故障；
(4) 相位传感器及其线路故障；
(5) 喷油器故障；
(6) 发动机 ECU 及线路故障。

10.2.4 排放异常

电控柴油发动机的排放故障主要是排气管冒黑烟，冒黑烟的主要原因是混合气过浓，柴油燃烧不完全。故障原因有：

(1) 一缸或多缸喷油但不工作或工作不良；
(2) 喷油器喷油不良或滴油；
(3) 燃油压力过高；
(4) 空气流量计及线路故障；
(5) 发动机 ECU 故障；
(6) 涡轮增压器故障。

本 章 小 结

(1) 柴油发动机起动困难的故障分为柴油已进缸和柴油未进缸两种情况。

(2) 柴油发动机怠速不稳的主要原因是喷油泵供油不良，调速器工作不良。

(3) 柴油发动机动力不足、加速不良的故障分为运转均匀、排烟少、动力不足；排白烟、动力不足；冒黑烟、动力不足三种情况。

(4) 柴油发动机飞车是一种转速无法控制的恶性事故，应立即排除并检修故障。

(5) 柴油发动机工作粗暴的主要原因有点火过早，供油过大，缸压过高，温度过高等。

(6) 柴油发动机冒黑烟的主要原因是混合气过浓,柴油燃烧不完全。

(7) 电控柴油发动机故障诊断需要通过故障诊断仪对电控单元进行故障码读取和数据流分析等排除故障。

复习思考题

1. 断缸法可以诊断柴油发动机哪些故障?
2. 柴油管路进空气,会产生哪些故障现象?
3. 柴油发动机一缸不工作或工作不良,会产生哪些故障现象?
4. 柴油发动机发生哪些故障需要校调喷油泵和喷油器?
5. 通过故障诊断仪可以诊断柴油发动机哪些故障?

普 通 高 等 职 业 教 育 规 划 教 材
21世纪卓越汽车应用型人才培养专用教材

11 传动系统故障诊断

学习目标

知识目标

(1) 了解汽车传动系统的结构和工作原理；
(2) 熟悉汽车传动系统常见的故障类型；
(3) 熟悉汽车传动系统故障产生的原因；
(4) 掌握汽车传动系统的故障排除方法。

能力目标

(1) 掌握拆装、检查、更换离合器片；
(2) 学会根据传动轴故障现象检修传动轴；
(3) 掌握检查后桥齿轮油；
(4) 掌握更换传动轴十字节。

11.1 离合器故障诊断

11.1.1 离合器不分离

1. 故障现象

踩踏离合器踏板，踏板没感觉，不能挂挡。

2. 故障原因

(1) 没有离合器油液，离合器液位检查，如图 11-1 所示；

(2) 离合器总泵有故障；

(3) 离合器管路漏油；

(4) 离合器分泵有故障；

(5) 离合器拨叉变形或有故障；

(6) 离合器片或压盘故障。

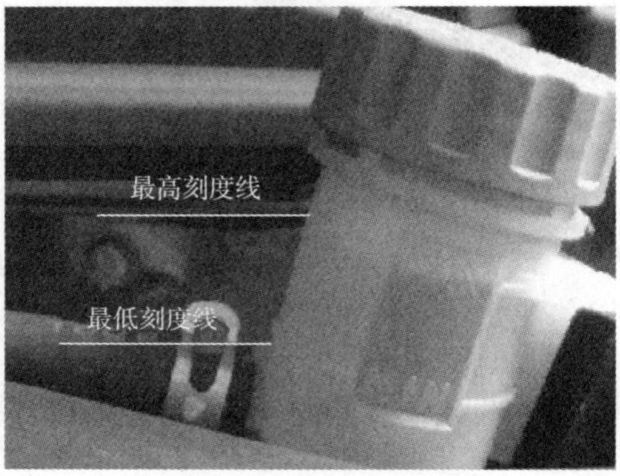

图 11-1 离合器液位检查

11.1.2 离合器踏板沉重

1. 故障现象

踩踏离合器，踏板沉重，脚容易疲劳，相对于同样其他车辆离合器踏板力有明显差异。

2. 故障原因

(1) 踏板调整不当，踏板过高，且无自由行程；

(2) 从动盘(摩擦片)总成、摩擦片磨损量大(磨损至摩擦片铆钉处)；

(3) 离合器总泵、分泵、分离拔叉、分离轴承等发卡，运动不灵活；

(4) 飞轮工作面、压盘工作面磨损过大(磨损超过 0.5 mm)；

(5) 分离杠杆过量磨损(指端圆弧已经磨平)、分离轴承过量磨损(推力平面磨出凹弧)。

11.1.3 离合器分离不彻底

1. 故障现象

(1) 离合器踏板踩到底时，离合器处于半接合状态，其从动盘没有完全与主动盘分离，换挡困难；

(2) 挂低速挡时，离合器踏板尚未完全放松，汽车就有起步或发动机熄火的现象。

2. 故障原因

(1) 离合器踏板行程过小，使离合器分离不彻底；

(2) 从动盘翘曲，铆钉松脱，摩擦衬片松动；

(3) 压盘受热变形翘曲，离合器压盘平面度检查，如图 11-2 所示；

(4) 摩擦片弹簧弹力减弱或分离指端磨损过度；

(5) 摩擦片弹簧分离指端不平齐；

(6) 离合器操纵机构中拉索端头紧固螺栓松动或紧固螺栓失效；

(7) 离合器操纵机构拉索发卡，离合器踏板踩不到底。

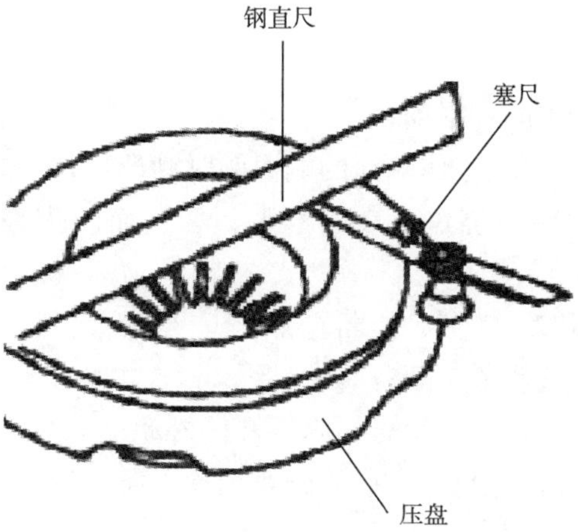

图 11-2　离合器压盘平面度检查

11.1.4　离合器打滑

1. 故障现象

(1) 汽车用低挡起步时，放松离合器踏板时，不能起步或起步困难；

(2) 汽车加速行驶时，车速不能随发动机转速升高而提高，行驶无力，产生焦糊味或冒烟等现象。

2. 故障原因

(1) 离合器踏板没有自由行程，使分离轴承压在分离杠杆上；

(2) 从动盘摩擦片、压盘或飞轮工作面严重磨损，离合片磨损如图 11-3 所示；

图 11-3　离合片磨损

(3) 离合器盖与飞轮连接松动,使压紧力减弱;
(4) 从动盘摩擦片油污、烧灼、表面硬化、铆钉外露、表面不平,摩擦力系数下降;
(5) 压力弹簧疲软或折断,膜片弹簧疲劳或开裂,使压紧力下降;
(6) 离合器操纵杆卡滞,分离轴承套筒与导管间油污、尘腻严重,使分离轴承不能复位;
(7) 分离杠杆弯曲变形,出现运动干涉,不能复位。

11.1.5 起步发抖

1. 故障现象

用低速挡起步,按操作规程逐步放松离合器踏板,并徐徐踩下加速踏板,离合器不能平稳接合而使整车产生抖震现象。

2. 故障原因

(1) 分离杠杆内端高度不处于同一平面;
(2) 从动盘或压盘翘曲变形,飞轮工作端面的端面圆跳动严重;
(3) 摩擦片厚度不均匀、油污、烧焦、表面不平整、表面硬化等,离合器摩擦片厚度检查,如图11-4所示;
(4) 摩擦片压紧弹簧弹力不够、疲劳、折断;
(5) 从动盘缓冲片破裂或弹簧疲劳折断;
(6) 发动机支架、变速器、飞轮、飞轮壳的固定螺栓松动;
(7) 分离轴承套筒与导管油污、尘腻严重,使分离轴承不能复位;
(8) 变速器一轴变形超限。

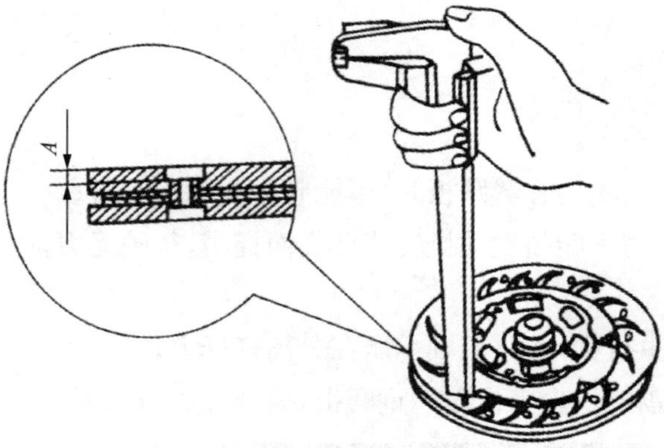

图 11-4 离合器摩擦片厚度检查

11.1.6 离合器接合不平顺

1. 故障现象

汽车起步发抖或发闯。

2. 故障原因

(1) 拉线式离合器自由行程太大,拉线式离合器操纵机构,如图 11-4 所示;
(2) 新换的摩擦片太厚或从动盘正反面装错;
(3) 从动盘及压盘钢片翘曲,摩擦片破裂或铆钉松动;
(4) 分离杠杆调整不当,使其内端不在同一平面;

(5) 分离杠杆弯曲变形，支座松动，支座轴销脱出；
(6) 离合器盖固定螺栓部分松动；
(7) 液压离合器液压系统漏油造成油量不足或有空气侵入。

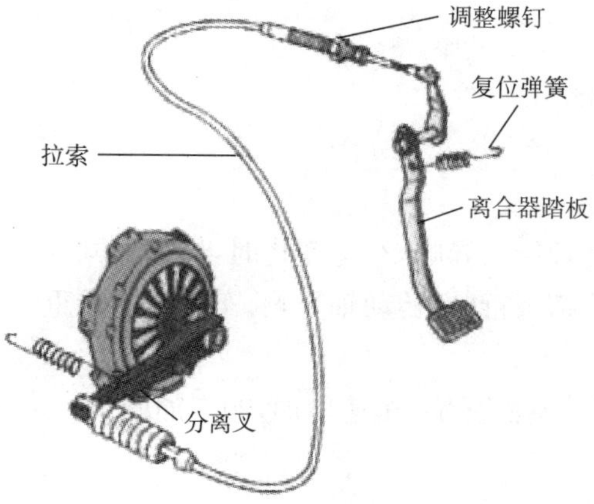

图 11-5　拉线式离合器操纵机构

11.1.7　离合器异响

1. 故障现象

离合器分离或接合时，发出不正常的响声。

2. 故障原因

(1) 分离轴承故障；

(2) 分离轴承与分离杠杆内端之间无间隙；

(3) 分离轴承套筒与导管之间油污、尘腻严重或分离轴承复位弹簧与踏板复位弹簧疲劳、折断、脱落，使分离轴承复位不佳；

(4) 从动盘花键孔与花键轴配合松旷；

(5) 从动盘减震弹簧退火，疲劳或折断；

(6) 摩擦片铆钉松动或外露；

(7) 双离合片传动销与中间压盘或压盘销孔磨损松旷，双离合器片如图 11-6 所示。

图 11-6　双离合器片

11.2 传动轴故障诊断

11.2.1 传动轴异响

1. 故障现象

1）万向节异响

（1）起步时，车身抖动，传动轴传出异响，车速变化时，异响加剧；

（2）车辆在高速挡轻踩加速踏板行驶，传动轴异响，车身抖动严重。

2）中间轴承异响

车辆行驶时，传动轴听到无节奏的异响，车速增加，响声加剧。

2. 故障原因

（1）万向节缺油、松旷、滚针破碎；

（2）传动轴花键齿与叉管花键槽磨损松旷；

（3）变速器二轴花键齿与突椽花键槽磨损松旷；

（4）中间轴承磨损松旷或缺油；

（5）传动轴支架橡胶松旷，传动轴结构，如图 11－7 所示。

图 11－7　传动轴结构

11.2.2 传动轴振动

1. 故障现象

车辆行驶时，传动轴有异响，并且车身抖动，驾驶室振动。

2. 故障原因

（1）传动轴弯曲，变形，不平衡，传动轴弯曲变形检测，如图 11－8 所示；

（2）万向十字节磨损松旷；

（3）中间支撑架橡胶老化松旷；

（4）花键配合松旷；

（5）平衡块脱落。

（6）万向节十字轴回转中心与传动轴同轴度误差过大；

（7）凸缘和轴管焊接歪斜。

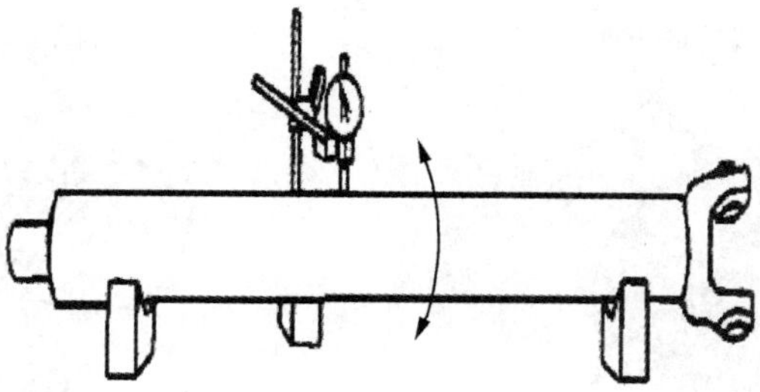

图 11-8 传动轴弯曲变形检测

11.3 驱动桥故障诊断

11.3.1 驱动桥异响故障

1. 主减速器异响故障诊断

(1) 主、从动齿轮磨损,啮合间隙过大,驱动桥主减速器,如图 11-9 所示;

(2) 主、从动齿轮装配调整间隙过小;

(3) 主、从动齿轮轴承磨损松旷;

(4) 润滑油不足、变质,润滑不良。

图 11-9 驱动桥主减速器

2. 差速器异响故障诊断

(1) 齿轮啮合间隙过小;

(2) 行星齿轮在十字轴上运动有卡滞现象;

(3) 行星齿轮与半轴齿轮不配套,托森轮间差速器,如图 11-10 所示。

3. 半轴异响故障诊断

(1) 半轴弯曲、扭曲、折断;

(2) 半轴花键磨损松旷;

(3) 半轴球笼磨损松旷;

(4) 半轴轴承磨损;

(5) 差速锁止装置使用不当,打坏半轴齿轮或花键槽;

(6) 半轴球笼防尘套破损,进入异物,安装半轴球笼卡环,如图 11-11 所示。

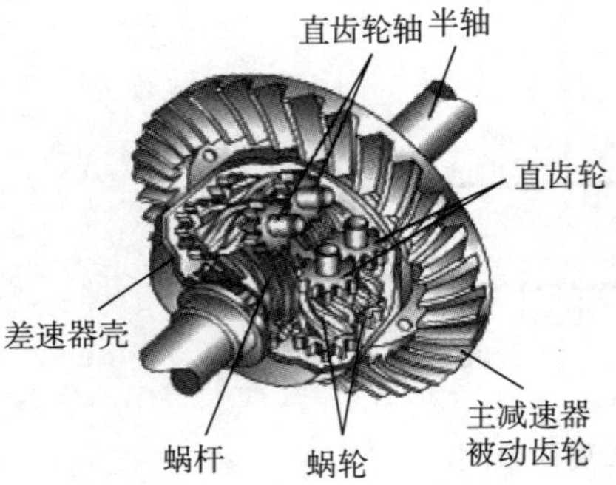

图 11-10　托森轮间差速器

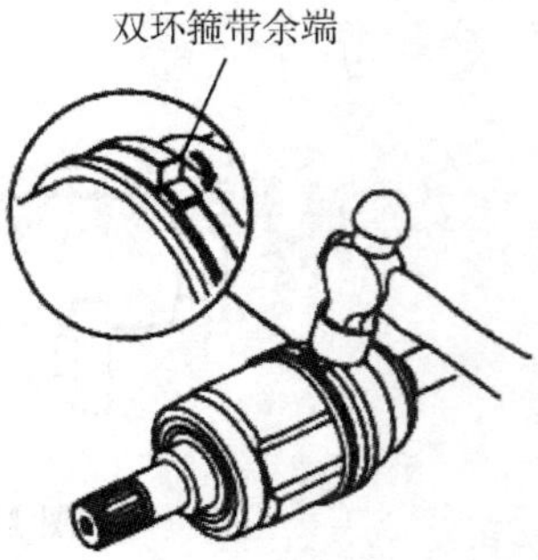

图 11-11　安装半轴球笼卡环

11.3.2　驱动桥发热故障

1. 故障现象

汽车行驶一定里程后，用手触试驱动桥壳中部，有无法忍受的烫手感觉。

2. 故障原因

(1) 齿轮油不足、变质或牌号不符合要求；

(2) 锥形滚动轴承调整过紧；

(3) 主传动器一对锥形齿轮啮合间隙调整过小；

(4) 差速器行星齿轮与半轴齿轮啮合间隙太小，差速器结构，如图 11-12 所示；

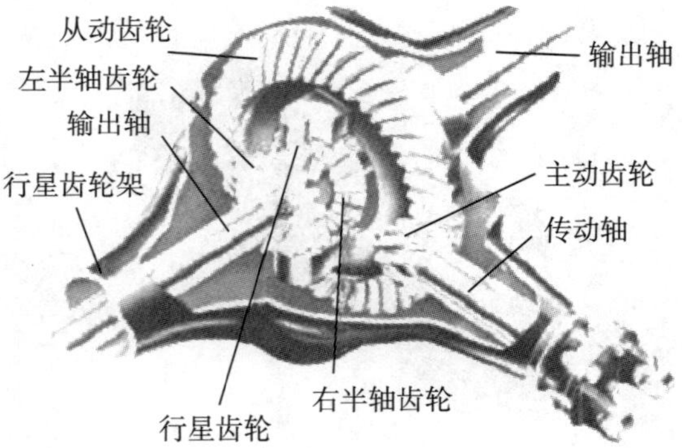

图 11-12　差速器结构

(5) 油封过紧；

(6) 止推垫片与主传动器从动齿轮背面间隙太小。

11.3.3　驱动桥漏油故障

1. 故障现象

从驱动桥加油口螺栓、放油口螺栓、油封处或各接合面处可见到明显的漏油痕迹。

2. 故障原因

(1) 螺栓多次拆卸导致螺纹孔间隙大；

(2) 通气孔堵塞；

(3) 润滑油加注过多；

(4) 加油口或放油口螺栓松动；

(5) 油封与轴颈不同轴、油封装反、油封本身磨损或硬化；
(6) 油封轴颈磨损成沟槽；
(7) 结合平面变形或加工粗糙；
(8) 结合平面处密封垫片太薄、硬化或损坏；
(9) 两接合平面的紧固螺钉松动或螺钉上紧方法不符合要求；
(10) 桥壳有铸造缺陷或裂纹。

11.4 四轮驱动故障诊断

11.4.1 手动分动器故障诊断

1. 分动器功用

分动器是四轮驱动系统中传递动力的总成装置，作用是实现动力向前、后轴的传递，全时四驱系统中，分动器还要设置轴间差速器，以解决转向干涉问题。分动器设有高、低挡，以进一步扩大汽车在困难地区行驶时的传动比和排挡数目。

2. 分动器的使用原则

(1) 未先接上前桥，不得挂入低速挡；
(2) 未先退出低速挡，不得摘下前桥。

3. 分动器挡位含义

分动器挡位杆的含义如表 11-1 所示。

表 11-1　分动器挡位杆含义

挡位杆符号	挡位含义	使用工况
H	高速位置，两后轮驱动	在市区或干燥、坚硬、平坦路面行驶，油耗较低，机械磨损小
HL	高速位置，四轮驱动	在潮湿、冰雪路面行驶
N	空挡位置，任何车轮均不驱动	车辆停驶
LL	低速位置，四轮驱动	在陡坡沙地泥泞或冰雪路面行驶以及执行牵引任务

4. 分动器换挡程序

分动器换挡程序如图 11-13 所示。

(1) H 至 HL(HL 至 H)：换挡杆从 H(HL)位置到 HL(H)位置，此时四驱高挡驱动指示灯亮(灭)，此操作可在车辆行驶中进行(车速不超过 40 km/h)。

(2) HL 至 LL(LL 至 HL)：车辆停止，将变速器设在 N 挡位置，踏下制动踏板，换挡杆从 HL(LL)位置到 LL(HL)位置，此时四驱高挡驱动指示灯灭(亮)，待指示灯不再闪烁，稳定时再行车。

5. 分动器故障诊断

分动器常见故障及检修方法如表 11-2 所示。

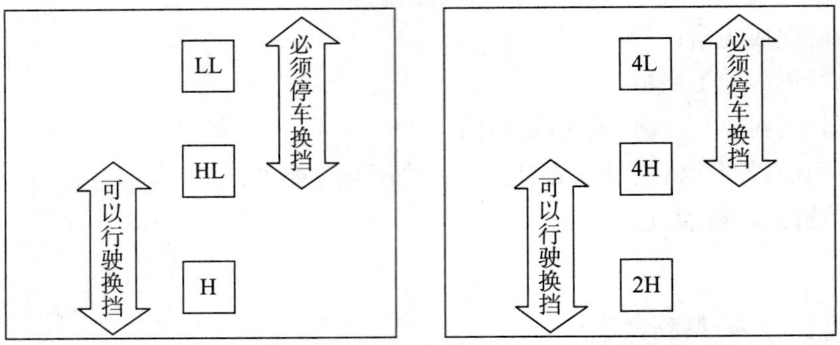

图 11-13　分动器换挡程序

表 11-2　　分动器故障原因及检修方法

故障现象	故障原因	维修方法
行驶中分动器动力传输中断	1) 润滑液不足,齿轮磨损严重; 2) 输入轴啮合套总成损坏; 3) 后输出轴齿轮和啮合套损坏; 4) 选挡拨叉磨损过度	1) 检查加注润滑油; 2) 更换啮合套; 3) 更换后输出轴和啮合套; 4) 检修选挡拨叉
分动器换挡困难或不能按要求换挡	1) 车速过高,无法换挡; 2) 润滑液不足或润滑液型号不正确; 3) 长时间以高挡四轮驱动在干燥铺装路面行驶; 4) 分动器外部拉杆机构有粘接或松动; 5) 分动器内部齿轮有粘接、磨损或松动	1) 停车或减速,然后换入相应挡位; 2) 检查、加注齿轮油; 3) 检修保养换挡杆机构; 4) 检修更换分动器齿轮机构
分动器在所有挡位都有噪音	润滑油不足或润滑油型号不对	检查更换润滑油,加注至标准位置
四轮驱动低挡时有噪音或脱挡	1) 分动器挂 4L 挡时,挂挡不到位; 2) 换挡杆机构松动或粘接; 3) 换挡拨叉磨损松动粘接或损坏; 4) 低挡齿磨损或损坏	1) 停车,先将分动器挂入空挡,再挂入 4L 挡; 2) 检查润滑紧固换挡机构; 3) 检修更换换挡拨叉杆; 4) 检修分动器齿轮机构
输出轴漏油	1) 分动器齿轮油加注过多; 2) 通气孔堵塞; 3) 输出轴油封磨损老化	1) 检查分动器润滑油液位; 2) 检查通气孔; 3) 更换输出轴油封
四轮驱动指示灯不灭或不亮	1) 真空开关故障; 2) 前桥弯曲变形; 3) 指示灯电路故障; 4) 真空管路堵塞或泄漏	1) 更换真空开关; 2) 校正或更换前桥; 3) 检修指示灯线路; 4) 检修真空管路

11.4.2　电控分动器故障诊断

1. 电控分动器概述

电控分动器取消了手动操纵手柄,以电磁阀进行动作切换,实现高速运行状态下的 4 WD 和 2 WD 切换,同时实现对前驱动桥离合的控制。

2. 电控分动器控制原理

(1) 驾驶人通过按钮，将换挡意图传给 ECU，ECU 指令电磁阀同步装置开始工作，又指令换挡电动机将分动器挡位挂到 4H，挂上 4H 4 s 后，待转速差为零后，ECU 再指令前桥离合器工作，使前轴接合，前轴接合 5 s 后，电磁阀同步装置停止工作。

(2) 分动器 ECU 读取车速信号、离合器动作信号、分动器位置信号、前轴离合器位置信号，经过逻辑运算，合理控制分动器和前轴离合器的动作，实现高速时，4 WD 和 2 WD 的合理切换。

3. 故障诊断

1) 机械故障

电控分动器只是将手动切换装置变成电控系统控制，接合和传输系统仍为机械分动器机构，分动器机械传动机构产生故障，电控四轮驱动系统将不能工作，常见的故障有：

(1) 机械异响；

(2) 结合件磨损，不能传输动力；

(3) 漏油；

(4) 齿轮间隙过大。

2) 电控执行器故障

电控分动器执行元件有电磁阀，换挡电动机。执行元件产生故障，分动功能就不能实现。电控执行器的常见故障有：

(1) 电磁阀、电动机线圈短路；

(2) 电磁阀、电动机线圈断路，不工作；

(3) 电磁阀、电动机温度过高，产生失效；

(4) 电磁阀、电动机线路连接器接触不良。

3) 开关信号故障

电控四轮驱动系统的开关包括功能开关和位置传感器，开关是指示驱动功能的信号源，位置传感器是检测执行元件的执行动作是否正常和到位的反馈信号源。指令开关不正常，会产生无驱动转换或转换错乱故障。执行器位置传感器不良，驱动转换功能失常。开关信号的常见故障有：

(1) 分动器指示灯异常；

(2) 分动器转换开关断路或异常；

(3) 执行位置传感器故障；

(4) 开关或传感器线路不良。

4) 电控单元故障

电控单元(分动器 ECU)是电控四轮驱动的中枢控制中心，长城赛弗电控四轮驱动控制系统电路，如图 11-14 所示。电控单元的故障诊断方法有：

(1) 读取故障码；

(2) 读取数据流；

(3) 动作测试；

(4) 控制单元编程；

(5) 自适应设定。

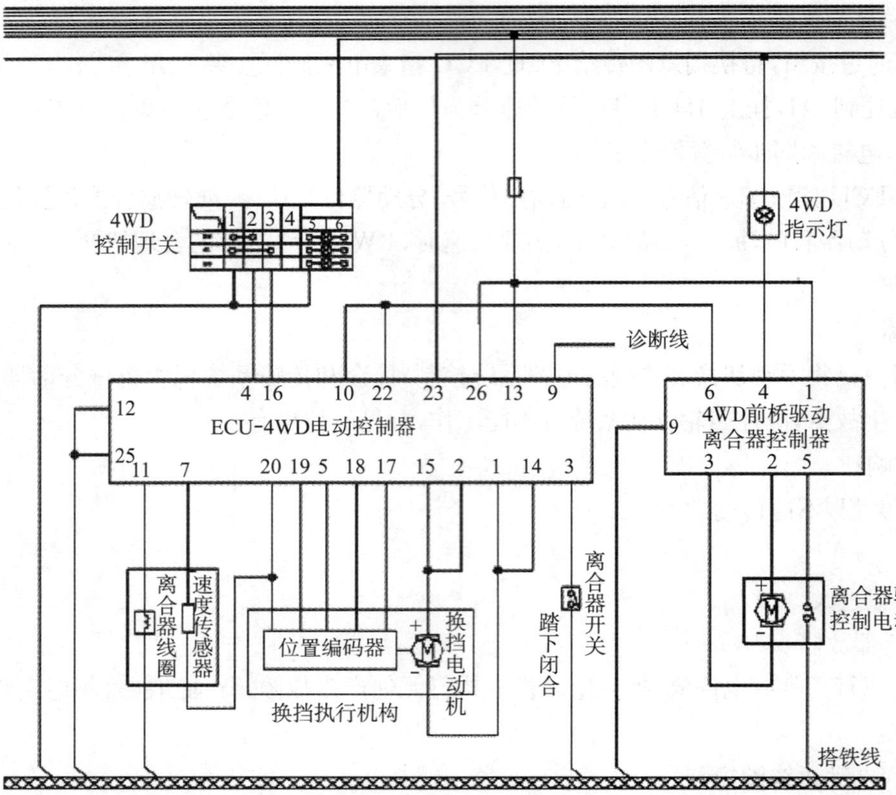

图 11－14　长城赛弗电控四轮驱动控制系统电路图

本 章 小 结

（1）离合器常见故障有离合器不分离，离合器打滑，离合器分离不彻底，离合器接合不平顺，离合器异响，离合器漏油，起步发抖等。

（2）传动轴的常见故障有传动轴抖动，传动轴异响，传动轴十字节松旷等。

（3）驱动桥常见故障有后桥漏油，后桥发热，后桥异响等。

（4）驱动半轴的常见故障有半轴球笼异响，差速器异响，主减速器异响，差速器漏油，半轴齿轮轴承磨损松旷等。

（5）分动器常见故障有分动器齿轮机构异响，分动器漏油，驱动模式指示异常，驱动挡位异常，驱动模式异常，自动跳挡，不能挂四驱挡，不能挂前驱或后驱，挂挡困难等。

（6）电控四轮驱动系统的常见故障有驱动指示灯报警，驱动模式与切换开关不同步，驱动模式异常，电控单元故障，驱动执行器故障，驱动模式切换开关信号不良等。

复习思考题

1. 造成底盘传动系统漏油的原因有哪些？
2. 如何判断传动系统是否工作在技术状态？

3. 检查、诊断底盘传动系统异响的方法有哪些?
4. 如何确保更换离合器片一次成功不致返修?
5. 叙述四轮驱动指示灯异常的故障诊断方法。

12 变速器故障诊断

学习目标

知识目标

(1) 了解手动变速器和自动变速器的结构及工作特点；
(2) 熟悉手动变速器和自动变速器的常见故障；
(3) 掌握诊断和维修变速器的常见故障的思路和方法。

能力目标

(1) 掌握手动变速器的拆装；
(2) 掌握判断手动变速器故障的思路；
(3) 掌握排除手动变速器故障的方法；
(4) 学会使用油压表测试自动变速器油压；
(5) 学会使用诊断仪诊断和分析自动变速器系统故障；
(6) 能够完成失速试验；
(7) 学会完整拆装自动变速器总成；
(8) 学会使用工具测量摩擦片厚度；
(9) 学会更换自动变速器油；
(10) 学会检查变速器油位；
(11) 学会查看自动变速器控制电路图，并诊断电控系统故障。

12.1 手动变速器故障诊断

12.1.1 手动变速器漏油与异响故障诊断

1. 手动变速器漏油故障

1）漏油故障现象

变速器周围出现齿轮润滑油，变速器齿轮箱的油量减少，则可判断为变速器漏油。

2）手动变速器漏油的故障原因

（1）油封老化、磨损、变形；

（2）结合面变形或加工粗糙；

（3）壳体铸造缺陷或有裂纹；

（4）通气孔堵塞，造成变速器内压力过大，变速器通气阀如图 12-1 所示；

（5）齿轮油加注过多；

（6）放油螺栓松动或密封性差。

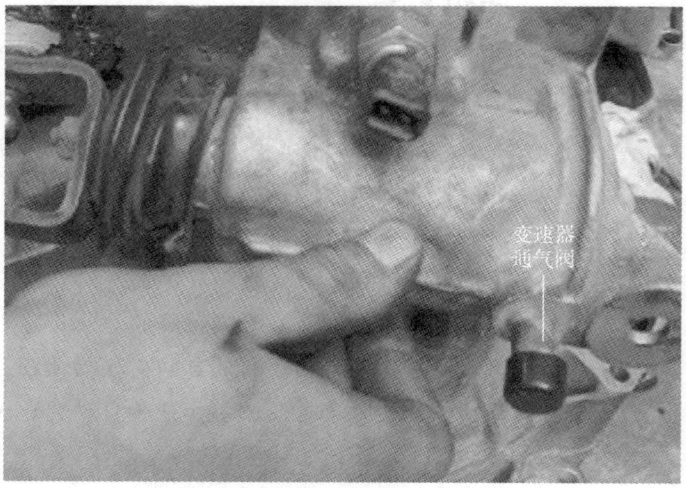

图 12-1 手动变速器通气阀

3）漏油诊断及排除方法

（1）润滑油选用不当，产生过多泡沫，或润滑油量太多，需更换润滑油或调节油量；

（2）侧端盖太松，密封垫损坏，油封损坏，密封垫和油封损坏应更换新件；

（3）放油螺栓和变速器箱体及盖的固定螺栓松动，应按规定力矩拧紧；

（4）变速器壳体破裂或延伸壳油封磨损而引起的漏油，必须更换；

（5）里程表齿轮限位器松脱破损，必须锁紧或更换；

（6）变速杆油封漏油，应更换新油封。

2. 手动变速器异响故障

1）故障现象

是指变速器工作时发出的不正常的响声。

2）故障原因

(1) 齿轮异响

① 齿轮磨损过多变薄,间隙过大,运转中有冲击;

② 齿面啮合不良,如修理时没有成对更换齿轮等;

③ 新、旧齿轮不搭配,齿轮不能正确啮合;

④ 齿面有金属疲劳剥落或个别齿损坏折断;

⑤ 齿轮与轴上的花键配合松旷,或齿轮的轴向间隙过大;

⑥ 轴弯曲或轴承松旷引起齿轮啮合间隙改变。

(2) 轴承异响

① 轴承磨损严重;

② 轴承内(外)座圈与轴颈(孔)配合松动;

③ 轴承滚珠碎裂或有烧蚀麻点。

(3) 其他原因异响

① 变速器内缺油,润滑油过稀、过稠或变质;

② 变速器内掉入异物;

③ 某些紧固螺栓松动;

④ 里程表软轴或里程表齿轮异响。

3) 异响的诊断及维护处理

① 变速器发出金属干摩擦声,即为缺油和油质不好,应加油和检查油的质量,必要时更换。

② 行驶时换入某挡若响声明显,即为该挡齿轮轮齿磨损,若发生周期性的响声,则为个别齿损坏,应予以更换。

③ 空挡时响,而踏下离合器踏板后响声消失,一般为一轴前、后轴承或常啮合齿轮响,如换入任何挡都响,多为二轴后轴承响。

④ 变速器工作时发生突然撞击声,多为轮齿断裂,应及时拆下变速器盖检查,以防机件损坏。

⑤ 行驶时,变速器只有在换入某挡时齿轮发响,在上述完好的前提下,应检查啮合齿轮是否搭配不当,必要时应重新装配一对新齿轮。此外,也可能是同步器齿轮磨损或损坏,应视情况修复或更换。

⑥ 换挡时齿轮撞击发响,则可能是离合器不能分离或离合器踏板行程不正确,同步器损坏、怠速过大、变速杆调整不当或导向衬套过紧等。遇到这种情况,先检查离合器能否分离,再分别调整怠速或变速杆位置,检查导向衬套与分离轴承配合的松紧度。

⑦ 第一、二轴和中间轴弯曲变形,也会发生异响,应予以校正和更换。

⑧ 自锁装置损坏,同步器滑块堵塞,花键磨损过度,均产生异响,应修复或更换。

3. 变速器发热

1) 故障现象

车辆行驶一段路后,触摸变速器,有烫手感觉。

2) 故障原因

(1) 轴承过紧;

(2) 齿轮啮合间隙过小;

(3) 齿轮油缺失,润滑不良。

12.1.2 手动变速器工作异常故障诊断

1. 挂挡困难

1) 故障现象

变速器不能顺利挂入任何挡位。

2）故障原因

（1）离合器不分离或分离不彻底；

（2）变速杆变形或挡位操纵机构调整不当；

（3）拨叉弯曲变形；

（4）同步器滑块卡滞或磨损；

（5）自锁或互锁装置卡滞。

2. 单挡不进

1）故障现象

变速杆不能挂入一个挡位，而其他挡位能挂。

2）故障原因

（1）同步器不良，手动变速器同步器，如图 12-2 所示；

（2）齿轮端面毛糙；

（3）挡位杆松旷；

（4）齿轮与轴配合不良。

图 12-2　手动变速器同步器

3. 跳挡

1）故障现象

汽车在行驶中，尤其是在加速或爬坡时，变速杆自动跳回到空挡位置。跳挡一般发生在发动机中高速、负荷突然变化或车辆剧烈震动之时。

2）故障原因

跳挡的根本原因在于啮合齿轮在传力时产生较大的轴向作用力，从而脱离啮合位置；或者啮合齿轮未能全部啮合，当载荷发生变化时导致跳挡。

（1）变速杆操纵机构变形或松旷；

（2）拨叉弯曲或磨损；

（3）同步器接合齿圈磨损；

（4）齿轮轴向间隙磨损过大；

（5）接合器与换挡器连接调整不当；

（6）自锁装置失效，手动变速器自锁装置，如图 12-3 所示。

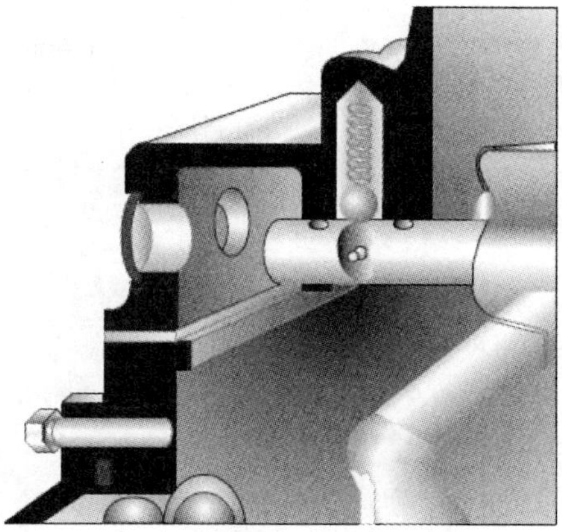

图 12－3　手动变速器自锁装置

4. 乱挡

1）故障现象

(1) 实际所挂挡位与所需挡位不符；

(2) 一次能挂入两个挡位；

(3) 原挡未退出，仍能挂入另一挡位。

2）故障原因

(1) 变速杆操纵机构变形或连接松旷；

(2) 变速杆下端面磨损过大，造成长度不够；

(3) 变速杆手柄支撑球头座松旷；

(4) 换挡互锁装置失效，手动变速器互锁机构，如图 12－4 所示。

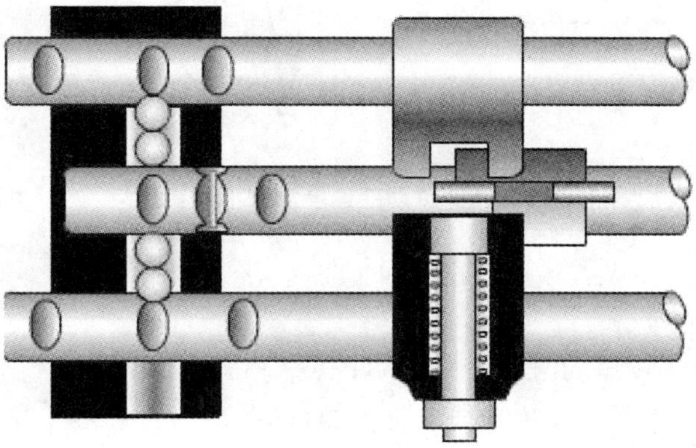

图 12－4　手动变速器互锁机构

5. 卡挡

1）故障现象

变速杆卡在某个挡位，无法回到空挡位置。

2）故障原因

(1) 拨叉开口销脱落；

(2) 接合器变形；

(3) 同步器滑块堵塞；

(4) 一轴后端卡簧脱落。

12.2 自动变速器故障诊断

12.2.1 自动变速器机械故障

1. 自动变速器异响

1) 故障现象

(1) 车辆行驶中,自动变速器内始终有异响;

(2) 行驶过程中有异响,但停车挂空挡后异响消失。

2) 故障原因

(1) 变速器油面过高或过低,自动变速器油尺液面刻度,如图 12-5 所示;

(2) 油泵磨损严重;

(3) 液力变矩器锁止离合器、导轮、单向离合器等损坏而产生异响;

(4) 行星齿轮损坏而产生异响;

(5) 变速器换挡执行元件产生异响。

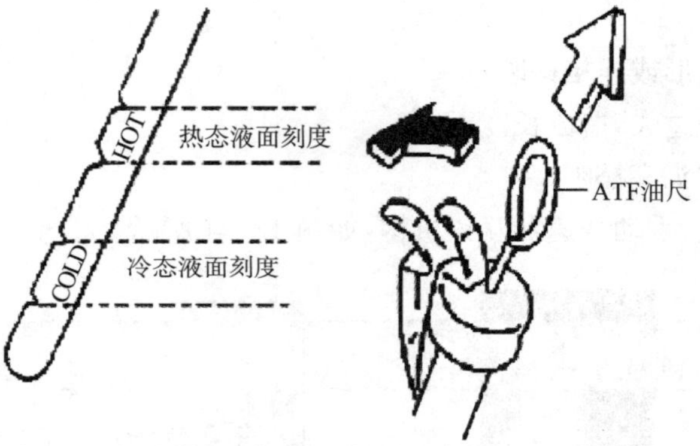

图 12-5 自动变速器油尺液面刻度

2. ATF 油易变质

1) 故障现象

(1) 更换后的变速器油在较短的时间里即变质;

(2) 变速器油温过高(变速器油有焦味或从加油口看到冒烟)。

2) 故障原因

(1) 使用不当造成油温过高而导致变速器油过早变质,如过于频繁的急加速、经常超负荷行驶、经常超速行驶、用于拖车等。

(2) 变速器油本身质量不佳,使用的变速器油本身质量达不到使用要求或受到污染。自动变速器液自动更换机,如图 12-6 所示。

(3) 变速器至变速器油散热器通道有堵塞,如通向散热器的油管堵塞、散热器的限压阀卡滞等,使变速器油得不到及时的冷却而温度过高。

(4) 离合器或制动器的间隙过小,在不工作时摩擦打滑,造成油温过高而变质。

(5) 主油路油压过低,使得离合器或制动器在工作时打滑而造成油温过高。

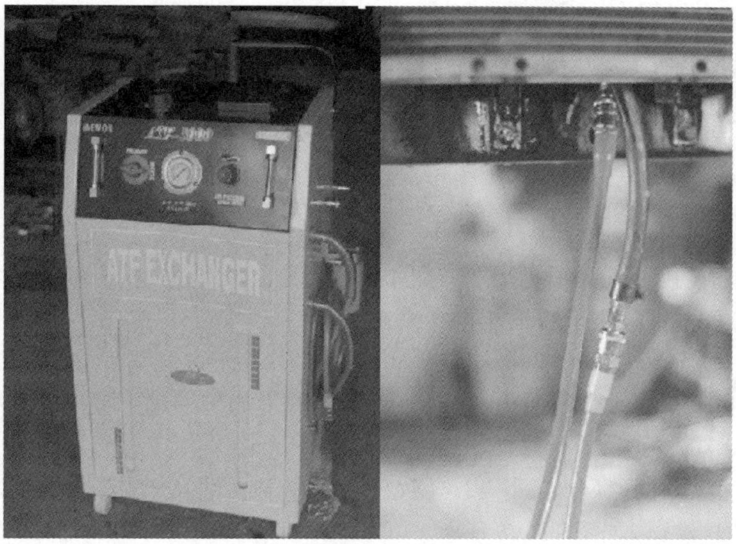

图 12-6　自动变速器液自动更换加注机

3. 自动变速器漏油

1）故障现象

(1) 变速器外壳有油迹甚至滴油；

(2) 变速器非正常缺油,需要经常补充。

2）故障原因

(1) 散热器泄漏；

(2) 油底壳损伤；

(3) 油底壳垫泄漏；

(4) 放油螺栓泄漏；

(5) ATF 液过多,图 12-7 所示为奥迪 01V 自动变速器加油孔；

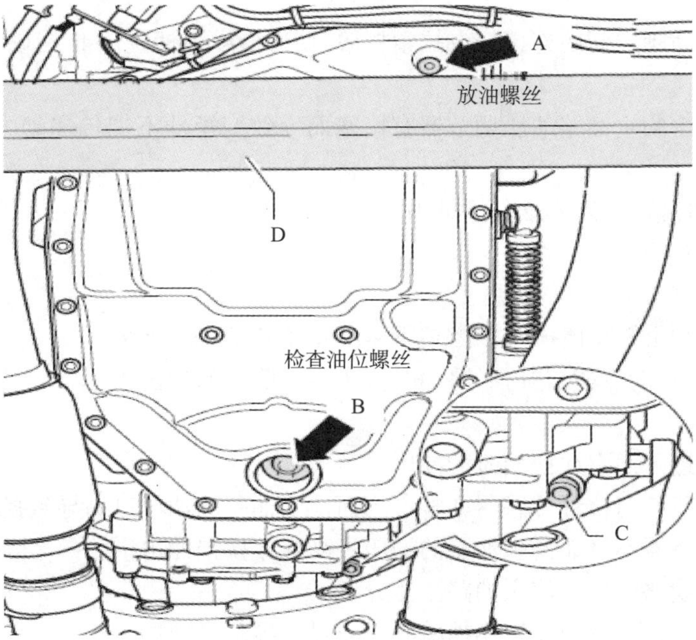

图 12-7　奥迪 01V 自动变速器加油孔

(6) 液力变矩器油封不良;

(7) 变速器后油封漏油。

12.2.2 自动变速器工作异常故障诊断

1. 挂挡不行驶

1) 故障现象

(1) 操纵手柄置于R挡或任一D挡汽车均不能行驶;

(2) 起动后行驶一段路程,热车后不能再继续行驶。

2) 故障原因

(1) 因泄漏而使变速器油过少或漏光,从而导致变矩器不能传递动力或变速器换挡执行机构不能正常工作。

(2) 油泵损坏或油泵进油滤网严重堵塞,导致自动变速器主油路不能建立正常油压,而使汽车不能行驶,自动变速器主油压测试,如图12-8所示。

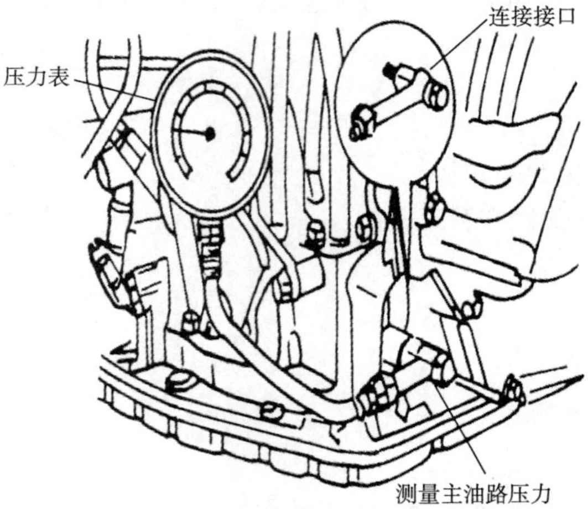

图12-8 自动变速器主油压测试

(3) 操纵手柄与手动阀之间的连接杆或拉索松脱,使得操纵手柄置于R挡或D挡时,手动阀仍然在N挡或P挡位置。

(4) 液压控制系统中的主油路油压调节器有堵塞而导致变矩器不能传递动力后变速器换挡执行机构不能正常工作。

(5) 液力变矩器损坏或失效,不能传递动力。

2. 换挡冲击大

1) 故障现象

(1) 车辆起步,从P挡或N挡挂入D挡或R挡时,汽车震动较严重;

(2) 在汽车行驶时,自动变速器升挡的瞬间,汽车会有明显的冲击。

2) 故障原因

(1) 发动机的怠速过高而引起换挡时的冲击;

(2) 节气门拉索或节气门位置传感器调整不当而使主油路的油压过高导致换挡冲击;

(3) 主油路油压调节器不良而使主油路的油压过高导致换挡冲击;

(4) 油压电磁阀或线路不良而使主油路油压异常;

(5) 减振器不良(如活塞卡住)而使换挡瞬间油压过高导致换挡冲击;

(6) 单向阀损坏或单向阀钢球漏装而导致换挡执行元件接合过快;

(7) 换挡执行元件打滑；
(8) 升挡过迟而引起换挡冲击；
(9) 自动变速器 ECU 故障。

3. 自动变速器打滑

1) 故障现象

(1) 在起步踩下加速踏板时，发动机转速上升很快但车速上升很慢。
(2) 在加速时，发动机转速很高但车速不能很快提高。
(3) 平路行驶正常，但在上坡时，行驶无力，且发动机转速很高。

2) 故障原因

(1) 变速器油面过低而导致主油路油压过低，导致离合器和制动器打滑；
(2) 离合器或制动器摩擦片(或制动器制动带)磨损严重或已烧焦而引起打滑；
(3) 油泵磨损严重或主油路有泄漏而造成主油路油压过低；
(4) 自动变速器中单向离合器打滑；
(5) 离合器或制动器活塞密封圈损坏而漏油，导致油压过低。

4. 升挡过迟

1) 故障现象

(1) 在行驶中，升挡的车速明显过高，升挡时发动机的转速也明显高于正常值；
(2) 需采用提前升挡的操作方法(松开加速踏板)才能使变速器升入高挡或超速挡。

2) 故障原因

(1) 节气门拉索或节气门位置传感器调整不当；
(2) 节气门位置传感器不良；
(3) 车速传感器或其电路不良；
(4) 主油路油压调节阀或油压电磁阀不良；
(5) 自动变速器 ECU 故障；
(6) 强制降挡开关线路短路。

5. 不能升挡

1) 故障现象

(1) 行驶中，变速器始终在 1 挡，不论节气门开度多大，发动机多高转速，变速器始终不升挡；
(2) 变速器虽能升入 2 挡，但不能升入 3 挡或超速挡等更高挡。

2) 故障原因

(1) 节气门拉索或节气门位置传感器位置不当；
(2) 车速传感器不良；
(3) 2 挡制动器或高挡离合器有故障；
(4) 换挡阀卡滞；
(5) 换挡开关不良；
(6) 换挡执行元件打滑；
(7) 变速器控制 ECU 不良。

6. 无超速挡

1) 故障现象

(1) 汽车行驶中，车速已经升高至超速挡范围，但变速器不能从 3 挡升入超速挡；

(2) 车速已经达到超速挡范围后，采用提前升挡(即松开加速几秒后再踩下踏板)的方法，也不能使变速器升入超速挡。

2) 故障原因

(1) 超速挡开关或超速电磁阀不良，丰田超速起动开关和指示灯，如图 12-9 所示；

(2) 超速挡制动器打滑；

(3) 超速行星排的直接离合器或单向离合器卡死；

(4) 挡位开关不良；

(5) 变速器油温传感器不良；

(6) 节气门位置传感器不良；

(7) 3—4 换挡阀卡滞；

(8) 自动变速器 ECU 有故障。

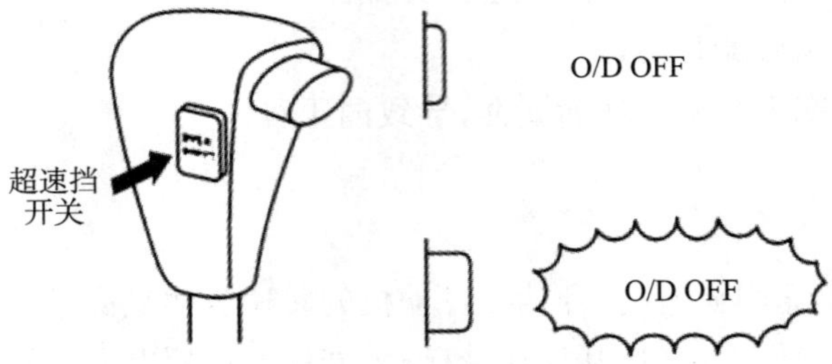

图 12-9　丰田超速挡起动开关和指示灯

7. 无 D 挡

1) 故障现象

(1) 挂 R 挡行驶正常，挂 D 挡则不能行驶；

(2) 挂 D 挡位时不能起步，而在 S 挡或 L 挡(或 2 位，1 位)时则可以起步。

2) 故障原因

(1) 前进挡离合器打滑；

(2) 前进挡单向离合器打滑或装反；

(3) 前进挡离合器控制油路严重泄漏；

(4) 操纵手柄位置调整不当。

8. 无 R 挡

1) 故障现象

汽车挂 D 挡能正常行驶，但挂入 R 挡时就不能行驶。

2) 故障原因

(1) 自动变速器操纵手柄位置不当；

(2) R 挡控制油路泄漏；

(3) R 挡及高挡离合器故障；

(4) 低挡及 R 挡制动器打滑。

9. 频繁跳挡

1) 故障现象

(1) 汽车以 D 挡行驶时，即使加速踏板没有动，但变速器经常出现突然降挡现象；

(2) 降挡后，发动机转速异常升高，并产生换挡冲击。

2）故障原因

(1) 节气门位置传感器不良或其线路连接不良；

(2) 车速传感器不良或其线路连接不良；

(3) 换挡电磁阀或其线路连接不良；

(4) 自动变速器 ECU 有故障。

10. 挂挡发动机易熄火

1）故障现象

(1) 发动机怠速运转时挂入行驶挡，发动机容易熄火；

(2) 在 D 挡或 R 挡行驶中，踩下制动踏板时，发动机易熄火。

2）故障原因

(1) 发动机的怠速过低；

(2) 变速器锁止控制阀卡滞；

(3) 自动变速器挡位开关不良；

(4) 变速器输入轴转速传感器不良，自动变速器输入轴转速传感器，如图 12－10 所示；

(5) 锁止电磁阀控制线路故障。

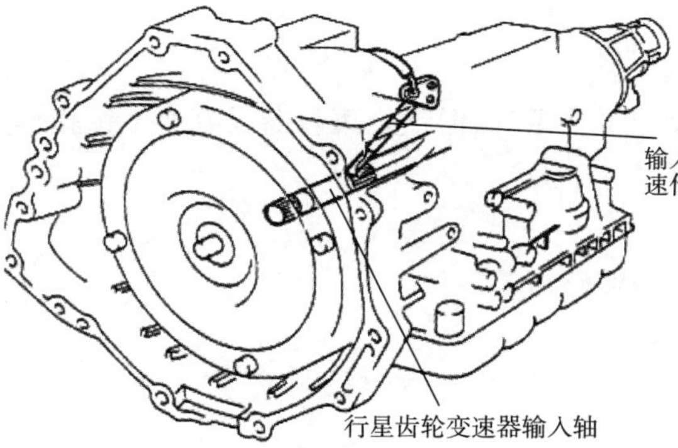

图 12－10　自动变速器输入轴转速传感器

11. 无发动机制动作用

1）故障现象

(1) 汽车在行驶中，变速器手柄在前进低挡(S，L 或 2，1)时，松开制动踏板，发动机转速降至怠速，但汽车没有明显减速；

(2) 下坡时，挡位位于前进低挡，但不能产生发动机制动作用。

2）故障原因

(1) 挡位开关位置调整不当，挡位开关安装调整位置，如图 12－11 所示；

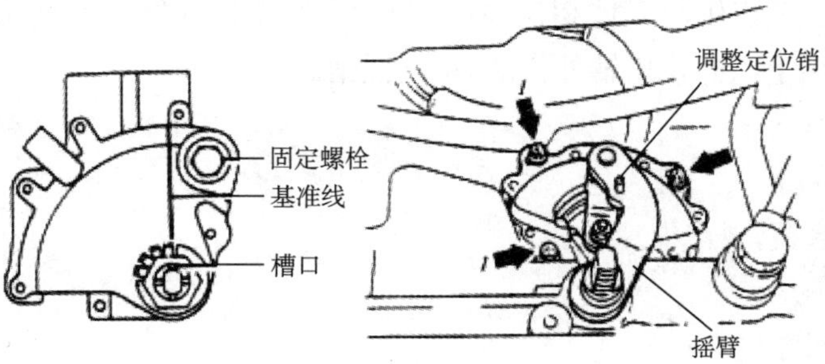

图 12－11　挡位开关安装调整位置

(2) 变速器操纵手柄位置不当;

(3) 2挡强制制动器打滑或低挡及R挡制动器打滑;

(4) 发动机制动控制电磁阀不良;

(5) 变速器阀体有故障;

(6) 变速器摩擦片有打滑现象;

(7) 变速器电子控制系统有故障。

12. 不能强制降挡

1) 故障现象

汽车在高挡行驶时,用突然将加速踏板踩到底的方法不能使自动变速器立即降低一个挡位,导致汽车加速无力。

2) 故障原因

(1) 节气门拉索或节气门位置传感器调整不当;

(2) 强制降挡开关接触不良或位置不对;

(3) 强制降挡控制阀损坏或其线路不良;

(4) 强制降挡控制阀卡滞。

13. 无锁止功能

1) 故障现象

(1) 行驶中,车速、挡位已满足锁止条件,但锁止离合器没有产生锁止作用;

(2) 汽车油耗较大。

2) 故障原因

(1) 油温过高或油温传感器及线路故障;

(2) 节气门位置传感器故障;

(3) 锁止电磁阀及其线路故障;

(4) 锁止控制阀卡滞;

(5) 变矩器锁止离合器损坏。

14. 无驻车制动功能

1) 故障现象

自动变速器排挡杆置于P挡位,车辆仍能推动或移动。

2) 工作原理

选挡杆置于P挡位时,自动变速器通过驻车锁止机构将变速器输出轴锁止,实现驻车。驻车锁止机构,如图12-12所示,由输出轴外齿圈、锁止棘爪、锁止凸轮等组成。锁止棘爪与固定在变速器壳体上的枢轴相连。当选挡杆处于P挡位时,与选挡杆相连的手动阀通过锁止凸轮将锁止棘爪推向输出轴外齿圈,并嵌入齿中,使变速器输出轴与壳体相连而无法转动,当选挡杆处于其他位置时,锁止凸轮退回,锁止棘爪在复位弹簧的作用下离开输出轴外齿圈,锁止撤销。

3) 故障原因

(1) 锁止棘爪失效;

(2) 输出轴外齿轮磨损;

(3) 锁止弹簧弹力不足;

(4) 锁止机构齿轮间隙过大;

(5) P挡杆位置不当。

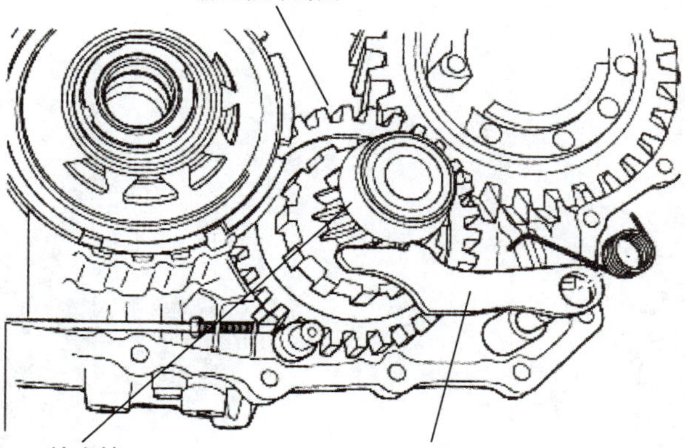

图 12－12　自动变速器驻车锁止机构

12.2.3　自动变速器电控系统故障诊断

1. 自动变速器控制系统开关和故障指示

1）自动变速器系统功能开关和指示灯

自动变速器系统的功能开关和指示灯比较多，各车型的代表含义也不一样，下面介绍几种常见车型自动变速器功能开关和组合仪表指示灯含义。

(1) O/D 开关和指示灯

通常应用于丰田等车型，是超速挡开关和指示灯，也是自动变速器故障指示灯。丰田车超速挡开关和超速指示灯，如图 12－13 所示。

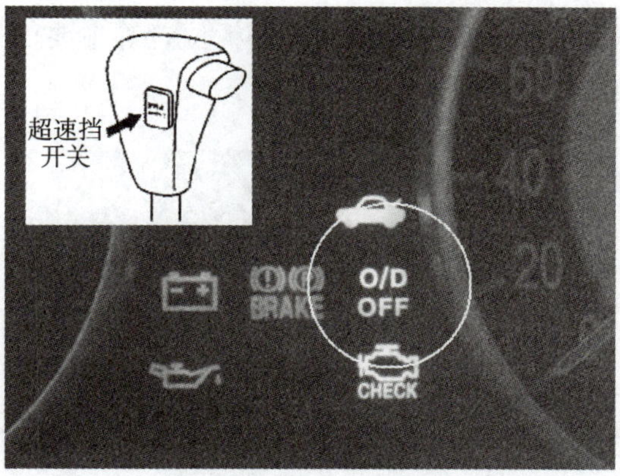

图 12－13　丰田车超速挡开关和指示灯

(2) HOLD 开关和指示灯

HOLD(保持开关)按键在马自达、宝马、别克等车型上使用，可以根据不同的行驶路况，调整最佳行车状态，在不好的路面上有效防止变速器频繁换挡，在超车时起到强制降挡(不升挡)的作用。在 D 挡位时按下 HOLD 键，变速器将保持在 2,3,4 挡；在 3 挡时按下 HOLD 键，将保持在 2,3 挡；在 2 挡时按下 HOLD 键，将保持在 2 挡；在 1 挡时按下 HOLD 键，将保持在固定 1 挡，在正常路面上正常行驶时按回开关。自动变速器保持开关如图 12－14 所示。

(3) A/S 按键和指示灯

多见于高端车型，指变速器的模式选择开关，即两种行驶模式分别为：自适应变速模式(“A”)和运动模式（“S”），宝马车自动变速器模式开关，如图 12－15 所示。

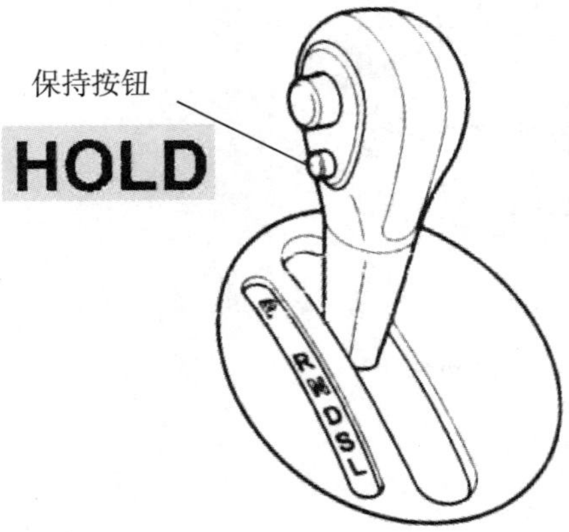

图 12－14　自动变速器保持开关按键

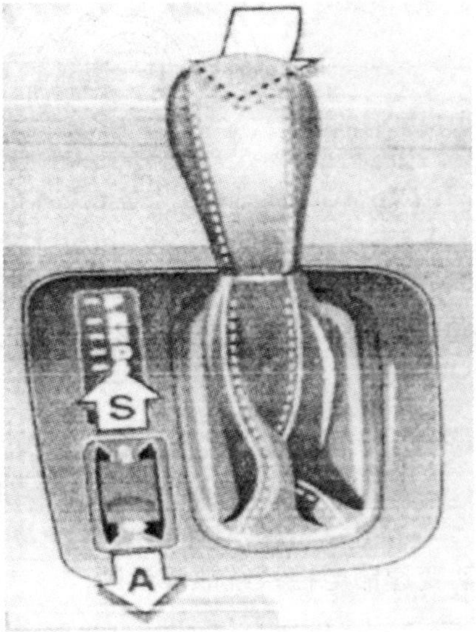

图 12－15　宝马车自动变速器模式开关

在“A”模式中，换挡杆置于 D 挡位时，变速器会根据得到的信息针对当前的状况自动选择最佳的换挡时机。该装置可以持续地适应驾驶人的驾驶风格、适应道路影响（如光滑路面，较陡的上坡路等）、适应实际行驶状况（如道路曲折，较陡的下坡路）等。

“S”模式即运动模式，这种变速模式具有显著的跑车特性。如果希望最充分地体现车辆的动力性能而不考虑其他因素，即可以选择“S”模式。

（4）奔驰变速器操控开关

自动变速器电控系统根据当前的车速、转速、加速踏板位置等主要信号及其他信号控制当前自动变速器挡位。奔驰自动变速器模式开关，如图 12－16 所示。

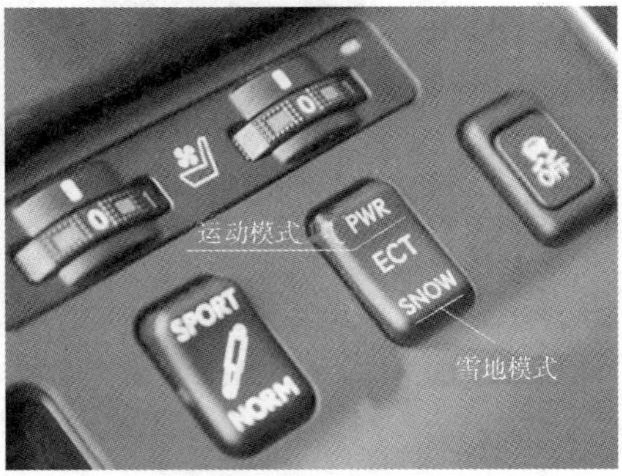

图 12－16　奔驰变速器模式开关

2）自动变速器故障指示灯

自动变速器故障指示灯点亮，则表示自动变速器电控系统出现故障，需要诊断、排除。有的车型可以人工诊断故障码，有些需要使用诊断仪读取故障码，根据故障码确定故障部位，进行检修、排除。各车型自动变速器故障指示灯符号和指示方式各不相同。

（1）丰田：O/D OFF 指示灯点亮；

(2) 本田：D4 灯点亮；
(3) 日产：POWER 指示灯闪烁 8 s；
(4) 通用：Service Engine Soon 点亮；
(5) 宝马：挡位指示灯不亮；
(6) 奥迪：挡位指示灯全部点亮；
(7) 别克：HOLD 灯点亮；
(8) 保时捷：4 挡的显示标志和所选择的变速杆位置交替闪烁。

几种常见车型自动变速器故障指示灯标识，如图 12－17—图 12－19 所示。

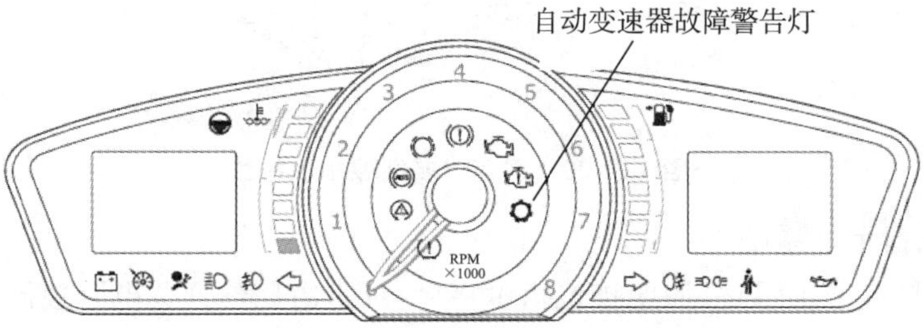

图 12－17　上海荣威 550 自动变速器故障指示灯

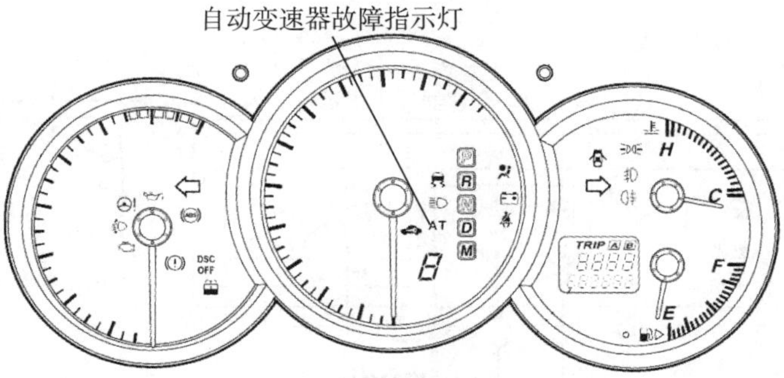

图 12－18　长安马自达 3 自动变速器故障指示灯

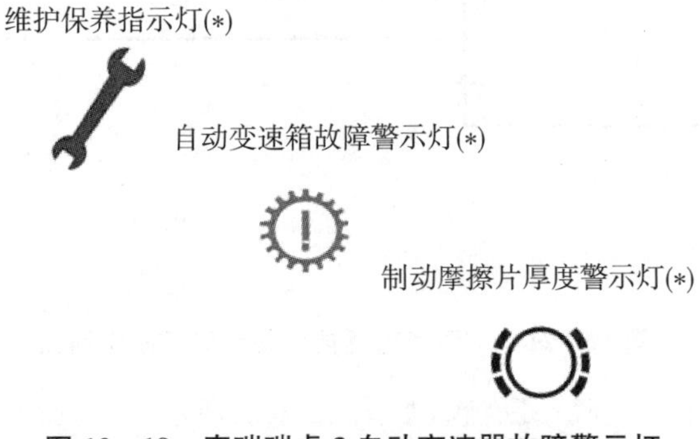

图 12－19　奇瑞瑞虎 3 自动变速器故障警示灯

2. 挡位指示灯故障诊断

1) 指针式挡位指示灯

代表车型：通用别克、通用雪佛兰、庞迪克等。使用拉线联动，当变速杆在整个变速器挡位间移动时，拉线带动橙黄色小旗标移动，指示每一挡位的正确标识位置。别克君威挡位指示拉线，如图 12－20 所示。挡位指示不正常，多为拉线卡滞或断掉。

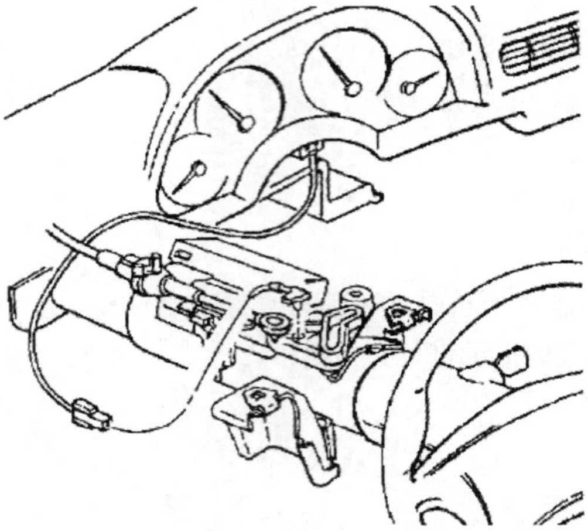

图 12-20 别克君威挡位指示拉线

2) 电路控制挡位指示灯系统

由组合仪表上小灯泡或 LED 灯照明挡位指示字母，灯泡由挡位开关电路控制。

(1) 传统挡位指示灯控制系统

挡位指示灯直接由挡位开关控制，本田奥德赛挡位指示灯控制电路，如图 12-21 所示。

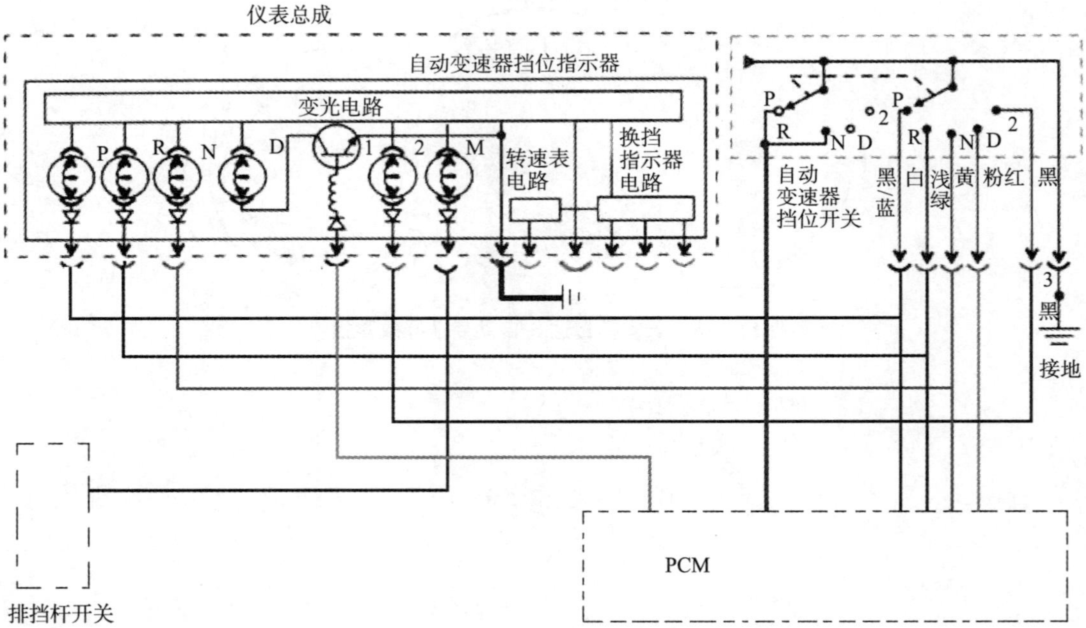

图 12-21 本田奥德赛挡位指示灯控制电路图

自动变速器挡位指示灯不亮故障诊断流程如图 12-22 所示。

(2) ECU 控制挡位指示灯

ECU 控制挡位指示灯指组合仪表为仪表控制单元，组合仪表控制单元与发动机控制单元或自动变速器控制单元之间通过网络传送信号，挡位开关信号只给变速器控制单元，不直接输送给组合仪表。

ECU 控制挡位指示灯故障诊断需要借助诊断仪器，通过对变速器控制单元和组合仪表控制单元的故障诊断和数据流读取，功能设置等方式，分析和排除故障。

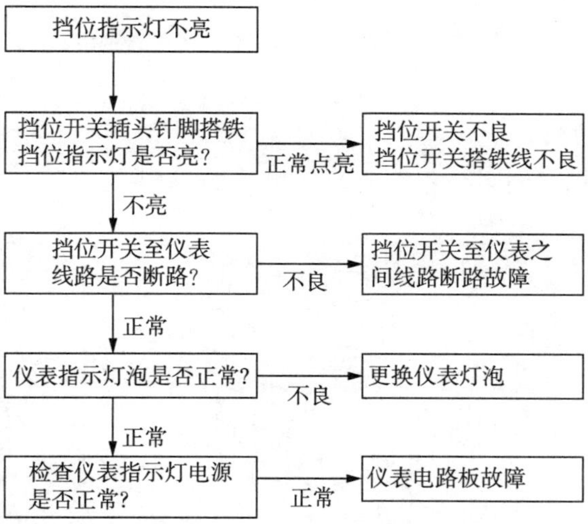

图 12－22　自动变速器挡位指示灯不良故障诊断流程

3. 换挡互锁控制系统故障

1）换挡互锁系统包含两项功能

（1）排挡杆挂挡的条件

① 点火钥匙插入；

② 点火开关 ON 挡；

③ 踩下制动踏板。

（2）点火钥匙取出的条件

① 排挡杆必须在 P 挡；

② 点火钥匙关闭状态。

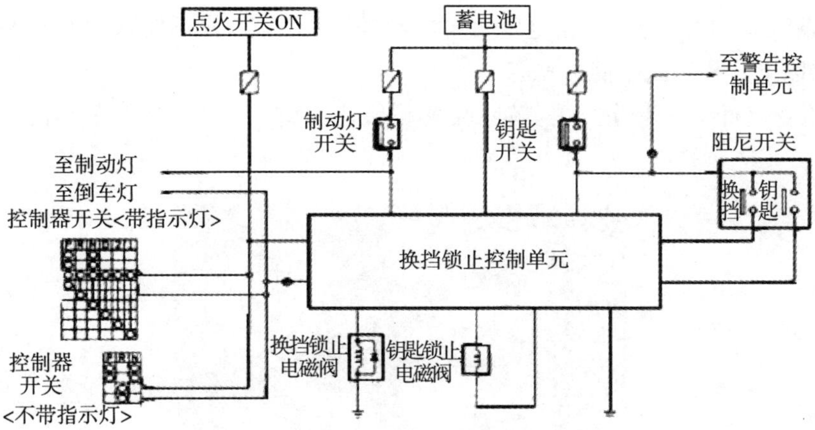

图 12－23　日产蓝鸟自动变速器换挡互锁控制系统电路图

2）换挡互锁系统故障

（1）点火钥匙不能从锁孔取出：

① 钥匙锁止电磁阀故障；

② 挡位杆阻尼开关故障；

③ 换挡锁止控制单元故障。

（2）换挡杆不能挂入 R、N、D 等挡。

(3) 点火开关位置开关故障。

(4) 制动灯开关故障。

(5) 挡位杆锁止电磁阀故障。

(6) 换挡锁止控制单元故障。

日产天籁自动变速器换挡互锁系统元件位置,如图 12-24 所示。

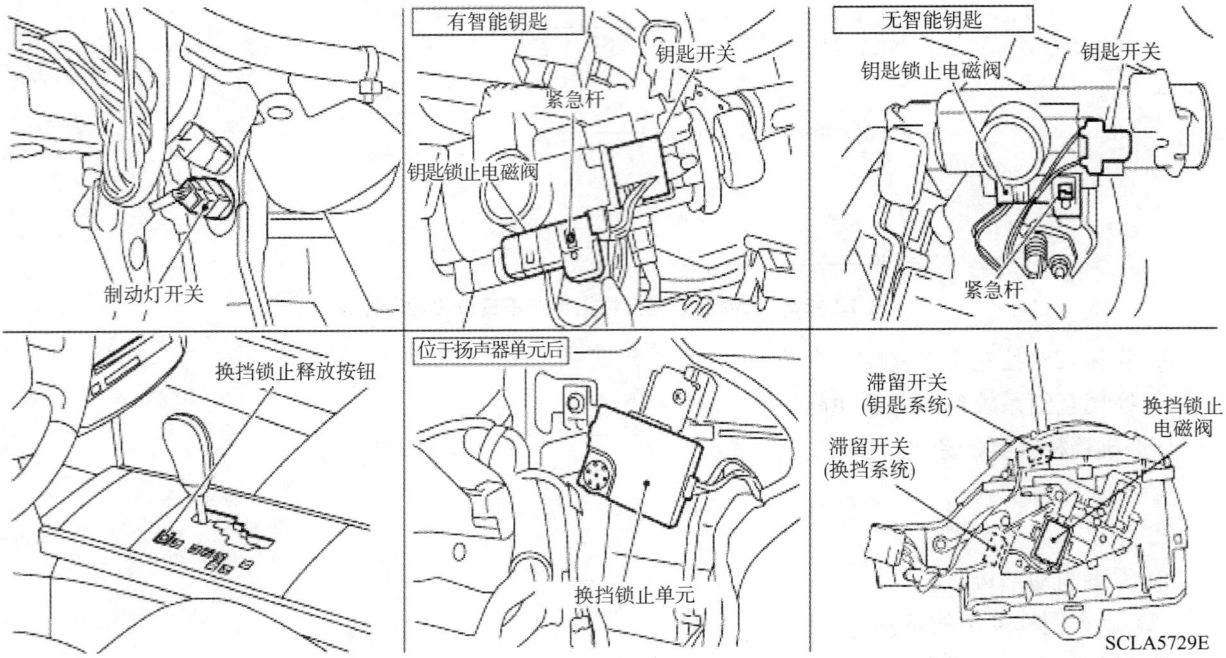

图 12-24　日产天籁换挡锁止控制系统元件位置图

3) 换挡互锁系统紧急解除

在行驶途中发生制动开关损坏、蓄电池无电等故障,导致变速杆不能从 P 挡位移出,随车又无配件可换时,可以采取以下几种临时解除方法。

(1) 通过按压变速杆锁止解除开关,解除变速杆锁止(部分车型),奔驰车换挡互锁解除开关,如图 12-25 所示;

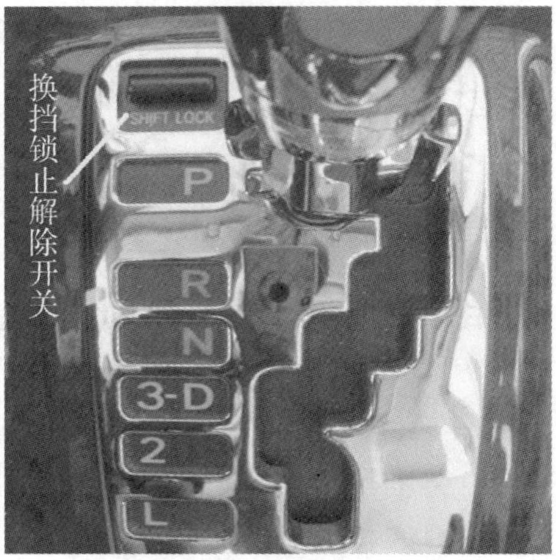

图 12-25　奔驰车换挡锁止解除开关

(2) 通过使用小螺丝刀插入变速杆旁边解锁插孔，解除锁止状态(部分车型)；

(3) 拆卸中央杂物箱盖，对变速杆锁止电磁阀通电，解除锁止；

(4) 拆卸中央杂物箱盖，用大号一字螺钉旋具，顺着换挡槽向前下方斜插到锁止驱动器内，强行拨动锁止驱动器铁芯的头部，同时晃动变速杆，就能使变速杆脱离 P 挡位；

(5) 对于大众 01M 型自动变速器，如果制动开关损坏，导致变速杆锁死在 P 挡位，可以采用同时拆下两个制动灯灯泡的方法。

4. 变速器控制单元故障诊断

1) 故障诊断

(1) 人工诊断

传统自动变速器控制系统的故障通过人工诊断方法，读取故障码。人工诊断的方法有闪码法，LED 灯法，万用表指针法等，丰田自动变速器故障人工诊断方法，如图 12-26 所示。

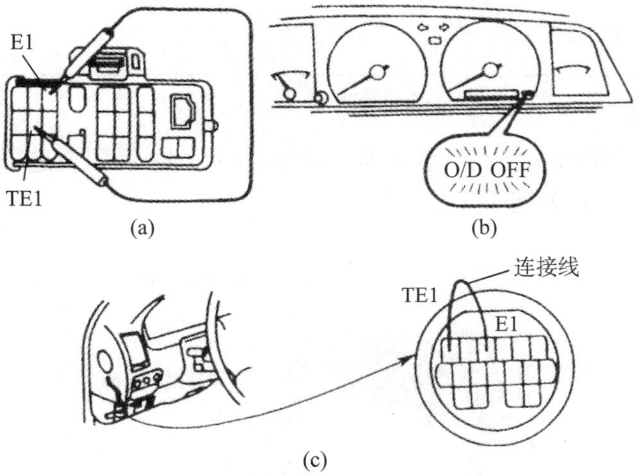

图 12-26 丰田自动变速器系统故障人工诊断

(2) 诊断仪诊断

OBD-Ⅱ诊断系统，通过 OBD-Ⅱ连接诊断仪，进入自动变速器控制单元，读取信息和故障，常见功能包括：

① 读取故障码；

② 清除故障码；

③ 读取数据流；

④ 控制单元编码；

⑤ 读取控制单元版本和零件号；

⑥ 动作测试；

⑦ 通道调整匹配。

2) 控制单元编码

大众车更换自动变速器控制单元后，需要对控制单元编码，或有故障，控制单元编码错误时，需要修改控制单元编码，不同车型的自动变速器控制单元编码不同，不同的控制单元编码，自动变速器的功能不同，所以控制单元编码不能错误。大众常见车型控制单元编码表，如表 12-1 所示。

表 12－1　　大众常见车型自动变速器控制单元编码表

车　型	控制单元版本号(零件号)	控制单元编码
奥迪 A6L 2.4	4F0 910 155 M	00001
奥迪 A6L 3.0	4F1 910 155 E	00001
奥迪 A8 4.2	4E0 910 156 S	00001
奥迪 A6 2.8 L	4B0 927 156 AJ	00004
奥迪 A6 2.4 L	4B0 927 156 AL	00013
宝来 1.8 L	01M 927 733 LL	00000
帕萨特 B5	8D0 927 156 DJ	00113
奥迪 A4	01J 927 156 CP	00000
高尔夫	01M 927 733 JH	00000

3）控制单元匹配调整

大众车系自动变速器大修或更换自动变速器控制单元(TCM)后，需要进行控制单元调整匹配，奥迪01V 自动变速器控制单元总成，如图 12－27 所示。

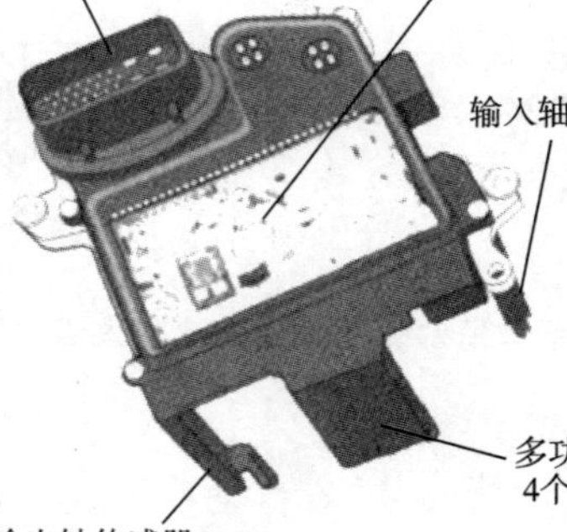

图 12－27　奥迪 01V 自动变速器控制单元总成

设置操作程序：

(1) 清除系统故障码；

(2) 点火开关 ON，不要起动；

(3) 诊断仪进入 02—04—000 确认；

(4) 加速踏板踩到底保持 3 s；

(5) 退出系统；

(6) 若无法进入 02，则 01—063—000。

12.2.4　自动变速器检测试验

1. 失速试验

1）失速试验的目的

在不拆卸变速器的前提下，通过测试变速器在 D 挡和 R 挡时发动机的最高转速，来分析判断发动机和自动变速器的性能及工作状况。

失速试验也用于修复故障重新装配后，检查故障是否已经排除。

2）失速试验前的检查

（1）发动机本身出故障，或安装上存在故障，千万不要做失速试验。

（2）首先热车，达到自动变速器标准的工作温度（50℃～80℃）。当温度较低时，一些装有双金属片的自动变速器在到达预定温度前，会阻止油液流回自动变速器的冷却器，以便使自动变速器尽快达到工作温度。这类自动变速器在温度较低时，其液面高度的显示是不准确的。

（3）在温度正常的前提下检查自动变速器油的液面高度，其高度应在油尺 HOT 标记处，同时还应检查发动机润滑油液面的高度是否正常。

（4）因为发动机和自动变速器冷却较慢，因此不要在多于 2 个挡位上做失速试验。

（5）试验完后要怠速运转一会，使自动变速器油在熄火前冷却下来。

（6）失速试验对自动变速器的损伤较大，不可经常做失速试验。

3）试验方法

（1）将自动变速器油温升至 50℃～80℃。

（2）用三角木固定前后车轮，用驻车制动器将车辆制动。

（3）保持发动机怠速运转，分别将选挡手柄置于 D 挡和 R 挡测试。

（4）测试时左脚踩紧制动踏板，右脚将加速踏板踩到底，迅速读出稳定时发动机的转速值，该转速称之为失速转速。失速试验操作流程，如图 12－28 所示。

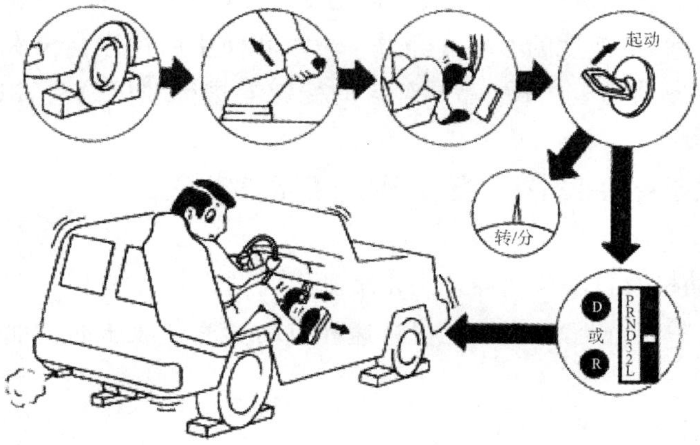

图 12－28　自动变速器失速试验

4）失速试验结果的判断

大部分汽车液力变矩器失速转速处于 2 000～2 500 r/min 之间。

（1）失速转速低于指标，说明液力变矩器输出转矩不足。故障起因可能源于两个方面：固定导轮的单向离合器打滑或发动机自身输出动力不足。

（2）失速转速高于指标，故障在变速器，通常为固定导轮的单向离合器打滑，使单向离合器锁止左转的作用丧失。

2. 时滞试验

在发动机怠速运转时，将操纵手柄从空挡拨至 D 挡或 R 挡后，需要有一段短暂时间的迟滞或延时，才能使自动变速器的挡位接合（此时汽车会产生一个轻微的震动），这一短暂时的时间称为自动变速器换挡的迟滞时间。时滞试验就是测出自动变速器换挡的迟滞时间，根据迟滞时间的长短来判断主油路油压及换挡执行元件的工作是否正常。

延时试验的步骤如下：

(1) 让汽车行驶，使发动机和自动变还器达到正常工作温度；

(2) 将汽车停放在水平地面上，拉紧手驻车制动器；

(3) 检查发动机怠速，如不正常，应按标准予以调整；

(4) 将自动变速器操纵手柄从 N 挡拨至 D 挡，用秒表测量从拨动操纵手柄开始到感觉汽车震动为止所需的时间，该时间称为 N－D 延时时间；

(5) 将操纵手柄拨至 N 挡，让发动机怠速运转 1 min 后，再做一次同样的试验，共做 3 次试验，取平均值；

(6) 按上述方法，将操纵手柄由 N 挡拨至 R 挡，测量 N－R 延时时间。

大部分自动变速器 N－D 延时时间在 1.0～1.2 s，N－R 延时时间在 1.2～1.5 s。如果 N－D 延时时间过长，说明主油路油压过低、前进离合器摩擦片磨损过甚或前进单向超越离合器工作不良；如果 N－R 延时时间过长，说明 R 挡主油路油压过低、R 挡离合器或 R 挡制动器磨损过甚或工作不良。

3. 油压测试

油压试验是在自动变速运转时运载液力控制系统各个油路中的油压进行测量，为分析自动变速器的故障提供依据，以便有针对性地进行修复。

正常的油路油压是自动变速器正常工作的先决条件。油压过高，会使自动变速器出现严重的换挡冲击，甚至损坏液力控制系统；油压过低，会造成换挡执行元件打滑，加剧摩擦片的磨损，甚至使换挡执行元件烧毁。

对于因油压过低而造成换挡执行元件烧毁的自动变速器，如果仅仅更换烧毁的摩擦片，而没有找出故障的真正原因并加以排除，更换后的摩擦片经过一段时间使用后往往会再次烧毁。因此，在分解修理自动变速器之前和自动变速器修复之后，都要对自动变速器进行油压试验，以保证自动变速器的修理质量。

油压试验的方法取决于自动变速器的类型及测压孔的设置方法。

1) 油压试验的准备

(1) 行驶汽车，让发动机及自动变速器达到正常工作温度。

(2) 将车辆停放在水平地面上，检查发动机怠速和自动变速器液压油的油面高度。如不正常，应予以调整。

(3) 准备一个量程为 2 MPa 的压力表。

(4) 找出自动变速器各个油路测压孔的位置。通常在自动变速器外壳上有几个用方头螺栓堵住、用于测量不同油路油压的测验压孔。自动变速器维修手册上标有该自动变速器各个油路测压孔的位置。如果手头没有自动变速器维修手册，可以用举升器将汽车升起，在发动机运转时分别将各个测压孔螺栓松开少许，观察各测压孔在操纵手柄位于不同挡位时是否有压力油流出，以判断该测压孔是与哪一个油路相遇，从而找出各个油路测压孔的位置，具体判断方法如下：

① 不论操纵手柄位于 D 挡或 R 挡时都有压力油流出，为主油路测压孔；

② 只有在操纵手柄位于 D 挡时才有压力油流出，为 D 挡油路测压孔；

③ 只有在操纵手柄位于 R 挡时才有压力油流出，为 R 挡油路测压孔。

2) 主油路油压测试

测试主油路油压时，应分别测出 D 挡和 R 挡的主油路油压。

(1) D 挡主油路油压测试

① 拆下变速器壳体上的主油路测压孔或 D 挡油路测压孔螺栓，接上油压表；

② 起动发动机；

③ 将操纵手柄拨至 D 挡位置；

④ 读出发动机怠速运转时的油压，该油压即为怠速工况下的 D 挡主油路油压；

⑤ 用左脚踩紧制动踏板，同时用右脚将加速踏板完全踩下，在失速工况下读取油压，该油压即为失速工况下的 D 挡主油路油压；

⑥ 将操纵手柄拨至空挡或停车挡，让发动机怠速运转 1 min 以上；

⑦ 将操纵手柄拨至各个前进低速挡(S，L 或 2，1)位置，重复④—⑥的步骤，读出各个前进低速挡在怠速工况下和失速工况下的主油路油压。

(2) R 挡主油路油压测试：

① 拆下自动变速器壳体上的主油路测压孔或 R 挡油路测压孔螺栓，接上油压表，别克变速器主油压测试孔，如图 12－29 所示；

② 起动发动机；

③ 将操纵手柄拨至 R 挡位置；

④ 在发动机怠速运转工况下读取油压，该油压即为怠速工况下的 R 挡主油路油压；

⑤ 用左脚踩紧制动踏板，同时用右脚将加速踏板完全踩下，在发动机失速工况下读取油压，该油压即为失速工况下的 R 挡主油路油压；

⑥ 将操纵手柄拨至 N 挡位置，让发动机怠速运转 1 min 以上；

⑦ 将测验得到的主油路油压与标准值进行比较。

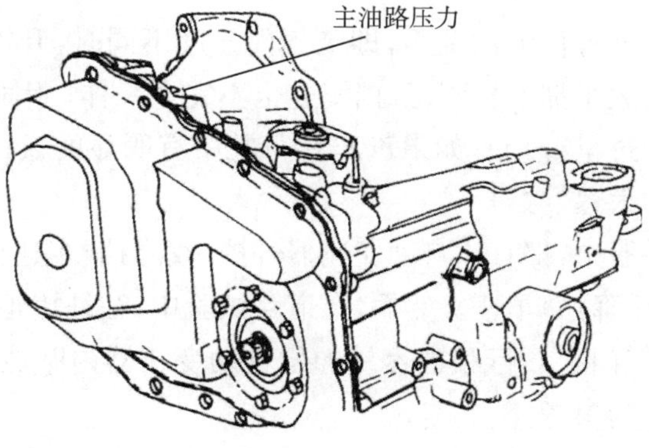

图 12－29　别克 4T60E 自动变速器油压测试点

4. 自动变速器的手动换挡试验

自动变速器可以采用手动换挡试验的方法，来确定故障出在电控系统还是自动变速器其他部分。所谓手动换挡试验就是将自动变速器所有换挡电磁阀的线束插头全部脱开，此时 ECU 不能通过换挡电磁阀来控制换挡，自动变速器的挡位取决于操纵手柄的位置。不同车型的自动变速器在脱开换挡电磁阀线束插头后的挡位和操纵手柄的关系不完全相同。

手动换挡试验的步骤如下：

(1) 拔掉自动变速器的所有换挡电磁阀线束插头。

(2) 起动发动机，将操纵手柄拨至不同位置，然后做道路试验(也可以将驱动轮悬空，进行台架试验)。

(3) 观察发动机转速和车速的对应关系，以判断自动变速器所处的挡位。由于变速器的减速作用与传递的扭矩有关，实际车速将随着行驶中加速开度的不同而产生一定的变化。

(4) 试验结束后，接上电磁阀线束插头。

(5) 清除 ECU 中的故障码，防止因脱开电磁阀线束插头而产生的故障码保存在 ECU 中，影响自动变速器的故障自诊断工作。

5. 道路试验

道路试验是诊断、分析自动变速器故障的最有效手段之一。此外，自动变速器在修复之后，也应进行道路试验，以检查自动变速器工作性能，检验修理质量。自动变速器的道路试验内容主要有：检查换挡车速、换挡质量，以及换挡执行元件有无打滑。

在道路试验之前，应先让汽车以中低速行驶 5～10 min，让发动机和自动变速挡开关置于 ON 位置（即超速挡指示灯熄灭），并将模式开关置于普通模式或经济模式位置。

道路试验按下列方法进行。

1）升挡检查

将操纵手柄拨至 D 挡位置，踩下加速踏板，使节气门保持在 1/2 开度左右，让汽车起步加速，检查自动变速器的升挡情况。自动变速器在升挡时，发动机会有瞬时的转速下降，同时车身有轻微的震动。在正常情况下，汽车起步后随着车速的升高，应能感觉到自动变速器顺利地由 1 挡升入 2 挡，随后再由 2 挡升入 3 挡，最后升入超速挡。自动变速器不能升入高速挡（3 挡或超速挡），说明控制系统或换挡执行元件有故障。

2）升挡车速的检查

将操纵手柄拨至 D 挡位置，踩下加速踏板，并使节气门保持在某一固定开度。让汽车起步并加速。当察觉到自动变速器升挡时，记下升挡车速。一般 4 挡自动变速器在节气门开度保持在 1/2 时由 1 挡升至 2 挡的升挡车速为 25～35 km/h，由 2 挡升至 3 挡的升挡车速为 55～70 km/h，由 3 挡升到 4 挡（超速挡）的升挡车速为 90～120 km/h。

由于升挡车速和节气门开度有很大的关系，即节气门开度不同时，升挡车速也不同，而且不同车型的自动变速器各挡位传动比的大小都不相同，升挡车速也不完全一样。因此，只要升挡车速明显低于上述范围，说明升挡车速过低（即过早升挡）；如果汽车在行驶中有明显的换挡冲击，升挡车速明显高于上述范围，说明升挡车速过高（即太迟升挡）。

大部分自动变速器维修手册中，都有该自动变速器升挡（或降挡）车速标准表，但表中通常只列出了节气门全开或全关时的升挡（或降挡）车速。然而，在道路试验中，往往因道路条件的限制而无法让汽车以节气门全开行驶，而且以节气门全开行驶也容易加剧自动变速器内摩擦元件的磨损，一般不宜采用。因此维修手册中的数据只能作为参考。

由于降挡时刻在行驶中不易察觉，因此在道路试验中一般无法检查自动变速器降挡车速，只能通过检查升挡车速来判断自动变速器有无故障。如有必要，还可检查在其他模式下或操纵手柄位于前进低速挡位置时的换挡车速，并与标准值进行比较，作为判断故障的参考依据。

升挡车速太低一般是控制系统的故障所致，换挡车速太高则可能是控制系统的故障所致，也可能是换挡执行元件的故障所致。

3）升挡时发动机转速的检查

有发动机转速表的汽车在进行自动变速器道路试验时，应注意观察汽车行驶中发动机转速变化的情况。这是判断自动变速器工作是否正常的重要依据之一。

在正常情况下，如果自动变速器处于经济模式或普通模式，节气门保持在低于 1/2 开度范围内，则在汽车由起步加速直至升入高速挡的整个行驶过程中，发动机转速都将低于 3 000 r/min。通常在加速至即将升挡时，发动机转速可达到 2 500～3 000 r/min ，在刚刚升挡后的短时间内发动机转速将下降至 2 000 r/min 左右。

如果在整个行驶过程中发动机转速始终过低，加速至升挡时仍低于 2 000 r/min，说明升挡时间过早或发动机动力不足;如果在行驶过程中发动机转速始终偏高,升挡前后的转速在 2 500~3 500 r/min 之间,而且换挡冲击明显,说明升挡时间过迟;如果在行驶过程中发动机转速过高,经常高于 3 000 r/min ,在加速时达到 4 000~5 000 r/min,甚至更高,说明自动变速器的换挡执行元件(离合器或制动器)打滑,应拆修自动变速器。

4) 换挡质量的检查

换挡质量的检查内容主要是检查有无换挡冲击。在正常情况下,自动变速器的换挡冲击应十分微弱。如果换挡冲击太大,说明自动变速器的控制系统或换挡执行元件有故障,原因可能是油路油压过高或换挡执行元件打滑,应做进一步检查。

5) 锁止离合器工作状况的检查

自动变速器变矩器中的锁止离合器工作是否正常也可以采用道路试验的方法进行检查。在试验中,让汽车加速至超速挡,以高于 80 km/h 的车速行驶,并让节气门踏板踩下至 2/3 开度,同时检查发动机转速的变化情况。如果发动机转速没有太大的变化,说明锁止离合器处于接合状态;反之,如果发动机转速升高很多,则表明锁止离合器没有接合,原因通常是锁止控制系统有故障。

6) 发动机制动作用的检查

检查自动变速器有无发动机制动作用时,应将操纵手柄拨至前进低速挡(S,L 或 2,1)位置,在汽车以 2 挡或 3 挡行驶时,突然松开加速,检查是否有发动机制动作用。如果松开加速后车速立即随之下降,说明有发动机制动作用;否则,说明控制系统或前进强制离合器有故障。

7) 强制降挡功能的检查

检查自动变速器强制降挡功能时,应将操纵杆拨至 D 挡位置,保持节气门开度为 1/3 左右,在以 2 挡、3 挡或超速挡行驶时,突然将加速踏板完全踩到底,检查自动变速器是否被强制降挡,如果在强制降挡时发动机转速升得太高(5 000~6 000 r/min),并在升挡时出现换挡冲击,说明换挡执行元件打滑,应拆修自动变速器。

本章小结

(1) 手动变速器常见故障有变速器异响,变速器漏油,变速器发热和变速器工作不正常。

(2) 手动变速器工作不正常的常见故障有挂挡困难,跳挡,乱挡,卡挡等。

(3) 自动变速器机械故障有漏油与油液易变质、异响等。

(4) 自动变速器运行的常见故障有挂挡不走,变速器打滑,换挡冲击过大,升挡缓慢,不能升挡,无超速挡,无 D 挡,无 R 挡,频繁跳挡,挂挡易熄火,无发动机制动功能,无强制降挡功能,无锁止功能等。

(5) 自动变速器挡位指示灯分挡位开关控制和 ECU 控制。

(6) 自动变速器换挡互锁装置,控制点火钥匙与排挡杆的锁止与解除。

(7) 自动变速器电控系统故障诊断分为人工诊断和诊断仪诊断。

(8) 自动变速器的检测试验有失速试验,时滞试验,油压试验,道路试验。

复习思考题

1. 如何确定无法挂挡是离合器故障还是变速器故障?

2. 叙述手动变速器操作不当,会造成哪些常见故障?
3. 宝马车蓄电池无电,如何解除变速器锁挡?
4. 自动变速器大修后,需要用诊断仪做哪些操作?
5. 自动变速器维修完毕后,需要通过路试,检查哪些功能?

13 转向系统故障诊断

学习目标

知识目标

(1) 了解转向系统的常见故障现象;
(2) 熟悉转向系统故障产生的原因;
(3) 熟悉分析转向系统故障的思路;
(4) 掌握诊断转向系统的故障的方法。

能力目标

(1) 学会拆装转向机总成,学会更换转向拉杆球头;
(2) 学会调整转向盘位置,学会排除转向盘异响故障;
(3) 掌握使用四轮定位仪调整前轮前束和倾角的方法;
(4) 正确保养液压助力转向系统;
(5) 能借助诊断仪,诊断、分析、排除电控液压助力转向系统的故障;
(6) 通过诊断仪诊断和分析电子转向系统故障;
(7) 学会对电子转向系统进行初始化设置和零位校正。

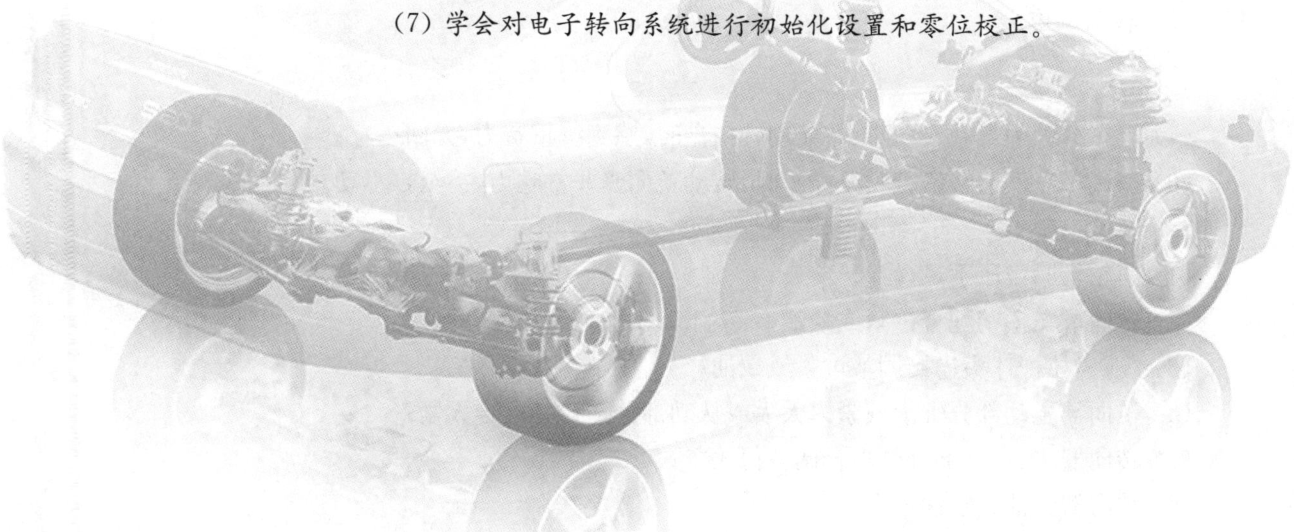

13.1 机械转向系统故障诊断

13.1.1 转向失灵

1. 故障现象

行驶中转动转向盘，车辆没有转向，或转向缓慢，转向不明显，转向不符合驾驶意图。

2. 故障原因

(1) 转向柱万向节(图 13-1)，脱落或松旷；

图 13-1 转向柱万向节

(2) 转向机总成损坏，脱齿松旷；

(3) 转向拉杆球头脱落，松旷；

(4) 轮毂轴承间隙过大。

13.1.2 转向沉重

1. 故障现象

(1) 汽车行驶中驾驶人向左、右转动转向盘时，感到沉重费力，无回正感；

(2) 当汽车以低速转弯行驶或掉头时，转动转向盘非常吃力，甚至打不动。

2. 故障原因

(1) 前轮轮胎气压不足；

(2) 转向节与主销配合过紧或缺油；

(3) 纵、横拉杆球头连接调整过紧或缺油；

(4) 转向器主动部分轴承预紧力太大或从动部分与衬套配合太紧；

(5) 转向器主、从动部分的啮合调整得太紧；

(6) 转向器无油或缺油；

(7) 转向节止推轴承缺油或损坏;
(8) 转向器转向轴弯曲或其套管凹瘪造成刮碰;
(9) 主销后倾过大、主销内倾过大或前轮负外倾;
(10) 前梁、车架变形造成前轮定位失准。

13.1.3 转向盘自由行程过大

1. 故障现象

汽车保持直线行驶位置静止不动时,轻轻来回晃动转向盘,感到游动角度很大。

2. 故障原因

(1) 转向器内主、从动啮合部位松旷或主、从动部分的轴承松旷;
(2) 转向器垂臂轴与垂臂连接部位松旷;
(3) 纵、横拉杆球头连接部位松旷;
(4) 纵、横拉杆臂与转向节的连接部位松旷;
(5) 转向节与主销松旷;
(6) 轮毂轴承松旷。

13.1.4 行驶跑偏

1. 故障现象

汽车行驶中自动跑向一边,必须用力把住转向盘才能保持直线行驶。

2. 故障原因

(1) 两前轮轮胎气压不等、直径不一或车厢装载不均;
(2) 左、右两悬架前钢板弹簧挠度不等或弹力不一;
(3) 前梁、后桥轴管或车架发生水平平面内的弯曲;
(4) 车架两边的轴距不等;
(5) 两前轮轮毂轴承或轮毂油封的松紧度不一;
(6) 前、后桥两端的车轮有单边制动或单边拖滞现象;
(7) 两前轮外倾角、主销后倾角或主销内倾角不等;
(8) 前轮前束太大或负前束。

13.1.5 前轮摆振

1. 故障现象

汽车在某低速范围内或某高速范围内行驶时,有时出现两前轮各自围绕主销进行角振动的现象,通常称之为前轮摆头。尤其是高速摆头时,两前轮左右摆振严重,握转向盘的手有麻木感,甚至在驾驶室内可看到整个车头晃动。

2. 故障原因

(1) 前轮旋转质量(包括轮胎、轮辋、制动鼓或盘、轮毂等)不平衡;
(2) 前轮径向圆或端面圆跳动太大;
(3) 前轮使用翻新胎;
(4) 前轮外倾角太小、前束太大、主销负后倾或主销后倾角太大;

(5) 两前轮的主销后倾角或主销内倾角不一致；

(6) 前梁或车架弯、扭变形；

(7) 转向系统与前悬挂的运动互相干涉；

(8) 转向系统(如横拉杆、横拉杆臂、垂臂等)刚度太低；

(9) 转向机主、从动部分啮合间隙或轴承间隙太大；

(10) 转向机垂臂与其轴配合松旷；

(11) 纵、横拉杆球头连接松旷；

(12) 转向节与主销配合松旷或转向节与前梁拳形部沿主销轴线方向配合松旷；

(13) 前轮轮毂轴承松旷；

(14) 转向机在车架上的连接松动；

(15) 前悬挂减振器失效或左、右两边减振器效能不一；

(16) 左、右两架前悬挂高度或刚度(钢板弹簧表现在厚度、长度、片数、弧高或新旧程度等方面)不一；

(17) 前钢板弹簧U形螺栓松动或钢板销与衬套配合松旷；

(18) 道路不平度太大，路面对车轮的冲击频率与前梁角振动的固有频率一致时，在陀螺仪效应的影响下，引起前轮摆头。

13.1.6 单边转向不足

1. 故障现象

汽车转向时，出现某一边转向角过小或左右转弯量明显不均，一边转弯半径大，一边转弯半径小。

2. 故障原因

(1) 转向传动机件变形；

(2) 转向角限位螺栓调整不当；

(3) 转向垂臂不在中间位置；

(4) 横直拉杆变形或长度调整不当；

(5) 转向齿轮在齿条上的位置不居中。

13.1.7 转向无自动回正功能

1. 故障现象

转弯后，松开转向盘，转向不能自动复位到中间位置。

2. 故障原因

(1) 轮胎气压过低；

(2) 拉杆球头过紧，或润滑不良；

(3) 转向螺杆轴承过紧；

(4) 前轮定位失准；

(5) 齿条啮合间隙过大；

(6) 转向器不在中间位置；

(7) 转向柱与柱管摩擦；

(8) 前桥悬挂轴承过紧。

13.2 液压助力转向系统故障诊断

13.2.1 转向沉重

1. 故障现象

转动转向盘时比较沉重,转向角度过小,回正困难。

2. 故障原因

(1) 助力泵缺油;

(2) 助力泵皮带打滑;

(3) 助力泵磨损,不工作;

(4) 液压系统有空气;

(5) 油管堵塞,油路不畅;

(6) 机械转向机构故障。

13.2.2 转向异响

1. 故障现象

转向时,转向系统出现噪音过大。

2. 故障原因

(1) 助力泵皮带松弛,打滑;

(2) 助力泵缺油;

(3) 助力系统存在空气;

(4) 转向助力泵磨损或机械故障;

(5) 助力液管道不畅,压力过高。

13.3 电控液压助力转向系统故障诊断

13.3.1 电控液压助力转向系统故障诊断

1. 故障现象

电子控制液压助力转向系统出现故障时,首先在组合仪表上会出现转向报警灯点亮,提示检修,同时转向会出现异常。大众 POLO 电控液压助力转向系统故障警告灯,如图 13-2 所示。

2. 故障诊断

(1) 读取故障码。

(2) 根据故障码,检测电子控制液压助力转向系统元件性能。大众 POLO 电控助力转向系统元件,如图 13-3 所示。

(3) 根据电路控制原理图,检测传感器、执行元件电源、搭铁、信号电压是否正常。大众 POLO 电控液压助力转向系统电路,如图 13-4 所示。

图 13－2　大众 POLO 电控液压助力转向系统故障警告灯

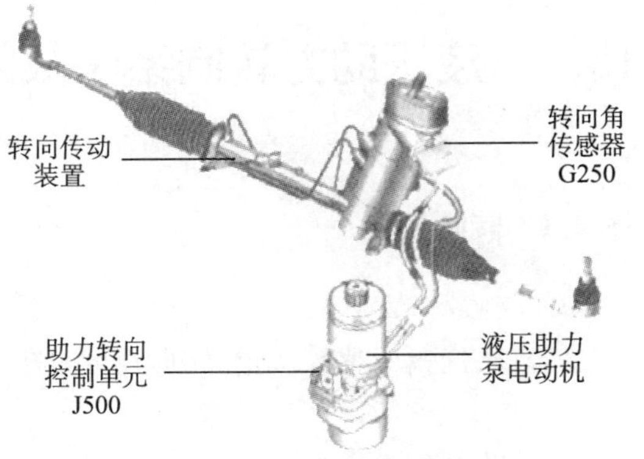

图 13－3　大众 POLO 电控助力转向系统元件

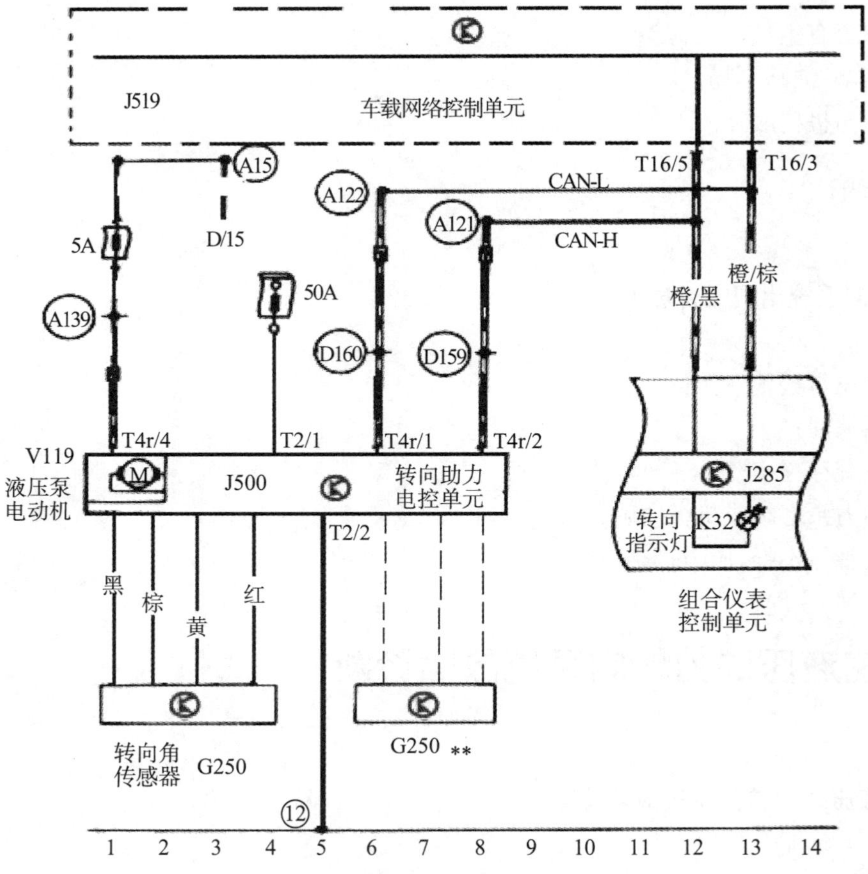

图 13－4　大众 POLO 电控液压助力转向系统电路图

(4) 读取数据流：根据故障码所显示的故障元件，或无故障码，选取传感器单元，读取其工作数据流，确定工作是否正常。

(5) 元件动作测试：对不工作的执行元件进行动作测试，确定元件性能，判断故障在元件，还是控制单元。

(6) 控制单元编码。

(7) 清除故障码。

13.3.2 电控液压助力转向控制单元故障诊断

1. 控制单元编码

对于大众车系，电控液压助力转向系统故障，更换电子控制单元后，必须对新电控单元进行控制单元编码，或电控单元编码错误，必须对控制单元编码进行修改。

1) 控制单元编码方法

(1) 连接诊断仪；

(2) 点火开关ON，进入通道“44”(电控转向系统)；

(3) 选择读取故障码，确认无故障码；

(4) 选择通道“07”(控制单元编码)，输入正确编码；

(5) 退出系统。

2) 大众常见车型电控助力转向系统控制单元编码(表13-1)

表13-1　　大众常见车型电控助力转向系统控制单元编码

车型	电控转向控制单元编码 Coding
POLO	10140
途安1.8	12042
途安2.0	02042

2. 转向系统零位的设定

1) 电子控制液压助力转向系统有如下操作，需要做转向零位(中间)位置设定

(1) 更换转向角传感器；

(2) 更换转向机总成(含转向控制单元J500)；

(3) 更换转向柱开关总成(含控制单元J527)；

(4) 做过一次车轮定位的调整；

(5) 出现故障码：“00778(转向角度传感器)”；

(6) 蓄电池断电；

(7) 转向助力控制单元电源断电，或插头断开。

2) 转向零位的设定方法

(1) 连接大众诊断仪，前轮保持直线行驶状态；

(2) 诊断仪输入地址码44(动力转向)；

(3) 转向盘左转4°～5°(一般在10°之内)，回正转向盘；

(4) 再向右转4°～5°，将转向盘回正，双手离开转向盘；

(5) 输入通道：11(登陆)，输入通道密码：31857；

(6) 按返回键，输入：04-60(自适应设定)；

(7) 按“激活”(确定)键；

(8) 退出诊断仪，断开点火开关6 s以上。

注意：在做转向零位设定时，发动机不能运行。转向盘左、右转动后再回正，双手必须离开转向盘，使转向盘静止不动，以便让控制单元对零位进行确认。

3. 转向极限位置设定

电子控制助力转向系统更换了转向角传感器、转向机总成(含转向控制单元J500)、转向柱开关总成

(含控制单元 J527)或做过一次四轮定位、做过转向零位(中间)设定后出现故障码 02546,则需要做转向极限位置的设定。

极限位置设定方法:

(1) 将前轮保持在直线行驶状态,起动发动机;

(2) 将转向盘向左转动 10°左右,停顿 1～2 s,回正;

(3) 将转向盘向右转动 10°,停顿 1～2 s,回正;

(4) 将双手离开转向盘,停顿 1～2 s;

(5) 将转向盘向左转到底,停顿 1～2 s;

(6) 将转向盘向右转到底,停顿 1～2 s;

(7) 将转向盘回正,断开点火开关 6 s,设定完成。

注意:在做转向零位(中间)设定和转向极限位置设定后,必须用大众诊断仪进入 44—02 查询转向系统有无故障码,设定工作才能结束。

如果出现转向角传感器的相关故障码,一定要先做转向零位(中间)设定和转向极限位置设定,然后再清除故障码。

4. 转向助力大小的设定

(1) 连接大众诊断仪,点火开关 ON;

(2) 进入 44—10—01,在诊断仪屏幕内的条形块上选择某个合适的助力数值(1 挡—16 挡);

(3) 按保存键,然后再按接收键;

(4) 此时屏幕就会显示新设定助力大小的名称;

(5) 按返回键;

(6) 退出即可。

注意:由中间位置向左或向右最大的旋转角度为 90°。

13.4 电子转向系统故障诊断

13.4.1 电子转向(EPS)故障诊断

1. 故障现象

电子转向系统有故障,组合仪表电子转向指示灯将会点亮。一汽丰田皇冠电子转向故障指示灯,如图 13-5 所示。

图 13-5 一汽丰田皇冠电子转向故障指示灯

2. 故障诊断

(1) 读取 EPS 系统故障码，如表 13－2 所示。

表 13－2　　电子转向系统常见故障码表

DTC 故障码/闪码	故 障 含 义	P/S(警告灯)
C1511/11　C1512/11　C1513/11	扭矩传感器故障	点亮
C1515/15	扭矩传感器零位调整未进行	点亮
C1516/16	扭矩传感器零位调整未完成	点亮
C1521/25　C1522/25 C1523/24　C1524/24	转向电动机故障	点亮
C1525/17	转角传感器输出初始化未进行	点亮
C1526/18	转角传感器输出初始化未完成	点亮
C1528/12	电动机转角传感器故障	点亮
C1531/25　C1532/25 C1533/25　C1534/25	ECU 故障	点亮打开
C1541/13	车速信号故障	点亮
C1551/25	点火开关电源电压故障	点亮
C1552/22	PIG 电源电压故障	点亮
C1554/23	电源供应继电器失效	点亮
C1555/25	电动机继电器失效	点亮
C1567/44	EPS 与 VGRS 无法通讯	点亮
C1581/26	Assist map number un-writing	点亮
U0073/49	控制模块通讯总线关闭	点亮
U0104/45	无法与续航控制模块进行通讯	—
U0105/41	无法与喷油控制模块进行通讯	—
U0121/42	无法与 ABS 控制模块进行通讯	打开
U0122/42	无法与车辆动态控制系统进行通讯	—
U0130/44	无法与转向助力控制模块进行通讯	—

(2) 根据故障码，确定故障元件部位。丰田电子转向系统元件位置，如图 13－6 所示。

(3) 根据电路图，检测故障元件信号电压，判断元件性能。一汽丰田皇冠电子转向系统控制电路，如图 13－7 所示。

(4) 更换有故障元件。

(5) 清除故障码。

（6）初始化设置。

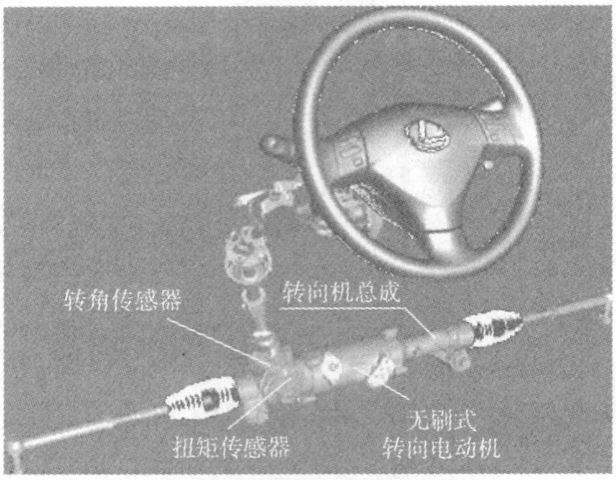

图 13－6　丰田电子转向(EPS)系统元件

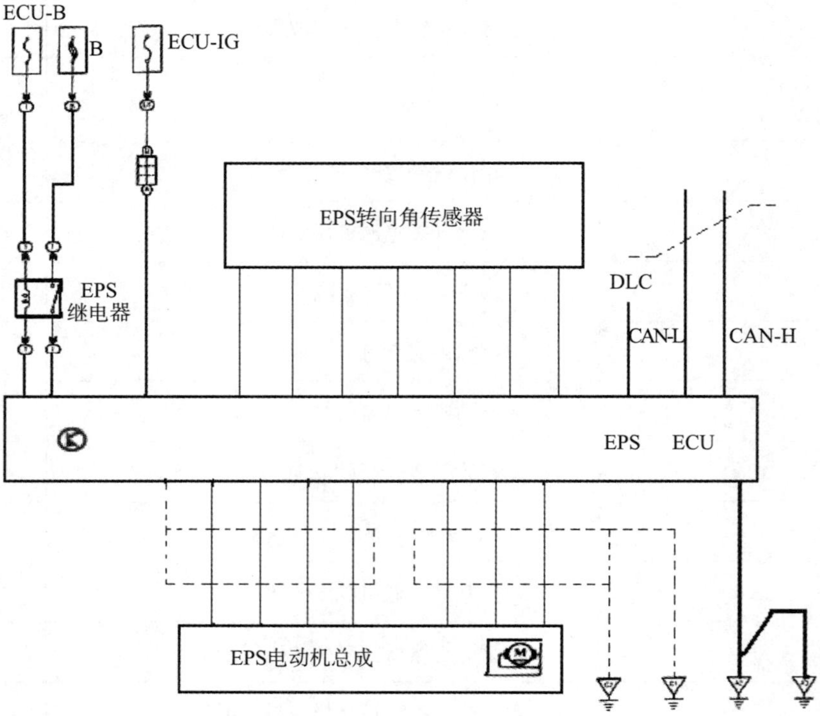

图 13－7　一汽丰田皇冠电子转向系统电路原理图

13.4.2　电子转向系统设定

1. 转角传感器基本设定(大众车型)

电子转向系统更换了任何一元件，必须对系统做初始化设置，特别是控制单元的设定。

设定方法：44－10－00。

以 20 km/h 的车速在平坦道路上直线行驶，左右转动转向盘至极限位置，停车之前将转向盘回正，确定转向盘不再需要调整。

2. 匹配选择助力曲线

设定方法：44－10－01。

3. K 灯单/双色

设定方法：44-10-02。

4. 开关到 ABS 通讯

设定方法：44-10-03。

5. 转向盘轻重调节

设定方法：44-10-01-0/5。

0：最轻；

5：最重。

13.4.3 电子转向系统零位校正

1. ECU 初始化(丰田)

电子转向系统拆装、更换系统任一元件后，需要做转向角零位初始化校正设置和 ECU 初始化设置。可使用仪器操作，也可手工设置。手工设置按以下方法进行。

(1) 用 SST 连接 OBD-Ⅱ诊断座 TC、TS、CG 端子，如图 13-8 所示；

(2) 将点火开关转为 ON；

(3) 20 s 内接通，断开 TC 端子 20 次左右；

(4) 确定转向警告灯闪烁；

(5) 关闭点火开关，取出连接线。

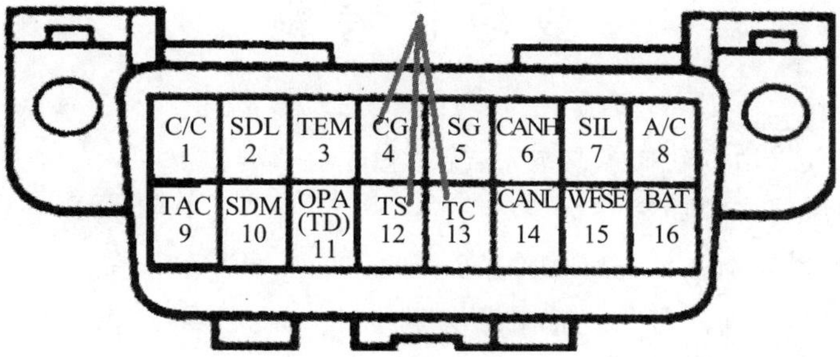

图 13-8 电子转向 ECU 人工初始化设置

2. 转向电动机转角传感器设置

(1) 用 SST 连接 TS，CG 端子，如图 13-9 所示。

(2) 点火开关转为 ON；

(3) 转向盘左右两个方向转动 45°以上。

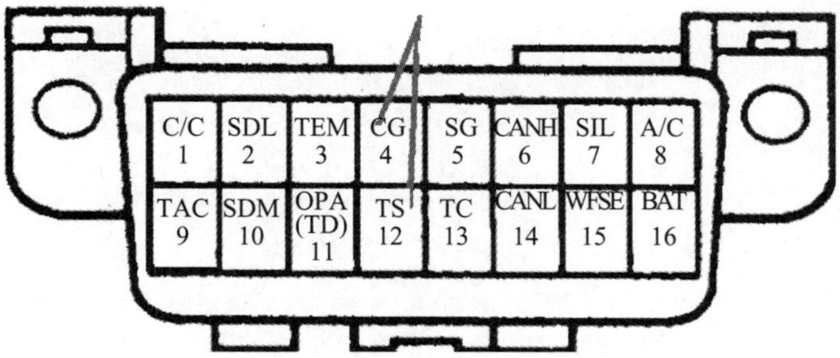

图 13-9 电子转向电动机转角传感器设置

3. 扭矩传感器设定

(1) 设定转向电动机转角传感器之后，连接 TC 与 CG 端子；

(2) 确认警告灯闪烁；

(3) 断开 SST，关闭点火开关。

本章小结

(1) 转向系统的机械故障有转向失灵，转向沉重，单边转向不足，转向盘自由行程过大，转向盘不回正，转向轮摆振，行驶跑偏等。

(2) 液压助力转向系统的常见故障有液压助力泵磨损，液压助力泵异响，转向沉重，转向无自动回正功能等。

(3) 电子控制液压助力转向系统的常见故障有电控单元故障，转向传感器故障，液压电动机故障，线路不良故障等。

(4) 电子转向系统的常见的故障有电控单元不良故障，转向电动机故障，转角传感器故障，线路故障，网络故障等。

(5) 拆装、更换电子转向系统元件后，必须对转角传感器和电控 ECU 做初始化设定。

复习思考题

1. 大众车更换电控液压助力转向泵总成后，需要做哪些工作？
2. 造成转向沉重的原因有哪些？
3. 汽车直线行驶时，对转向系统有哪些要求？
4. 在动力转向系统中，转向所需的能量来源有哪些？
5. 转向系统的哪些故障或操作后需要做四轮定位？

14 制动系统故障诊断

学习目标

知识目标

(1) 了解汽车制动系统的结构与工作原理；
(2) 熟悉制动系统常见的故障；
(3) 掌握诊断和维修制动系统故障的方法。

能力目标

(1) 能根据组合仪表警告灯，判断制动系统故障类型；
(2) 学会更换制动片；
(3) 学会给制动系统排空气；
(4) 学会使用仪器诊断 ABS 系统故障；
(5) 学会根据故障码检测传感器故障；
(6) 学会检测 ABS 系统电路故障；
(7) 能更换 ABS 系统元件；
(8) 学会调整驻车制动间隙；
(9) 学会诊断 TRC 和 VSC 故障。

14.1 组合仪表制动系统警示灯

14.1.1 制动片警告灯

1. 组合仪表警示

组合仪表显示警告灯，如图 14-1 所示，表明制动片磨损过度，需要更换。

图 14-1 制动片磨损警告灯

2. 故障原因

(1) 制动片磨损；

(2) 制动片传感器故障；

(3) 制动片警告灯线路故障。

14.1.2 驻车制动指示灯

1. 组合仪表警示

组合仪表显示警告灯，如图 14-2 所示，表明驻车制动指示灯或制动液液位警告灯。

图 14-2 驻车警示或制动液报警灯

2. 故障原因

(1) 驻车制动手柄未放；

(2) 驻车制动开关或线路搭铁；

(3) 制动液不足；

(4) 制动液面传感器或线路故障，舌簧式制动液位传感器工作原理，如图 14-3 所示；

(5) 警告灯线路故障。

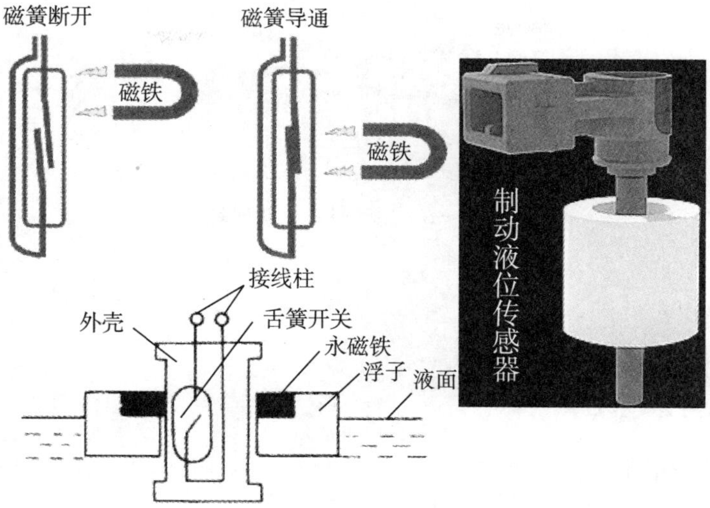

图 14-3　舌簧式制动液位传感器工作原理图

14.1.3　ABS 警告灯

1. 组合仪表警示

点火开关 ON，故障灯点亮，发动机起动以后，故障灯熄灭；如起动后，故障灯仍点亮，或在车辆行驶中此灯点亮，表明 ABS 系统有故障，如图 14-4 所示。

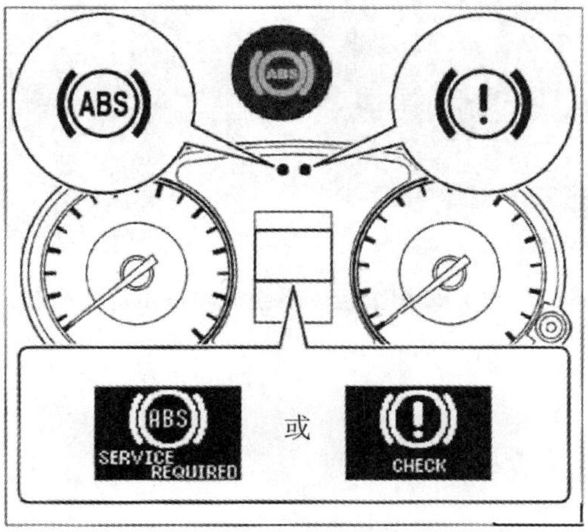

图 14-4　ABS 故障警告灯

2. 故障原因

(1) ABS 系统故障；

(2) ABS 控制单元故障；

(3) 组合仪表 ABS 故障灯线路故障。

14.1.4　制动灯故障警告灯

1. 组合仪表警示

组合仪表显示警告灯，如图 14-5 所示，表明有制动灯不亮故障。

图 14-5 制动灯不亮警告灯

2. 故障原因

(1) 制动灯灯泡损坏;

(2) 制动灯线路不良;

(3) 组合仪表警告灯系统故障。

14.1.5 牵引力控制系统指示灯

1. 组合仪表警示

未按主动牵引力控制开关,组合仪表上牵引力控制指示灯点亮。表明牵引力控制系统或 ABS 系统存在故障,如图 14-6 所示。

图 14-6 主动牵引力控制系统故障指示灯和控制开关

2. 故障原因

(1) ABS 系统有故障;

(2) 牵引力控制开关及线路有故障;

(3) 牵引力控制系统故障。

14.1.6 车身稳定系统指示灯

1. 组合仪表警示

组合仪表车身稳定故障指示灯点亮,表示车身稳定系统或 ABS 系统有故障,如图 14-7 所示。

2. 故障原因

(1) 车身稳定系统有故障;

(2) ABS 系统有故障;

(3) 组合仪表 VSC 指示灯线路故障。

图 14－7　车身稳定系统指示灯

14.2　普通液压制动系统故障诊断

14.2.1　制动失效

1. 故障现象

汽车行驶过程中，将制动踏板踩下，汽车不能减速，连续踩踏也完全无制动效应。

2. 故障原因

(1) 制动液不足或严重缺少；

(2) 制动总泵有故障、泄漏或损坏；

(3) 制动管严重泄漏；

(4) 制动踏板与总泵连接脱落。

14.2.2　制动不灵

1. 故障现象

(1) 汽车制动时，制动效果不明显；

(2) 紧急制动距离过长。

2. 故障原因

(1) 制动液缺乏，或制动液变质；

(2) 制动管路系统有空气；

(3) 制动液泄漏；

(4) 制动总泵磨损；

(5) 制动分泵泄漏；

(6) 制动摩擦片磨损，脏污；

(7) 制动摩擦片间隙过大；

(8) 制动踏板自由行程过大。

14.2.3 制动拖滞

1. 故障现象

(1) 行驶过程中,制动后抬起制动踏板,个别或全部车轮不能完全解除制动状态;

(2) 行驶一段时间后,制动鼓有发热现象。

2. 故障原因

(1) 制动踏板无自由行程;

(2) 制动踏板复位弹簧不良;

(3) 制动总泵主缸复位不良;

(4) 制动片制动间隙调整过小;

(5) 制动片复位弹簧不良或脱落;

(6) 制动油管变形,脏堵,回油困难;

(7) 制动鼓,制动片变形,复位困难。

14.2.4 制动跑偏

1. 故障现象

制动时,左右轮制动效能不一样,致使车辆向一边偏行。

2. 故障原因

(1) 一侧制动轮分泵漏油,或有故障,如图 14-8 所示;

(2) 一侧制动摩擦片磨损、脏污、变形;

(3) 一侧制动油管泄漏;

(4) 两侧轮胎气压不一致,轮胎磨损程度不一致;

(5) 制动力分配不良;

(6) 四轮定位不良;

(7) 左右悬架不一致。

图 14-8 制动分泵漏油

14.2.5 制动踏板异常

1. 故障现象

(1) 制动踏板硬;

(2) 制动踏板软;
(3) 制动踏板下沉;
(4) 制动踏板不复位;
(5) 制动踏板异响。
2. 故障原因
(1) 真空助力器故障,或无真空,踩制动踏板时很硬;
(2) 总泵主缸密封皮碗泄漏,油路有泄漏,踏板会下蹓;
(3) 总泵主缸活塞磨损、拉缸,会引起踏板不复位;
(4) 制动系统进空气,制动液变质,有气体,会出现制动踏板发软;
(5) 制动踏板机构连接处干涩、发卡,会产生制动踏板异响。

14.2.6 制动车身发抖

1. 故障现象
制动时,感到车身抖动,制动异响。
2. 故障原因
(1) 制动片磨损、脏污;
(2) 制动片不规则变形;
(3) 制动盘变形、磨损不平、起槽(图 14-9)、异常;
(4) 制动器变形。

图 14-9 制动盘磨损起槽

14.2.7 制动器噪音

1. 故障现象
制动时,制动片发出尖锐刺耳的噪声。
2. 故障原因
(1) 制动片质量问题,如图 14-10 所示;
(2) 制动片不平;
(3) 制动盘或制动鼓磨损不平;

(4) 制动器元件装配不良、脱落、松旷。

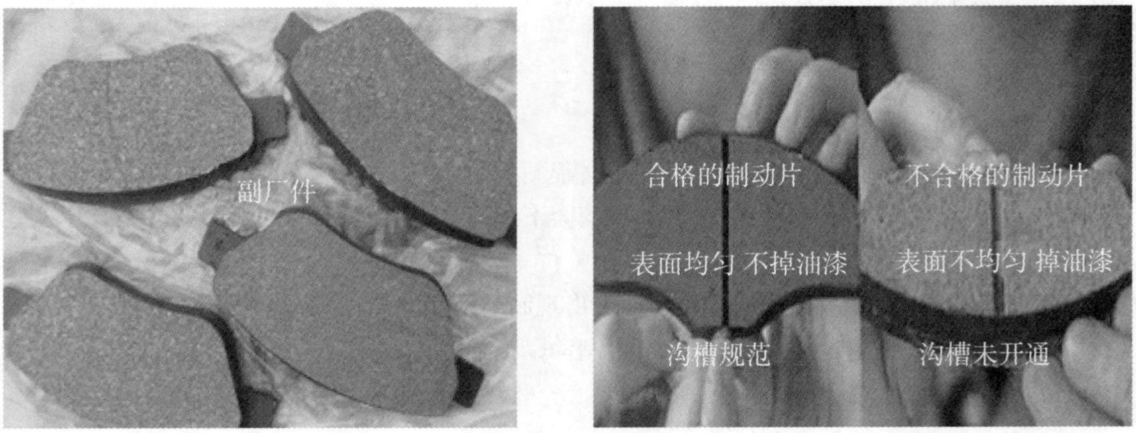

图 14-10 制动片鉴定

14.3 ABS 系统故障诊断

14.3.1 ABS 系统概述

1. ABS 系统的特殊现象

装备 ABS 系统的汽车比无 ABS 系统的汽车有些特殊的行车现象：

(1) 发动机起动时，踏下的制动踏板会弹起；而发动机熄火时，制动踏板会下沉。

(2) 制动时，转动转向盘，会感到转向盘有轻微的振动。

(3) 制动时，会感到制动踏板有轻微下沉，或轻微振动。

(4) 高速行驶急转弯时，或在冰雪路面上行驶时，有时会出现制动警告灯亮起的现象。

(5) 制动时，会听到 ABS 继电器不断地动作，这是 ABS 起作用的正常现象。

(6) 制动后期，会有车轮被抱死，在地面上留下拖滑的印痕。这是因为在车速 7～10 km/h 时，ABS 不起作用。此时的印痕很淡，与普通制动时留下的长而深的印痕不同。

(7) ABS 系统有故障，车辆进入普通制动系统功能。

2. ABS 系统失效

在下列情况下，ABS 将失效不工作，制动进入普通制动状态：

(1) 普通制动有故障；

(2) 制动液缺乏；

(3) 车速低于 10 km/h 时；

(4) ABS 警告灯点亮时。

14.3.2 ABS 系统故障诊断

1. ABS 故障码读取

ABS 警告灯点亮，表明 ABS 系统有故障，需要人工或通过诊断仪读取系统故障码，确定故障部位。

1) 人工诊断(以丰田 OBD-Ⅰ车型为例)

(1) 故障码读取

① 将维修连接器分开或将诊断座中 WA 与 WB 的短路销取出；

② 点火开关置于 ON；

③ 短接诊断座 TC 与 E1 端子，如图 14-11 所示；

④ 通过组合仪表 ABS 故障指示灯闪烁故障码；

⑤ 根据闪烁代码，查阅资料，确定故障部位。

(2) 故障码清除

① 根据故障码，排除故障；

② 车辆停稳，点火开关 ON；

③ WA 与 WB 短接插销取出，短接诊断座端子 TC 与 E1；

④ 5 s 内连续踩踏制动踏板 8 次，ABS 灯熄灭；

⑤ 取出诊断连接线，插上短接插销。

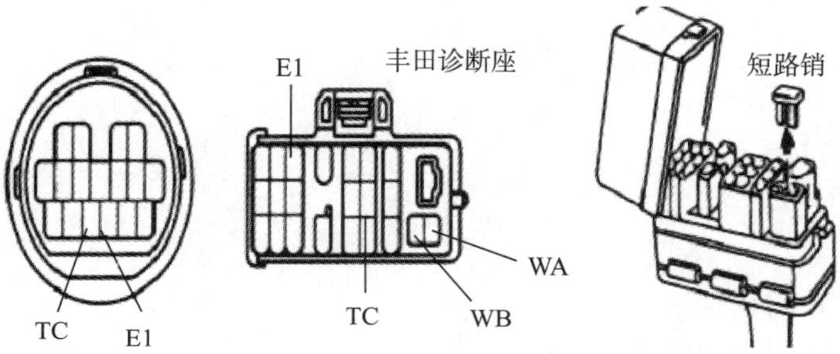

图 14-11　丰田 ABS 人工诊断连接方法

2) 仪器诊断(以丰田 OBD-Ⅱ车型为例)

使用诊断仪，读取 ABS 系统故障码，故障排除后，使用诊断仪清除故障码。

2. ABS 线路诊断

根据故障码含义，确定故障元件位置，依照电路图，排除线路故障。ABS 系统线路常见故障有：

(1) ABS 控制单元电源、搭铁线路断路；

(2) 轮速传感器线路短路、接触不良；

(3) ABS 控制单元插头针脚接触不良；

(4) ABS 故障指示灯线路不良。

3. 轮速传感器故障诊断

1) ABS 轮速传感器

ABS 轮速传感器有霍尔式和磁电式两种。两种轮速传感器的区别如表 14-1 所示。

表 14-1　ABS 两种轮速传感器的区别

	霍 尔 式	磁 电 式
形 式	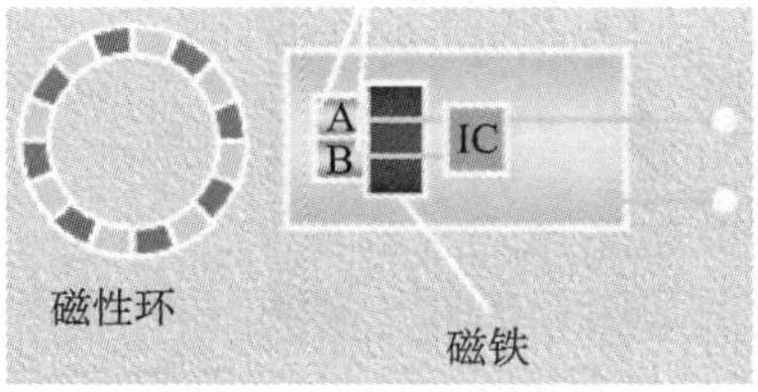	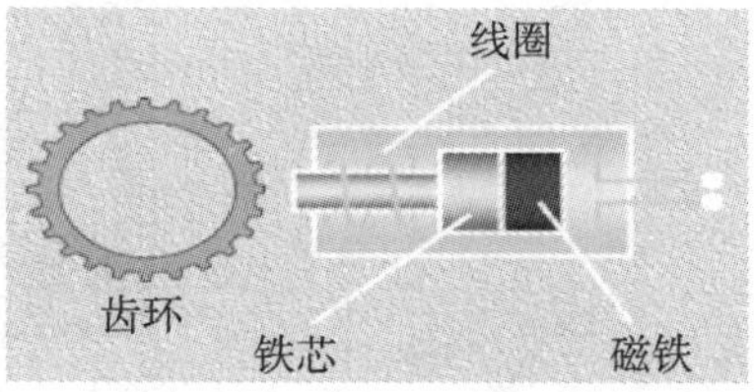

（续表）

	霍　尔　式	磁　电　式
电阻值	无标准电阻值	800～1 500Ω
参考电压	5 V或12 V	5 V
波　形	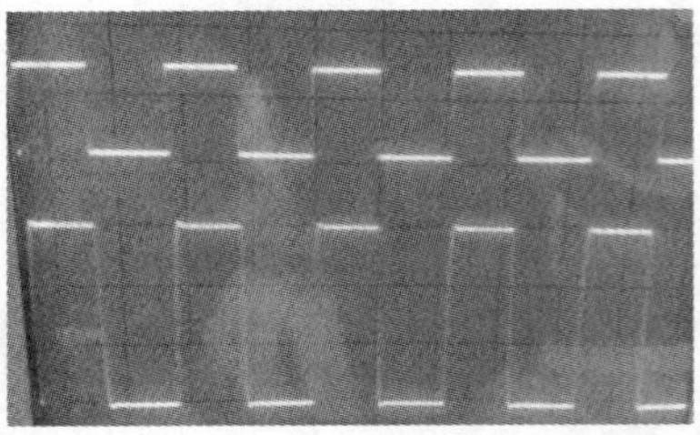	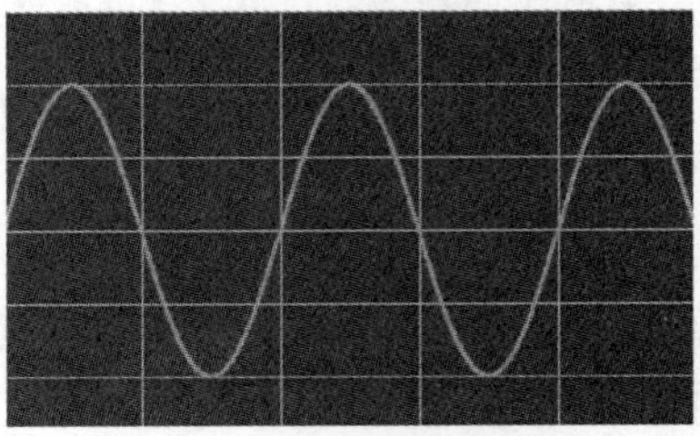

2）轮速传感器常见的故障

（1）传感器内部故障；

（2）传感器磁极脏污；

（3）传感器磁隙过大；

（4）半轴齿圈磁性不良；

（5）传感器线路断路；

（6）传感器线路接触不良。

3）ABS轮速传感器的故障诊断与检测方法

（1）电阻值标准测量；

（2）参考电压，反馈信号电压测量；

（3）示波器检测信号波形；

（4）传感器磁极检查，轮速传感器故障如图14－12所示；

（5）传动轴齿圈磁性检查；

（6）传感器到ABS控制单元线路通断检测；

（7）传感器替换试验；

（8）车速数据流读取；

（9）传感器线路交换试验。

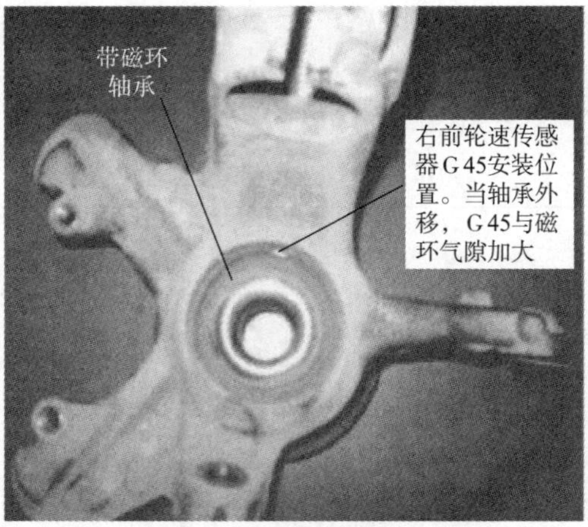

图14－12　ABS轮速传感器故障

4. ABS控制单元故障诊断

1) ABS控制单元故障诊断(以大众车型为例)

(1) 读取控制单元版本号;

(2) 读取故障码;

(3) 清除故障码;

(4) 读取数据流;

(5) 执行器动作测试;

(6) 控制单元编码(CODING);

(7) 制动系统排空气。

2) ABS控制单元编码

(1) 下列需要对ABS控制单元进行控制单元编码修改

① 更换新的ABS控制单元;

② 出现控制单元编码错误的故障码;

③ ABS工作异常。

(2) 编码方法

03 (ABS系统) —07 (控制单元编码) —正确的控制单元编码

(3) 大众常见车型ABS控制单元编码(表14-2)

表14-2　　大众常见车型ABS控制单元编码

车　　款	CODING	备　　注
奥迪 A6　2.8 L	00031	同一车型,不同版本号电控单元,CODING号可能不同
奥迪 A6　2.4 L	00031	
奥迪　1.8 L	00022	
大众帕萨特 B5　2.8 L	13604	
宝来　1.6 L	01025	
POLO　1.4 L	01097	
大众桑塔纳99新秀	01901	
奥迪 A4	04279	
红旗	06272	

3) ABS系统排空气

运用诊断仪器可对奥迪车进行ABS制动排空气,需要至少2人操作,一人操作仪器,一人排空气,一人踩制动踏板。

条件:ABS系统无故障;电压11 V以上;点火开关ON。

操作步骤:

(1) 连接诊断仪器,选择车型;

(2) 进入03(ABS系统);

(3) 选择通道 04(系统基本调整);

(4) 选取通道 01,排放前轮制动空气;

(5) 选取通道 02,排放后轮制动空气;

⋮

直到通道 17,排放空气完成;空气排完后,试车一次,仍有空气,再做一次。

4) ABS 系统设定

ABS 系统更换控制单元、拆装 ABS 控制单元或 ABS 泵总成、ABS 系统元件、转向角传感器、压力传感器等操作后,组合仪表 ABS 灯会亮,需要进行 ABS 系统设定。

设定方法(以大众车型为例):

(1) 连接诊断仪器,点火开关 ON;

(2) 选择 03(ABS 系统);

(3) 选择 11(登陆);

(4) 输入 09597(激活编码功能);

(5) 选择 07 控制单元编码,输入控制单元编码;

(6) 选择 11(登陆);

(7) 输入登陆码 40168;

(8) 选择 04 系统基本调整;

(9) 输入通道 01(基本设定);

(10) 输入 05(零位设定);

(11) 输入通道号 060,转向角度传感器 G85 校正;

(12) 输入能通道号 063,侧向加速度传感器 G200 校正;

(13) 输入通道 066,制动压力传感器 G85 校正;

(14) 输入通道号 069,纵向传感器加速度 G251 校正;

(15) 清除故障码。

14.4 制动片警告系统故障诊断

14.4.1 制动片警告故障

1. 故障现象

组合仪表制动片警告灯点亮。

2. 故障原因

(1) 制动片磨损至极限;

(2) 制动片传感器磨损;

(3) 制动片传感器线路有断路、搭铁现象,奥迪 A6 制动片警告灯线路,如图 14-13 所示;

(4) 制动片保养灯需要归零。

3. 故障诊断

(1) 检查更换制动片;

(2) 检查更换制动片传感器;

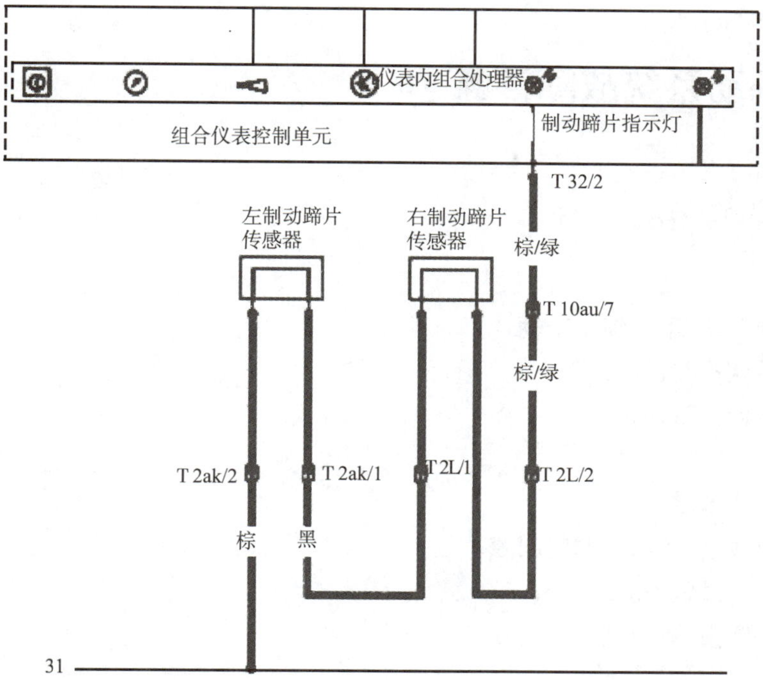

图 14－13　奥迪 A6 制动片警告灯电路图

（3）更换传感器后，行驶试车清除记忆；

（4）组合仪表信息中心初始化设置。

14.4.2　制动片保养灯归零

1. 故障现象

组合仪表或车辆信息中心，制动片警告灯报警，信息中心显示保养提示。

2. 归零设置（以宝马 E60 为例）

（1）点火开关 ON；

（2）按下组合仪表左边归零按键，组合仪表中间信息显示屏幕显示保养菜单，如图 14－14 所示；

（3）轻按一下归零按键，选择至制动片归零图片；

（4）快速按下归零按键 2 次，保养归零完成。

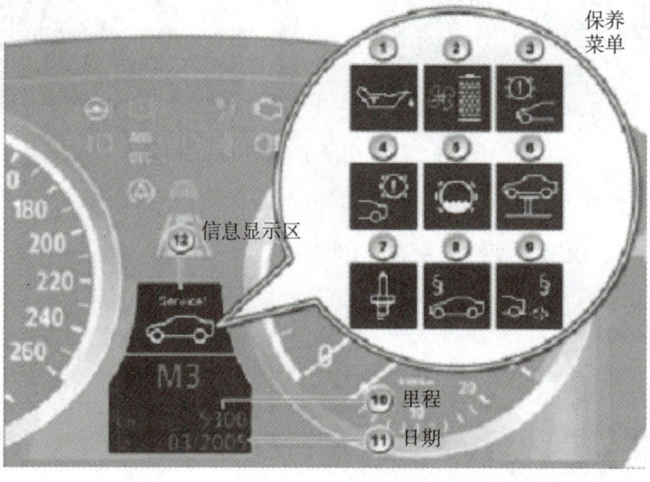

图 14－14　宝马 E60 组合仪表归零菜单

14.5 驻车制动系统故障诊断

14.5.1 机械驻车制动系统故障诊断

1. 故障现象

(1) 拉驻车制动手柄，不能锁止车辆；

(2) 驻车制动手柄拉起过高；

(3) 驻车制动手柄拉不动。

2. 故障原因

(1) 驻车制动拉线卡滞；

(2) 驻车制动拉线过长，需要调整间隙；

(3) 驻车制动拉线过紧，需要放松；

(4) 驻车制动片磨损，更换驻车制动片。

14.5.2 电子驻车制动系统故障诊断

1. 电子驻车制动(EPB)系统故障

1) 故障现象

(1) 电子驻车制动系统故障警告灯亮；

(2) 电子驻车制动不能动作，无驻车制动功能，电子驻车制动开关，如图 14-15 所示。

图 14-15 电子驻车制动开关

2) 故障诊断及原因

(1) 读取电子驻车制动系统故障码，确定故障部位；

(2) 电子驻车系统通道号“53”；

(3) 驻车制动开关故障检查；

(4) 电子驻车制动系统控制单元故障；

(5) 驻车制动电动机故障；

(6) 电子驻车控制系统线路故障。

2. 电子驻车制动系统更换后轮制动片

电子驻车制动系统，后制动分泵带电子驻车制动电动机，分泵活塞手工不能压缩，只能通过仪器收回分泵活塞，方可更换新制动片。

具体操作方法（以奥迪车为例）：

前提，电子驻车制动开关关闭。

(1) 连接大众诊断仪；

(2) 点火开关 ON，进入诊断程序；

(3) 输入通道“53”（电子驻车制动系统）；

(4) 输入通道“04”（基本设定）；

(5) 输入通道“07”，驻车制动电动机复位，电子驻车制动电动机，如图 14－16 所示；

(6) 更换新制动片后，输入通道“06”，电动机复位；

(7) 也可按电子驻车制动开关一下自行复位；

(8) 点火开关 OFF，拆下诊断仪器；

(9) 对于奥迪 A8L 等车系，还要输入新换制动片厚度。

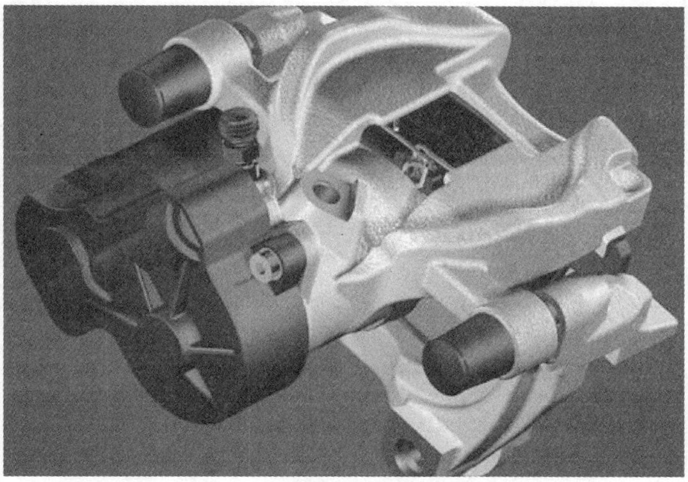

图 14－16　电子驻车制动电动机

14.6　牵引力控制(TRC)系统故障诊断

随着汽车性能要求的提高，不仅要求在制动过程中防止车轮抱死，而且要求在驱动过程中（特别是起步、加速和转弯过程中），防止驱动车轮滑转，使汽车在驱动过程中的方向稳定性、转向控制能力和加速性能都得到提高，因此采用了汽车牵引力（或驱动力）控制系统（Traction Control System）。

TRC 是 ABS 的补充和完善，TRC 可以独立设立，但大多数与 ABS 组合为一体。别克君威主动牵引力控制系统（TRC）电路，如图 14－17 所示，TRC 与 ABS 共用一个控制单元（EBCM/EBTCM）。

1. 牵引力控制的功能

(1) 在汽车起步、行驶过程中，提供最佳驱动力，从而提高车辆动力性；

(2) 在附着力较小的路面（冰雪路面）起步、加速性能和爬坡能力增强；

(3) 保持车辆方向的稳定性和前轮驱动汽车的转向控制能力，减小驾驶人的工作负荷；

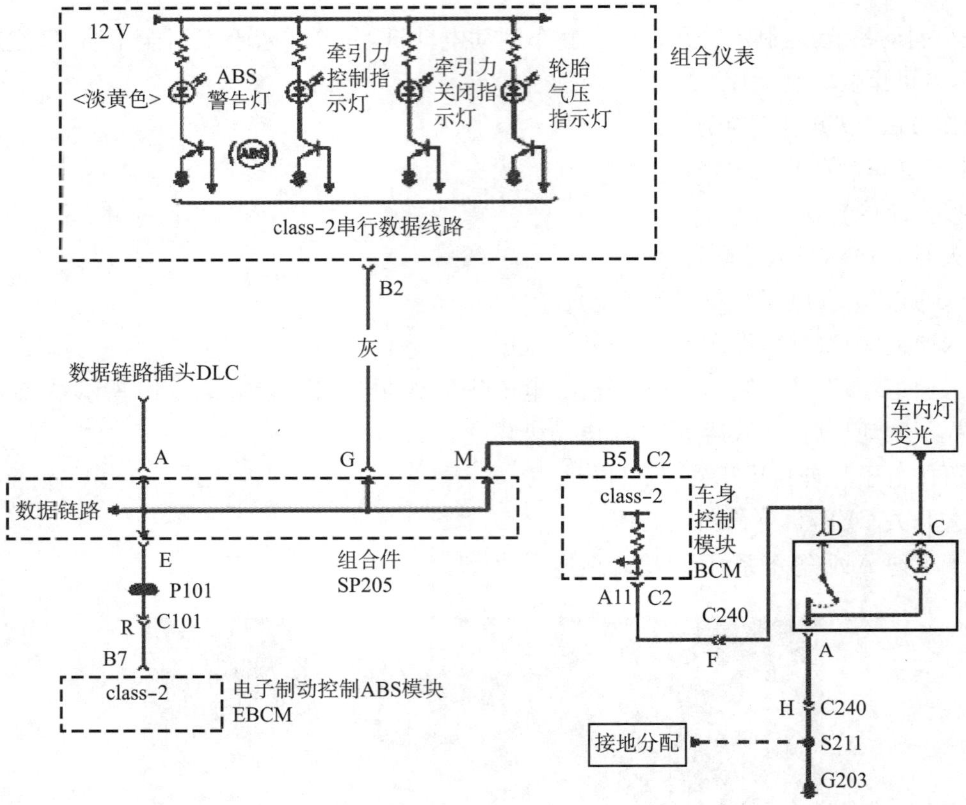

图 14-17 别克君威 TRC 电路图

(4) 减小车辆侧滑的影响；

(5) 减小轮胎磨损，降低油耗。

2. 牵引力控制系统的故障诊断流程

(1) 手检和目测制动液液面高度，线路接线的安全性；

(2) 检测蓄电池电压是否正常；

(3) 读取 ABS 系统故障码；

(4) 检查电源熔断丝及各供电系统；

(5) 检测牵引力控制开关性能是否良好；

(6) 检查节气门/电子节气门是否良好；

(7) 检查轮速传感器的工作状态(最好用示波器进行检查)；

(8) 检查从传感器到 ECU 之间的导线是否有断路；

(9) 检查 ABS 总泵是否良好。

3. 牵引力控制系统故障原因

(1) 轮速传感器或相关线圈开路/阻值太高；

(2) 轮速传感器空气间隙不正确；

(3) ECU 供电电压太低或接地不良；

(4) 牵引力控制开关开路；

(5) ABS 系统有故障；

(6) 节气门执行元件不工作或电路断开；

(7) ECU 间通讯电路断路；
(8) ECU 需要初始化；
(9) 巡航控制系统故障。

14.7 车身稳定系统故障诊断

车身稳定控制系统(ESP)是一个主动安全系统，它是建立在其他牵引力控制系统之上的一个非独立的系统。以下以丰田车身稳定系统(VSC)为例，分析车身稳定系统故障诊断。

1. VSC 的功能

1) 汽车高速转弯将要出现失控时，有效地增加汽车稳定来减少事故的发生(事故规避功能)

要达到这一目的，系统最大特点就是可按照汽车的状态来自动地对某个车轮进行制动。因此，要实现这一目标，必须满足下列功能：

(1) 可检测汽车的状态和驾驶人的操作；
(2) 可根据(1)来估算汽车失稳的程度(侧滑的程度)；
(3) 可根据(2)计算恢复汽车稳定所需的旋转运动和减速，并相应控制每一车轮的制动力和发动机的动力输出。

2) 在车辆高速转弯出现失控现象之前告知驾驶人，以注意安全驾驶(防止事故的发生)

要达到传递失稳信息这一目的，可通过如下手段：

(1) 通过侧滑指示灯的闪烁来唤起驾驶人注意(视觉识别)；
(2) 通过 VSC 蜂鸣器发声来唤起驾驶人注意(听觉识别)。

2. VSC 系统结构

VSC 系统可大致分为以下 4 个部分：

(1) 用于检测汽车状态和驾驶人操作的传感器部分；
(2) 用于估算汽车侧滑状态和计算恢复到安全状态所需的旋转动量和减速的 ECU 部分；
(3) 用于根据计算结果控制每个车轮制动力和发动机输出功率的执行器部分；
(4) 用于告知驾驶人汽车失稳的信息部分。

丰田雷克萨斯 400VSC 系统元件，如图 14-18 所示。

与 TRC 系统相比，VSC 系统的大部分元件与 TRC 系统可共用。就传感器部分而言，增加了用于检测汽车状态的横摆率传感器和 G 传感器(减速度传感器)。ECU 部分增大了运算能力，至于执行器部分，则改进了施加到前轮的液压通道，而信息部分则增加了 VSC 蜂鸣器。

3. 故障诊断

1) 读取故障码

(1) 点火开关 OFF，换挡杆处于 P 挡，转向盘转到中间位置；
(2) 跨接 OBD-Ⅱ端子 TS(#14)与 CG(#4)；
(3) 起动发动机，VSC 灯闪烁，试车；
(4) 跨接 OBD-Ⅱ端子 TC(#13)与 CG(#4)，通过组合仪表 VSC 指示灯闪烁读取故障码。

2) 清除故障码

(1) 用 SST 连接检查连接器的端子 TC 和 E1；
(2) 将点火开关拧至 ON；

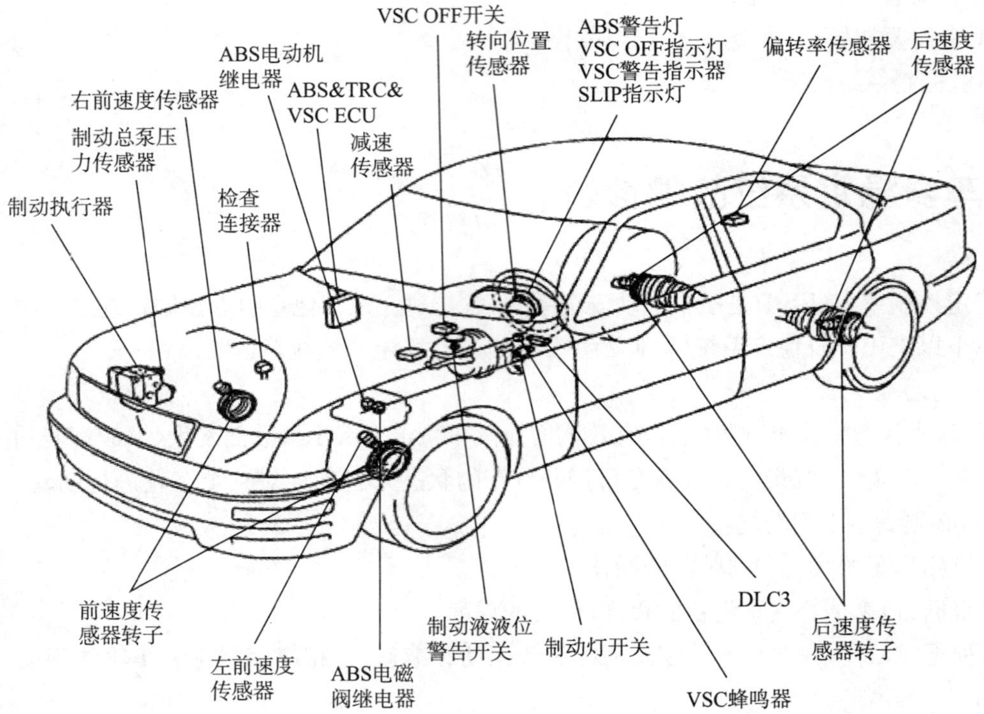

图 14－18　丰田雷克萨斯 400VSC 系统元件图

(3) 在 5 s 内踩制动踏板不小于 8 次，清除存储在 ECU 中的故障码；

(4) 检查多路信息显示有无显示“CHECKVSC”；

(5) 从检查连接器上移走 SST。

4. 传感器零位校正

1) 清除偏转率和减速度传感器零点方法

(1) 换挡杆处于 P 位置；

(2) 点火开关 ON；

(3) 在 8 s 内反复断开和连接 OBD－Ⅱ端子$^{\#}14$ 与$^{\#}4$ 共 4 次；

(4) 点火开关 OFF。

2) 获准偏转传感器零点

(1) 断开 DLC3 端子 TS 和 CG 之间的连接；

(2) 点火开关扭至 ON；

(3) 车辆处于停止状态，换挡杆在 P 挡位置；

(4) 点火开关扭至 ON，检查 TRCOFF 指示灯是否亮 15 s；

(5) 确认 TRACOFF 指示灯维持闪烁 2 s 熄灭后；

(6) 点火开关扭至 OFF。

3) 减速度传感器零点校准

(1) 跨接线连接 DLC3(OBD-Ⅱ)端子 TS 和 CG；

(2) 点火开关扭至 ON；

(3) 车辆换挡杆在 P 挡位置，车辆静止；

(4) 点火开关扭至 ON，检查 VSC 警告灯是否亮 4 s，然后开始快速闪烁；

(5) 确认 TRCOFF 指示灯闪烁 2 s 后将点火开关扭至 OFF；

(6) 拆去跨接线，断开 DLC3 端子 TS 和 CG 的连接。

本章小结

(1) 制动系统指示灯有制动液指示灯，ABS 警告灯，制动片磨损指示灯，驻车制动指示灯，制动灯故障灯等。

(2) 普通液压制动系统的常见故障有制动失灵，制动不灵，制动跑偏，制动拖滞，制动车身发抖，制动异响等。

(3) ABS 系统常见故障有 ABS 轮速传感器不良，传感器线路不良，ABS 电控单元故障，ABS 电源、搭铁故障。

(4) 更换、拆装 ABS 系统的任何部件，需要对 ABS 系统做设定，大众车型更换新的 ABS 控制单元，需要对控制单元编码。

(5) 制动片磨损至极限或传感器磨损，制动片警告灯会报警，更换制动片和传感器后，需要试车清除记忆，仍不能清除记忆，需要对组合仪表进行归零设定操作。

(6) 电子驻车制动系统，更换后轮制动片，需要使用仪器操作，退下制动片。

(7) 牵引力控制系统是 ABS 的补充和完善，多数与 ABS 组合为一体，共同完成汽车牵引力的控制。

(8) 车身稳定系统是一个主动安全系统，它是建立在其他牵引力控制系统之上的一个非独立的系统，由 ABS 系统和车辆状况的传感器如偏移率传感器、减速度传感器等组成。共同完成车辆行驶稳定的功能。

复习思考题

1. 组合仪表(!)警告灯点亮，需要检查哪些项目？
2. ABS 出现间歇性故障的可能原因有哪些？
3. 轮速传感器故障的测量、诊断方法有哪些？
4. 更换 ABS 总泵，需要执行哪些操作？
5. 造成制动液不足的原因有哪些？

15 行驶系统故障诊断

学习目标

知识目标

(1) 了解汽车悬架和轮胎系统的常见故障;

(2) 掌握悬架与轮胎故障的诊断方法;

能力目标

(1) 掌握拆装轮胎、检查轮胎气压、气压灯归零的方法;

(2) 掌握减振器拆装及性能判断法;

(3) 掌握诊断电控悬架系统故障码读取方法;

(4) 掌握空气悬架系统的保养及电路检测;

(5) 掌握四轮定位操作方法;

(6) 掌握轮胎动平衡操作方法。

15.1 悬架系统故障诊断

15.1.1 机械悬架故障诊断

1. 行驶跑偏

1) 故障现象

汽车直线行驶时，会自动偏向一边，必须用力握住转向盘，才能保持车辆直线行驶。

2) 故障原因

(1) 两前轮气压不一致；

(2) 前轮前束过大或过小；

(3) 前轮两端主销后倾角或车轮外倾角不相等；

(4) 一边减振器失效，或两边减振弹力不一致；

(5) 左右前轮轴承松紧不一致，或一边制动拖滞；

(6) 转向节臂、转向节弯曲变形；

(8) 后桥轴管弯曲变形。

2. 前轮摆振

1) 故障现象

汽车在中、高速行驶时，出现行驶不稳，严重时，转向盘有震动感。

2) 故障原因

(1) 车轮变形；

(2) 前轮的径向圆和端面圆跳动过大；

(3) 前轮倾角、前束不正常；

(4) 前轮动平衡超标；

(5) 前梁车架变形；

(6) 转向拉杆球头松旷；

(7) 前轮毂轴承松旷；

(8) 前轮减振器失效；

(9) 传动轴不平衡。

3. 车辆颠簸，行驶不平顺，舒适度降低

1) 故障现象

车辆行驶在不平路面上，乘员感觉颠簸，振动较大，底盘响声较大，乘坐不舒适。

2) 故障原因

(1) 轮胎气压过高；

(2) 四轮磨损过度；

(3) 四轮动平衡失常；

(4) 传动轴不平衡；

(5) 悬架连接橡胶件老化；

(6) 减振弹簧刚度不足；

(7) 减振器漏油、失效,如图 15－1 所示。

图 15－1　减振器漏油

15.1.2　空气悬架系统故障诊断

1. 故障现象

电子控制空气悬架系统常见故障有:

(1) 气囊漏气;

(2) 故障警告灯报警,车身高度无法调节;

(3) 操作电子控制开关,车身无变化;

(4) 高度传感器不良;

(5) 空气压缩机故障。

丰田雷克萨斯空气悬架系统元件,如图 15－2 所示。

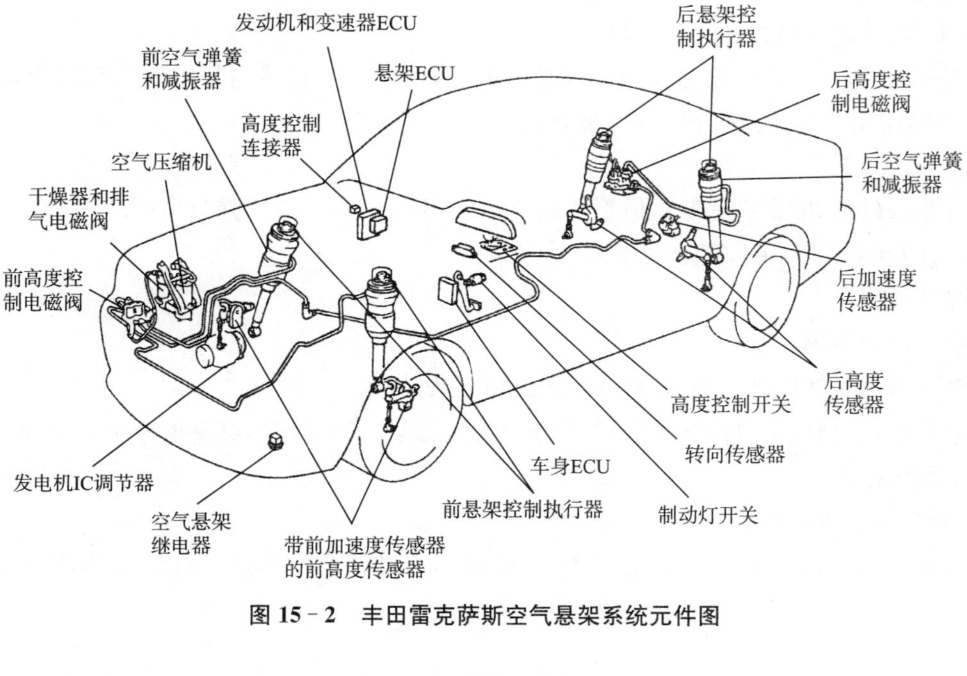

图 15－2　丰田雷克萨斯空气悬架系统元件图

2. 故障诊断

1）故障码诊断

空气悬架系统故障灯报警，说明空气悬架电控系统有故障，可以通过读取故障码，确定故障原因和部位。故障码读取方法：

（1）人工读码（以丰田车为例）

短接 OBD 诊断座端子 TC 和 E1，如图 15-3 所示。

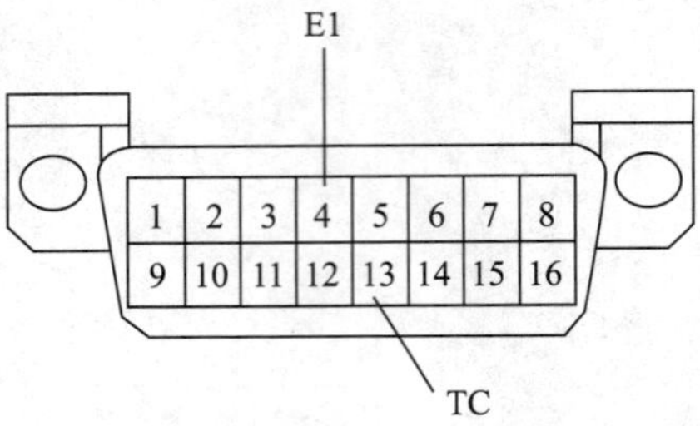

图 15-3　丰田空气悬架系统人工诊断故障码

（2）使用解码仪，读取故障码。

2）线路检测

根据故障码所指元件，依据电路图，测量判断元件性能，并更换或排除故障。丰田雷克萨斯 LS400 空气悬架系统控制电路，如图 15-4 所示。

3. 紧急处理

1）系统不能自动充气，空气悬架不起作用，车身下坠

处理方法：

（1）放低车身（比标准车身偏低），但不能放到底，否则可能损坏空气弹簧总成；

（2）人工给空气弹簧补给压缩空气（即直接通电给压缩机和各进气阀，直到车身高度达到标准值）；

（3）清除故障码；

（4）读取故障码；

（5）操纵高度控制开关，观察车身是否正常变化。

2）操作失误，造成车身过低，不能起来

由于举升车辆或其他原因，忘了关掉高度控制开关，而使空气弹簧内的空气全部排出，在车辆放下时，由于空气弹簧内没有空气，汽车车身很低，俗称“汽车趴下”。

处理方法：

（1）放低车身（比标准车身偏低），但不能放到底，否则可能损坏空气弹簧总成；

（2）跨接诊断座 TC 和 E1，读取故障码，并记录；

（3）清除故障码；

（4）再次读取故障码；

（5）起动并操纵高度控制开关，观察空气压缩机是否动作；

（6）如果动作，直到压缩机停转，放下举升机，前后弹跳车身，再次操纵高度控制开关，如果车身高度能正常动作，系统正常。

4. 空气悬架车辆的操作注意事项

配备空气悬架系统的车辆，在进行保养维护操作时，必须注意操作规范，以免因错误操作引起故障和发生危害：

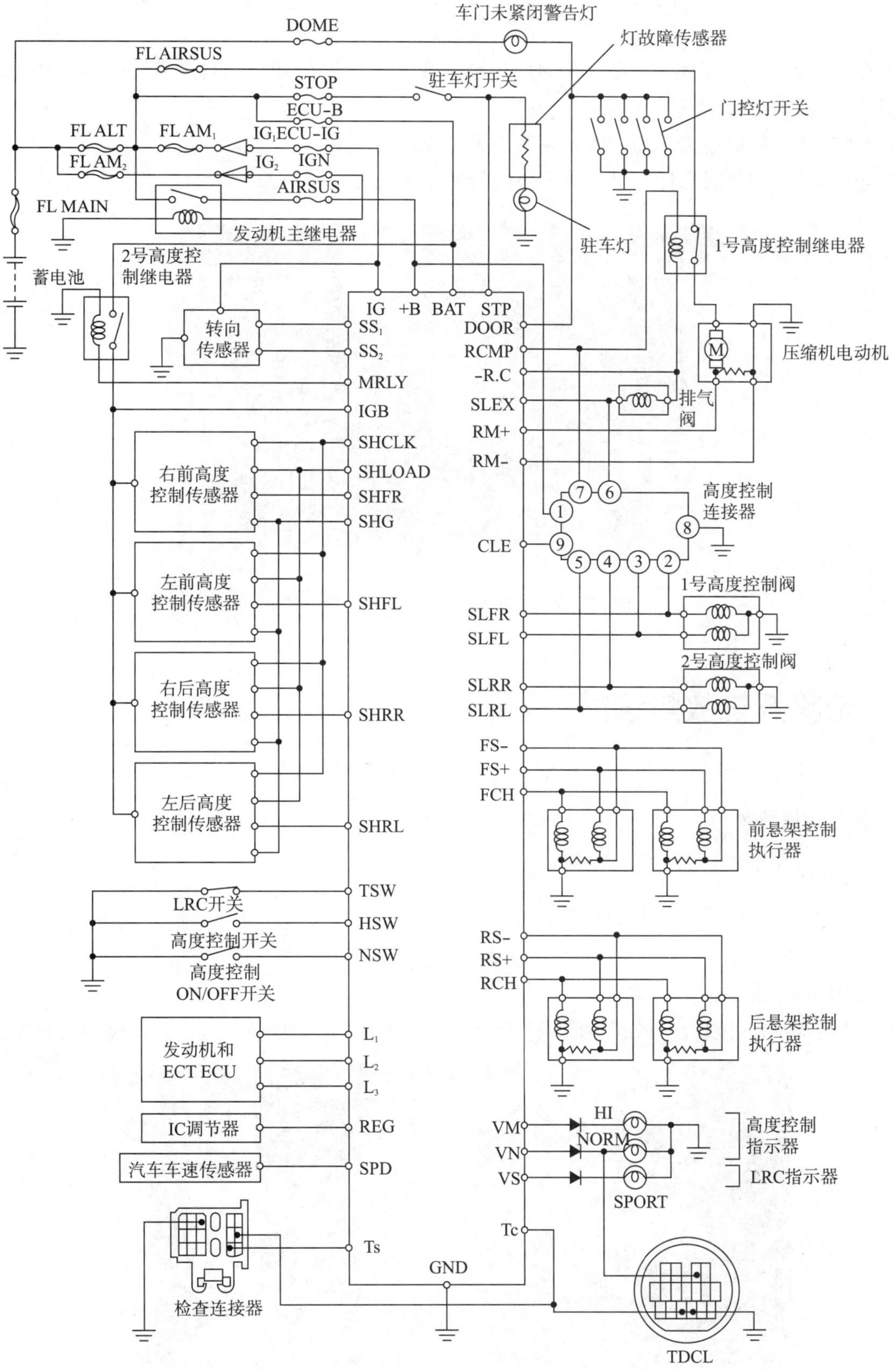

图 15-4　丰田雷克萨斯 400 空气悬架系统电路图

(1) 在举升车辆前,要关闭高度控制开关,工作完毕后,再打开,奥迪 A8 空气悬架操控显示系统,如图 15-5 所示;

(2) 在使用人工充气操作时,可将车辆举升起一点;特别是在使用车辆自身空气压缩机直接加气时,以免烧毁空气压缩机;

(3) 升降车辆时,避免工具和肢体在轮胎与翼子板之间停留;

(4) 避免空气压缩机长时间工作,确定空气管道系统无漏气现象。

图 15-5　奥迪 A8 空气悬架操控显示系统

15.2　轮胎系统故障诊断

15.2.1　轮胎磨损故障

1. 故障现象

轮胎磨损速度加快,胎面形状出现异常。

2. 轮胎磨损的类型

1) 胎冠中部磨损(图 15-6)

主要原因:轮胎气压过高,或长时间无轮胎换位。在窄轮毂上装宽轮胎,也会造成中部磨损。

图 15-6　胎冠中部磨损

2）胎冠内、外侧磨损（图 15－7）

主要原因：经常高速转弯；前轴弯曲变形；前轮外倾角过大或过小。

图 15－7　胎冠一侧磨损

3）车胎两侧磨损（图 15－8）

主要原因：轮胎气压过低。

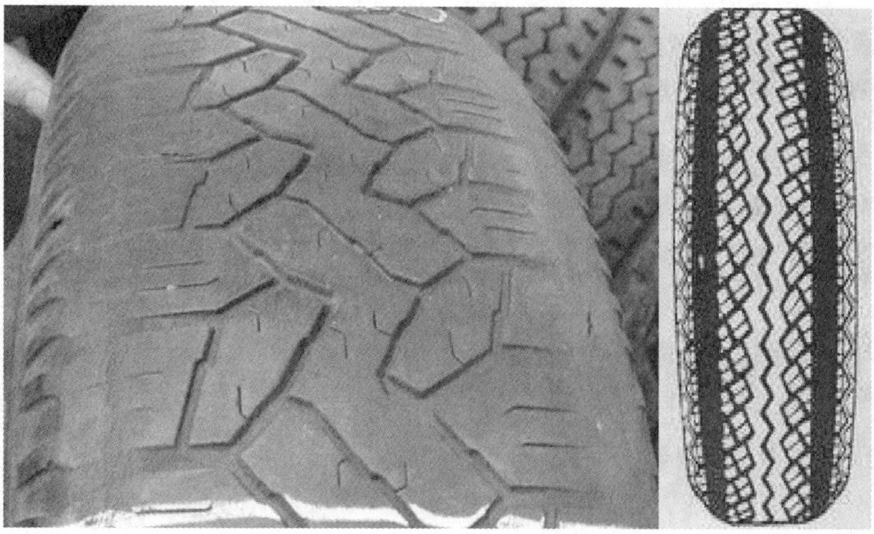

图 15－8　车胎两侧磨损

4）胎冠呈波浪形磨损（图 15－9）

主要原因：轮毂松旷，经常紧急制动，轮胎动不平衡。

3. 轮胎磨损的故障原因

（1）轮胎气压不足或过高；

（2）轮胎长期未换位；

（3）前轮定位不正确，尤其是前束与外倾角配合不正确；

（4）轮毂轴承松旷或转向节与主销松旷；

（5）纵、横拉杆或方向机松旷；

（6）前轮径向圆或端面圆跳动太大；

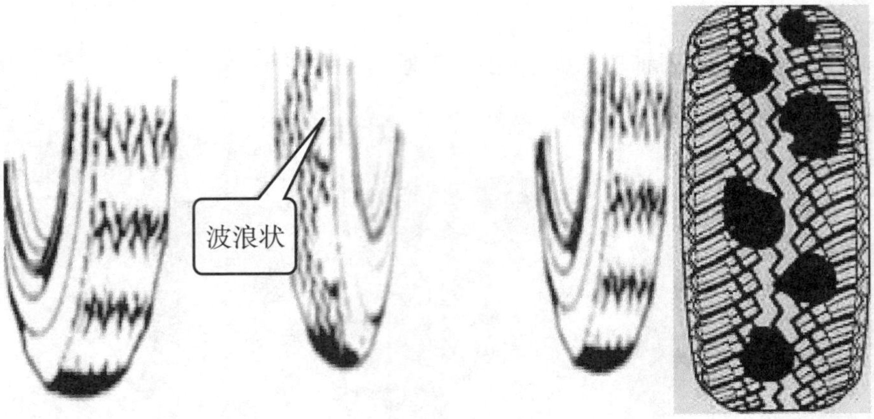

图 15-9 轮胎波浪状磨损

(7) 前轮旋转质量不平衡;
(8) 前轮摆头;
(9) 前轴与车架纵向中心线不垂直或车架两边的轴距不等;
(10) 前轴或车架弯、扭变形;
(11) 前轴刚度不足;
(12) 转向横拉杆(尤其是弓形横拉杆)或横拉杆臂刚度不足;
(13) 前轮放松制动复位慢或制动拖滞;
(14) 轮胎螺栓松动;
(15) 经常超载、偏载、起步过急、高速转弯或制动过猛;
(16) 经常行驶在拱度较大的路面上;
(17) 转向梯形不能保证各车轮纯滚动,出现过多转向或不足转向;
(18) 轮胎质量不佳。

15.2.2 轮胎行驶故障

1. 爆胎

1) 故障现象

车辆行驶时,轮胎突然破裂,引起车身倾斜,转向失灵。

2) 故障原因

(1) 轮胎过热;
(2) 汽车超载,轮胎负荷过重;
(3) 轮胎气压异常;
(4) 行驶中,轮胎扎钉;
(5) 轮胎磨损,质量问题。

2. 轮胎动不平衡

1) 故障现象

汽车高速行驶时,车身晃动颠簸不稳,转向盘抖动。

2) 故障原因

(1) 轮胎钢圈变形;
(2) 轮胎动平衡异常;

(3) 四轮型号不同;
(4) 四轮轮毂半径不一致。
3. 四轮定位
在下列情况下,需要做四轮定位工作,否则,轮胎容易磨损。
(1) 行驶时,转向过重;
(2) 行驶跑偏;
(3) 转向无自动回正功能;
(4) 行驶时转向盘抖动;
(5) 轮胎单边磨损异常;
(6) 更换新轮胎;
(7) 更换底盘悬架系统、转向系统元件后;
(8) 碰撞事故后,车身与底盘修复完成以后;
(9) 新车 3 个月,以后每行驶 1 万 km。

15.2.3 轮胎气压警告系统故障

1. 轮胎气压警告系统
新型轿车组合仪表上设有轮胎气压报警灯,当轮胎气压过低或异常时,会点亮报警灯,提示检修,检修完毕后需要归零,如图 15-10 所示。

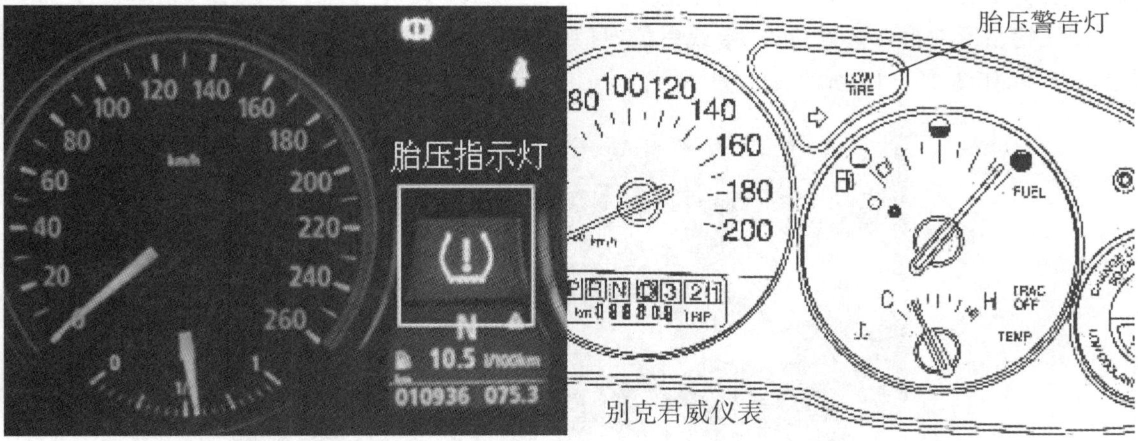

图 15-10 轮胎气压警告灯

2. 轮胎气压警告系统分类
1) 车轮转速差异计算法
根据 4 个车轮的轮速计算,当某个车轮的转速有异于其他车轮,则判断为该轮胎气压异常,即发报警信号。代表车型:一汽丰田皇冠、别克君威等。
2) 胎压监测系统
每个轮胎装有轮胎气压监测传感器,起胎压监测控制单元控制信号接收和报警及故障诊断功能。代表车型:别克陆尊、宝马、克莱斯勒等。
3. 故障诊断
下列情况下,胎压警告系统会受到限制,可能不正常运行:
(1) 采用紧凑型备胎\雪地轮胎或车轮防滑链时;

(2) 轮胎压力远大于规定值时,或由于爆胎或其他原因轮胎压力突然降低时;

(3) 车辆在光滑\粗糙或起冻的路面上行驶时;

(4) 车辆速度低于 30 km/h 或高于 100 km/h,并且行驶持续时间少于 5 min 时;

(5) 轮胎胎面花纹不同或制造商不同时;

(6) 轮胎尺寸为非规定尺寸时;

(7) 安装的各轮胎胎面磨损差别太大时;

(8) 在急加速/减速或急转弯时;

(9) 牵引拖车时;

(10) 超载或负载不平衡时;

(11) 更换或换位轮胎或车轮后,或调整轮胎压力后,初始化未正确进行时;

(12) 车外温度低于 32°F(0℃)或高于 104°F(40℃)时;

(13) 上陡坡时。

4. 胎压归零(初始化设置)

1) 手工归零

(1) 复位按键归零

代表车型:一汽皇冠、别克君威等。

① 一汽丰田皇冠轮胎气压归零方法

a. 检查并将轮胎压力调整到规定值;

b. 点火开关在 ON 位置,并且车辆停止;

c. 按住轮胎压力警告重置开关 3 s 或更长,直到轮胎压力警告灯以 1 s 为间隔闪烁 3 次,一汽皇冠胎压复位开关,如图 15-11 所示。

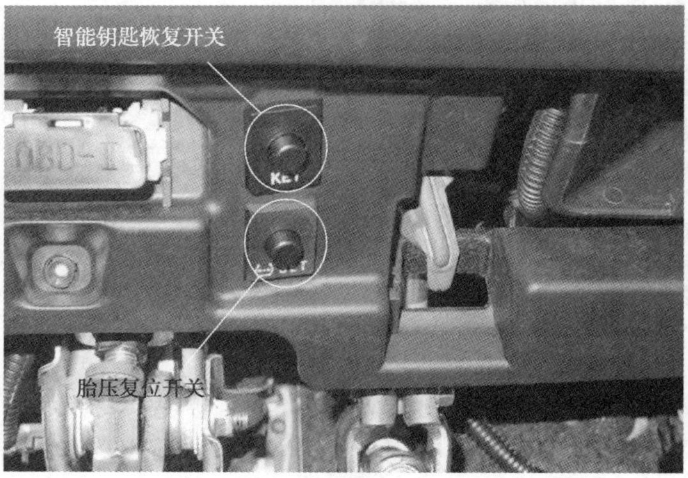

图 15-11 一汽皇冠胎压复位开关

② 别克君威胎压设定

别克君威轮胎气压过低(LOW TIRE)警示灯亮时,检查四个轮胎的压力和规格是否正确,完成相应的维修保养后,按下熔断丝盒内的复位开关(RESET),如图 15-12 所示,轮胎气压监视系统即复位,"LOW TIRE"警示灯熄灭。当复位开关(RESET)被按下后,车身控制模块(BCM)接收到复位开关的瞬时搭铁信号,产生并发送一条信号给电子制动控制模块/电子制动牵引控制模块(EBCM/EBTCM),电子制动控制模块/电子制动牵引控制模块又向组合仪表板(IPC)发送信号,仪表板(IPC)熄灭"LOW

TIRE”警示灯，此时轮胎气压监视系统将进入自动读出模式，重新读出轮胎尺寸，这一过程在车辆直线行驶 30 min 以上才能完成。

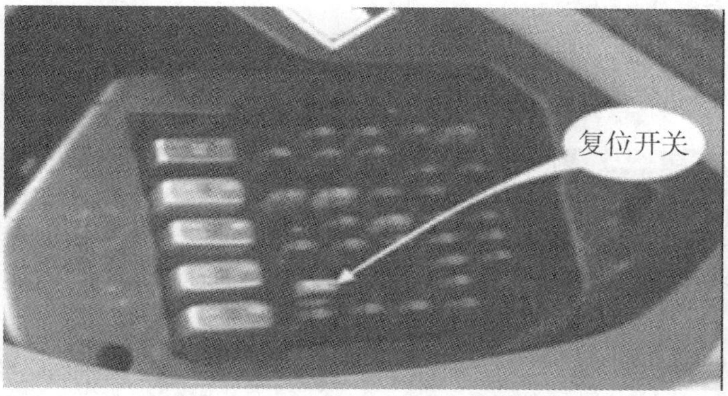

图 15－12　别克君威胎压归零设置复位开关

(2) 仪表设置归零

代表车型：别克君越等。

以别克君越为例，胎压设定方法：

① 打开点火开关；

② 按住驾驶人信息中心最右侧的 Gage 键，直到组合仪表上的屏幕显示胎压监测系统(TIRE MONITOR SYSTEM)，别克君越胎压设置按键，如图 15－13 所示；

③ 按下带箭头的设置/重置键，直至显示胎压监测系统已复位(TIRE MONITOR SYSTEM HAS BEEN RESET)；

④ 复位完毕。

图 15－13　别克君越胎压设置按键

(3) 车辆信息中心设置

代表车型：奥迪、宝马等。

以奥迪 A6L 为例，胎压设定方法：

① 按压功能按钮；

② 在汽车菜单中选择 Systems(系统)；

③ 选择 Tire pressure monitoring(轮胎气压监控系统)；

④ 选择 Display tire pressures(显示轮胎气压)；

⑤ 轮胎充气压力和轮胎温度显示出来。

奥迪 A6L 更换车轮时必须对调换过的车轮重新执行学习过程：

① 按压功能按钮；

② 在汽车菜单中选择 Systems(系统)；

③ 选择 Tire pressure monitoring(轮胎气压监控系统)；

④ 选择 Initialize wheels(调换车轮)。奥迪信息操纵开关和信息显示中心，如图 15－14 所示。

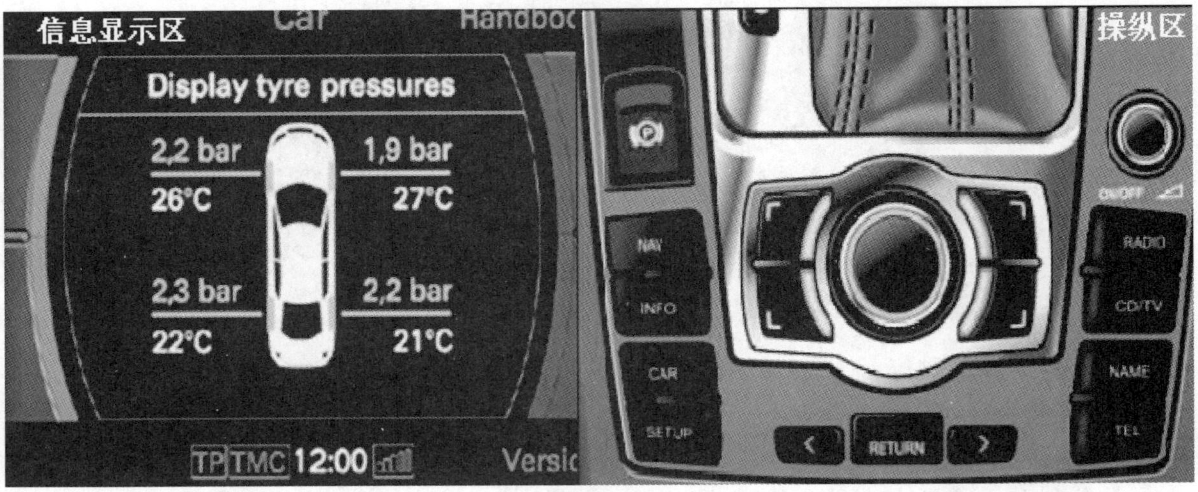

图 15－14　奥迪胎压设定开关和信息显示

(4) 多功能转向盘设置

代表车型：奔驰、途锐等。

通过转向盘的多功能按键，选取仪表信息显示菜单，选择胎压归零程序，设置归零。

2) 故障诊断仪操作归零

代表车型：克莱斯勒 300C、保时捷。

该类车型轮胎气压灯的归零需要使用厂家专用解码器，通过规定流程，实行气压灯清除归零。

本章小结

(1) 汽车行驶系统包括悬架系统和轮胎。

(2) 轿车悬架分为机械悬架和电控悬架。

(3) 电控悬架分为电控液压悬架和空气悬架系统。

(4) 机械悬架系统的常见故障有行驶跑偏，车身不稳，行驶颠簸抖动等。

(5) 汽车轮胎常见的故障有轮胎磨损异常，行驶跑偏，轮胎气压异常等。

(6) 轿车轮胎气压有气压监测系统监控，气压异常，气压警告灯将报警。

(7) 汽车胎压警告灯报警后，需要进行初始化设置，复位警告灯。

(8) 轮胎气压警告灯系统根据轮胎转速差，计算判断气压异常情况。

(9) 轮胎气压警告灯归零分为手工方法和仪器操作法。

复习思考题

1. 造成汽车行驶跑偏的原因有哪些?
2. 汽车轮胎磨损与哪些原因有关?
3. 搜索资料,别克 GL8 商务车轮胎气压灯如何设定?
4. 查阅资料,奔驰 S350 轮胎气压灯如何设定?
5. 如何判断减振器的性能好坏?

16 汽车电器电源搭铁线路故障诊断

学习目标

知识目标

(1) 了解汽车电器电路的特点；
(2) 熟悉汽车电器电路常见的故障；
(3) 掌握诊断、检测和排除汽车电器电路系统故障的方法。

能力目标

(1) 学会检查和测量熔断丝及电路；
(2) 掌握线路断路和短路的检测方法；
(3) 掌握万用表的正确使用及使用万用表诊断故障；
(4) 掌握汽车电路图的查看和分析；
(5) 掌握汽车电器电路的常见故障的诊断方法。

16.1 汽车电器电源故障诊断

16.1.1 蓄电池故障

1. 蓄电池的性能检测

(1) 静态电压,大于 12.35 V;

(2) 起动电压降,大于 10.5 V;

(3) 高率放电计检测,总电压不低于 9 V,放电率检查蓄电池容量,如图 16-1 所示。

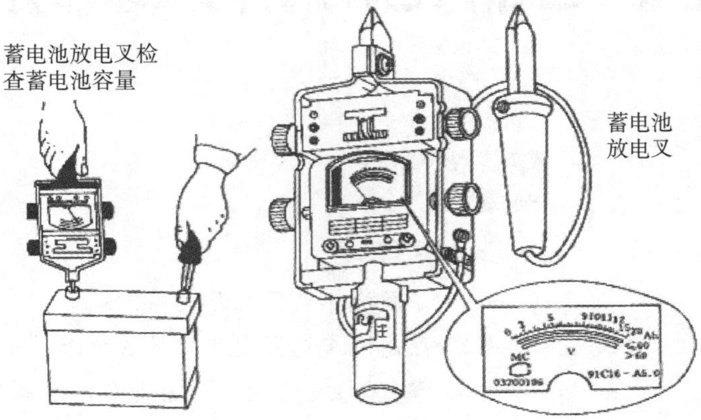

图 16-1 蓄电池容量检查

2. 蓄电池常见故障

(1) 蓄电池内部放电,蓄电池的维护保养方法,如图 16-2 所示。

(2) 蓄电池桩头接触不良,蓄电池桩头检查方法,如图 16-3 所示。

(3) 搭铁线安装不牢固,蓄电池接线柱正确安装方法,如图 16-4 所示。

(4) 蓄电池充电不足,免维护蓄电池性能观察孔,如图 16-5 所示。

(5) 电器线路有漏电故障。

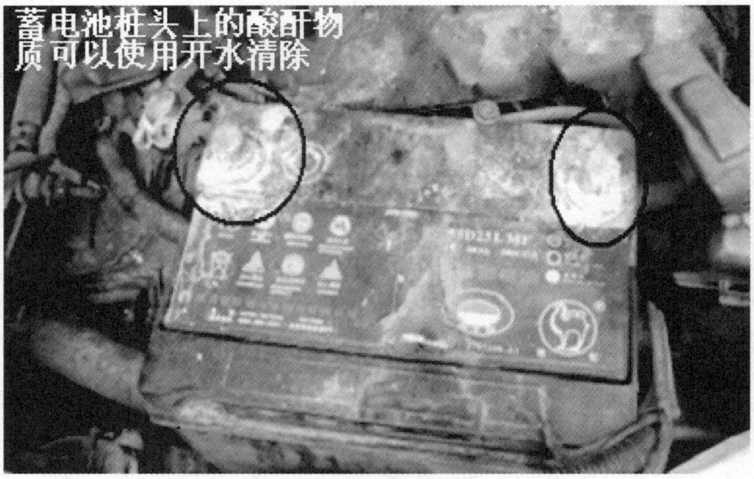

图 16-2 免维护蓄电池的保养

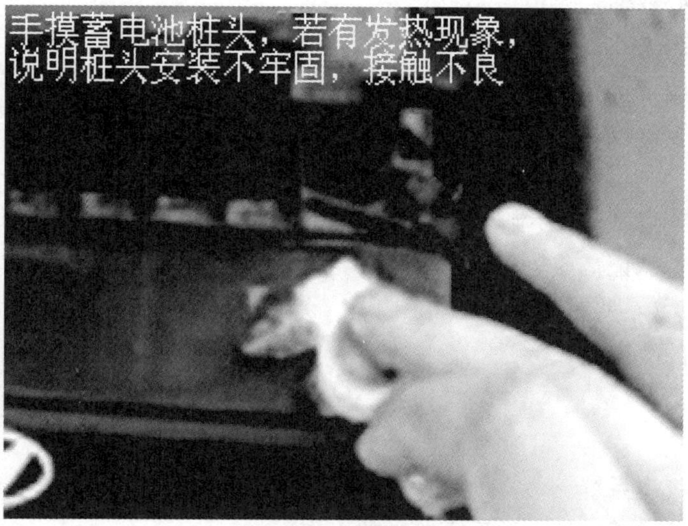

图 16－3　蓄电池桩头检查方法

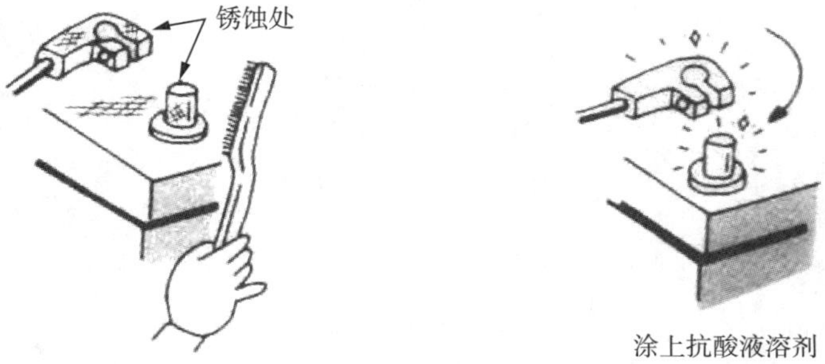

图 16－4　蓄电池桩头的正确安装维护

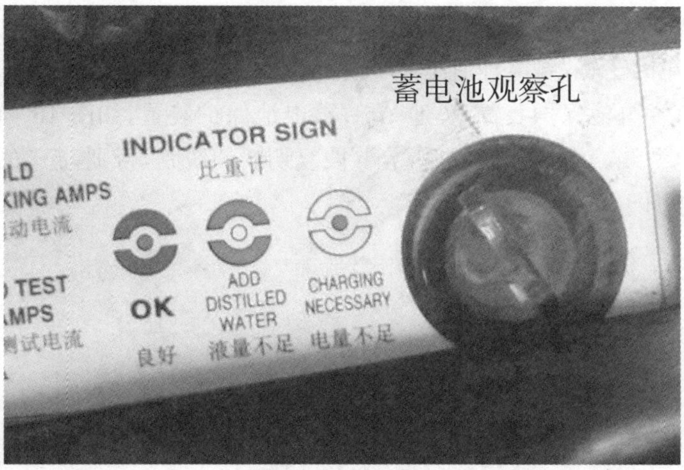

图 16－5　蓄电池观察孔

3. 蓄电池的拆装

新型汽车电子控制系统较多，轻易断开蓄电池电源，可能产生一些不良后果。

1）拆卸蓄电池，切断电源可能产生的故障

(1) 音响防盗密码丢失；

(2) 电控单元故障码、记忆数据丢失；

(3) 时间、信息中心数据丢失;

(4) 防盗、遥控系统失效;

(5) 底盘传感器零位记忆、初始位置记忆丢失;

(6) 控制单元编码被修改;

(7) 自动功能取消。

2) 需要通过断开蓄电池解决的维修工作

(1) 清除电控单元特殊记忆或故障码;

(2) 清洗节气门以后(某些车型);

(3) 清除某些特殊的故障码;

(4) 车身焊接;

(5) 维修燃油系统;

(6) 拆装维修安全气囊系统。

3) 更换蓄电池,切断过蓄电池电源后需要做的工作

(1) 时间调整;

(2) 音响解码;

(3) 遥控器设定;

(4) 电动窗设定;

(5) 传感器零位校正。

4) 不能断开蓄电池的情况

(1) 发动机工作状态;

(2) 点火开关未关闭状态;

(3) 电器开关未关闭;

(4) 音响防盗密码不确定的情况下。

4. 蓄电池保护

一些蓄电池在后备箱的车辆,蓄电池到起动机的电源线很长,穿越整个车身,为防止事故中电源线短路,在蓄电池附近设有蓄电池保护装置,奥迪 A6L 蓄电池保护装置,如图 16-6 所示。一旦发生碰撞事故,保护装置将切断电源线。事故修复以后,需要恢复切断的线路,否则,起动机无法工作。奥迪 A6L 蓄电池切断保护电路,如图 16-7 所示。

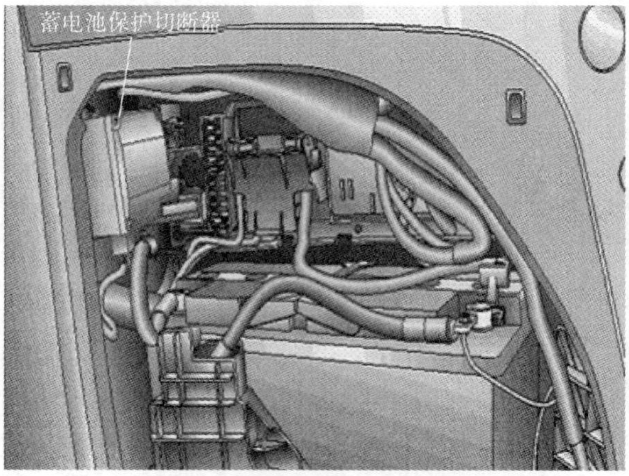

图 16-6 奥迪 A6L 蓄电池保护装置

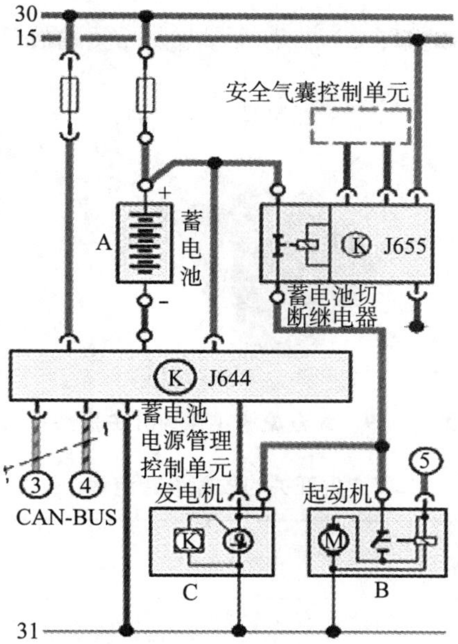

图 16－7　奥迪 A6L 蓄电池切断保护电路图

16.1.2　点火开关故障

1. 点火开关故障诊断

1）故障现象

(1) 点火开关无电源，旋转点火开关，无反应；

(2) 点火开关打到 ON，组合仪表不亮；

(3) 点火开关打到 ST，起动机无反应；

(4) 点火开关扭不动。

点火开关内部结构和工作原理，如图 16－8 所示。

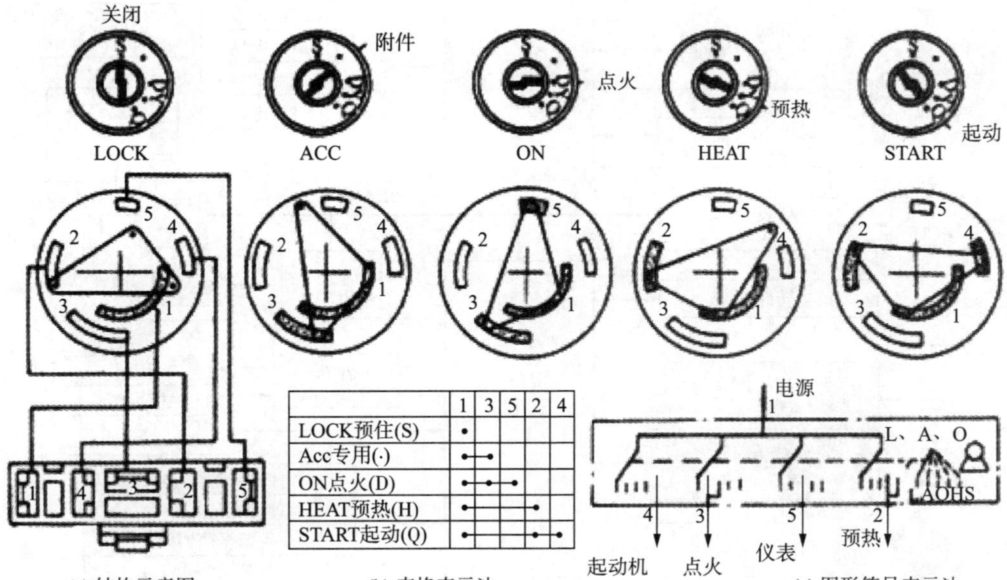

	1	3	5	2	4
LOCK预住(S)	•				
Acc专用(·)	•	•			
ON点火(D)	•	•	•		
HEAT预热(H)	•	•		•	
START起动(Q)	•			•	•

(a) 结构示意图　(b) 表格表示法　(c) 图形符号表示法

图 16－8　点火开关结构与工作原理图

2）故障诊断

大众桑塔纳点火开关插头针脚，如图 16－9 所示，点火开关的故障诊断流程如表 16－1 所示。

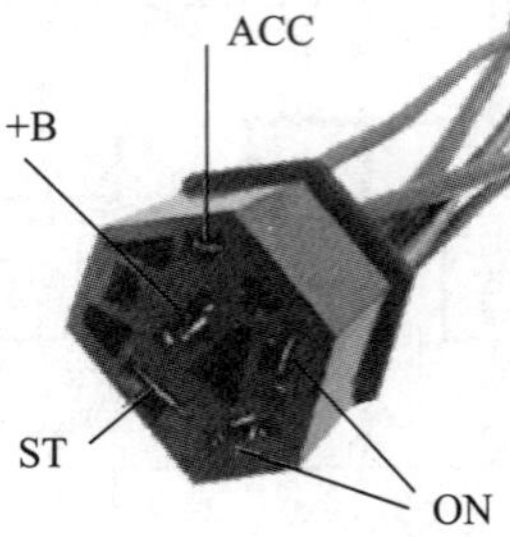

图 16－9　大众桑塔纳点火开关插头针脚

表 16－1　点火开关的故障诊断流程

步骤	诊断检测操作	是	否
1	拔掉点火开关插头，连接测试灯，测试是否有一针脚点亮	转至第 2 步	插座电源线路故障；蓄电池熔断丝不良
2	连接点火开关插头，点火开关旋转至 ACC 挡，测试灯检测是否有另一针脚点亮	转至第 3 步	点火开关故障或接触不良
3	点火开关旋转至 ON 挡，测试灯检测是否有多于 2 根针脚点亮	转至第 4 步	点火开关不良或触点接触不良
4	点火开关旋转至 ST 挡，测试灯检测插头 ST 针脚，是否点亮	点火开关正常	转至第 5 步
5	短接点火开关插头＋B 与 ST，测试灯检测起动机磁力开关针脚，是否点亮	线路正常	线路断路或接触不良

2. 无钥匙起动系统

无钥匙起动系统不需要插入和旋转点火开关来起动和点火，起动和点火开关为按钮式，起动和点火电路由控制单元控制和分配电源，丰田皇冠无钥匙起动系统控制原理，如图 16－10 所示，故障诊断需要

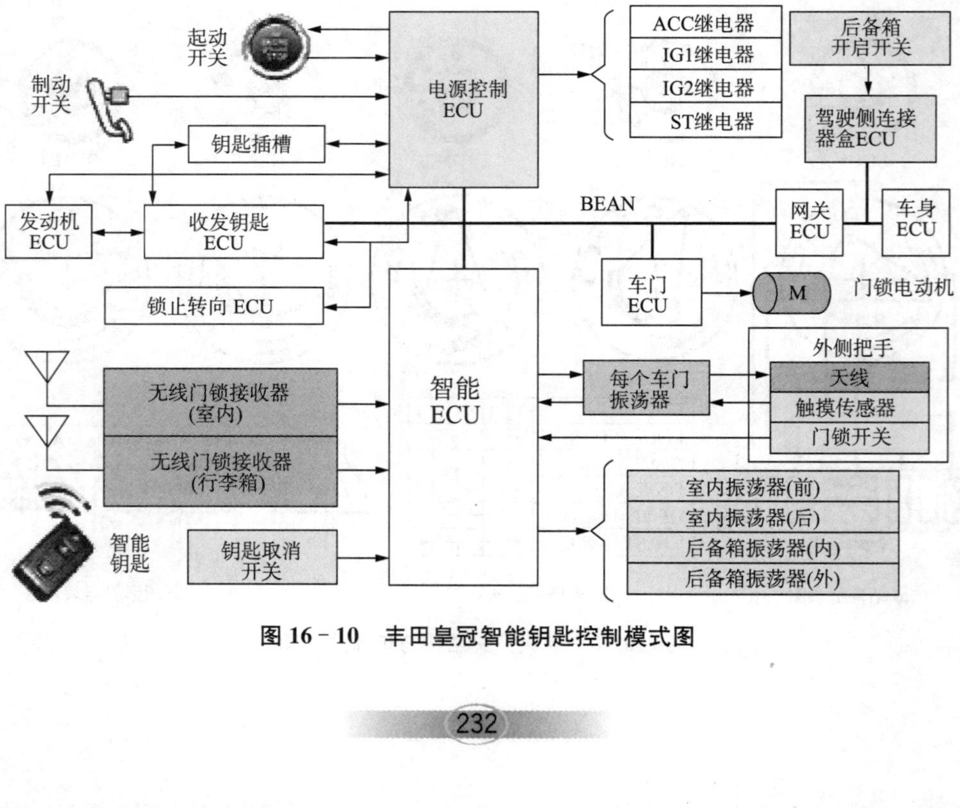

图 16－10　丰田皇冠智能钥匙控制模式图

使用诊断仪器，更换点火开关系统，需要进行匹配操作。

3. 钥匙未关提示音

点火钥匙未关闭的情况下，打开车门，或点火钥匙未关闭，打开尾灯、开车门，蜂鸣器会鸣叫，提示点火钥匙未关闭。故障诊断如下：

(1) 四个门灯控制开关是否良好；

(2) 点火开关座的钥匙位置开关是否良好；

(3) 组合仪表蜂鸣器电路故障。

别克凯越钥匙未关警告提示电路，如图 16－11 所示。

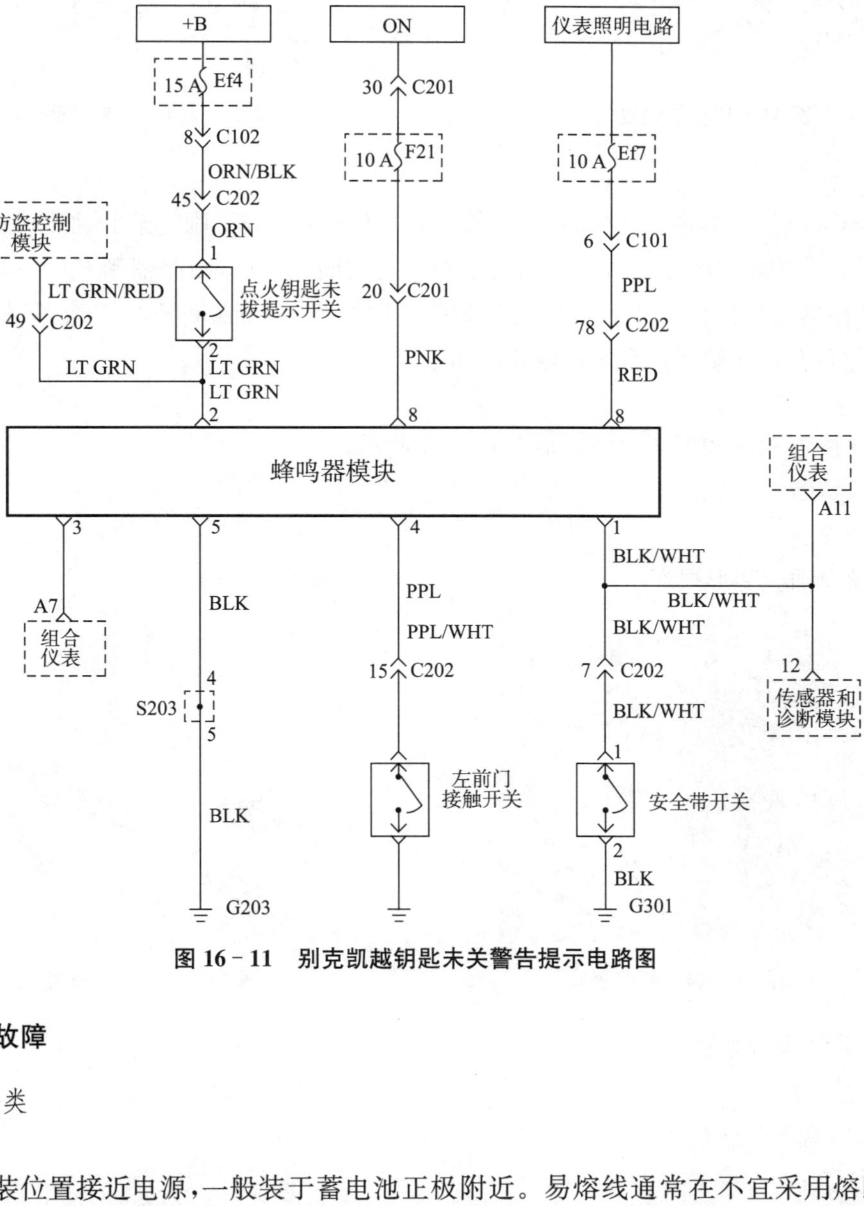

图 16－11 别克凯越钥匙未关警告提示电路图

16.1.3 保险器故障

1. 保险器分类

1) 易熔线

易熔线的安装位置接近电源，一般装于蓄电池正极附近。易熔线通常在不宜采用熔断丝或断路器的情况下保护较大范围的车辆电路。若电路发生过载，易熔线较细的导线将熔断，以在发生损坏前断开电路，如图 16－12 所示。

2) 熔断丝

熔断丝俗称保险丝，是插接式装置，如图 16－13 所示，通过超过额定安培值电流就熔断(烧毁)的导体将两个端子相连接，电路故障修复后必须更换熔断丝。

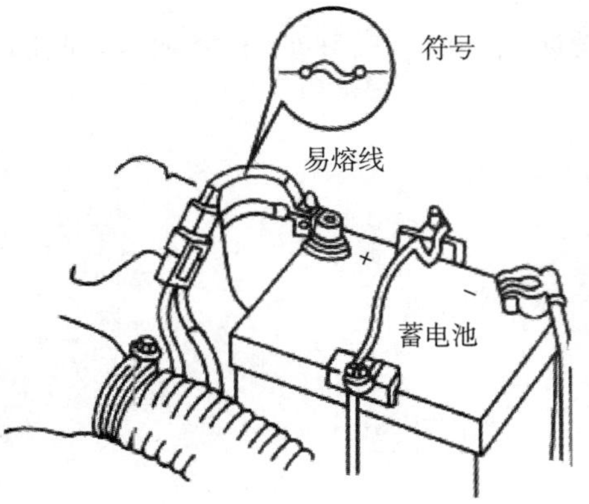

图 16－12　易熔线

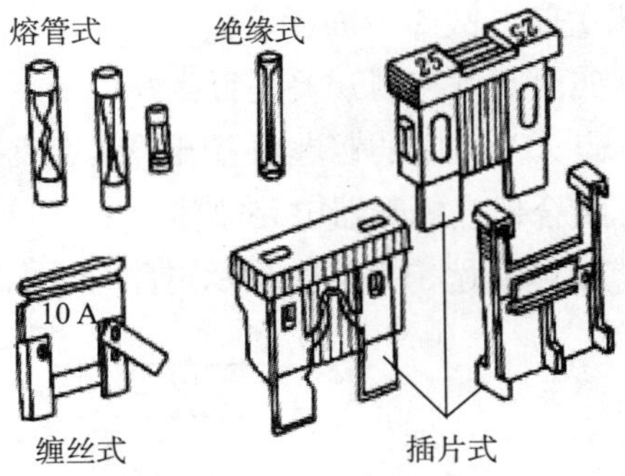

图 16－13　熔断丝

3）断路器

电路断路器可以是一个单独插接的总成，或是安装在开关内或电刷支架上，如图 16－14 所示。若超出额定的安培值，该装置内的触点将瞬时断开电路。与熔断丝不同，断路器断开后，不必更换新的断路器，只需通过断路器复位插孔复位即可，在每次发生电路短路，断路器断开后，一定要查清电路过载或短路的原因，并进行修理，否则还将会造成电路损坏。

2. 常见故障现象

（1）熔断丝接触不良，熔断丝插取，如图 16－15 所示；

（2）熔断丝熔断；

（3）熔断丝发热；

（4）熔断丝及插座变形损坏。

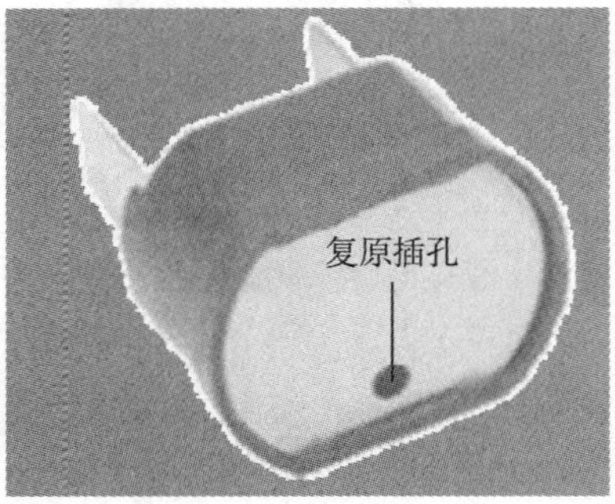

图 16－14　断路器

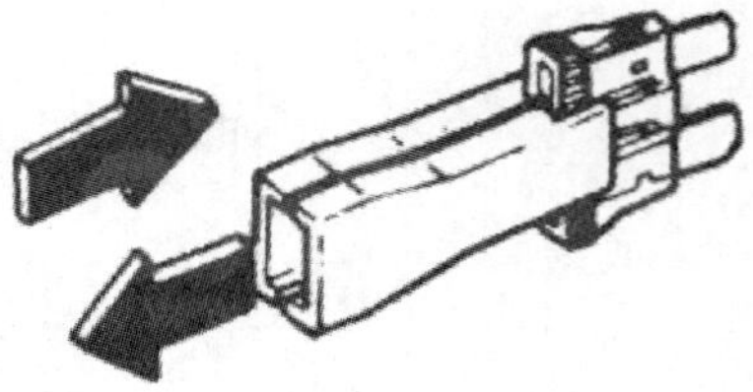

图 16－15　熔断丝插取

3. 熔断丝故障诊断方法

1）观察法

拔下熔断丝，观察其熔丝是否烧断，如图 16－16 所示。

2）试灯测试法

对于熔断丝座上的熔断丝，可以直接使用试灯测试，不用拔下检查，而当试灯检查某个熔断丝有问题时，方可取下熔断丝检查，如图 16－17 所示。

3）万用表测试

对于不能判断良莠的熔断丝，可以使用万用表测量熔断丝的两脚的通断，确定熔断丝的性能好坏。

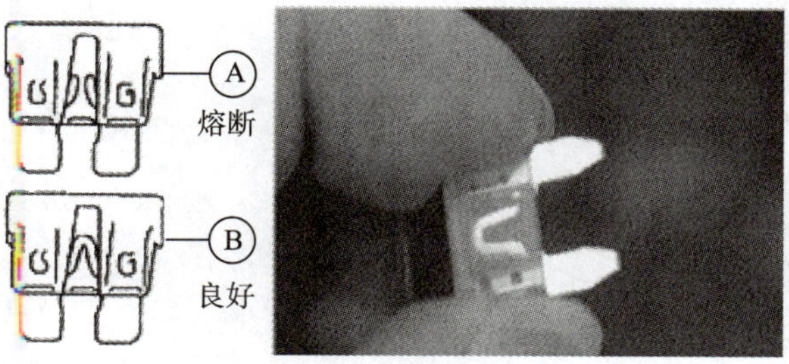

图 16－16　检查熔断丝好坏

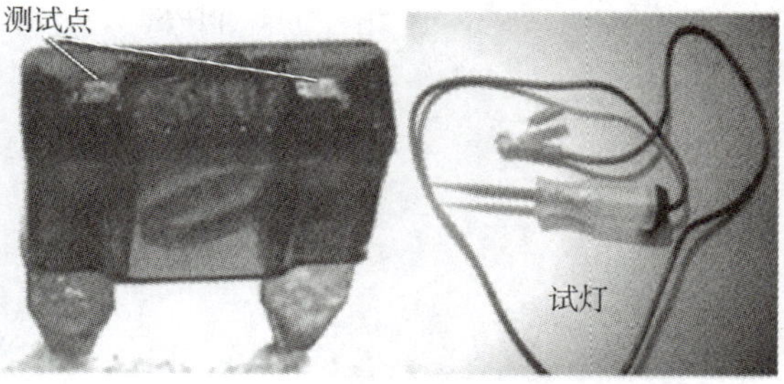

图 16－17　试灯检测熔断丝

16.1.4　继电器故障

1. 继电器分类

继电器分为常闭型继电器、常开型继电器、综合继电器和特殊继电器。特殊继电器指带集成电路的继电器单元，如闪光继电器、刮水器间歇继电器、油泵继电器、中控继电器等，如图 16－18 所示。

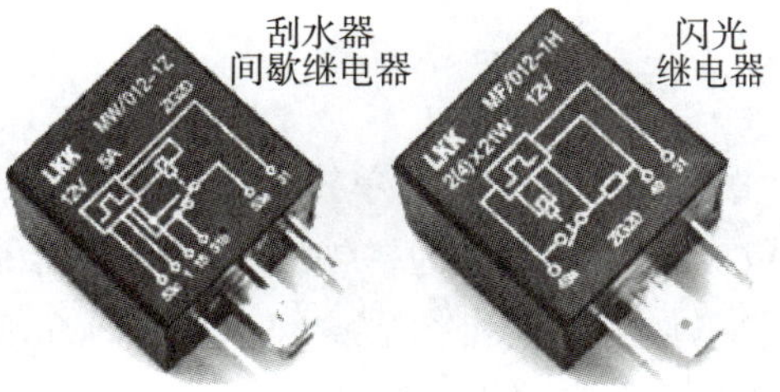

图 16－18　特殊继电器

2. 继电器的检测

(1) 通过万用表，测量继电器针脚间电阻，判断继电器性能。继电器结构原理，如图 16－19 所示。

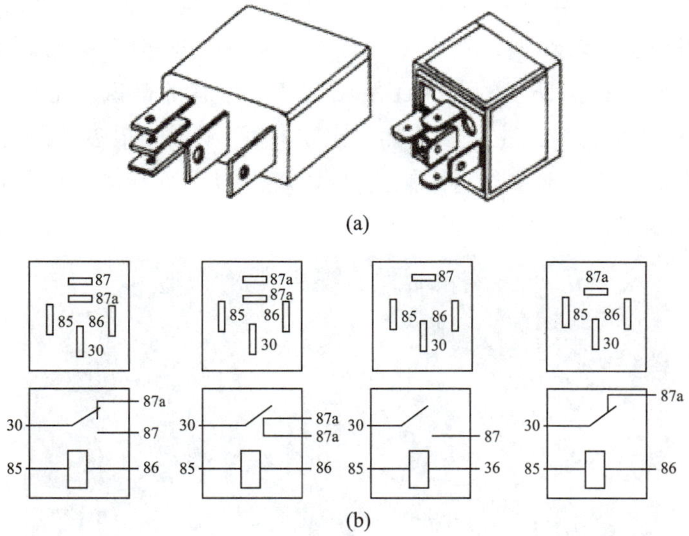

图 16－19　继电器结构原理

(2) 继电器针脚供电测试，通过直接给继电器通电，感受继电器通断，判断继电器性能。

(3) 通过测试、短接继电器座，排除电路故障，判断继电器性能，如图 16－20 所示。

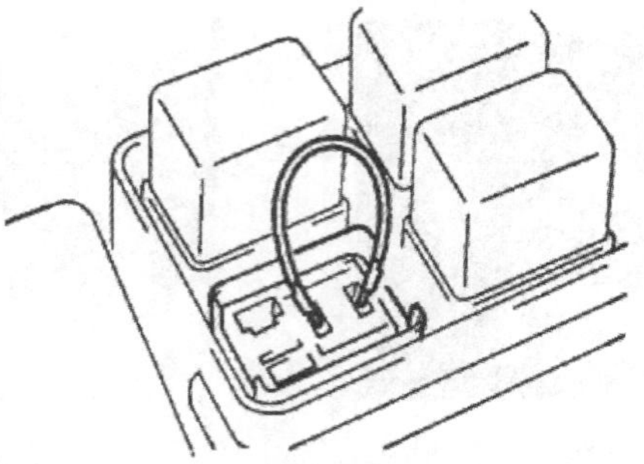

图 16-20 继电器座短接试验

16.2 汽车电器搭铁线路故障诊断

16.2.1 搭铁线的分类及作用

1. 搭铁线分类

汽车电路采用双源、低压、直流、电器并联、单线制负极搭铁的工作模式。蓄电池负极与车身的金属部分相连接,因此汽车上的负极导线通常称为搭铁线。各用电器的负极回路线不是都连到蓄电池负极,而是通过电器的金属外壳和车身的金属机体连接回到蓄电池负极的。搭铁线在汽车电路中起着重要的作用,因此搭铁状态的好坏是汽车电器工作好坏的关键之一。

1) 主搭铁线

在汽车上,搭铁线是构成电路回路的一部分,但有时候会发现大量的电器元件,就靠仅有的 1～2 根搭铁线来传递电流,这是因为对于电子线路,很多是数字信号及高精度的模拟信号电路,如果搭铁线有接触不良故障时,就相当于在电路中串联了一个接触电阻,就可能会使高精度的信号值失真。因此,只有非常良好的搭铁线才能达到要求,所以在很多含有电子设备的线路中,有意识地安装了少量的非常好的搭铁线(即主搭铁线),并且在搭铁线的两端还使用了特殊形状的搭铁线连接端子、垫片和紧固螺钉,对部件的线路也给予了特殊的考虑。主搭铁线如果出现故障,将影响很多线路,而不只是一条线路工作不正常,因此维修人员在故障诊断时必须考虑主搭铁线故障,以免瞎猜乱测或更换一些价值昂贵的电器元件。发动机主搭铁线,如图 16-21 所示。

图 16-21 发动机搭铁线

2）备用搭铁线

备用搭铁线是指已经有了主搭铁线的同一电路的第 2 甚至第 3 搭铁线。它是基于安全和性能的考虑。最简单的例子是计算机电路。附加备用搭铁线不仅是备用搭铁线，而且还可以改善某些具有复杂电子电路部件的搭铁状况，也就是说，如果没有这一条看似多余的备用搭铁线，虽然能勉强工作，但电路的性能就会退化或者不稳定。别克君威蓄电池负极车身搭铁点，如图 16－22 所示。

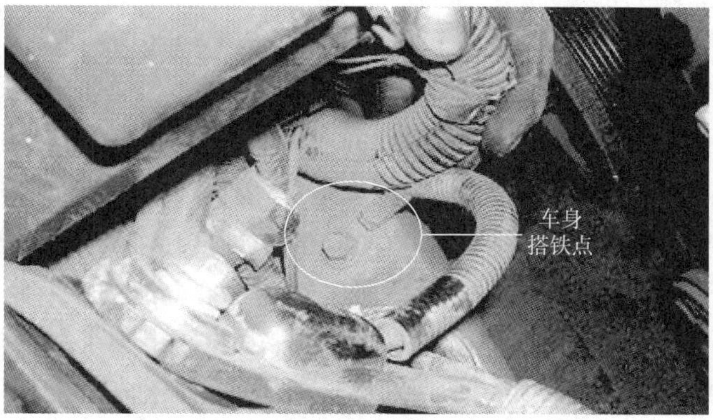

图 16－22　别克君威蓄电池负极搭铁点

3）防静电搭铁线

对汽车的静电而言，它的危害主要有两个方面：一是汽车上较精细的电子及无线电设备，二是汽车上的驾驶人及乘员。为了减小汽车静电的危害，在汽车上装了很多防静电搭铁线来解决这一问题。

常见的防静电搭铁线主要安装在以下部位：

(1) 由于车轮产生大量静电，因此有些汽车甚至在燃料系统的周围加装防静电搭铁线。在这一部位的防静电搭铁线，如果不注意会看不见它，如图 16－23 所示。

(2) 由于汽车内乘员袖口附近、衣物及座椅等处都会产生静电，因此在底座内安装防静电搭铁线，人们可能会看不见它。

(3) 为了消散加油时积聚的电荷，在燃油箱加油口处安装有防静电搭铁线，因为加油口加油时有大量的燃油蒸气。所以拆下任何维修口处的搭铁线后，一定要记住把它重新接好。如果加油口处的防静电搭铁线损坏了，应先装一条跨接线作为临时防静电搭铁线，且在防静电搭铁线装上前，不要将其拆下。当安装电子组件时，特别是在仪表板下面安装时，维修人员身体应搭铁，因为维修人员身体向工作的位置滑动时，特别是沿着轿车的内饰件向仪表板下的工作位置滑动时，人体会产生大量静电。

图 16－23　汽车防静电带

2. 搭铁不良对汽车电器的影响

搭铁一般是以车身的可导电部分作为电源负极的公共点。这样的好处是节省材料，工作可靠性好。汽车电路实行单线制的并联电路，但在局部电路仍然有串联、并联与混联电路。汽车的搭铁主要是由汽车蓄电池负极、连接导线、车身搭铁点三部分构成。因为汽车的特殊性，要求汽车电器、电路要承受震动、高温、潮湿等恶劣因素影响，所以造成搭铁不良的原因多是因为蓄电池极柱接触不良、搭铁导线电阻太大、导线和车体搭铁点接触不良等。

搭铁线在汽车电路中虽然看起来线路比电源线少得多，但却发挥着重要功用，因为汽车是运动的交通工具，不像电脑、电视是静止不动的，通常容易出现搭铁不良或者线路断路，轻则影响汽车某方面的功能，重则使汽车瘫痪。

1）蓄电池与车身搭铁线

这是一根很粗的电源负极搭铁线，一般连接在汽车的车架上，这一根线吸纳着汽车各个部位的电流流量。由于蓄电池桩头容易腐蚀硫化，常常使这一根搭铁线与蓄电池接触不良。发动机起动困难，灯光暗淡，起动机不能起动，全车处于无电状态，引起以上问题，当汽车电力不足而怀疑搭铁不良时，一般最简单的是从这一根线查起，往往会起到事半功倍的效果。

2）发动机和车身之间的搭铁线

发动机是汽车的心脏部分，也是电器机构最重要最集中的部位，这里有发电机、起动机、点火系统、燃油供给系统及各种各样的传感器。发动机一般不是直接与车身金属相连的，它要通过胶垫安装在汽车的大梁上，以达到减少振动的效果。发动机搭铁线不好，起动机、发电机工作不正常，传感器不能感知准确的信号，火花塞不能产生强有力的火花，直接影响发动机的动力。搭铁点松动的地方还会出现火花，电弧会烧毁零部件。

3）控制单元(ECU)的搭铁线(图 16－24)

现代汽车基本上采用电子燃油喷射系统，ECU 是汽车电子控制系统的心脏，它接收着汽车各种各样的信息，并处理分析给各种执行机构发出各种各样的指令，一旦 ECU 电路搭铁不良或断路时，会使它接收的信号发生错乱，轻则使汽车不能以正常的状态工作，重则使 ECU 内部局部烧毁，造成重大损失。一般 ECU 有专用搭铁线与机体相连，有的是插头松动，有的是搭铁点锈蚀接触不良。

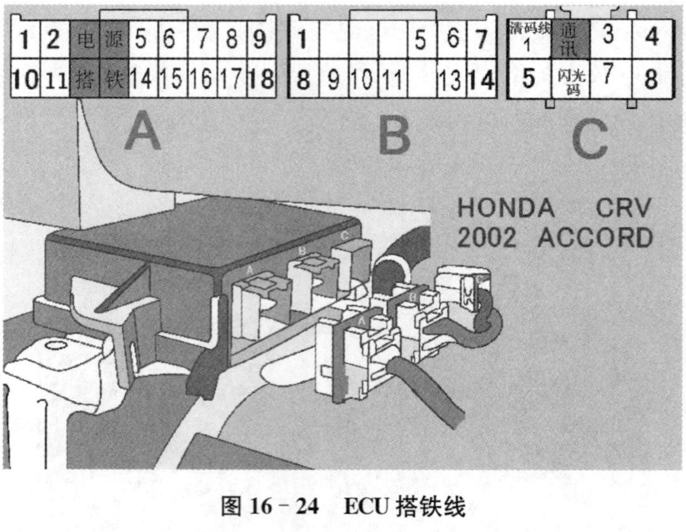

图 16－24 ECU 搭铁线

4）搭铁线本身要求搭铁线的电阻率越小越好

搭铁线导线的材质、粗细、长度都对导线的电阻有影响。线路的电阻过大，当开启大功率用电器时，因为回路的电流很大，导线会发热，严重的会导致线路自燃。所以，当发现搭铁线有断裂、腐蚀等现象时，要尽快更换。

16.2.2 搭铁线故障诊断

搭铁线故障最常见的有发动机搭铁线不良，搭铁线断路故障，搭铁线路不良故障，共同搭铁点不搭铁等。

1. 发动机搭铁线不良

发动机与车身大梁之间由发动机支架的减振橡胶分隔，蓄电池的负极一般与车身部分连接搭铁，因此发动机与蓄电池的负极难以连接，因此在发动机与车身大梁之间，由一根比较粗的搭铁线连接。由于起动机的工作电流较大，若发动机与车身间的搭铁线不良，将直接影响起动机的工作状况。同时影响发动机电器的工作性能。起动机工作不良时，需要检查发动机与车身的搭铁线是否良好。

2. 搭铁线断路

用电器工作需要电源，也需要负极回路，多数电器负极回路通过搭铁线完成，搭铁线断路，直接后果就是电器不工作。另外，电器的开关控制常采用负极搭铁控制原理，负极的搭铁线断路，则开关无法控制电器的正常工作。

3. 搭铁线路不良

搭铁线路不良，指搭铁线的线路环节里，线路、连接器等接触不良。接触不良，不一定是断路，但会出现间歇故障，或产生电器工作不稳定的故障。

4. 电器外壳搭铁不良

金属外壳的电器和电控单元，其金属外壳需要与车身搭铁，或与搭铁线相连接，起负极作用，还可以屏蔽脉冲波的干扰，并可以通过释放其静电。电器外壳搭铁不良，除可能引起电器工作不良外，还会引起静电积累。

5. 共同搭铁点不搭铁

汽车的同类型电器或安装靠近的电器，往往通过共同的搭铁点，将搭铁线与车身搭铁，当搭铁点螺栓安装不良或未安装搭铁点时，由于众多搭铁线连接于一体，会引起电路串线故障，使相邻电器之间产生互相干扰的故障，如尾灯搭铁点不良，会产生开转向灯，尾灯也会闪烁的故障，如组合仪表搭铁线不良，会产生几个仪表同时工作异常的故障等。车身共同搭铁点，如图 16－25 所示。

图 16－25　车身共同搭铁点

16.3 汽车电器线路故障诊断

16.3.1 汽车电器线路工作稳定的条件

1. 温度与湿度的影响

温度包括两个方面：一是环境温度，二是线路工作自身发热产生的温度。温度的变化或过高会影响汽车电器线路的工作稳定性，甚至产生故障。

湿度对电路的影响主要表现在水的导电性，液体对电路浸润，降低线路的绝缘性。

2. 电压的波动影响

汽车的电压波动有以下两种情况。

(1) 蓄电池电压不稳引起的电压波动。

汽车供电由发电机和蓄电池并联供给，由于交流发电机的发电电压不稳定，蓄电池有稳定电压的作用，当发电机发电不稳或蓄电池断路时，会造成电压波动，影响汽车电器工作电压的稳定性，严重的会对电子元件产生危害。

(2) 汽车传感器、执行器元件中的线圈产生的高频振荡脉冲信号，发出电磁干扰信号，引起电压波动，特别是造成微电压和信号电压的不准确。

3. 电器间干扰

由于各电器设备的工作方式不同，元件之间彼此会发生干扰，特别是电子元件，对振荡产生的电磁波干扰异常敏感，因此，汽车计算机系统的屏蔽措施一定要良好。

4. 震动影响

汽车的工作是高速运转和行驶的，因此不可避免地会产生振动和冲击，这将影响到车辆电器特别是线路的工作稳定性，如插头松旷、脱线、脱焊、接触不良、搭铁不良等。

16.3.2 汽车电器线路的故障种类

1. 断路故障

断路是汽车电器线路常见故障之一，表现为电器线路不通，没有电源或搭铁线路断开等。几种常见的断路故障，如图16-26所示。断路就是电流的通路受阻，不能形成电流回路。根据实践工作中的情况，

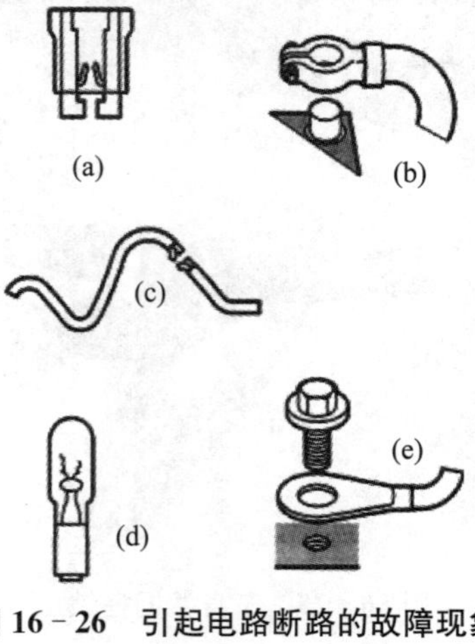

图 16-26 引起电路断路的故障现象

按电流的流通状态可以分为完全断路和电流通道受阻(接触不良)两种状况。

1) 完全断路

一般有导线断开、连接端子锈蚀、搭铁导线根本没有与车身搭铁等几种情况。对于这类故障,其搭铁线失去了任何作用,严重时可能导致电器不能工作或较明显的工作不良,通常情况下都能通过目视检查发现故障,如果通过目视检查不能发现故障,可以进行电阻值的测量,判断故障点。

2) 电流通道受阻(接触不良)

主要有导线断股、连接端子锈蚀、连接端子松动、机体件导电不良等几种情况。通常情况下都能通过目视检查发现故障,如果通过目视检查不能发现故障,可以进行电阻值的测量,判断故障点。

2. 短路故障

短路指电源线路没经过用电器,直接回到负极,到达电源负极的现象。电源线路短路会造成熔断丝熔断,甚至线路烧毁,是比较严重的线路故障。短路的故障分为馈电端短路和搭铁线短路。

1) 馈电端短路

线路馈电端是指在电动机、灯、电磁线圈等用电器前面的线路。线路馈电端短路通常是由于导线绝缘层损坏引起的。造成导线绝缘层损坏的原因有在安装某些车身零件时固定螺钉拧得太紧,安装品质差、导线太松、绝缘层内进入液体变质,绝缘层与发动机灼热的零件(如排气歧管)靠得太近而被烧穿,或被车身金属的锋刃割破,或与车身部件间摩擦磨损等。大多数损坏部位可较容易看见,但并不是所有的损坏部位都能直接看见,因为有的损坏部位可能藏在门内或内饰件后面。

新型汽车上的线束密集而复杂,对于不易看见的短路故障是很难发现的。可用万用表进行电压、电阻的测量,也可用检测灯和专用蜂鸣器来检查短路。为安全起见,在检查前可用干电池取代汽车上的12 V蓄电池作电源。因为出现短路故障时通常要烧毁熔断丝,所以在检查时首先将已打到电压挡或欧姆挡的万用表或欧姆表或电压表的红表笔接到断路熔断丝的负荷端,黑表笔接车身搭铁部位,然后从熔断丝座开始沿着线束移动手指,扭捏、抖动、摇晃线束(用手每次移动检查的导线长度大约为10~20 cm)。当手触到短路部位时,万用表或欧姆表或电压表的读数应回到零(或接近于零)。若用检测灯和专用蜂鸣器检查短路,此时检测灯亮,蜂鸣器发出蜂鸣声。

对于安装较隐蔽的线束,用上述方法不能对短路部位进行确定时,则必须拆下其饰件进行检查。很多汽车维修资料中都有汽车的布线图。可先用短路检测器进行检查,它至少可以帮助确定短路位置是否在壁板的后面或地毯的下面等。对处于壁板后面的线束,只要认真地检查,就可用短路检测器找到与线束短路非常接近的部位,从而可避免为了接近导线束而拆掉所有部位的壁板。

2) 搭铁线短路

线路搭铁端即用电器之后的线路。线路搭铁端出现短路故障的诊断比较麻烦。因为很多用电器都在搭铁端用开关控制,如果短路点是在手动开关或其他控制开关之前甚至是开关本身短路,驾驶人将不能关闭用电器。用电器不能断开时,一般都从用电器开始进行诊断,先断开用电器的搭铁线路,如果线路断开(例如灯熄灭或电动机停转),说明问题出在线路的搭铁端。然后对照电路图沿着电路一次检查一个连接点。对于在搭铁端的开关,可用欧姆表或电池检测灯等检查其是否短路。如果开关在断开位置电路仍然是导通的,说明开关短路,应予以更换。

在实际维修中,为了节约时间,特殊情况下可采用跨接布线法,即在可以确定哪根导线出了故障时,将这根导线两端断开,在两个相应端头间连接一根新导线,将其敷设在配线的外面,但要注意其敷设的路线必须是在无保护的条件下能够避免损坏,这样做只是绕过了故障部位,而不是检查了这个部位。例如,车身螺钉穿透了配线,而且仍然在原来的位置上,很可能其他线路已经被损坏,不久就可能引起故障，所以必须根据情况决定是否进行更彻底的修理。

3. 线路接触不良

汽车电器使用大量线路连接，众多的连接线设计有各种接插器，方便拆装和更换总成，接插器的连接性能好坏关系到线路的工作性能，接插器松旷，就造成线路接触不良。汽车线路接触不良的故障点多在接插器，如图 16－27 所示。

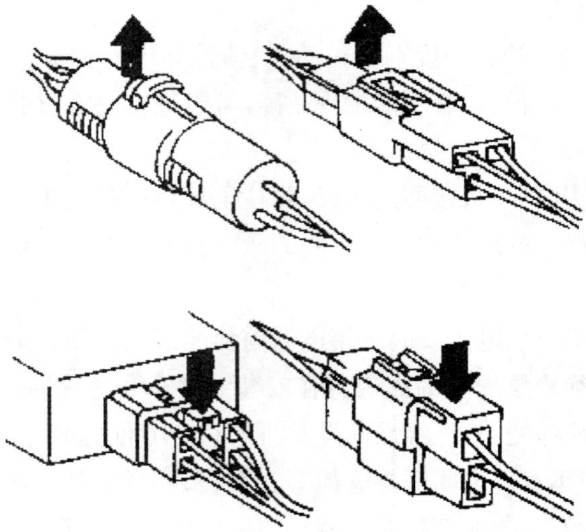

图 16－27 各种接插器的拆取

16.3.3 汽车电器线路的故障诊断方法

1. 汽车电路故障诊断应具备的基本知识

要正确快速地诊断汽车线路故障，必须具备和掌握一定的专业基础知识：

(1) 熟悉电工学；

(2) 掌握电子学理论基础知识；

(3) 掌握电路图的查阅和分析方法；

(4) 掌握电路检测的基本方法；

(5) 常规检测仪器、仪表的正确操作和使用；

(6) 有电路原理的分析思路。

2. 线路故障诊断的常用工具和设备

1) 数字万用表

数字万用表可以用来测量电路中的电阻、电压、电流、线路导通和断路等。

2) 测试灯

测试灯可以简单、快速、准确地测试电源电路是否导通或有电压，测试灯还可以当做导线替代使用，但测试灯千万不能测试电控系统电路，如图 16－28 所示。

3) 带熔断装置的跨接线

跨接线上安装熔断丝，可以保护测试过程中的误试，避免电路短路造成故障，但不能防止固态部件损坏。

3. 汽车电路故障的诊断与检测方法

检修汽车电器故障时，不仅要懂得汽车电器的工作原理，而且还要掌握检修的基本方法，这样才能

图 16－28　汽车检测用测试灯

准确地找出故障点或损坏的器件，只有熟练地掌握检修汽车电器的基本方法，并能灵活运用，才可大大提高检修速度，少走弯路。

1）直观诊断法

直观诊断法是诊断汽车电路故障的第一步，也是最简单的一步，它不用任何仪器、仪表，凭检修者的直接感观来检查和排除故障。当汽车电器线路的某部分发生故障时，会出现冒烟、火花、异响、焦臭、高温等异常现象。通过人体的感觉器官，听、摸、闻、看，对汽车电器及线路进行外观检查，可以判断出故障的所在部位。对于有一定经验的维修人员来说，这不仅可以发现一些较为复杂的故障，而且可大大地提高检修速度。

2）试灯测试法

汽车电器需要供给电源，若电源断路，则电器就不工作，可以使用测试灯检测电源的来源线路，直到找到断路的部位，既简单又方便快捷。但使用试灯测试法，要避免在带电控单元的电路测试，这样会损坏电控单元或电子元件，还是需要使用数字万用电表测量电压。

3）二极管灯测试法

对于电子元件或脉冲微电信号电路，可以使用发光二极管灯测量，特别是电控系统电路，二极管灯检测安全又稳定，可以保护电路不会被损坏。

4）仪器测量法

普通的线路不通，可以使用万用表测量通断，分段查找，直到发现故障点。对于搭铁线不通，可以直接使用万用表测量对车身的通断，排除故障点。

5）断路法

对怀疑有故障的线路，可以采取切断此段电路的方法，判断故障是否在此。在切断电路之前一定要关闭点火开关，在切断电控单元电路之前，需要断开蓄电池负极。

6）短接法

对于断路的电路，可以采用先直接短接的方法，尝试恢复原理规定电路，确定电路是否能正常，从而判断故障点。如电源不通，可以从蓄电池正极拉一条电源线，连接在故障线路上，确定电路是否恢复；而搭铁线断路，可以直接将线路与车身短接，判断故障是否可以排除。

7）搭铁法

汽车电器很多控制电路通过搭铁控制，如水温表、中控开关、灯光、雨刮器、喇叭等。对于此种电路故障，可以将搭铁控制线路直接搭铁，观察故障变化现象，确定故障部位。如水温表不动，可以将冷却液温度传感器插头直接搭铁，观察组合仪表上水温表指针是否动作，确定是线路故障还是仪表故障或传感器故障。

8）替换法

对于不能确定是线路故障还是电器故障的，可以采用替换法，用功能正常的相同元件置换安装，确定故障在线路还是电器元件。车身电器有些相同元件是可以互换的，如后门车窗开关、继电器、车门电动窗电动机、灯泡、点火线圈等。

9）借用法

汽车电控系统很多电路信号或电压相同，传感器工作原理和控制模式相似，因此可以互相借用信号推断故障。如 ABS 系统，四轮轮速传感器信号相同，若某轮无信号，可以从正常轮的传感器跨接线，确定是线路故障还是传感器原因；发动机电控系统，许多传感器参考电压为电控单元提供5 V电压，若某一传感器没有 5 V 参考电压，可取另一传感器的 5 V 电压替代使用，以确定故障部位。

10）反推法

汽车线路的特点往往是从电源到熔断丝到开关再到用电器，最后回到负极，汽车电路走向都比较复杂，当从一个方向查找线路困难时，可以从后端查起，往前端查找。如电器没有电源，可以从用电器电源线反推查找其从何处提供电源的。

4. 汽车电器线路维修的操作方法

1）探针检测

汽车电线金属外层均有绝缘橡胶套层，为方便测量线路，可以使用大头针等，刺穿绝缘层，再用万用表测量，以免破坏电线绝缘层。

2）接插器端子取出

接插器上的插头金属针脚一般有卡扣锁定，以免脱落、松旷，取出针脚端子时，需使用专用工具拨开卡扣，然后取出针脚端子，如图 16－29 所示。

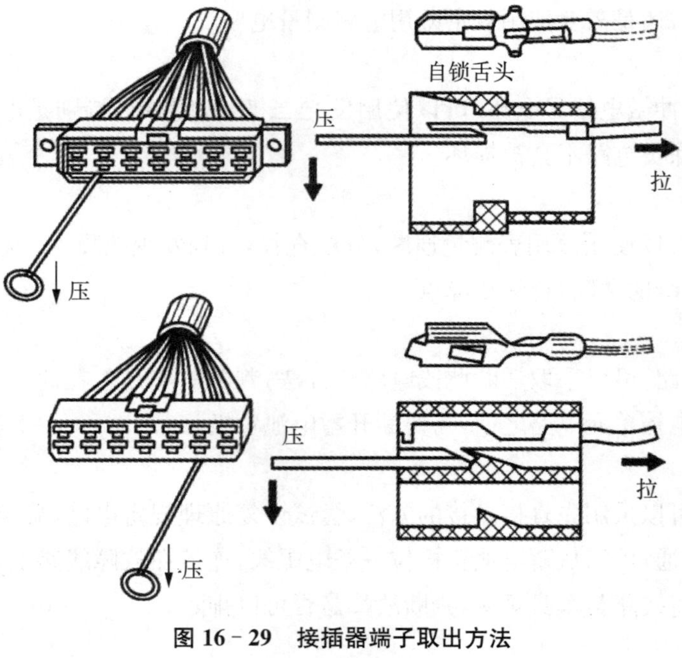

图 16－29 接插器端子取出方法

3）线路连接法

线路断路故障诊断后，需要连接电线，电线的连接必须可靠、牢固，以防发生二次故障，连接好后，可以使用电烙铁焊牢。单线的连接方法如图 16－30 所示。多线的连接方法如图 16－31 所示。

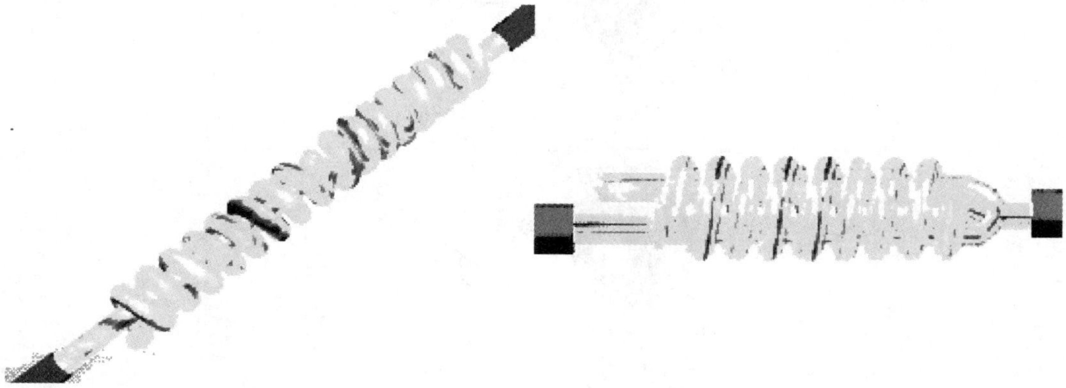

图 16－30　单线的连接方法

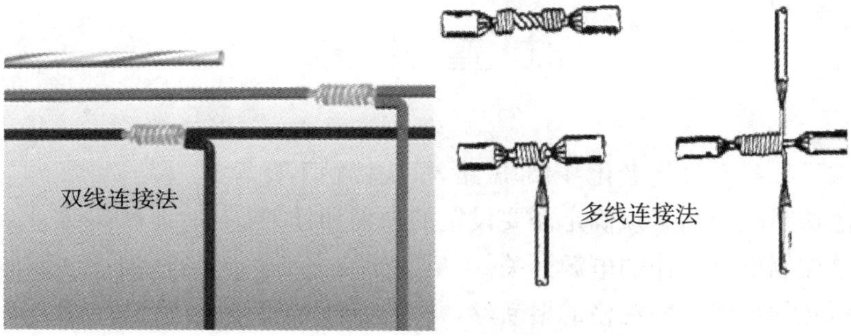

图 16－31　多线路连接方法

4）线路包扎固定法

线路连接好后，需要包扎良好，避免短路或搭铁。线路的包扎要求平滑、整洁、美观。单根导线包扎后，整束线路尚需包扎完好，有护套的，使用护套，并固定良好。

为了使汽车上繁多的导线整体美观不凌乱，接线安装方便，以及保护绝缘层不易损坏，汽车上都将同路的导线用棉纱编织带或塑料带包扎成束，称为线束。同一种车型的线束在制造厂里按车型设计制造好后，用卡簧或绊钉固定在车上的既定部位，其插头恰好在各电器设备的接线柱附近，安装时按线号装在与其对应的接线柱上，便完成了线路的连接工作。各种车型的线束各不相同，同一车型的线束分发动机、底盘和车身部分等线束。

线束的包扎，首先应按各电气设备所需包扎线长度剪截备齐，而后将应包扎在一起的导线整理齐全，并按线路的实际情况，该分支的分支，该留出线头的则露出适当长度，从而初步布置完成。在各分支处的交叉位置及线束包扎的末端，应用胶布缠好，以免包扎时，松散零乱，然后用白纱带、黄蜡绸带或塑料带包扎好。线路不应承受拉力和挤压力，必须依附，逐段用夹片固定，避免受热，不应有搭铁和连电之处，要绝缘良好，切实紧固牢靠，电源线应通过保险器控制，确保安全。电线的包扎方法，如图 16－32 所示。

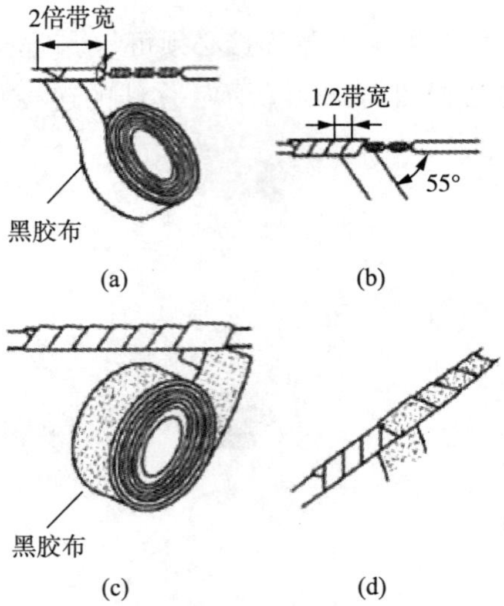

图 16-32　电线的包扎法

本 章 小 结

(1) 蓄电池的常见故障有极板老化,内部短路,桩头接触不良等。

(2) 拆卸蓄电池切断电源前必须确定需要设定的项目和任务。

(3) 点火开关是控制电器工作的电源开关。

(4) 熔断丝熔断必须更换相同规格的熔断丝,并检查排除熔断故障原因。

(5) 继电器是以小电流控制大电流,可以保护开关的触点或线路。

(6) 搭铁不良是汽车电路常见故障,搭铁不良故障通常会产生异常的故障现象。

(7) 汽车电路常见的故障有断路,短路,接触不良等。

(8) 汽车电路故障的常见诊断方法有直观法,试灯测试法,万用表检测法,断路法,短路法,替换法等。

复习思考题

1. 如何查看和分析大众车电路图?
2. 如何查找熔断丝位置?
3. 如何测量传感器到 ECU 之间线路是否导通?
4. 汽车电路检测,哪些部分可以使用试灯,哪些不能使用试灯?
5. 汽车电器中,哪些受卸荷继电器控制,哪些受点火开关控制,哪些不受点火开关控制?

17 汽车车身电器附件故障诊断

学习目标

知识目标

(1) 掌握喇叭、倒车雷达、刮水器、音响的工作原理和电路；
(2) 掌握喇叭不响的诊断流程；
(3) 掌握倒车雷达不工作的诊断思路；
(4) 掌握刮水器工作异常的故障诊断思路；
(5) 掌握汽车音响的故障诊断方法。

能力目标

(1) 学会根据电路图排除喇叭不响故障；
(2) 学会根据电路图诊断倒车雷达故障；
(3) 学会诊断刮水器工作异常的故障；
(4) 掌握诊断汽车音响故障的方法。

17.1　喇叭系统故障诊断

17.1.1　喇叭分类

1. 单线喇叭

单线喇叭指只有一根导线连接的喇叭，这类喇叭由喇叭继电器控制，喇叭内部搭铁，只要供给喇叭电源电压，喇叭就鸣叫。喇叭的分类，如图 17－1 所示。

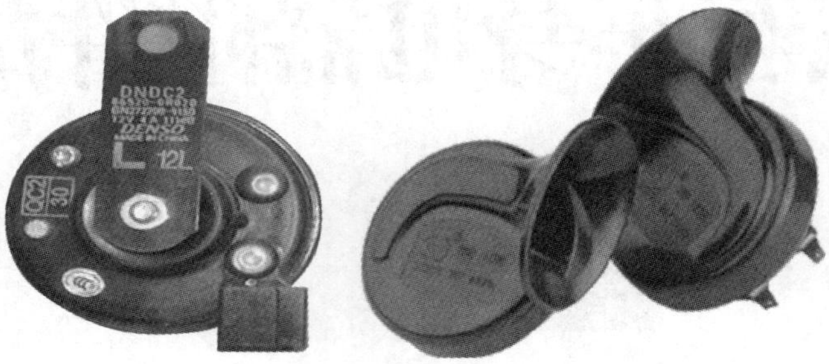

(a) 盆形喇叭　　(b) 蜗牛喇叭

图 17－1　喇叭分类

2. 双线喇叭

双线喇叭指喇叭有两根针脚，喇叭内部没有搭铁，由两根线控制，可以带喇叭继电器，也可以不带喇叭继电器。

17.1.2　继电器控制喇叭

1. 继电器控制电源

大众帕萨特喇叭电路，如图 17－2 所示。继电器控制喇叭电源，喇叭不响的故障诊断流程如表17－1 所示。

表 17－1　大众帕萨特喇叭不响故障诊断流程

步骤	检测诊断操作	结　果	是	否
1	试灯连接喇叭连接线，按下喇叭按钮	观察试灯是否点亮	喇叭故障或喇叭搭铁线不良	转至第 2 步
2	取下喇叭继电器，短接继电器电源和喇叭端子	喇叭是否鸣叫	转至第 3 步	喇叭及喇叭电路故障
3	检查继电器电源和喇叭熔断丝	是否有电或熔断丝是否良好	转至第 4 步	熔断丝或线路故障
4	试灯连接继电器座继电器控制针脚座两端，按下喇叭按钮	试灯是否点亮	继电器故障或不良	转至第 5 步
5	测量继电器座到转向盘喇叭按钮线路通断	线路是否良好	喇叭按钮不良	线路故障

2. 继电器控制搭铁

上海大众桑塔纳 2000 喇叭电路，如图 17－3 所示。喇叭继电器控制搭铁端，喇叭不响的故障诊断流

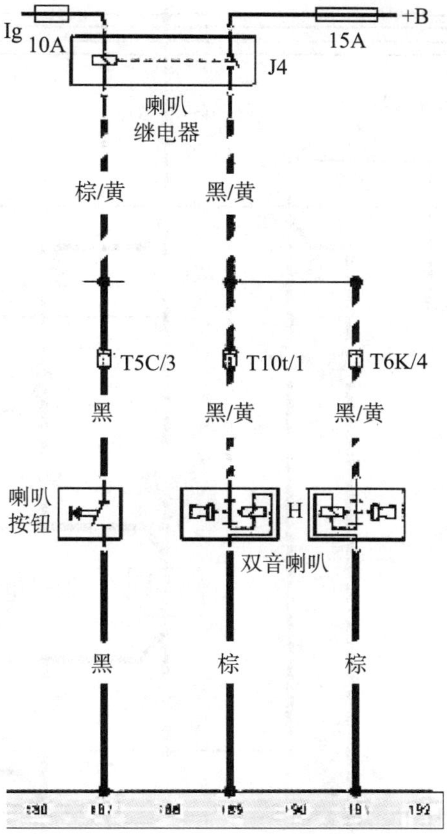

图 17－2 大众帕萨特喇叭电路图

程如表 17－2 所示。

表 17－2 上海大众桑塔纳喇叭不响故障诊断流程

步骤	检测诊断操作	结 果	是	否
1	试灯检查喇叭连接线插头	是否有 12V 电压点亮试灯	转至第 2 步	喇叭熔断丝故障
2	试灯连接喇叭插头，按下喇叭按钮	试灯是否点亮	喇叭故障	转至第 3 步
3	拔出喇叭继电器，短接继电器搭铁和喇叭针脚	试灯是否点亮	转至第 4 步	喇叭或线路故障
4	检查喇叭继电器插座针脚电源和搭铁	是否正常	转至第 5 步	电源熔断丝或搭铁线不良
5	测量继电器座到转向盘喇叭按钮线路通断	是否良好	转向盘按钮故障	线路故障

17.1.3 无继电器控制

1. 按钮控制电源

东风雪铁龙毕加索喇叭控制电路，如图 17－4 所示。喇叭不响的故障诊断流程如表 17－3 所示。

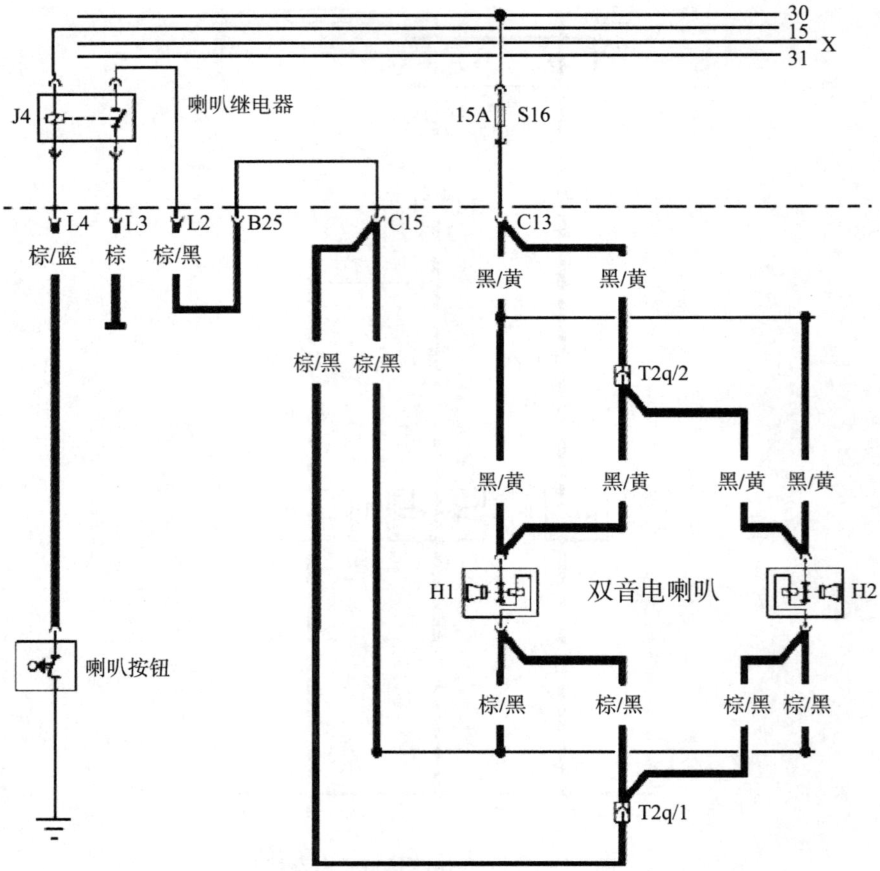

图 17－3　上海大众桑塔纳 2000 喇叭电路图

表 17－3　　东风雪铁龙毕加索喇叭不响的故障诊断流程

步骤	检测诊断操作	结　果	是	否
1	试灯连接喇叭插头，按下喇叭按钮	试灯是否点亮	喇叭故障	第 2 步
2	试灯或万用表检测喇叭搭铁线	是否良好	转至第 3 步	搭铁线故障
3	检测喇叭到转向盘喇叭按钮线路通断	是否良好	转至第 4 步	线路不良
4	检查转向盘组合开关喇叭按钮	是否有电源	喇叭按钮故障	喇叭熔断丝不良

2. 按钮控制搭铁

大众高尔喇叭电路图，如图 17－5 所示。喇叭不响的故障诊断流程如表 17－4 所示。

表 17－4　　大众高尔喇叭不响的故障诊断流程

步骤	检测诊断操作	结　果	是	否
1	试灯测量喇叭插头是否有 12 V 电压	试灯是否点亮	转至第 2 步	喇叭熔断丝故障
2	试灯连接喇叭插头，按下喇叭按钮	试灯是否点亮	喇叭故障	转至第 3 步
3	测量喇叭到转向盘喇叭按钮线路通断	线路是否良好	喇叭按钮故障	线路断路

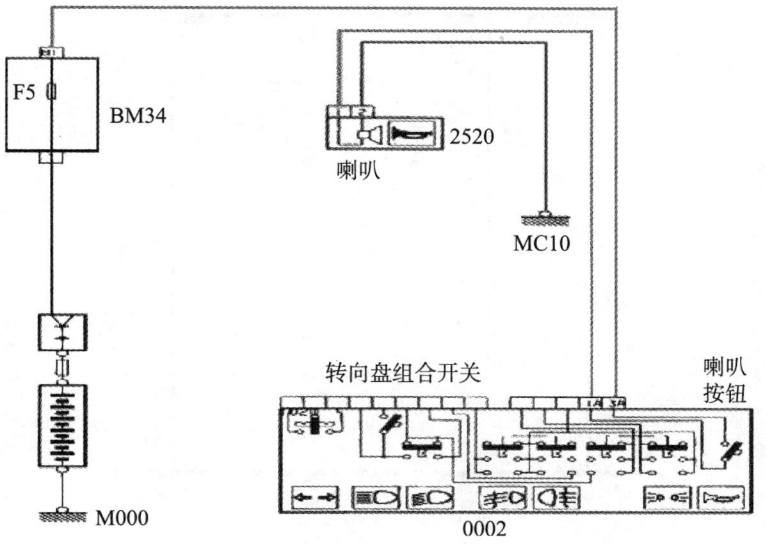

图 17-4 东风雪铁龙毕加索喇叭电路图

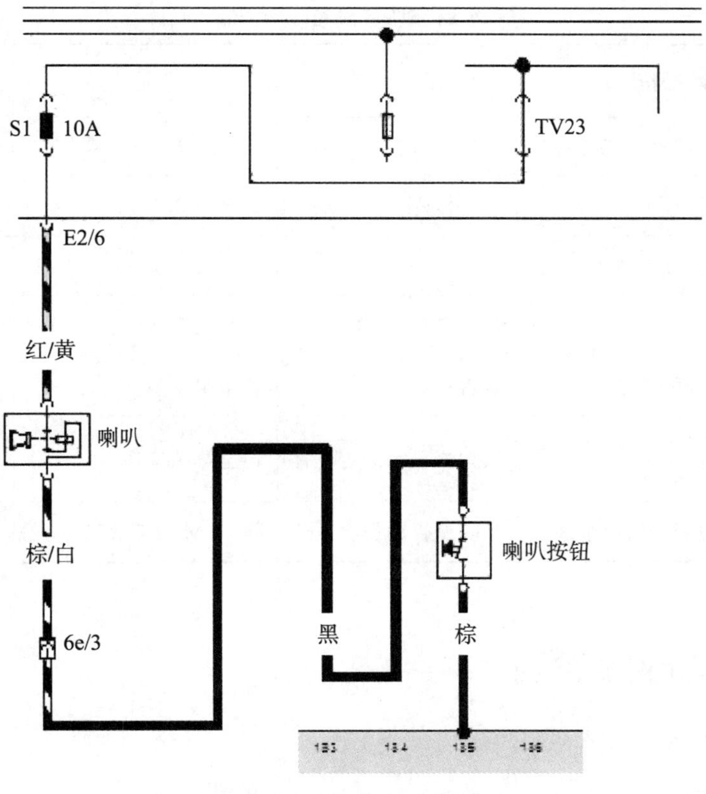

图 17-5 大众高尔喇叭电路图

17.1.4 车身模块控制喇叭故障诊断

新车型大量采用电子控制系统，喇叭控制也由车身模块(BCM)控制，奇瑞 A3 喇叭电路，如图17-6所示。喇叭不响的故障诊断流程如表 17-5 所示。

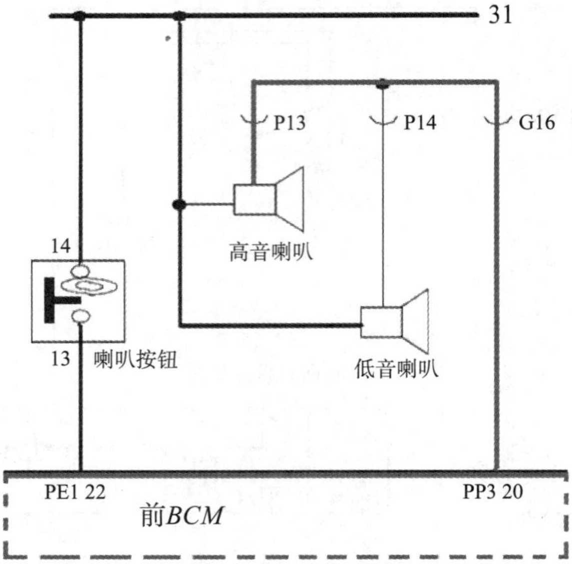

图 17-6　奇瑞 A3 喇叭控制电路图

表 17-5　　　　奇瑞 A3 喇叭不响故障诊断流程

步骤	检测诊断操作	结　果	是	否
1	试灯连接喇叭插头，按下喇叭按钮	试灯是否点亮	喇叭故障	转至第 2 步
2	检测喇叭搭铁线通断	是否良好	转至第 3 步	喇叭搭铁线不良
3	检测喇叭到前 BCM 线路通断	是否良好	转至第 4 步	线路断路
4	检查喇叭按钮状况	是否良好	转至第 5 步	按钮故障
5	检查按钮到前 BCM 线路通断	是否良好	转至第 6 步	线路断路
6	诊断仪进入前车身控制单元 BCM，读取数据流，按下喇叭按钮	数据流显示是否正常	转至第 7 步	前 BCM 故障
7	诊断仪对前 BCM 进行动作测试	喇叭是否动作	前 BCM 内部故障	前 BCM 及线路

17.2　倒车雷达故障诊断

17.2.1　倒车雷达系统自诊断

以大众车系为例，在车后 2 m 内无障碍物的条件下，将换挡杆挂入倒车挡后，仔细分辨倒车雷达模块通电后的自检提示音，以确定倒车雷达系统的故障部位：

(1) 全部功能正常：自检提示音为“滴”的一声，进入正常工作模式；

(2) 在自检测过程中实现由左至右优先检测；

(3) 左外传感器故障：自检后出现 4～6 s 的长响声，长响声过后“滴”的一声报警；

(4) 左中传感器故障：自检后出现 4～6 s 的长响声，长响声过后“滴、滴”的二声报警；

(5) 右中传感器故障：自检后出现 4～6 s 的长响声，长响声过后“滴、滴、滴”的三声；

(6) 右外传感器故障：自检后出现 4～6 s 的长响声，长响声过后“滴、滴、滴、滴”的四声报警；

(7) 2 个以上传感器故障，自检后出现 4～6 s 的长响声，按照从左到右的顺序，优先显示第一个故障传感器；

(8) 每次自检只提示一个故障位置，如有多个传感器异常，要更换后多次进行通电确认；

(9) 自检后出现 4～6 s 的长响声后，发出“滴、滴、滴、滴、滴”五声报警，提示倒车雷达主机出现故障。

17.2.2 倒车雷达仪器诊断

奥迪倒车雷达系统出现故障，可用诊断仪器进行测试，为了避免损坏电器、电子部件，应注意下述内容：

(1) 只有在点火开关关闭后，才可断开、连接诊断仪器；

(2) 只有在点火开关关闭后，才可断开、连接蓄电池接线，否则可能会损坏倒车警报控制单元。

诊断仪器对倒车雷达系统的操作如下：

1. 读取故障码

奥迪倒车警报装置故障码如下：

01543：倒车警报蜂鸣器- H15

- 对正极短路
- 断路/对地短路
- - H15 与控制单元间的导线断路或短路
- 蜂鸣器损坏—按电路图查询故障—更换- H15

01545：倒车警报左后传感器- G203

- 对正极短路
- 断路/对地短路
- 不可信信号
- - G203 和控制单元间导线断路或短路
- - G203 损坏—按电路图查询故障—更换- G203

01546：倒车警报左后中部传感器- G204

- 对正极短路
- 断路/对地短路
- 不可信信号
- - G204 和控制单元间导线断路或短路
- - G204 损坏—按电路图查询故障—更换- G204

01547：倒车警报右后中部传感器- G205

- 对正极短路
- 断路/对地短路
- 不可信信号
- - G205 和控制单元间导线断路或短路
- - G205 损坏—按电路图查询故障—更换- G205

01548：倒车警报右后传感器- G206

- 对正极短路
- 断路/对地短路
- 不可信信号
- －G206 和控制单元间导线断路或短路
- －G206 损坏—按电路图查询故障—更换－G206

01549：倒车警报传感器供电

- 对地短路
- 倒车警报传感器与控制单元间对地短路—按电路图查询故障

奥迪 A6 倒车雷达系统电路，如图 17－7 所示。

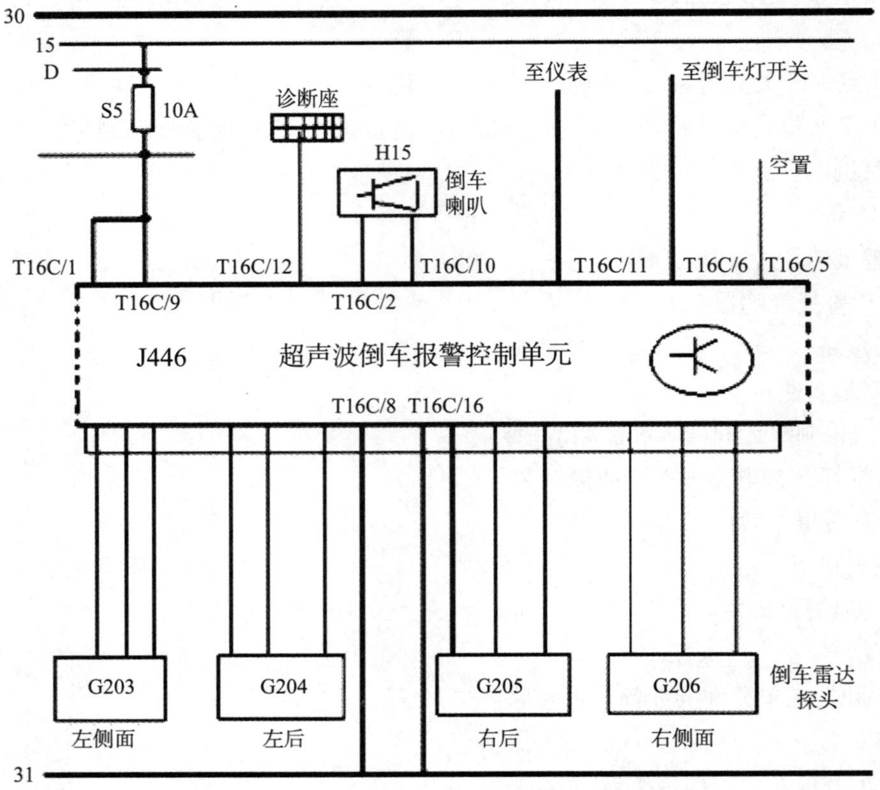

图 17－7　奥迪 A6 倒车雷达电路图

2. 控制单元编码

该功能用于就下述内容给倒车警报控制单元编制代码：

变速器手动/自动

- 挂入 R 挡时的信号音有/没有
- 普通轿车/旅行车
- 车型 A8/A6/A4/A3

说明：倒车警报控制单元在供货时未编制代码，通过编制代码，可以使倒车警报控制单元－H446 适用于相应车的特殊需要。

倒车警报控制单元编码表：

第 1 位：0　当前未使用

第 2 位：0　手动挡

1 自动挡

第 3 位：0 无功能确认

1 无功能确认(离厂)

第 4 位：0 普通轿车

1 旅行车

第 5 位：8 A8

6 A6

4 A4

3 A3

编码步骤如下：(如编制代码 01106)

(1) 连接诊断仪器,进入【倒车警报】系统(通道号：76)；

(2) 选择【控制单元编码】功能(通道号：07),按【确认】键；

(3) 此时屏幕显示【00000】,此时用数字键输入【01106】；

(4) 按【确认】键,此时屏幕会显示新代码【01106】,完毕。

3. 读取数据流

该功能可读取汽车运行过程中的某些实时数据,帮助用户进行故障检测和诊断。具体操作步骤如下：(如读取数据流 001 组)

(1) 连接诊断仪器,进入【倒车警报】系统；

(2) 选择【读系统数据流】功能,按【确认】键；

(3) 此时屏幕显示【000】,用数字键输入【001】；

(4) 按【确认】键,此时屏幕显示 4 个数值,数值具体含义如下表；

显示组号诊断仪器显示屏显示：

001 1=左后传感器距离 cm

2=左后中部传感器距离 cm

3=右后中部传感器距离 cm

4=右后传感器距离 cm

002 1=最小距离 cm

2=车速 km/h

3=蜂鸣器

4=暂未使用

003 1=供电电压 V

2=R 挡

3=挂车

4=暂未使用

004 1=左后传感器距离衰减时间 ms

2=左后中部传感器距离衰减时间 ms

3=右后中部传感器距离衰减时间 ms

4=右后传感器距离衰减时间 ms

4. 通道调整匹配

用于执行和存储下述调整：

- 蜂鸣器音量的大小
- 蜂鸣器音频的大小

具体步骤如下：(调整音量)

(1) 连接诊断仪器，进入【倒车警报】系统；

(2) 选择【通道调整匹配】功能；

(3) 输入匹配通道号【01】；

(4) 此时按诊断仪器的上下箭头键可调整音量，按向下箭头键可减小音量，按向上箭头键可增大音量；

(5) 音量调好后，按【确认】键，此时屏幕显示【是否存储新值?】；

(6) 按【确认】键，诊断仪器显示【新值已被存储】，完毕。

倒车警报装置匹配功能表：

匹配通道号　匹配功能

01 音量，可在 2～7 之间调整；

02 音频，可在 0～4(500～200 Hz)之间调整。

17.3 刮水器故障诊断

17.3.1 传统刮水器故障诊断

1. 刮水器不工作

上海大众桑塔纳 2000 刮水器电路，如图 17－8 所示。刮水器不工作的故障诊断流程如表 17－6 所示。

表 17－6　上海大众桑塔纳 2000 刮水器不工作的故障诊断流程

步骤	检测诊断操作	检测结果	是	否
1	检查刮水器熔断丝是否良好	刮水器熔断丝是否良好	转至第 2 步	换刮水器熔断丝
2	刮水器开关打到低速挡，试灯检测刮水器电动机插头	是否有低速挡电源输入	转至第 3 步	转至第 4 步
3	检测刮水器电动机搭铁是否良好	刮水器连动杆机件是否卡滞	刮水器卡滞，电动机外壳搭铁不良	刮水器电动机故障
4	刮水器开关打到高速挡，试灯测试刮水器电动机插头	是否有高速挡电源输入	刮水器电动机故障	转至第 5 步
5	检测刮水器开关是否有电源	刮水器开关是否有电源	转至第 6 步	刮水器电源熔断丝或线路故障
6	刮水器开关打到低速或高速挡，开关插头是否有电源输出	检测是否电源输出正常	转至第 7 步	刮水器开关故障
7	检测刮水器开关插头到刮水器电动机插头线路通断	检测线路是否相通	刮水器开关或刮水器电动机插头故障	线路断路

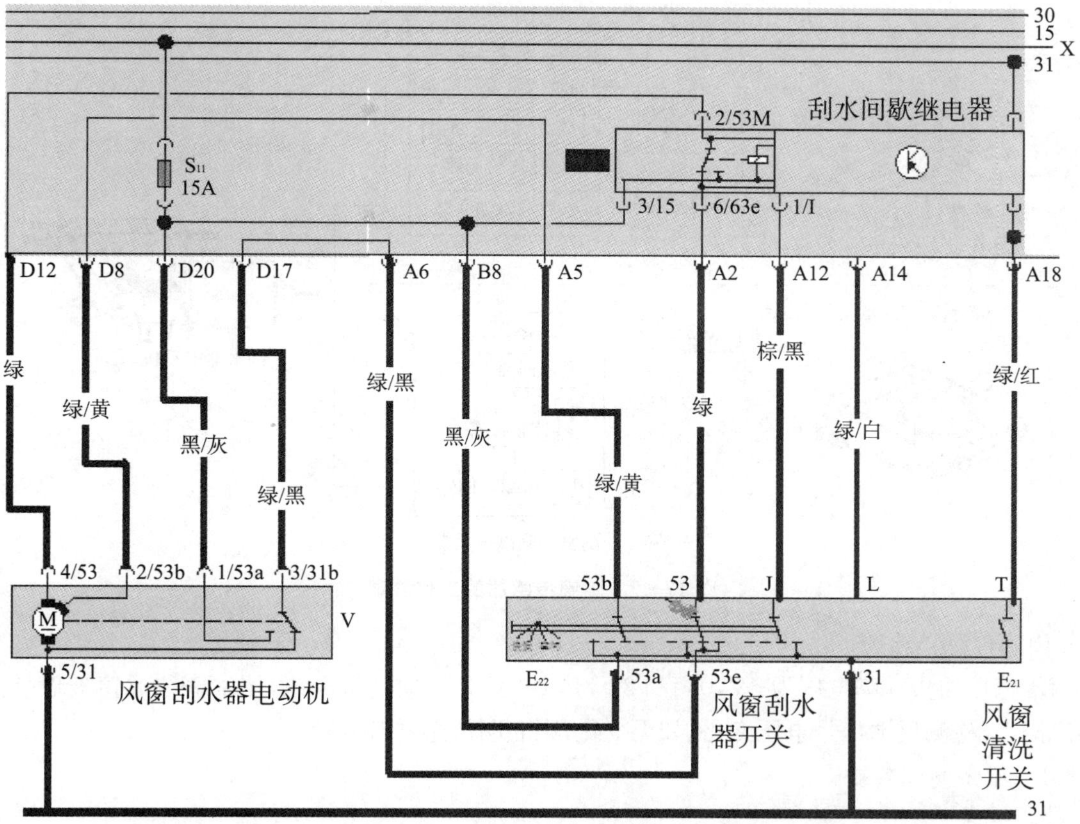

图 17－8　上海大众桑塔纳 2000 刮水器电路图

2. 刮水器无间歇挡

1）故障诊断流程

刮水器无间歇挡的故障诊断流程如表 17－7 所示。

表 17－7　刮水器无间歇挡故障诊断流程

步骤	检测诊断操作	检 测 结 果	是	否
1	检查刮水器低速挡是否良好	刮水器低速挡工作是否正常	转至第 2 步	刮水器低速挡故障
2	检查刮水器间歇继电器电源是否正常	刮水器间歇继电器是否有电源	转至第 3 步	刮水器电源熔断丝及线路故障
3	刮水器开关打到间歇挡，检测刮水器间歇继电器是否有电信号输入	间歇信号针脚是否有电	刮水器间歇继电器故障	转至第 4 步
4	检测刮水器开关到间歇继电器线路通断	线路是否相通	刮水器开关间歇挡不良	刮水器开关到间歇继电器线路断路

2）雨滴传感器故障

(1) 雨滴传感器工作原理

雨滴传感器是一种红外线发射接收装置，它以特定的角度向风窗玻璃发射红外线光束，玻璃上的雨水多少，会对光束形成不同程度的反射，感应器也接收不同的反射光，根据不同的反射光强度，传送不同信号给控制单元，以决定刮水器是刮一次，还是连续不断地刮动。雨滴传感器的工作原理如图 17－9 所示。

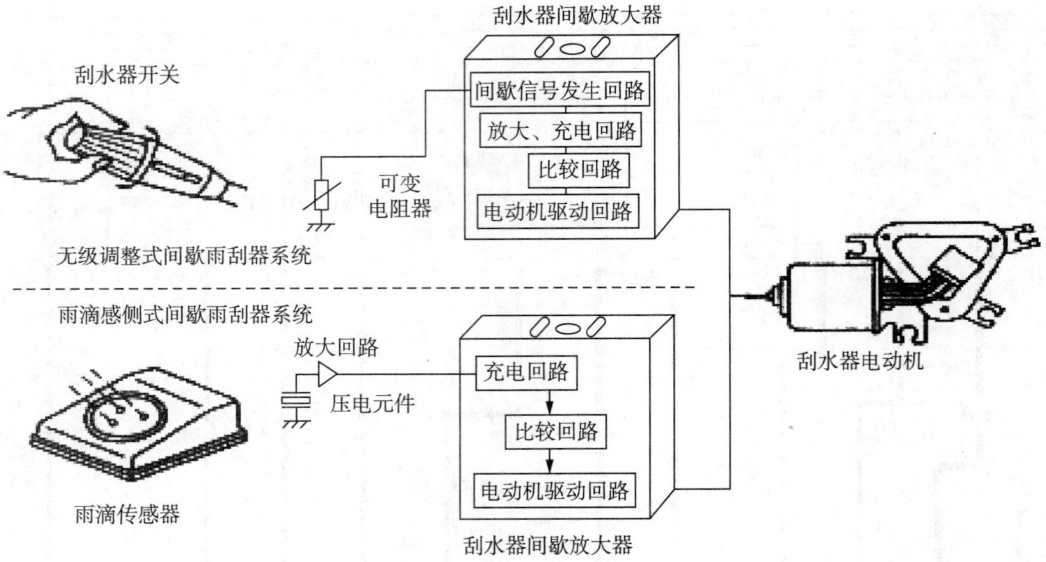

图 17－9　雨滴传感器的工作原理

（2）雨滴传感器检测

雨滴传感器插头针脚电压为 5V，0V 和 2V，其中 2V 为反馈信号电压，用水壶往风窗玻璃外雨滴传感器部位浇水，检测反馈信号电压变化，如无变化，则表明传感器有故障。

3. 刮水器无复位功能

1）故障现象

无论何时关闭刮水器开关，刮水片立即停止，而不是继续运行到规定的位置才停止。

2）故障诊断流程

刮水器无复位功能的故障诊断流程如表 17－8 所示。

表 17－8　　刮水器无复位功能的故障诊断流程

步骤	检测诊断操作	检测结果	是	否
1	检查刮水器电动机电源是否正常	刮水器电动机插头是否有电源	转至第 2 步	刮水器熔断丝及线路故障
2	检查刮水器电动机复位开关触点是否正常	刮水器电动机盖板触点是否正常导通	转至第 3 步	刮水器电动机复位触点故障
3	检测刮水器电动机插头复位针脚到刮水器开关插头复位针脚通断情况	线路是否连通	转至第 4 步	刮水器电动机到刮水器开关线路断路
4	检测刮水器开关复位触点是否良好	复位针脚与低速针脚是否相通	刮水器开关插头及线路故障	刮水器开关故障

4. 刮水器复位不在最低位置

1）故障现象

每次关闭刮水器开关后，刮水器片不是停在风窗玻璃最低位置。

2）故障原因

刮水片不停在最低位，主要是刮水器连动杆固定在刮水器电动机上的位置不对或滑动，与电路无关，大多是由于更换新刮水器电动机或连动杆固定螺栓松滑错位引起。

3）排除方法

（1）关闭点火开关；

（2）拆卸刮水器电动机固定连动杆连接螺栓，卸掉连接杆，如图 17－10 所示；

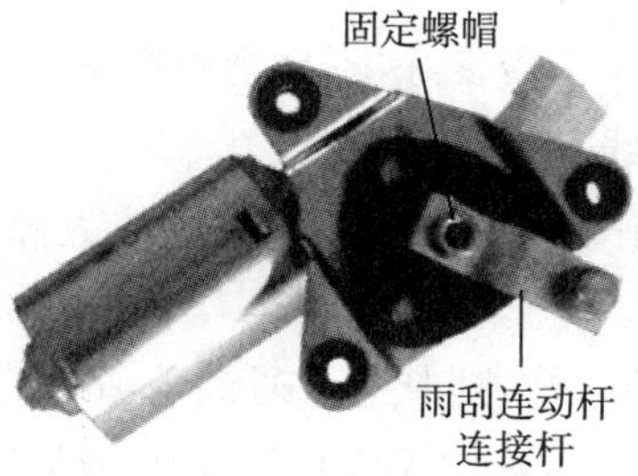

图 17－10　刮水器电动机调整螺帽

（3）打开点火开关，拨动刮水器开关，让刮水器电动机自由运转，再关闭刮水器开关，让刮水器电动机自动定位停止，再关闭点火开关；

（4）将刮水器片拨放到前挡玻璃右侧最低点位置；

（5）装复刮水器连动杆连接杆于最低固定位置，保持刮水器片不移动，安装螺栓紧固；

（6）调试刮水器，观察刮水片是否停在最低位置。

17.3.2　电控刮水器故障诊断

1. 控制原理

新款车型刮水器由电控单元控制，奥迪 A6L 刮水器控制电路，如图 17－11 所示，刮水器开关将刮水

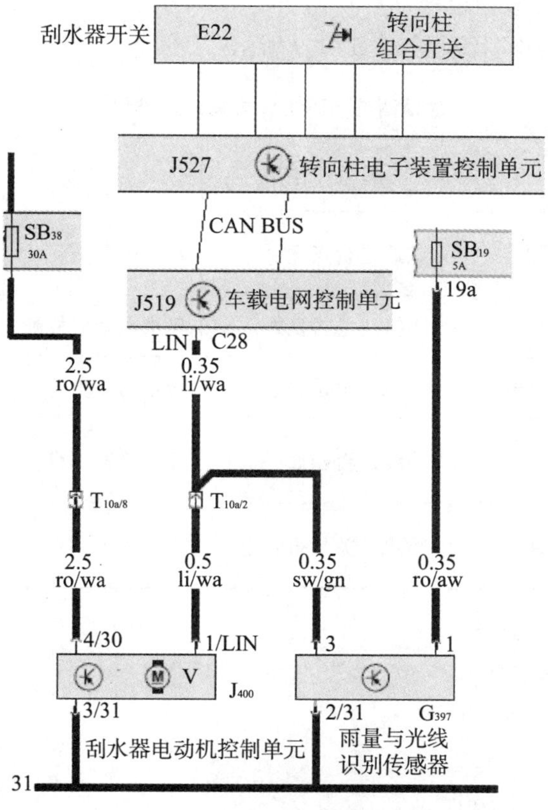

图 17－11　奥迪 A6L 刮水器控制电路图

器信号输入转向柱控制单元(J527),转向柱控制单元与车载网络控制单元(J519)之间通过CAN BUS网络信号传送,车载网络控制单元接收到刮水器开关的信息后,发送刮水器工作指令信号给刮水器电动机单元(J400),驱动刮水器电动机工作。

2. 故障诊断流程

(1) 检测刮水器电动机单元的电源是否良好,不良则更换刮水器熔断丝;

(2) 检查刮水器电动机单元搭铁线是否良好;

(3) 连接诊断仪,选择转向柱控制单元(通道号16),读取故障码,有故障码则需排除故障,清除故障码;

(4) 选择读取数据测量块,进入转向柱控制单元(通道号16),选取刮水器开关,查看数据流,拨动刮水器开关,查看数据显示刮水器信号变化,数据无变化则表明刮水器开关有故障;

(5) 诊断仪选择车载网络控制系统(通道号19),读取故障码,有故障码则排除故障、清除故障码;

(6) 进入车载网络控制系统,读取数据流,观察刮水器功能信号,显示ON,说明车载网络单元收到了刮水器的信号;显示OFF,则说明未收到刮水开关信号;

(7) 进入车载网络控制单元,进行功能测试,当输入刮水器开关信号,刮水器电动机是否工作;不工作,则说明刮水器电动机单元有故障。

17.4 玻璃清洗器故障诊断

1. 玻璃清洗器不工作故障诊断流程

玻璃清洗器不工作的故障诊断流程如表17-9所示。

表17-9　　玻璃清洗器不工作故障诊断流程

步骤	检测诊断操作	检测结果	是	否
1	试灯连接喷水电动机插头,按喷水开关,是否有电源	试灯是否点亮	转至第2步	转至第3步
2	检测喷水电动机插头搭铁是否良好	搭铁线是否良好	喷水电动机故障	喷水电动机插头不良
3	检测喷水开关插头是否有电输出	电源输出是否正常	转至第4步	转至第5步
4	检测喷水开关到喷水电动机线路通断	连线是否相通	插头接触不良	线路断路
5	检测喷水开关电源是否良好	喷水开关是否有电	喷水开关不良	刮水器熔断丝及线路断路

2. 玻璃清洗液面警告故障诊断

(1) 玻璃清洗液面传感器不良;

(2) 传感器线路断路;

(3) 传感器线路搭铁。

玻璃清洗液警示灯如图17-12所示。

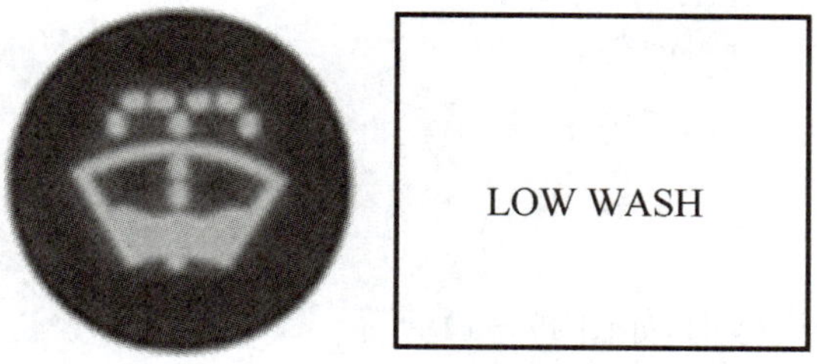

图 17－12　组合仪表玻璃清洗液警示灯

17.5　娱乐音响系统故障诊断

17.5.1　普通音响系统故障诊断

1. 音响整机不工作

1）故障现象

打开点火开关，音响面板指示无显示，打开音响电源开关，音响无任何反应。

2）故障诊断

(1) 检查音响电源及线路

① 检查音响常电源熔断丝及插头线路；

② 检查音响 ACC 电源熔断丝及插头线路；

③ 检查音响主机自带熔断丝，如图 17－13 所示；

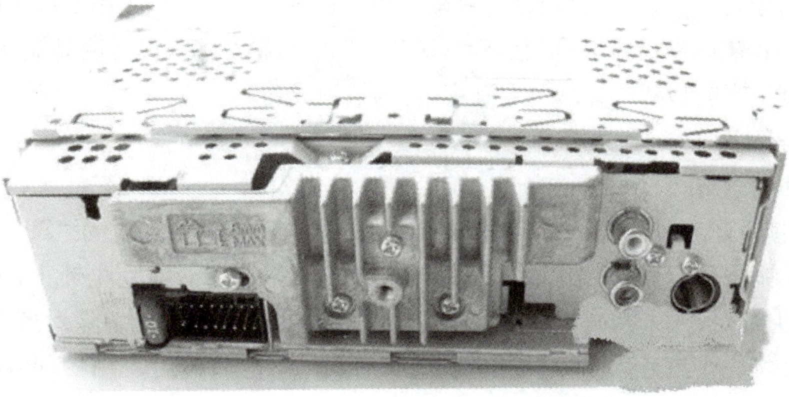

图 17－13　音响主机自带电源熔断丝

④ 检修音响主板保护二极管。

(2) 检查音响搭铁线路

① 检查音响外壳搭铁性能；

② 检查音响线路搭铁线是否良好。

(3) 音响防盗解码

① 确定音响是否防盗锁止的方法如下：

a. 音响面板防盗指示灯点亮或闪烁；

b. 音响面板标有“ANTI－THEFT”字样；

c. 音响面板液晶显示器显示防盗信息。

i. 字样“CODE”：奔驰，宝马，本田等车型；

ii. 字样“SEC”：丰田；

iii. 字样“SAFE”：大众。

东风本田 CR－V 音响防盗标识，如图 17－14 所示。

图 17－14　东风本田 CR－V 音响防盗锁止

② 音响解码方法

a. 有密码解码程序(以奥迪 A6 为例)

i. 点火开关位于 ACC 挡，打开音响开关，显示屏显示“SAFE”字样；

ii. 同时按下“AM/FM”和“SCAN”键，直至液晶显示屏显示“1000”，松开按键；

iii. 通过面板数字键，输入音响密码，“1”键输入第 1 位密码，“2”键输入第 2 位密码，依次类推；

iv. 输入的密码正确无误后，再同时按下“AM/FM”和“SCAN”键，观察液晶显示屏显示“SAFE”字样后放开按键，片刻后音响显示屏显示电台频率，音响解锁成功。

b. 无密码解码程序

c. 通用码解锁(以丰田车为例)

丰田音响防盗锁止，会出现“HELP”或“SEC”两种情况，如果音响屏幕显示“SEC”，说明音响没有完全锁死，通过输入正确密码，可以解锁；如果屏幕出现“HELP”，表示音响完全锁止，需要通用码(6 位数密码)才能解锁。如果 3 次输入密码不正确，音响将完全锁死，通用码才能解除。当密码遗失时，可以输入错误密码，直至音响完全锁死，再通过通用码解锁，通用码解除防盗后，音响不再具备防盗功能，若需要可重新设置防盗功能。通用码解码程序如下：

i. 把音响的 PWR－VOL 按键关闭；

ii. 点火开关打开到“ACC”位置；

iii. 同时按下 PWR－VOL 键和音响面板上[1]、[4]、[6]键，直到屏幕显示“SEC”字样，丰田雷克萨斯音响面板，如图 17－15 所示；

iv. 同时按下[1]键和“TUNE SEEK∧”键，直到出现“△……”，输入通用码前三位数字；

v. 同时按下[1]键和“TUNE SEEK∨”键，直到出现“▽……”，输入通用码后三位数字；

vi. 按下“SCAN”键，直到出现“SEC”然后消失；

vii. 屏幕显示电台频率，音响解锁成功。

图 17－15　丰田 LS400 音响面板

d. 数据处理仪器解码

i. 拆开音响外壳，在音响主板上查找到音响密码芯片，如图 17－16 所示；

ii. 用小功率电烙铁仔细焊下芯片；

iii. 将芯片置于编程器上，读取音响密码数据；

iv. 重新将芯片焊上音响主板，装机；

v. 使用读取的密码，解除防盗。

图 17－16　三菱帕杰罗音响防盗密码芯片

2. 音响面板显示正常，但无声音

(1) 检查音响有无静音设置；

(2) 检查音响扬声器及线路是否良好；

(3) 检查扬声器线路是否搭铁；

(4) 检查音响功放器是否良好；

(5) 检查更换音响主板功放集成块。

3. 电台收音正常，唱碟不工作

(1) 碟片问题；

(2) 唱碟功能设置；

(3) 放碟器故障；

(4) 激光头脏污；

(5) 分体式读碟器及线路故障;

(6) 音响过热。

4. 收音性能不良

(1) 电台制式设置不正确;

(2) 收音机天线是否良好;

(3) 天线连线不良。

5. 左、右声道不良

(1) 左、右声道调整设置不良;

(2) 扬声器故障;

(3) 扬声器线路搭铁;

(4) 扬声器线路短路;

(5) 功放器或功放模块故障。

6. 音响虚假故障排除

1) 复位键的使用

(1) 有些音响主机,如健伍 KRC970 系列产品,断电后若马上通电,收音制式就会改变。若要恢复原有的收音制式,可按复位键恢复,如果不能恢复,可把电源线断开,等待 3 min 后再接上即可。

(2) 带有曲目编程的高级主机,有时由于操作不当,会产生错误或发生死机现象,这时候可用复位键来清除错误记忆。

(3) 索尼 XR C5200、XR6200 等机型安装后,有时会出现操作无任何反应的情况,可以将面板取下,按左下方的复位键 2 s 以上,再把面板装好开机即可。

(4) 健伍 KRC487 磁带放音时,按下按钮不能正常运转,这是微处理机故障。排除方法是按下前面板的复位按钮便可解决问题。

(5) 健伍换片机显示播放正常但无声音,这也是微处理机未正常运转。排除方法是按下装置的复位按钮。

2) 音量平衡的使用

由于汽车音响面板的面积小,所以按键不可能设计过多。这样一来,在功能多的情况下,一个按键就要担负多种功能的操作。在音量平衡调整不当或操作错误时,经常会出现左右或前后有一侧扬声器不响,甚至只有一只扬声器响的情况,可以对照使用说明书,调整音量平衡按钮,使之达到音量平衡为止。

3) 反复放音功能

有时在使用过程中不注意,触到了反复播放按钮,如索尼机会出现反复播放一首曲目(REP-1)或反复播放一张唱片(REP-2)的现象,这是正常现象,要恢复正常播放模式时,只要按下“SHIFT”键,然后再反复按下 3(PLAY-MODE)选择“REP-OFF”即可。

4) 如何将显示完全关闭

有许多车型点火开关没有“ACC”挡位,因此音响不受点火开关控制。索尼音响在关闭音响后,面板时钟还在显示,这样既耗电又会使音响显示加速老化。解决方法:在索尼机底部有一个 A-B 转换开关,可以选择,也有用复位按钮来转换的。可参照使用说明书操作。如果实在没有这种功能,则要另加一个控制“ACC”的开关。

5) 收音效果

音响收音接收效果不好时,首先检查主机是否正常,然后重点检查天线是否有短路、断路和接地现象。更换过新的音响之后,出现收音机接收效果不好,有可能是换装天线方面处理不当。如窗式天线、经过特殊处理才可以正常接收，所以必须清楚改装方法，否则肯定影响收听。

电子天线和综合天

6) 音响保

音响在荡时无声音现象，检查主机无故障后，需要重点检查音响扬声器线路是否有搭铁短

路现象，日输出保护电路，当任一扬声器短路时，全部扬声器都将不响，起到保护功放器的作用。

17.5 响系统故障诊断

通过汽车电控系统诊断网络连接，音响系统具有故障自诊断功能，通过诊断仪器，可

能操作。

（以奥迪车型为例）

众诊断仪（或其他合适仪器）；

通道 47（音响系统）；

通道 01，读取音响系统零件号和属性，如表 17－10 所示；

择读取故障码，读取音响系统故障码；

选取清除故障码；

(6) 选取通道 07，控制单元编码；

(7) 选择读取数据测量块；

(8) 选取通道 04，自适应设定，设置音量大小，左右声道等功能；

(9) 选择执行元件测试。

表 17－10 音响零件号和属性

4C0035186	收音机备件号
Radio	部件名称（收音机）
D01	收音机软件版本号
CODING 00207	收音机编码
WSC 00000	服务站代码

2. 防盗解码

网络控制的娱乐音响系统，音响防盗没有密码，防盗功能通过车身网络防盗系统控制发，只能通过专用诊断仪按解除防盗设置的程序解除防盗状态。因此，此类音响系统非加装，都难以正常工作，只能使用原车音响系统。

如下为别克陆尊音响解码方法：

(1) 连接别克诊断仪 TECH－Ⅱ；

(2) 接通点火开关，ON；

(3) 选取屏幕“主菜单”[Main menu]，选择“诊断”[Diagnostics]，在 Identification]栏选择“年款车型”[Model Year]，“车系”[Vehicle Line]；

(4) 进入“系统选择菜单”[System Selection Menu]选择“车身”[Body]；

(5) 进入“车身”[Body]系统，选择“收音机”[Radio]；

(6) 选择“Vin 号设置”[Vin Setup]屏幕将显示“是否清除收音机防盗 Radio Theft Information?]；

(7) 选择“开始清除”[Begin Clearing]，按下按键，屏幕将显示“

[Clearing Radio Theft In Progress]；

(8) 当屏幕显示“收音机防盗信息已清除，请重新点火”[Please Cycle The Ig
Information Was Cleared]时，把钥匙 OFF，然后再 ON；

(9) 设置完成，诊断仪按“EXIT”退出；

(10) 打开音响电源，则电台频率出现，音响防盗解除。

17.5.3 MOST 光纤传输影音系统故障诊断

1. MOST 结构与工作原理(以奥迪车型为例)

奥迪 C6 车系装配了 Multi Media Interface(多媒体界面)系统，简称 MMI。它集成了车辆控
能设定、信息娱乐、导航系统、车载电话等多项功能，驾驶人可方便快捷地从中查询、设置、切换车辆
的各种信息，从而使车辆达到理想的运行和操纵状态。

MMI 系统外观部件主要有显示屏和操作单元。驾驶人通过操控装置的按键输入信息，该信息被传
送至多媒体操作和显示控制单元(即 MMI 的主控单元)，然后由控制单元控制显示单元〈显示屏〉显示相
信息。系统可通过操作面板上的开关键打开或关闭，显示单元可通过其旁边的开关单独打开或关闭。

系统内部则由多媒体操作、显示控制单元和其他功能系统控制单元共同组成，包括 CD 播放器、车载
制单元、导航控制单元、收音机、音响控制单元、TV 调谐器、网关等。

MMI 系统传递交换的信息量较大，各控制单元采用光导纤维相互连接并传递信息，这种传输
体导向系统传输(Media Oriented System Transport)，简称为 MOST 总线。其信息传输速
Mb/s，明显高于其他传输方式，如控制器区域网络(CAN)总线等，所以能满足信息娱乐系
据传输的要求，从而保证了良好的工作品质。

线的本质在于它的环形连接结构，按照环形的顺时针顺序，各控制单元通过光导纤维将信
下一个控制单元，下一个控制单元接收到信号后，在使用信号的同时，再把该信息发
该过程一直持续到信息重新被最初发出的控制单元接收到为止，如图 17－17 所示。
成了封闭的环形。

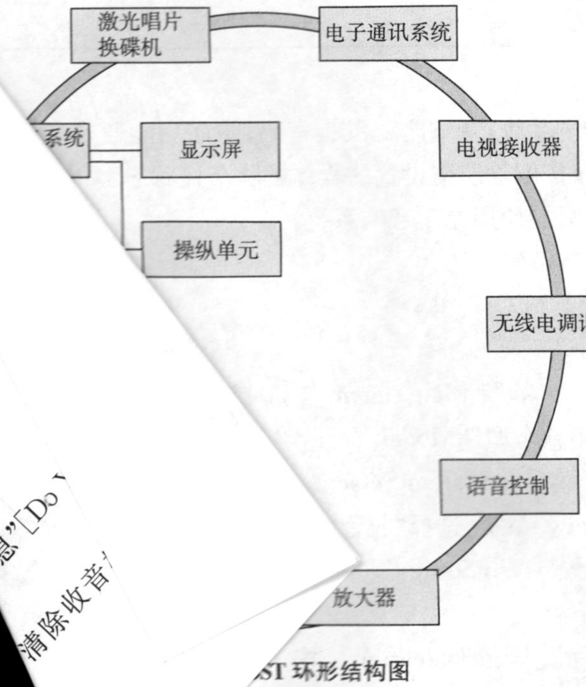

ST 环形结构图

电子天线和综合天线等，要经过特殊处理才可以正常接收，所以必须清楚改装方法，否则肯定影响收听。

6）音响保护电路

音响在使用中出现震荡时无声音现象，检查主机无故障后，需要重点检查音响扬声器线路是否有搭铁短路现象，因为音响设计有输出保护电路，当任一扬声器短路时，全部扬声器都将不响，起到保护功放器的作用。

17.5.2 网络控制音响系统故障诊断

网络音响系统通过汽车电控系统诊断网络连接，音响系统具有故障自诊断功能，通过诊断仪器，可以诊断故障码和功能操作。

1. 故障诊断（以奥迪车型为例）

(1) 连接大众诊断仪（或其他合适仪器）；

(2) 选择通道 47（音响系统）；

(3) 选择通道 01，读取音响系统零件号和属性，如表 17－10 所示；

(4) 选择读取故障码，读取音响系统故障码；

(5) 选取清除故障码；

(6) 选取通道 07，控制单元编码；

(7) 选择读取数据测量块；

(8) 选取通道 04，自适应设定，设置音量大小，左右声道等功能；

(9) 选择执行元件测试。

表 17－10　音响零件号和属性

4C0035186	收音机备件号
Radio	部件名称（收音机）
D01	收音机软件版本号
CODING　00207	收音机编码
WSC　00000	服务站代码

2. 防盗解码

网络控制的娱乐音响系统，音响防盗没有密码，防盗功能通过车身网络防盗系统控制，一旦防盗触发，只能通过专用诊断仪按解除防盗设置的程序解除防盗状态。因此，此类音响系统非法安装、改装、加装，都难以正常工作，只能使用原车音响系统。

如下为别克陆尊音响解码方法：

(1) 连接别克诊断仪 TECH－Ⅱ；

(2) 接通点火开关，ON；

(3) 选取屏幕“主菜单”[Main menu]，选择“诊断”[Diagnostics]，在“车辆识别”[vehicle Identification]栏选择“年款车型”[Model Year]，“车系”[Vehicle Line]；

(4) 进入“系统选择菜单”[System Selection Menu]选择“车身”[Body]；

(5) 进入“车身”[Body]系统，选择“收音机”[Radio]；

(6) 选择“Vin 号设置”[Vin Setup]屏幕将显示“是否清除收音机防盗信息”[Do You Want To Clear Radio Theft Information?]；

(7) 选择“开始清除”[Begin Clearing]，按下按键，屏幕将显示“清除收音机防盗信息进行中”

[Clearing Radio Theft In Progress]；

(8) 当屏幕显示“收音机防盗信息已清除，请重新点火”[Please Cycle The Ignition, Radio Theft Information Was Cleared]时，把钥匙 OFF，然后再 ON；

(9) 设置完成，诊断仪按“EXIT”退出；

(10) 打开音响电源，则电台频率出现，音响防盗解除。

17.5.3 MOST 光纤传输影音系统故障诊断

1. MOST 结构与工作原理(以奥迪车型为例)

奥迪 C6 车系装配了 Multi Media Interface(多媒体界面)系统，简称 MMI。它集成了车辆控制、功能设定、信息娱乐、导航系统、车载电话等多项功能，驾驶人可方便快捷地从中查询、设置、切换车辆系统的各种信息，从而使车辆达到理想的运行和操纵状态。

MMI 系统外观部件主要有显示屏和操作单元。驾驶人通过操控装置的按键输入信息，该信息被传送至多媒体操作和显示控制单元(即 MMI 的主控单元)，然后由控制单元控制显示单元〈显示屏〉显示相关信息。系统可通过操作面板上的开关键打开或关闭，显示单元可通过其旁边的开关单独打开或关闭。

系统内部则由多媒体操作、显示控制单元和其他功能系统控制单元共同组成，包括 CD 播放器、车载电话控制单元、导航控制单元、收音机、音响控制单元、TV 调谐器、网关等。

由于 MMI 系统传递交换的信息量较大，各控制单元采用光导纤维相互连接并传递信息，这种传输方式称为媒体导向系统传输(Media Oriented System Transport)，简称为 MOST 总线。其信息传输速率可达 21.1 Mb/s，明显高于其他传输方式，如控制器区域网络(CAN)总线等，所以能满足信息娱乐系统高速率数据传输的要求，从而保证了良好的工作品质。

MOST 总线的本质在于它的环形连接结构，按照环形的顺时针顺序，各控制单元通过光导纤维将信息发给与之相邻的下一个控制单元，下一个控制单元接收到信号后，在使用信号的同时，再把该信息发给后面的控制单元，该过程一直持续到信息重新被最初发出的控制单元接收到为止，如图 17-17 所示。至此，该信息传递过程构成了封闭的环形。

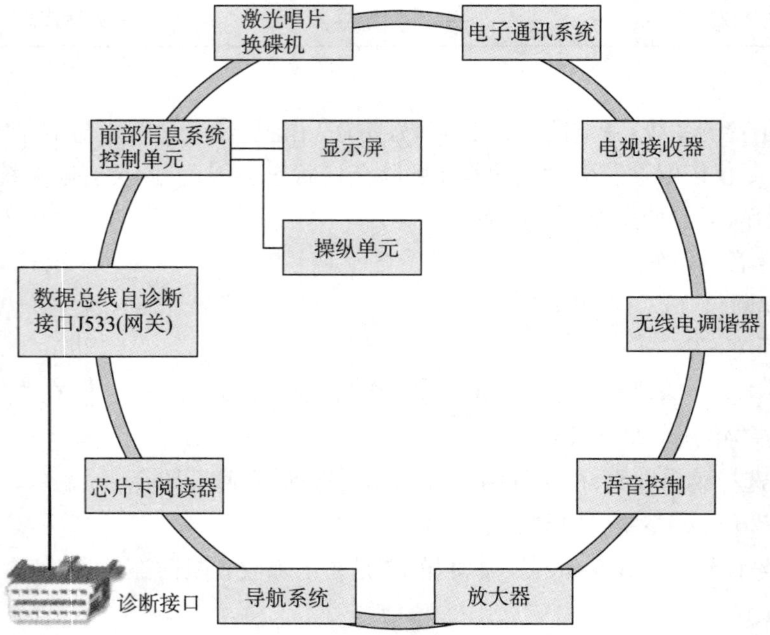

图 17-17 MOST 环形结构图

在 MOST BUS 环形网络结构中，系统管理器和故障诊断管理器一起负责 MOST BUS 中的系统管理功能。

2. MOST 网络故障诊断

MOST BUS 网络的故障诊断功能是通过数据总线故障诊断接口（网关 J533）和 CAN Diagnose（诊断总线）来进行，如图 17－18 所示。如果数据传输在 MOST BUS 中的一点断开，因其环形结构称其环路断开。环路断开后产生的故障有：

(1) 声音和图像给出中断；

(2) 通过多媒体操作单元的操作和设置的中断；

(3) 在故障诊断管理器故障存储器中记录光纤数据总线中断的故障存储。

环路断开的原因可能是：

(1) 光波导体中断；

(2) 发射或接收器控制单元电源故障；

(3) 发射或接收器控制单元故障。

要确定环路断开的位置，必须实施环路断开故障诊断。环路断开故障诊断是故障诊断管理器执行机构故障诊断的一部分，因在环路断开时，在 MOST BUS 中不可能进行数据传输，故环路断开故障诊断需要在故障诊断线路的帮助下进行工作。

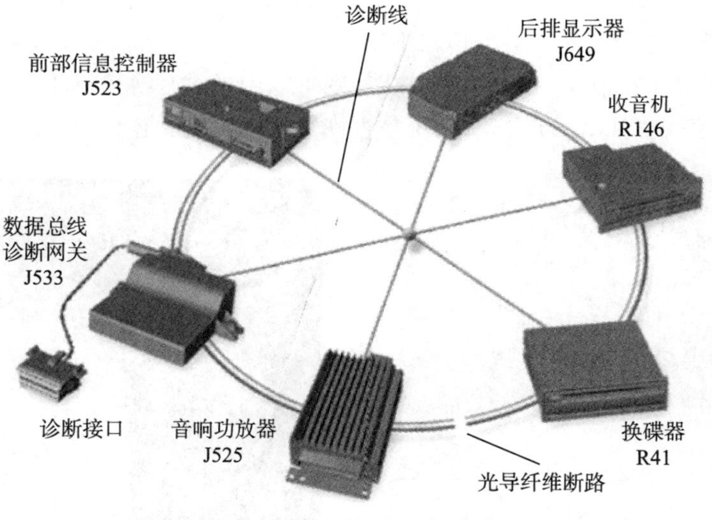

图 17－18　MOST BUS 网络诊断系统原理图

故障诊断线路通过中央线路连接与 MOST BUS 中每个控制单元以星形布局的形式相连，在环路断开故障诊断程序导入后，故障诊断管理器（网关 J533）通过故障诊断线路发射脉冲到各控制单元，所有的控制单元在 FOT 发射单元的帮助下发射检测光波信号。它们在此时检查 2 个测试项目：电源和内部电器功能；光纤环路中前一个控制单元的信号接收情况。MMI 系统电路原理，如图17－19所示。

MOST BUS 中每个控制单元在一个软件中设定的时间后进行应答，在环路断开故障诊断程序和控制单元应答之间时间间隔记录的帮助下，故障诊断管理器（网关 J533）识别是哪个控制单元发送了应答。

环路断开故障诊断程序导入后，各控制单元分别通过故障诊断导线发送 2 个信息：

(1) 控制单元电器正常，意味着控制单元的电器功能正常；

(2) 控制单元光学上正常，说明在其光电二极管上接收到了在环路里排列在其之前的控制单元的光

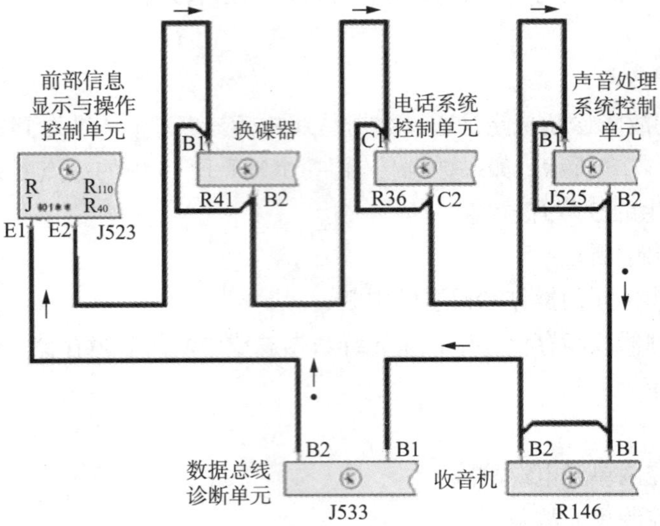

图 17－19　MMI 系统电路原理图

线信号。

通过这些信息，故障诊断管理器（网关 J533）就可以识别出两类故障：

(1) 是否在系统内有电器故障或电源故障；

(2) 在哪些控制单元之间的光学数据传输中断。

若 MOST BUS 中某个控制单元内有电器故障，则可以用光学替换控制单元 VAS 6186 来替换出现故障的控制单元，再继续观察 MOST BUS 系统是否恢复正常。光学替代仪如图 17－20 所示。

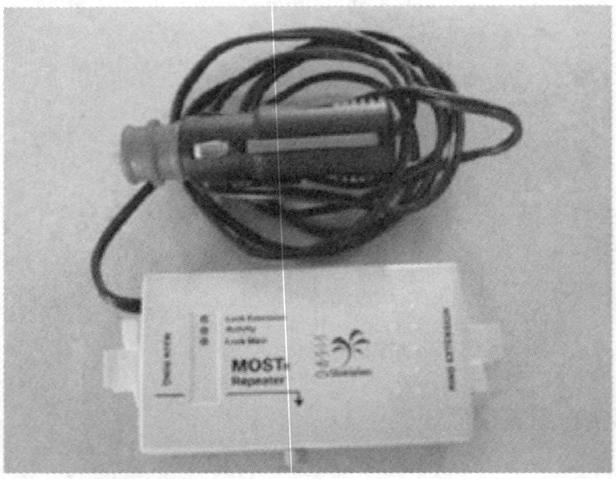

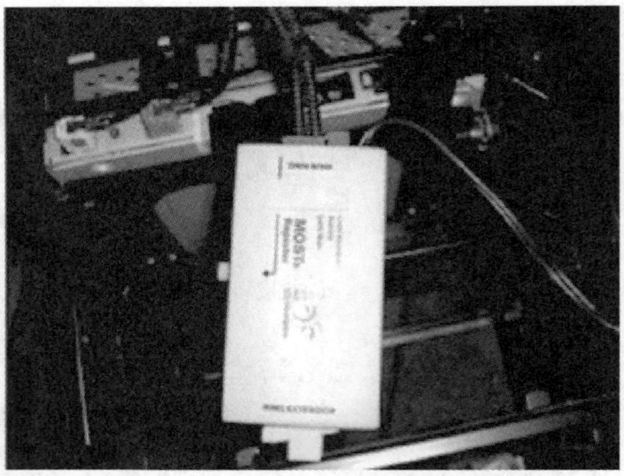

图 17－20　光学替代单元

本章小结

(1) 汽车喇叭电路分继电器控制、无继电器控制和 BCM 控制三种。

(2) 汽车倒车雷达有原装倒车雷达系统和加装倒车雷达装置，倒车雷达系统可以人工诊断故障，或诊断仪诊断故障码。

(3) 传统刮水器常见的故障有刮水器不工作，刮水片不复位，刮水片定位不准确，刮水器无间歇挡等。

(4) 电控刮水器系统故障通过诊断仪诊断故障码和数据流诊断故障。

(5) 玻璃清洗器系统的常见故障有玻璃清洗器不工作，玻璃清洗液位警告系统故障。

(6) 汽车音响系统包括收音机、盒式收放机、光碟播放器、多媒体影音系统等。

(7) 汽车音响防盗解码分有密码解除和无密码解除方法。

复习思考题

1. 不带继电器的喇叭电路，加装一只继电器，电路如何设计？
2. 一针脚喇叭能否不用继电器控制？
3. 刮水器开关关闭至 OFF，刮水器继续运转不停止，可能的故障原因是什么？
4. 如何检测电控刮水器系统刮水器电动机单元的控制信号？
5. 叙述本田音响有码防盗解码操作步骤。

18 汽车灯光照明系统故障诊断

学习目标

知识目标

(1) 了解汽车灯光照明系统的控制原理；

(2) 熟悉汽车灯光系统电路原理及故障诊断方法；

(3) 掌握检修和排除汽车灯光电路线路故障的方法。

能力目标

(1) 学会排除尾灯不亮故障；

(2) 学会排除转向灯不亮或闪烁不正常的故障；

(3) 学会更换前照灯灯泡，检修前照灯系统故障；

(4) 学会更换制动灯开关并检修制动灯电路故障；

(5) 学会检修雾灯不亮故障；

(6) 学会检修倒车灯不亮故障。

18.1 尾灯故障诊断

尾灯,又称驻车灯,示宽灯等。控制系统分为继电器控制尾灯系统,无继电器控制尾灯,电控单元控制尾灯系统。

18.1.1 无继电器控制尾灯故障诊断

1. 常见故障现象

(1) 尾灯全部不亮;

(2) 部分尾灯不亮;

(3) 尾灯亮度不够;

(4) 尾灯熔断丝易熔断。

2. 故障诊断流程

上海大众桑塔纳2000尾灯控制电路,如图18-1所示。尾灯的控制不带继电器,由灯光开关直接控制,尾灯不亮的故障诊断流程,如表18-1所示。

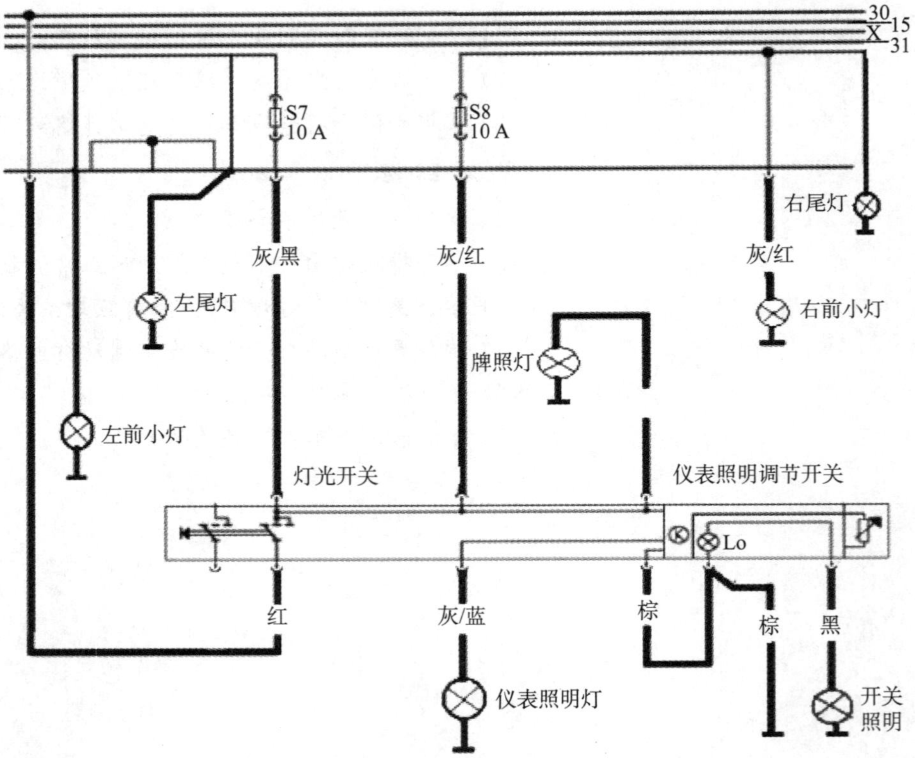

图18-1 上海大众桑塔纳2000尾灯控制电路图

表18-1 上海大众桑塔纳2000尾灯不亮的故障诊断流程

步骤	检测诊断操作	结　果	是	否
1	试灯连接尾灯插头,打尾灯开关	试灯是否点亮	尾灯泡及灯座故障	转至第2步

（续表）

步骤	检测诊断操作	结　　果	是	否
2	检查尾灯熔断丝性能	熔断丝是否良好	转至第 3 步	熔断丝不良
3	打开尾灯开关，试灯测量尾灯熔断丝是否有电	试灯是否点亮	转至第 4 步	转至第 5 步
4	检测熔断丝到尾灯线路通断	线路是否良好	熔断丝座不良	熔断丝到尾灯线路断路
5	拆卸灯光开关，试灯测量开关电源针脚	尾灯开关是否有电源	转至第 6 步	尾灯开关电源断路
6	尾灯开关打到第一挡，试灯测量开关的尾灯输出针脚是否有电输出	试灯是否点亮	转至第 7 步	灯光开关故障
7	测量开关到熔断丝座线路通断	线路是否良好	连接插头不良	开关至熔断丝线路断路

18.1.2　尾灯继电器控制

1. 故障诊断

丰田卡罗拉尾灯控制电路，如图 18－2 所示。根据电路图，尾灯不亮的故障诊断流程，如表 18－2 所示。

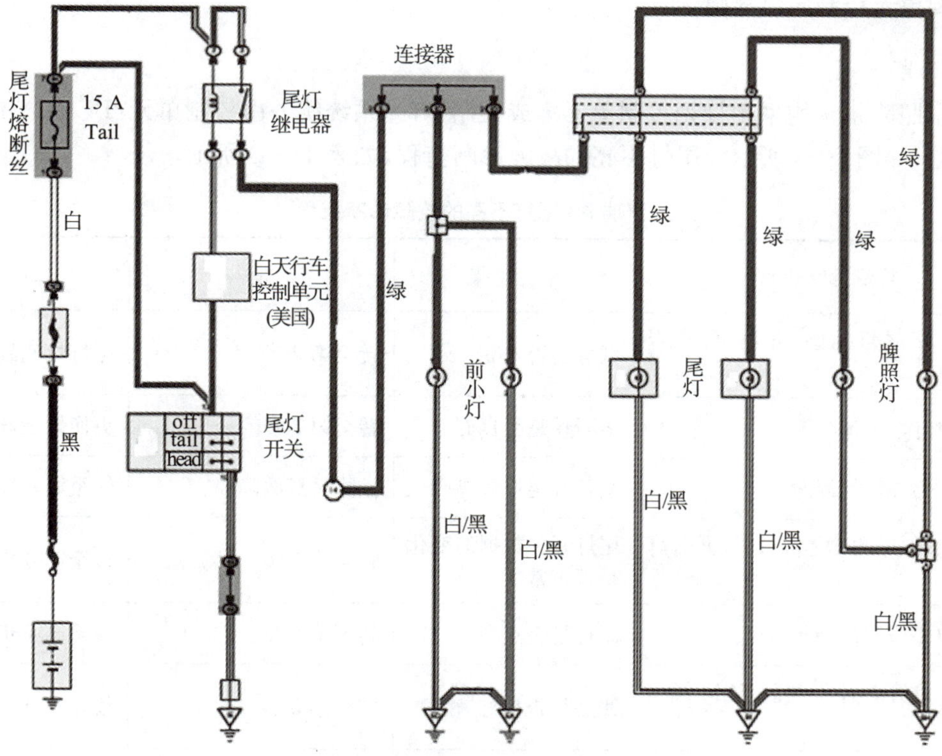

图 18－2　丰田卡罗拉尾灯控制电路图

2. 故障原因

(1) 尾灯熔断丝不良；

(2) 尾灯继电器故障；

(3) 尾灯开关故障；

(4) 尾灯线路断路故障。

表 18－2　　丰田卡罗拉尾灯不亮的故障诊断流程

步骤	检测诊断操作	结　果	是	否
1	试灯测试尾灯座插头，打开尾灯开关	尾灯是否点亮	灯泡故障	转至第 2 步
2	拔下尾灯继电器，检测继电器座电源	是否电源正常	转至第 3 步	尾灯熔断丝及电路故障
3	短接继电器座电源与尾灯插头	尾灯是否点亮	转至第 4 步	继电器到尾灯线路断路
4	试灯检测尾灯继电器座继电器线圈控制信号，试灯一端接正极，一端接控制插头，打开尾灯开关	试灯是否点亮	尾灯继电器不良故障	转至第 5 步
5	检测尾灯继电器座到灯光组合开关线路通断	是否良好	转至第 6 步	尾灯继电器到组合开关线路断路
6	检测灯光组合开关尾灯开关性能	是否良好	转至第 7 步	灯光组合开关故障
7	检测灯光组合开关搭铁线路通断	是否良好	—	开关搭铁线断路

18.1.3　控制单元控制尾灯故障

1. 故障诊断流程

新型汽车照明系统均采用灯光控制单元集成控制，灯光系统统一由控制单元(BCM)控制。奇瑞 A3 尾灯控制电路，如图18－3 所示。尾灯不亮的故障诊断流程，如表 18－3 所示。

表 18－3　　奇瑞 A3 尾灯不亮的故障诊断流程

步骤	检测诊断操作	结　果	是	否
1	试灯连接尾灯插座，开尾灯，是否有电	试灯是否点亮	转至第 2 步	尾灯灯泡故障
2	检查尾灯熔断丝状态	熔断丝是否良好	转至第 3 步	更换熔断丝
3	读取前 BCM 故障码	是否有尾灯故障码	排除尾灯故障码	转至第 4 步
4	读取灯光开关数据流；拨动尾灯开关	尾灯开关数据流变化是否正常	转至第 5 步	转至第 6 步
5	诊断仪操作尾灯动作测试	尾灯是否点亮	转至第 6 步	转至第 7 步
6	检测尾灯开关针脚到前 BCM 线路通断	线路是否良好	转至第 8 步	线路断路
7	检测前 BCM 到尾灯泡线路通断	线路是否良好	前 BCM 故障	线路断路
8	检测尾灯开关搭铁线路通断	线路是否良好	尾灯开关故障	开关搭铁不良

2. 常见故障原因

(1) 尾灯熔断丝不良;

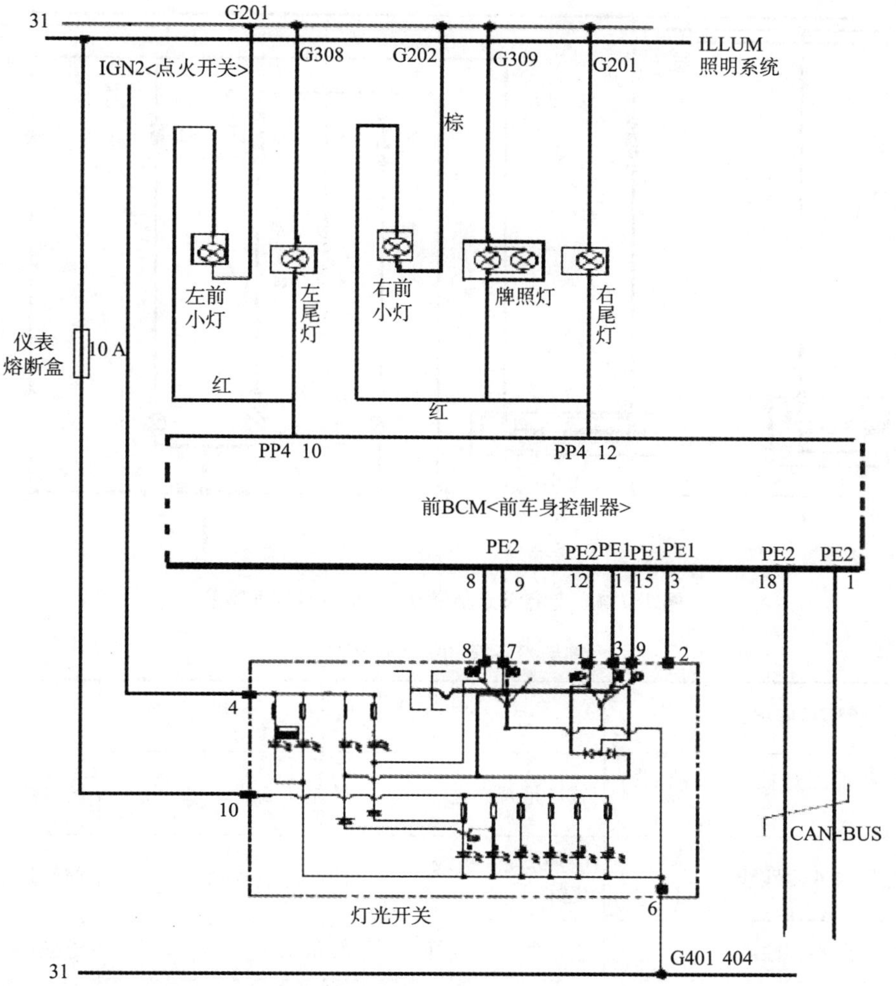

图 18－3 奇瑞 A3 尾灯控制电路图

(2) 尾灯灯座或灯泡故障;

(3) 尾灯开关故障;

(4) 前 BCM 故障;

(5) 尾灯线路断路;

(6) 尾灯搭铁线不良。

18.2 前照灯系统故障诊断

18.2.1 不带继电器控制前照灯故障诊断

1. 故障诊断流程

不带继电器前照灯系统由开关直接控制前照灯灯泡,往往灯光开关和前照灯变光开关分开独立,代表车型有大众、别克、富康、奔驰等。上海大众桑塔纳2000前照灯控制电路，如图18－4所示。前照灯不亮的故障诊断流程，如表18－4所示。

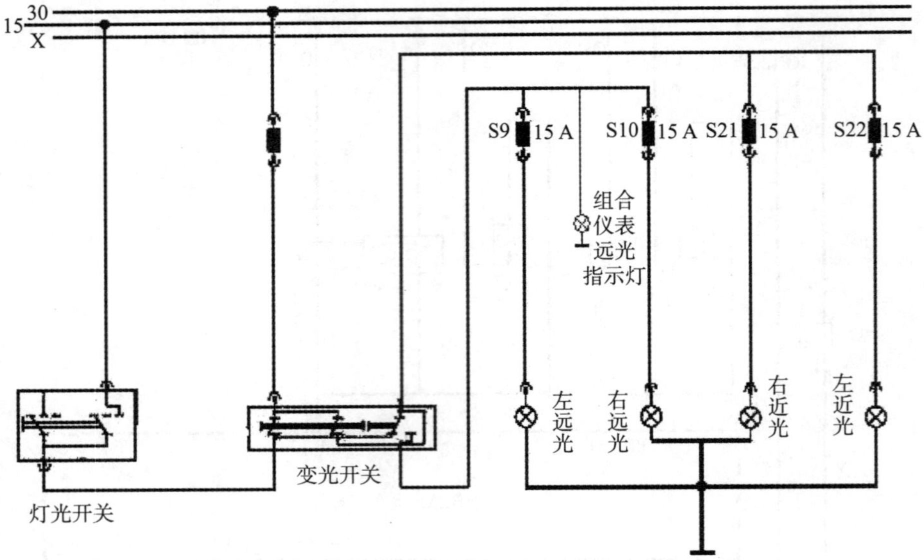

图18－4 上海大众桑塔纳2000前照灯电路图

表18－4 前照灯不亮的故障诊断流程

步骤	检测诊断操作	结　果	是	否
1	连接试灯到前照灯插头，开前照灯开关	试灯是否点亮	转至第2步	转至第3步
2	检查前照灯搭铁线性能	前照灯搭铁线是否良好	前照灯泡故障	前照灯搭铁线断路
3	检查前照灯熔断丝性能	熔断丝是否良好	转至第4步	更换熔断丝
4	拆卸灯光开关，试灯测量开关电源性能	开关插座是否有电源	转至第5步	灯光电源线断路
5	开关打到前照灯挡，试灯测试是否有电源输出	试灯是否点亮	转至第6步	灯光开关故障
6	试灯测试变光组合开关，是否有前照灯电源输入	开前照灯，试灯是否点亮	转至第7步	灯光开关到变光开关线路断路
7	变光开关打到远光，试灯测试变光开关插头是否有电源输出	试灯是否点亮	转至第9步	变光组合开关故障
8	变光开关打到近光，试灯测试变光开关插头是否有电源输出	试灯是否点亮	转至第10步	变光组合开关故障
9	检查变光开关远光针脚到熔断丝座线路通断	线路是否良好	熔断丝座内部故障	开关到熔断丝座线路断路
10	检查变光开关近光针脚到熔断丝座线路通断	线路是否良好	熔断丝座内部故障	开关到熔断丝座线路断路

2. 常见故障原因

(1) 前照灯灯丝烧断；

(2) 前照灯座插头烧蚀；

(3) 前照灯搭铁线不良；

(4) 前照灯熔断丝氧化，接触不良；

(5) 前照灯熔断丝座烧灼变形；

(6) 灯光开关故障；

(7) 变光组合开关不良；

(8) 前照灯线路断路。

18.2.2 继电器控制前照灯系统故障诊断

1. 故障诊断流程

继电器控制前照灯，可以有效保护灯光开关和线路，新款汽车大部分车型前照灯采用带继电器控制系统。代表车型：本田、丰田、宝马、别克等。丰田卡罗拉前照灯电路，如图 18-5 所示。

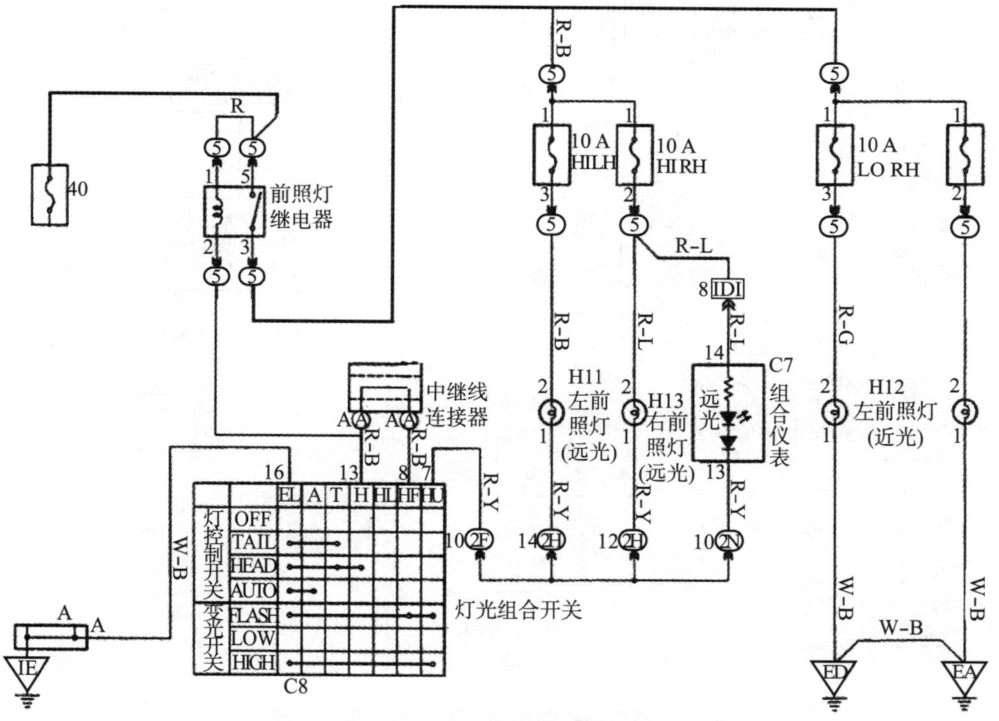

图 18-5 丰田卡罗拉前照灯电路图

根据电路图，前照灯不亮的故障诊断流程如图 18-6 所示。

2. 常见故障原因

(1) 前照灯电源熔断丝不良；

(2) 前照灯继电器故障；

(3) 灯光开关故障；

(4) 前照灯线路断路故障。

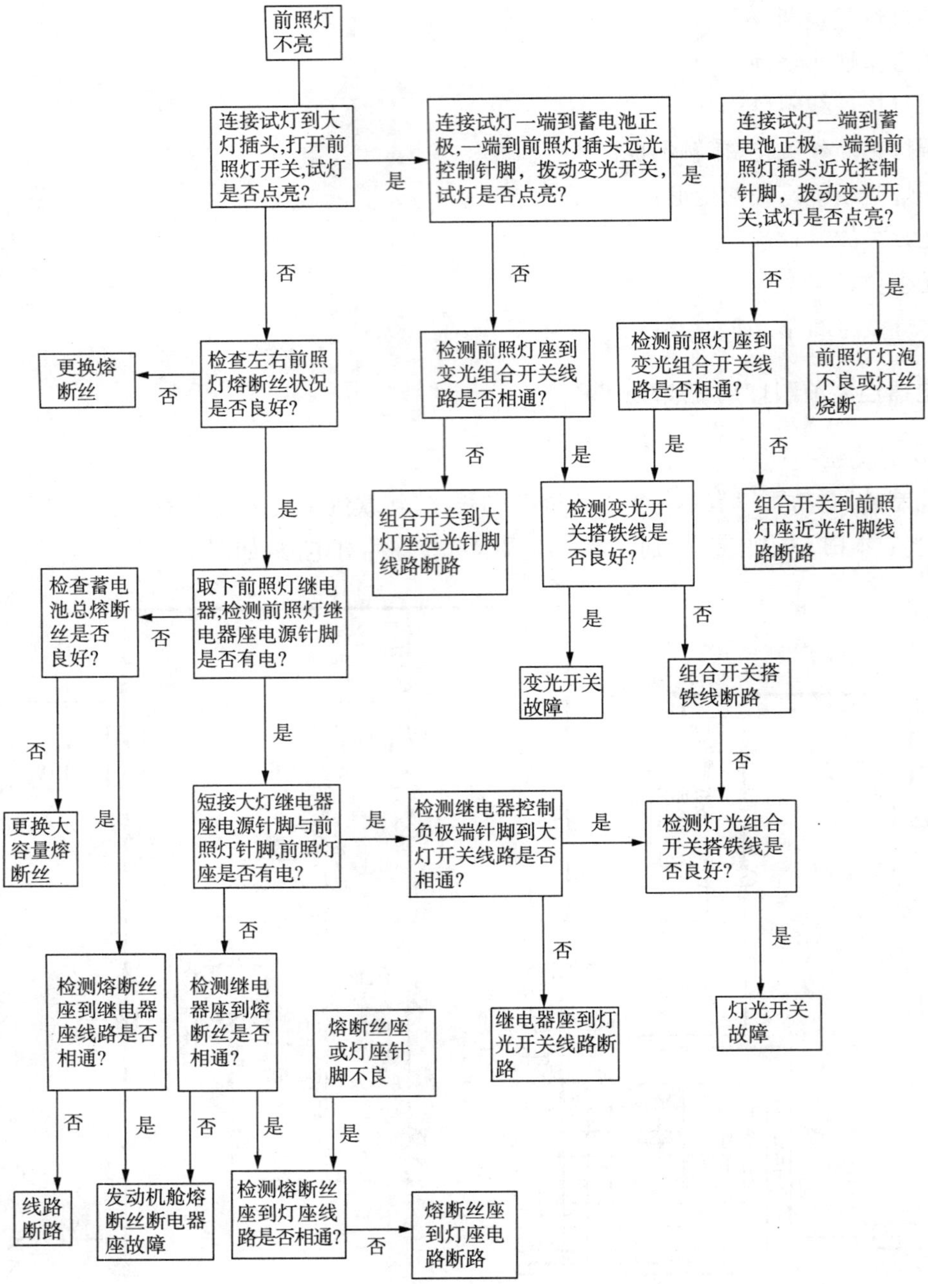

图 18-6　继电器控制前照灯不亮的故障诊断流程图

18.2.3　电控单元控制前照灯故障诊断

新款汽车采用电控单元控制灯光照明系统,故障诊断除需要普通检测外,还需要使用诊断仪器诊断检测,奥迪 A6L 前照灯控制电路,如图 18-7 所示,前照灯故障的诊断方法如下:

(1) 检查灯光熔断丝;

(2) 检查前照灯灯泡;

(3) 检查前照灯搭铁线路;

(4) 诊断仪读取电控单元故障码;

(5) 诊断仪读取电控单元灯光开关数据流;

(6) 诊断仪对灯光动作测试。

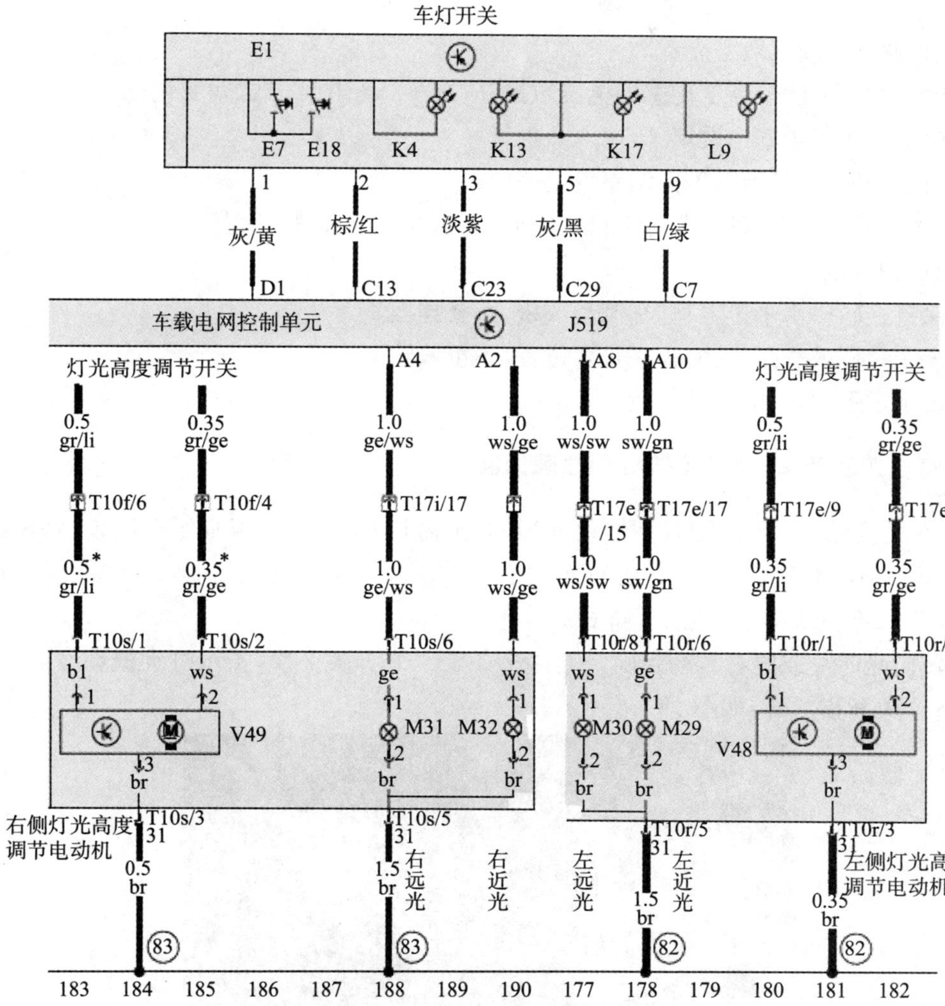

图 18－7 奥迪 A6L 前照灯控制电路图

18.2.4 前照灯高度调节系统故障诊断

1. 故障诊断

(1) 检查前照灯高度调节电动机及线路;

(2) 检查前照灯高度调节开关;

(3) 检查车身高度传感器;

(4) 检测高度调节电动机故障;

(5) 检测灯光高度调节系统线路通断。

2. 前照灯高度调节系统设定

前照灯高度自动调节系统在断电、更换元件、更换控制单元后,需要对系统做初始化设定,否则组合仪表会点亮前照灯警告灯。设定方法如下(以大众车为例):

(1) 检查车身高度传感器安装无误;

(2) 打开前照灯,人工调整灯光高度,确定前照灯高度调节单元无卡滞;

(3) 上路 70 km/h 高速行驶，返回；
(4) 连接诊断仪，初始化设定，查看并清除故障码；
(5) 诊断仪进入“前照灯自动调节控制单元”（通道 55）；
(6) 输入通道“08”，读取数据流；
(7) 输入组号“002”，读取高度传感器电压数据，应在“0.5～4.5 V”之间变化；
(8) 输入通道号“04”（基本设定）；
(9) 输入组号“001”，“确定”，等待调整设定完成；
(10) 再输入组号“002”，“确定”，等待设定完成，显示“已学习调整位置”。
设定过程注意事项：
(1) 四轮保持在同一水平位置；驻车制动放松，不要挂挡。
(2) 车内无人乘坐或载荷；转向盘在正中位置，不可偏转。
(3) 基本设定过程中，不能移动车辆。

18.2.5 前照灯自适应随车转向系统(AFS)故障诊断

AFS 系统在更换元件、断电、更换控制单元后，必须做初始化设定，否则组合仪表 AFS 警告灯闪烁报警。以丰田车为例，AFS 人工设定方法如下：

(1) 按 AFS OFF 开关 8 次，然后等待 2 s。

(2) 转动转向盘向左或向右转动到底，然后按 AFS OFF 开关 2 次，指示灯大概亮 2 s，然后再闪烁。丰田皇冠 AFS 开关和指示灯，如图 18-8 所示。

图 18-8 丰田皇冠 AFS 开关和指示灯

(3) 然后 AFS OFF 指示灯又开始闪亮，转动转向盘向另一方向转动到底，然后按 AFS OFF 开关 2 次，指示灯大概亮 2 s，然后再闪烁。

(4) AFS OFF 指示灯又开始闪亮，使转向盘回正，然后按 AFS OFF 开关 2 次，指示灯大概 2 s 后熄灭。

18.3 转向警告灯故障诊断

18.3.1 闪光器型转向灯故障诊断

1. 转向灯不亮故障诊断
1) 故障现象
(1) 警告灯正常，转向灯不亮；

(2) 转向灯亮，警告灯不亮；
(3) 转向灯、警告灯都不亮；
(4) 左转向灯不亮，或右转向灯不亮。

上海大众桑塔纳 2000 转向灯控制电路，如图 18 - 9 所示。

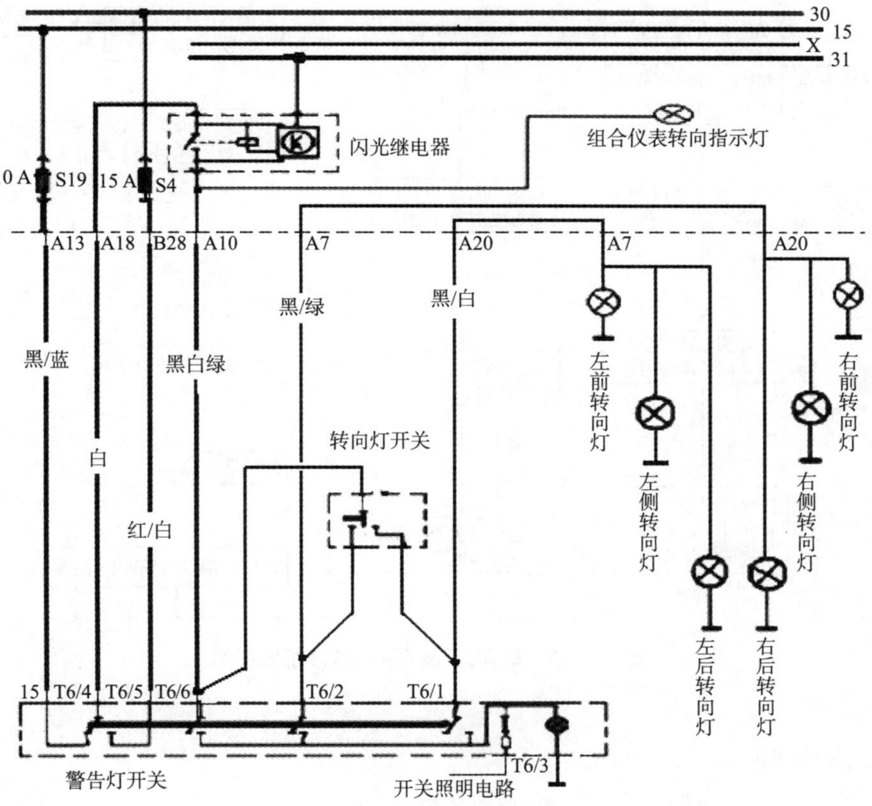

图 18 - 9　上海大众桑塔纳 2000 转向灯系统电路图

2) 故障诊断流程

根据上海大众桑塔纳 2000 转向灯控制电路图，转向灯不亮的故障诊断流程如图 18 - 10 所示。

3) 常见故障原因

(1) 闪光继电器损坏故障；
(2) 转向灯开关故障；
(3) 警告灯开关故障；
(4) 电源熔断丝故障；
(5) 线路断路故障。

2. 转向灯左右闪烁频率不一致

1) 故障现象

打转向灯，一边闪烁频率快，一边闪烁频率慢；开警告灯，闪烁频率一样。

2) 故障原因

闪烁频率快的一侧，有个别转向灯泡不亮，或灯泡功率过小。

3. 转向灯亮但不闪烁

1) 故障现象

不论开转向灯还是警告灯，灯泡亮但不闪烁。

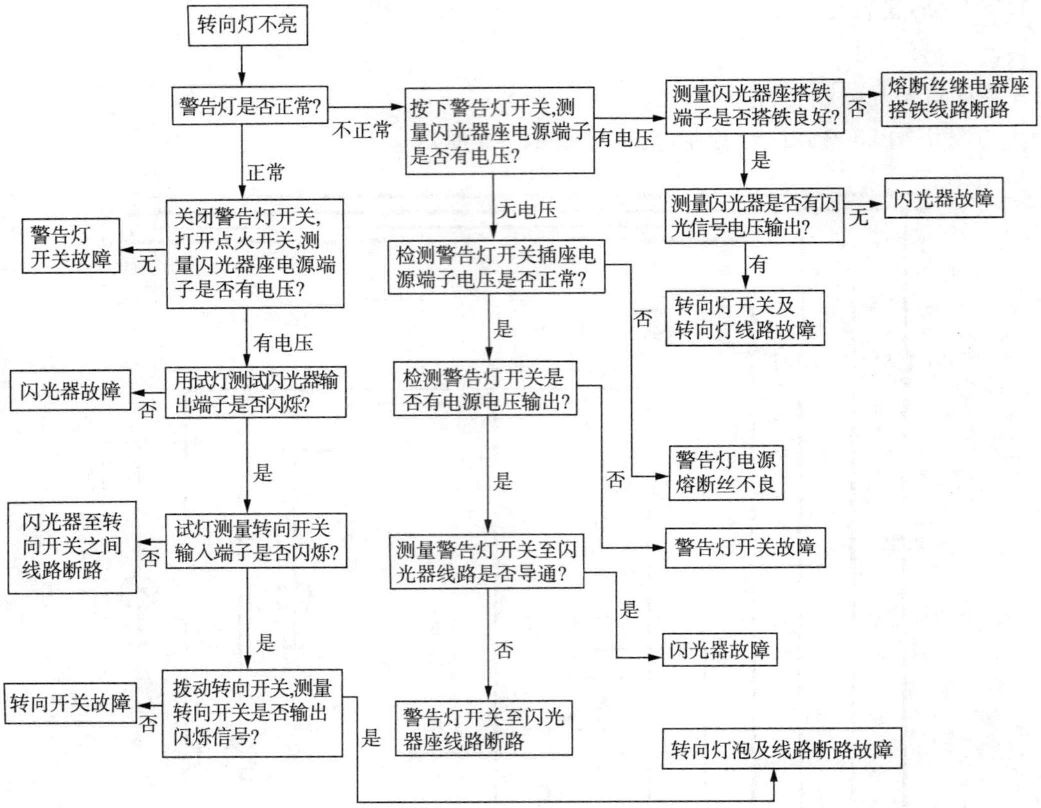

图 18-10　转向灯不亮的故障诊断流程图

2）故障原因

闪光继电器内部故障。

18.3.2　闪光控制单元故障诊断

1. 故障现象

(1) 转向灯不亮；

(2) 警告灯不亮；

(3) 转向灯和警告灯都不亮。

2. 故障诊断流程

丰田卡罗拉转向灯电路，如图 18-11 所示。转向灯系统的故障诊断流程，如表 18-5 所示。

表 18-5　转向灯系统的故障诊断流程

步骤	检测诊断操作	检测结果	是	否
1	检测闪光控制模块常电源 B 是否正常	插头针脚是否有电	转至第 2 步	电源熔断丝或电路断路
2	检测闪光控制模块 IG 电源是否正常	打开点火开关，插头针脚是否有电	转至第 3 步	熔断丝或电路故障
3	检测闪光控制模块搭铁线是否良好	搭铁线是否良好	转至第 4 步	闪光控模块搭铁线断路
4	检测转向灯开关电源是否良好	打开点火开关，插头针脚是否有电	转至第 5 步	转向熔断丝不良

（续表）

步骤	检测诊断操作	检测结果	是	否
5	检测转向开关插头到闪光模块线路通断	线路是否连通	转向灯开关故障	转向开关到控制模块线路断路
6	检测警告灯开关搭铁线性能	搭铁是否良好	转至第 7 步	搭铁线断路
7	检测警告灯开关到闪光控制模块线路通断	线路是否良好	警告灯开关故障	警告开关到闪光模块线路断路

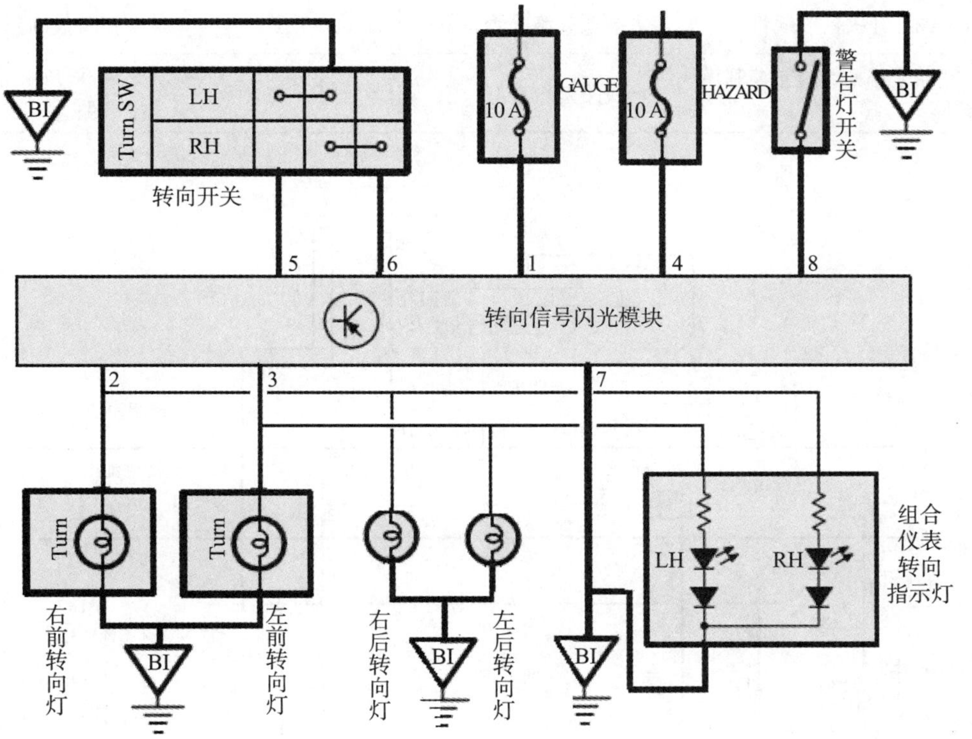

图 18－11　丰田卡罗拉转向灯电路图

18.3.3　车身模块控制闪光灯故障诊断

1. 故障现象

(1) 转向灯不亮；

(2) 警告灯不亮；

(3) 转向灯和警告灯都不亮。

2. 故障诊断流程

别克君越转向灯电路，如图 18－12 所示。转向灯系统的故障诊断流程，如表 18－6 所示。

表 18－6　别克君越转向灯系统的故障诊断流程

步骤	检测诊断操作	结　果	是	否
1	诊断仪读取车身控制单元故障码	是否有相关故障码	排除故障码	转至第 2 步

(续表)

步骤	检测诊断操作	结 果	是	否
2	诊断仪读取转向开关数据流	数据流是否正常变化	转至第 3 步	转向开关故障
3	诊断仪作转向灯动作测试	转向灯是否闪烁	转至第 4 步	BCM 故障
4	检测转向灯开关电源是否良好	打开点火开关，插头针脚是否有电	转至第 5 步	转向熔断丝不良
5	检测转向开关插头到闪光模块线路通断	线路是否连通	转向灯开关故障	转向开关到控制模块断路
6	检测警告灯开关搭铁线性能	搭铁线路是否良好	转至第 7 步	搭铁线断路
7	检测警告灯开关到闪光控制模块线路通断	线路是否良好	警告灯开关故障	警告开关到闪光模块断路

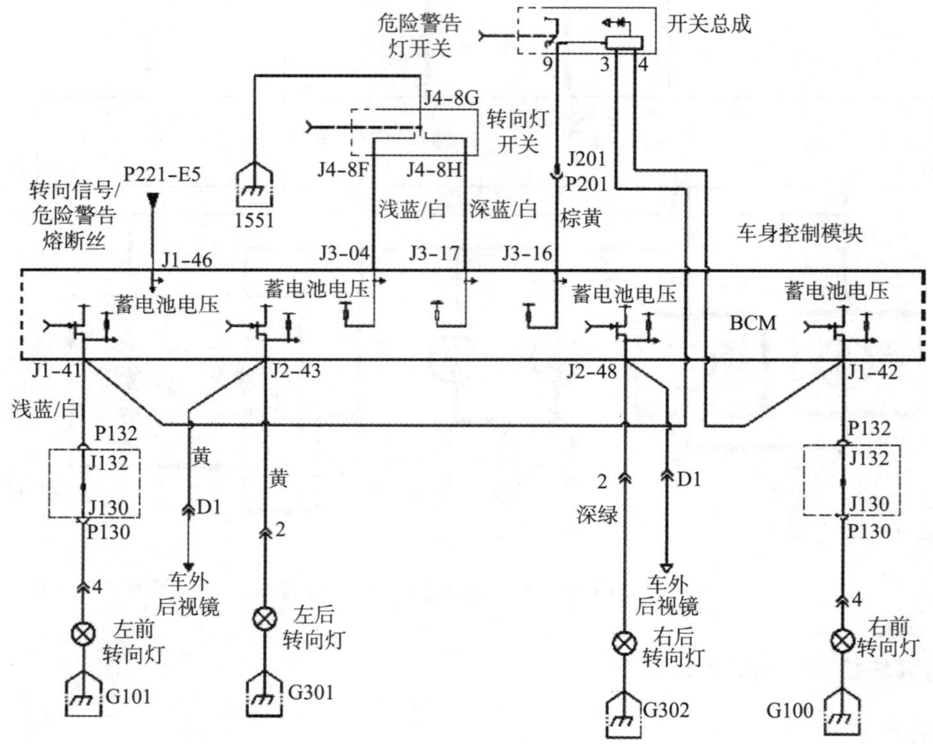

图 18-12 别克君越转向灯电路图

18.4 倒车灯故障诊断

18.4.1 手动变速器车型倒车灯故障诊断

1. 故障现象

挡位杆挂在倒车挡，倒车灯不亮。

2. 故障诊断流程

手动变速器车型倒车灯不亮的故障诊断流程如表 18－7 所示。

表 18－7　　手动变速器车型倒车灯不亮的故障诊断流程

步骤	检测诊断操作	结　果	是	否
1	检测倒车灯开关插头电源是否正常	是否有电源	转至第 2 步	倒车灯电源熔断丝或线路故障
2	挂 R 挡,倒车灯开关是否有电输出	输出电源信号是否正常	转至第 3 步	倒车灯开关故障
3	短接倒车灯开关插头两针脚	检测倒车灯泡座是否有电	倒车灯及线路故障	倒车灯开关至倒车灯泡线路断路

18.4.2　自动变速器车型倒车灯故障诊断

1. 故障现象

变速杆在 R 挡位置,倒车灯不亮。

2. 故障诊断流程

上海大众桑塔纳 3000 倒车灯控制电路,如图 18－13 所示。自动变速器车型倒车灯不亮故障诊断流程,如表 18－8 所示。

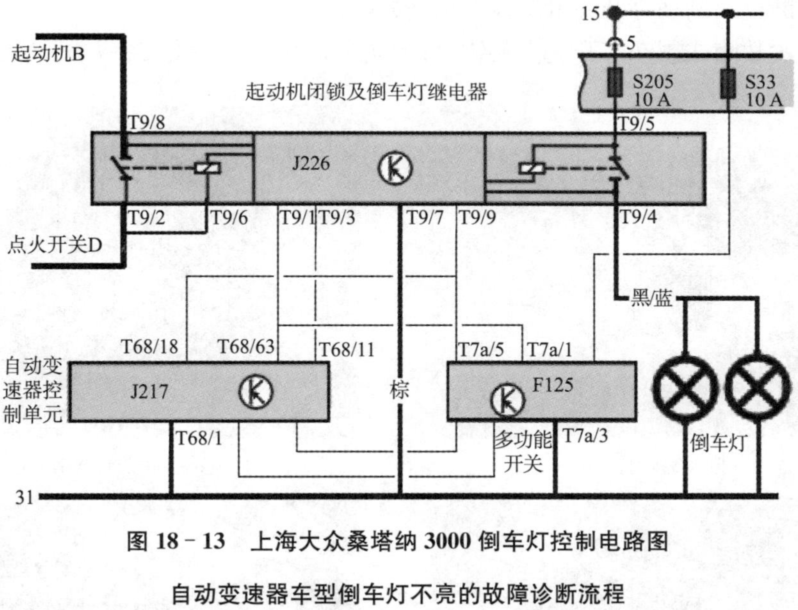

图 18－13　上海大众桑塔纳 3000 倒车灯控制电路图

表 18－8　　自动变速器车型倒车灯不亮的故障诊断流程

步骤	检测诊断操作	结　果	是	否
1	检测倒车灯继电器插头电源是否正常	是否有电源	转至第 2 步	倒车灯电源熔断丝或线路故障
2	短接倒车灯继电器电源与倒车灯端子	倒车灯是否点亮	转至第 3 步	倒车灯泡及线路故障
3	检测倒车灯继电器至变速器多功能开关线路通断	线路是否连通	多功能开关故障	线路断路

18.5 制动灯故障诊断

18.5.1 普通制动灯故障诊断

1. 故障诊断流程

制动灯不亮的故障诊断流程，如表 18－9 所示。

表 18－9　　制动灯不亮的故障诊断流程

步骤	检测诊断操作	结　果	是	否
1	检测制动灯开关插头电源是否正常	是否有电源	转至第 2 步	制动灯熔断丝及线路故障
2	踩住制动踏板，检测制动灯开关输出端是否有电	制动灯开关输出端是否有电压	转至第 3 步	制动灯开关故障
3	短接制动灯开关插头针脚	制动灯是否点亮	制动灯开关故障	转至第 4 步
4	检测制动灯开关插头到尾灯座插头是否相通	线路是否良好	制动灯泡及灯座故障	开关至尾灯线路断路

2. 常见故障原因

(1) 制动灯熔断丝及制动灯开关电源线路短路故障；

(2) 制动灯开关故障或制动灯开关安装错误，大众车系制动灯开关安装方法，如图 18－14 所示；

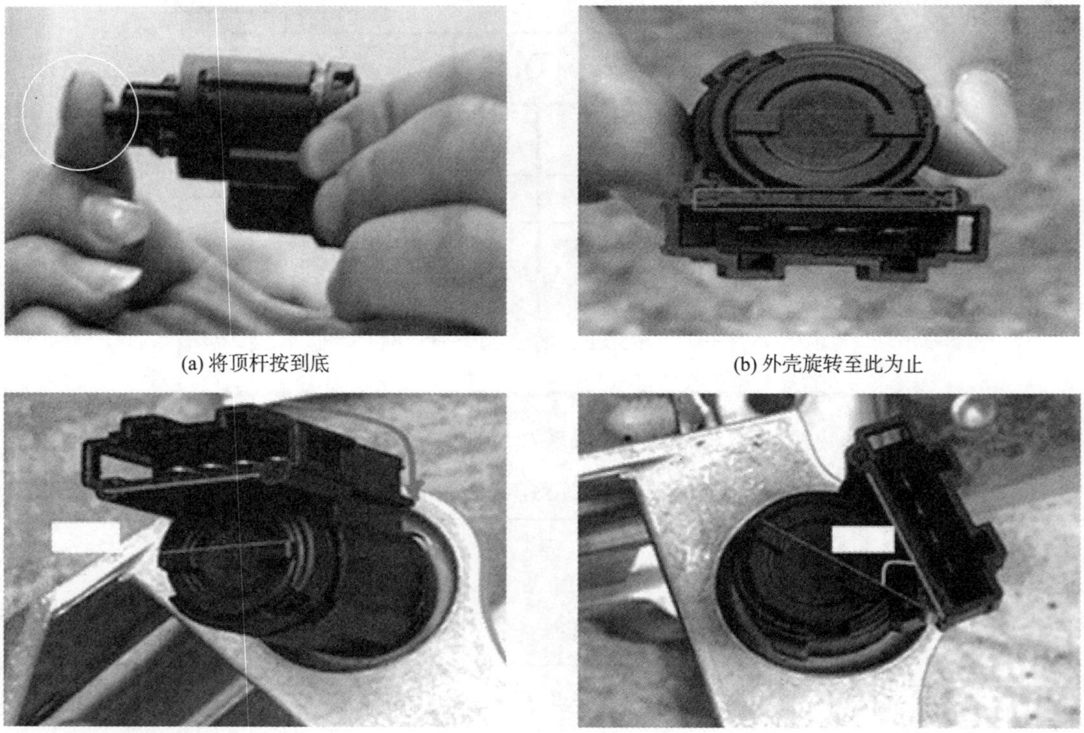

(a) 将顶杆按到底　(b) 外壳旋转至此为止

(c) 安装制动灯开关　(d) 最终旋转至此位置

图 18－14　大众车系制动灯开关安装方法

（3）制动灯泡及线路断路故障。

18.5.2 制动踏板位置传感器故障诊断

1. 故障现象

制动灯不亮或高位制动灯不亮。

2. 故障诊断流程

别克君越制动灯电路，如图 18－15 所示。制动灯故障诊断流程，如表 18－10 所示。

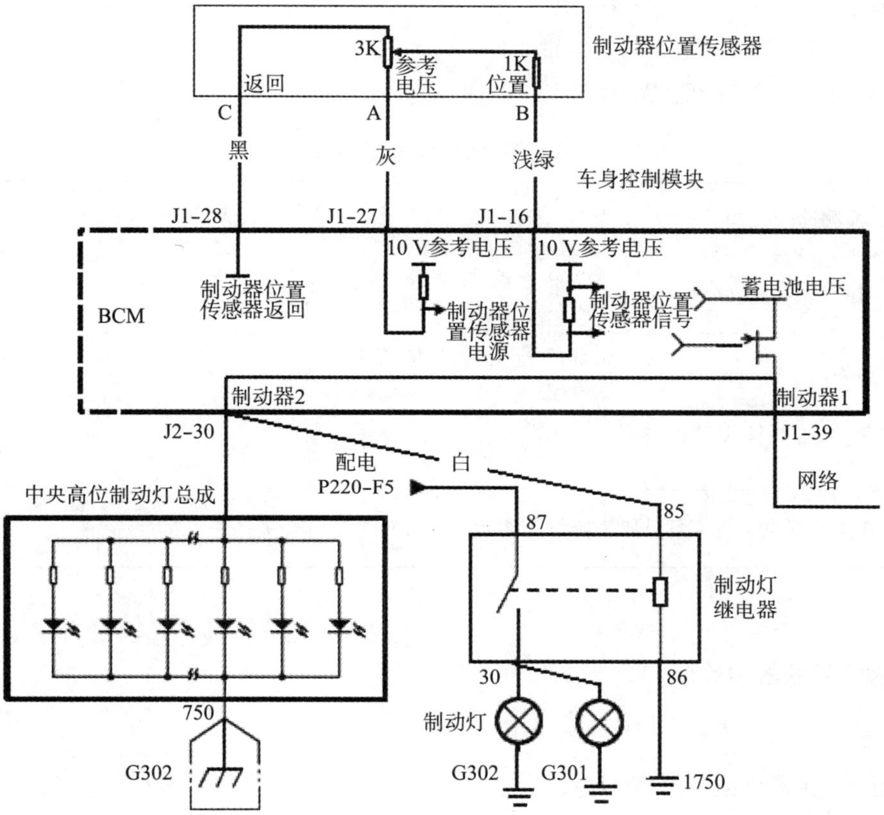

图 18－15 别克君越制动灯电路图

表 18－10 别克君越制动灯的故障诊断流程

步骤	检测诊断操作	结 果	是	否
1	检测制动灯继电器电源是否正常	是否有电源	转至第 2 步	制动灯熔断丝或线路断路故障
2	短接制动灯继电器座电源与制动灯端子	制动灯是否点亮	转至第 3 步	尾灯线路断路或制动灯泡故障
3	检测高位制动灯是否正常	踩下制动踏板，高位制动灯是否点亮	BCM 到制动灯继电器线路断路	转至第 4 步
4	诊断仪读取车身控制单元故障码	是否有相关故障码	清除并排除故障码	转至第 5 步
5	诊断仪读取数据流，踩下制动踏板	数据流是否正常变化	BCM 故障	转至第 6 步
6	检测制动踏板位置传感器到 BCM 的线路通断	线路是否相通	制动踏板位置传感器故障	制动踏板位置传感器到 BCM 断路

18.6 雾灯电路故障诊断

18.6.1 传统雾灯故障诊断

1. 故障现象

打开雾灯开关，前雾灯或后雾灯不亮。

2. 故障诊断流程

通常雾灯不亮的故障诊断流程，如表 18－11 所示。

表 18－11 雾灯不亮的故障诊断流程

步骤	检测诊断操作	结果	是	否
1	检测雾灯熔断丝是否良好	熔断丝是否烧断或不良	更换熔断丝	转至第 2 步
2	检测雾灯开关是否有电源	开关插头针脚是否有电	转至第 3 步	电源线路故障或尾灯开关故障
3	打开雾灯开关，检测插头是否有电压输出	是否有电输出	转至第 4 步	雾灯开关故障
4	短接雾灯开关插头电源与雾灯针脚	雾灯是否点亮	雾灯开关插头不良	雾灯线路断路或雾灯泡断路

18.6.2 电控雾灯系统故障诊断

1. 故障现象

打开雾灯开关，前雾灯或后雾灯不亮。

2. 故障诊断流程

奥迪 A6L 雾灯电路，如图 18－16 所示。电控雾灯系统的故障诊断流程，如表 18－12 所示。

表 18－12 电控雾灯系统的故障诊断流程

步骤	检测诊断操作	结果	是	否
1	检测雾灯熔断丝是否良好	熔断丝是否烧断或不良	更换熔断丝	转至第 2 步
2	检测雾灯开关搭铁是否良好	开关搭铁线是否良好	转至第 3 步	开关搭铁线断路
3	诊断仪进入车载电网控制单元 J519，读取雾灯开关数据流	拨动开关，雾灯开关数据流是否正常变化	转至第 4 步	雾灯开关故障
4	检测 J519 到前雾灯线路是否连通	线路是否导通	车载电网控制单元 J519 故障	前雾灯线路断路
5	诊断仪进入舒适控制单元 J393，读取雾灯数据流	拨动后雾灯开关，开关数据流是否正常变化	转至第 6 步	雾灯开关故障
6	检测 J393 到后雾灯线路是否导通	线路是否连通	舒适模块 J393 故障	后雾灯线路断路

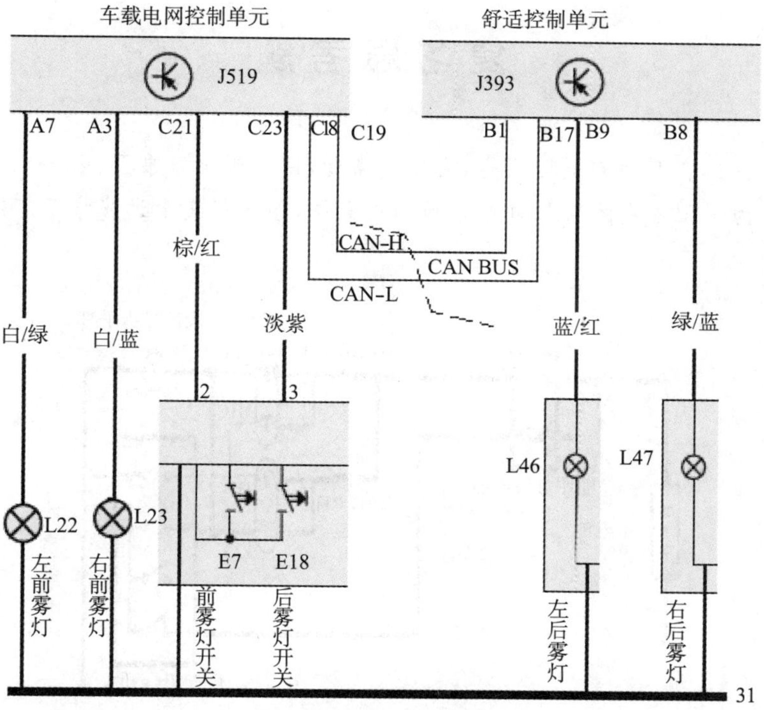

图 18－16 奥迪 A6L 雾灯电路图

本 章 小 结

（1）尾灯控制系统分带继电器控制和不带继电器控制，尾灯不亮的常见故障原因有继电器故障，电源熔断丝断路，灯光开关故障，线路断路故障等。

（2）前照灯控制分为继电器控制和不带继电器控制以及氙气灯系统的 ECU 控制，前照灯系统的常见故障原因有前照灯泡断路，前照灯熔断丝断路，前照灯搭铁线断路，灯光继电器故障，灯光开关故障，前照灯线路接触不良，变光开关故障等。

（3）前照灯高度自动调节系统在拆卸、更换系统元件后，必须做前照灯高度调节设定，清除组合仪表前照灯警告灯。

（4）转向灯故障常与警告灯系统有关，转向灯不亮可以首先确定警告灯是否正常，转向灯不亮的常见故障原因有转向开关故障，闪光器故障，警告灯开关故障，转向灯电源熔断丝断路等，转向灯闪烁频率不一致的原因是左、右转向灯的功率不一致。

（5）倒车灯不亮的常见原因有倒车灯开关故障，倒车灯熔断丝断路，倒车灯泡烧毁，倒车灯继电器故障等。

（6）制动灯故障的主要原因有制动灯开关故障，制动灯线路断路，制动灯泡烧毁，制动灯线路窜线或搭铁不良。

（7）雾灯不亮的故障原因有尾灯开关故障，雾灯开关故障，雾灯泡断路，雾灯线路断路，搭铁线不良等。

复习思考题

1. 打开转向灯开关,前后尾灯同时闪烁,且比较微弱,试分析故障原因。

2. 如图18-17为丰田雷克萨斯LS400前照灯电路图,组合仪表上远光指示灯的线路连在近光灯线路上,试分析其原理。

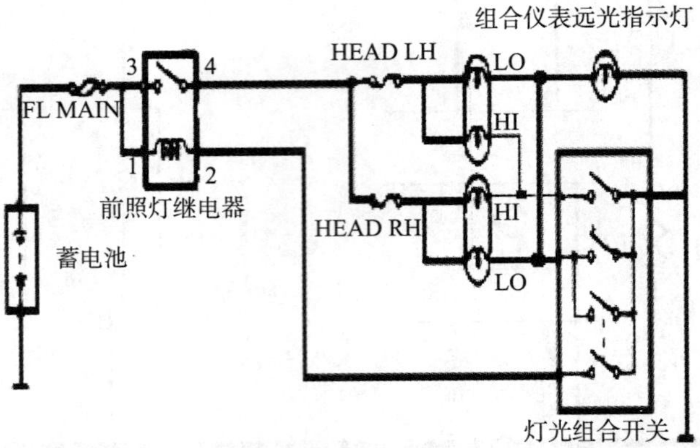

图18-17 丰田雷克萨斯LS400前照灯电路图

3. 4线式制动灯开关,如何诊断制动灯故障?

4. LED尾灯比传统灯泡有哪些优点?

5. 电控单元控制尾灯,灯泡短路故障如何诊断?

19 舒适系统故障诊断

学习目标

知识目标

(1) 了解汽车防盗系统的分类和工作原理;
(2) 掌握汽车中央门锁控制系统的工作原理;
(3) 了解汽车电动车窗的工作原理和控制模式;
(4) 掌握汽车防盗系统、中控系统和电动窗的故障诊断方法。

能力目标

(1) 学会分析防盗系统,中央门锁控制系统和电动车窗电路图;
(2) 学会人工设定遥控器;
(3) 学会使用仪器匹配大众车系防盗钥匙;
(4) 学会根据电路图检测诊断中央门锁控制系统和电动车窗系统的故障。

19.1 防盗系统故障诊断

19.1.1 汽车防盗系统概述

1. 防盗系统的作用

汽车防盗系统是车上用来增加盗车难度，延长盗车时间的装置或系统。防盗系统的主要功能有：

(1) 防止非法人员进入车辆；

(2) 防止非法人员起动车辆；

(3) 声、光报警功能，吓阻作用，防止碰撞、移动车辆；

(4) 检测车门、前后盖关闭情况；

(5) 方便开、闭车门；

(6) 寻车功能。

2. 防盗系统的分类

1) 机械式防盗

机械式防盗锁是最常见、应用也最早的车用防盗器，目前已经很少单独使用，主要和电子式、芯片式防盗系统联合使用。常见的机械式防盗锁有转向盘锁和换挡杆锁，如图 19-1 所示。机械式防盗锁主要起到限制车辆移动操作的作用。

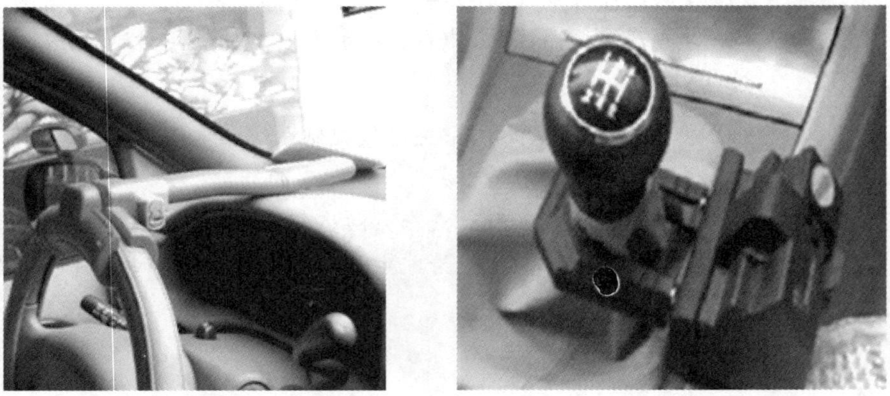

(a) 转向盘锁　　(b) 换挡杆锁

图 19-1　汽车机械式防盗锁

2) 电子防盗

电子防盗指通过汽车电路控制系统，锁定点火系统或起动系统，使车辆无法起动或行驶，从而达到防盗目的，同时具有防盗和声光报警功能。

电子式防盗根据功能分为主动防盗和被动防盗，新型汽车多为主动和被动双重防盗。

(1) 主动防盗

即遥控门锁防盗。是需要动作触发的防盗模式，如遥控锁定、车门关闭、前盖关闭、点火开关关闭等。主动防盗没有防盗密码。

主动防盗系统主要由遥控发射器、遥控接收器、门锁单元、车门开关、警告喇叭、警告灯等部分组成。

(2) 被动防盗

即点火钥匙芯片防盗系统，即不需要任何操作，只要装配了芯片防盗系统，即具有防盗功能的防盗模式。被动防盗设有防盗密码，更换防盗系统元件，必须使用密码匹配，方可使用。

以大众车为例，钥匙芯片防盗技术经历了四代发展历程。

① 第一代防盗技术

代表车型：捷达、时代超人、高尔、红旗等。

第一代防盗系统装有防盗模块，防盗密码储存于防盗模块芯片上。大众车系第一代防盗系统原理，如图 19－2 所示。

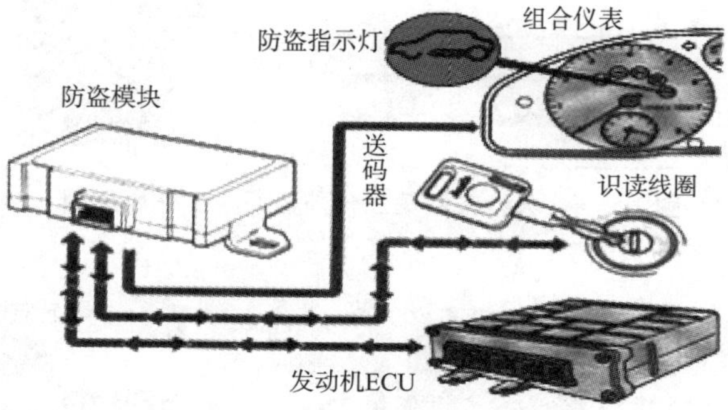

图 19－2　大众车系第一代防盗系统原理图

② 第二代防盗技术

代表车型：帕萨特、波罗、奥迪 A6 等。

第二代防盗系统无防盗模块，防盗芯片集成于组合仪表控制单元内，通过诊断仪对组合仪表控制单元进行诊断和钥匙匹配。大众车系第二代防盗系统原理，如图 19－3 所示。

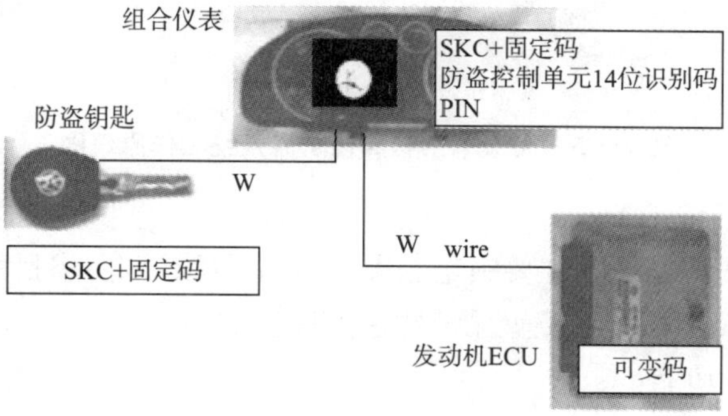

图 19－3　大众车系第二代防盗工作原理图

③ 第三代防盗技术

代表车型：帕萨特领驭、速腾、途安、奥迪等。

第三代防盗芯片位于仪表上，仪表增加网关模块，车辆电控系统通过 CAN BUS 网络系统传送信息。大众车系第三代防盗系统原理，如图 19－4 所示。

④ 第四代防盗技术

代表车型：奥迪 A6L、奥迪 A8、途锐、迈腾等。

第四代防盗系统，即 WFS 防盗系统，该系统并不是一个常规、简单的控制单元，而是一种防盗功能系统。它将所有与防盗相关的控制单元的数据都存储在中央数据库中。中央数据库在大众总部。中央数据库 FAZIT(车辆查询和中央识别)是第四代 WFS 系统的重要组成部分。这个数据库存储了控制单元所有与防盗相关的数据，这些控制单元将通过在线查询，可以将数据准确、快捷且可靠地传递到车辆上，不存在经由传真或连接其他部件查询 WFS 部件 PIN 密码的情况。所有在 WFS 防盗系统监控下的部件均必须通过在线验证。对具体车辆来说，包括追加订购的车钥匙在内的所有车钥匙，在出厂时都已预先进行了编码设置，这些钥匙只能用于这辆车。大众车系第四代防盗系统原理，如图 19－5 所示。

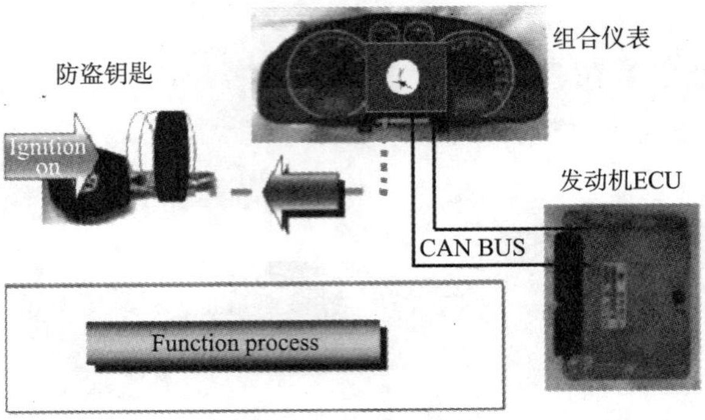

图 19－4　大众车系第三代防盗系统工作原理图

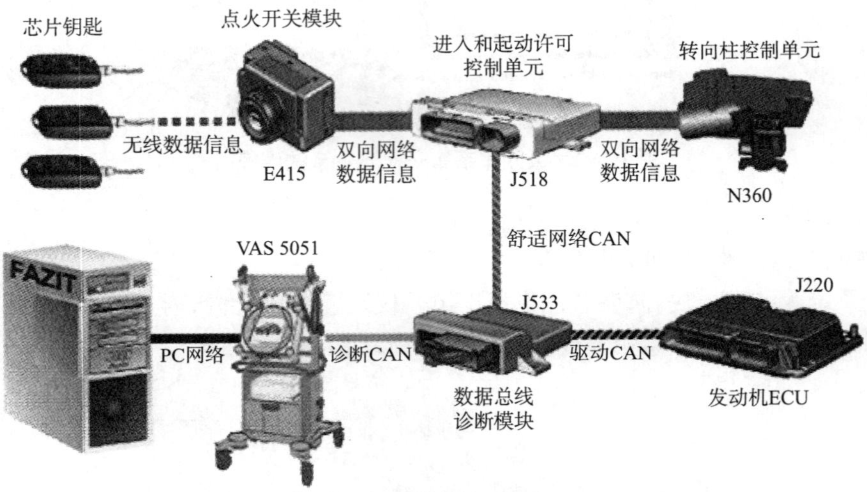

图 19－5　大众车系第四代防盗系统工作原理图

3）网络式防盗

即 GPS 卫星定位汽车防盗系统。主要锁定点火或起动系统达到防盗目的外，同时还通过 GPS 卫星导航系统，将报警信息和报警车辆所在位置无声传递到报警中心。

GPS 防盗系统包括五种功能：

（1）立即将警情报告监控中心；

（2）第一时间自动拨打车主电话，车主可监听车内的声音；

（3）若车主确定不是误报没取消这个报警，监控中心启动对车内情况的监听；

（4）遥控发动机油路锁止；

（5）语言警告。

19.1.2　主动防盗系统故障诊断

1. 遥控系统故障诊断

1）遥控器失灵

（1）故障现象

按遥控发射器的任何按键，门锁或后备箱盖均无反应，转向灯和喇叭也无反应。

(2) 故障原因

① 遥控发射器电池电压过低，或电池无电，检查更换遥控器电池；

② 遥控器故障，进水、生锈、腐蚀，或电子电路故障，更换一只新遥控器；

③ 遥控信号接收单元故障，更换或检修电路；

④ 遥控器未匹配。

2) 遥控系统警告异常

(1) 故障现象

按遥控器按键时，门锁正常动作，但警告灯不闪烁，警告喇叭不鸣叫。

(2) 故障原因

① 四门灯开关故障，或车门未关好；

② 前后盖未盖好或开关故障；

③ 防盗控制模块故障；

④ 遥控器警告功能设定错误。

3) 遥控器工作错乱

(1) 故障现象

按遥控器按键时，门锁不停跳动，或门锁打开后又关闭，按开键时锁门，按锁键时开门。

(2) 故障原因

① 遥控发射器内部故障，奥迪 A6 遥控发射器，如图 19－6 所示；

② 中控门锁系统故障；

③ 门锁电动机故障；

④ 门锁位置开关故障。

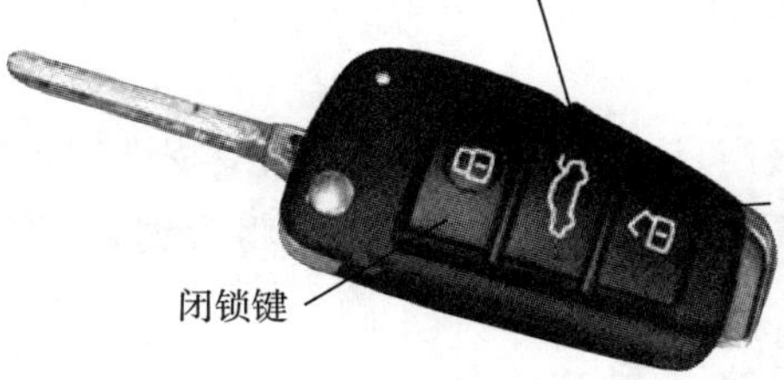

图 19－6　奥迪 A6 遥控发射器

4) 遥控距离短

(1) 故障现象

离车距离远时，遥控器不起作用，只有到车身很近的地方，遥控器才正常工作。

(2) 故障原因

① 遥控发射器故障；

② 遥控单元接收性能故障。

2. 遥控器匹配

1) 遥控器匹配的条件

下列情况下，需要对遥控器进行匹配(设定)操作：

(1) 更换新遥控发射器；

(2) 更换新遥控接收单元;

(3) 遥控发射器更换电池;

(4) 蓄电池断电后;

(5) 遥控器系统断电后;

(6) 遥控器功能失效。

2) 人工匹配方法

人工匹配指不使用仪器,通过手工操作的方法匹配遥控器。

(1) 奥迪 A6 遥控器人工匹配方法

① 用副钥匙将点火开关打至 ON 挡,将所有车门关闭;

② 在驾驶侧门外用主钥匙向锁的方向拧住并保持;

③ 按遥控器开锁键一下,此时侧门灯闪烁一次;

④ 5 s 后再按一下开锁键,此时门锁应自动打开,第一把钥匙设定完毕;

⑤ 设定第二把钥匙,用副钥匙将点火开关打开,将所有车门关闭;

⑥ 在门外用第二把钥匙向锁的方向拧住并保持;

⑦ 连续按第二把遥控器开锁键两下,此时侧门灯应闪烁两次;

⑧ 5 s 后再按一下开锁键,此时门锁应自动打开,第二把钥匙设定完毕;

⑨ 设定第三把在步骤③中连续按三下开锁键,第四把钥匙连续按四下开锁键。

(2) 别克君威遥控器人工匹配方法

① 坐在驾驶座上;

② 从点火开关中拔出钥匙;

③ 关上所有车门;

④ 按住门锁开关上的开锁按键"UNLOCK";

⑤ 在保持门锁开关在"UNLOCK"位置时,插入和拔出点火钥匙 2 次,注意不要转动点火开关;

⑥ 第 3 次插入点火钥匙并将其留在点火开关中,进行其余步骤时,点火开关必须保持在关闭"LOCK"位置;

⑦ 松开门锁开关,听到 3 次警报声,该警报声说明遥控器编程设定正启动;

⑧ 同时按下遥控器上的"LOCK"和"UNLOCK"键 12 s,将听到 2 次警报声,该警报声说明遥控器已经编程设定成功;

⑨ 重复前一步骤,设定其余的遥控器(总共 4 个);

⑩ 将点火钥匙从点火开关中拔出即退出设定程序。

(3) 丰田凯美瑞遥控器人工匹配方法

① 打开驾驶侧门,拔出钥匙;

② 在 5 s 内插入并拔出钥匙 2 次,保持拔出状态;

③ 40 s 内关闭并打开驾驶人车门 2 次,保持打开状态;

④ 插入钥匙并拔出;

⑤ 40 s 内关闭并打开驾驶人车门 2 次,保持打开状态;

⑥ 插入钥匙;

⑦ 关闭所有车门;

⑧ 以 1 s 的间隔转动点火开关,将点火开关由"LOCK"位置转到"ON"来选择设定模式:

i. LOCK - ON 1 次,添加模式;

ii. LOCK－ON 2 次，改写模式；

iii. LOCK－ON 3 次，确认模式；

iv. LOCK－ON 5 次，禁止模式。

⑨ 门锁电动机会相应的动作；

⑩ 取出钥匙；

⑪ 40 s 内同时按下 LOCK 键和 UNLOCK 键后放开；

⑫ 按任意键一次，门锁动作；

⑬ 如果设定成功，中控锁上锁和开启一次；

⑭ 不成功中控锁开启锁上锁 2 次；

⑮ 打开驾驶人车门，完成设定。

3）仪器匹配遥控器

当人工方法无法进行遥控器匹配时，需要使用诊断仪进行匹配，新款车型多需要使用诊断仪匹配遥控器，无法通过人工方法匹配，以大众车型为例，遥控器匹配方法如下：

（1）连接大众诊断仪；

（2）选择通道 46（舒适系统）或 35（中央门锁控制系统）；

（3）选择通道 10（通道调整匹配）；

（4）输入数字 00（清除）；

（5）重新选择 10；

（6）输入通道 01（匹配）；

（7）输入需要匹配的遥控器数量（00001—00008）；

（8）将所有遥控器任意键按下，门锁动作，匹配完成；

（9）未匹配的遥控器将失效；

（10）退出诊断仪，测试遥控器功能。

4）遥控防盗系统功能设定

大众车的舒适系统，遥控的功能可以通过诊断仪对控制单元的功能进行修改，改变其功能模式，操作的模式通道如表 19－1 所示。

表 19－1　　大众遥控器功能设定

通　道	功　能	设定修改数据
00	清除记忆	00
01	匹配遥控器	
03	自锁功能	1＝ON　，　0＝OFF
04	IM 切断	1＝ON　，　0＝OFF
05	开锁喇叭鸣叫音	1＝ON　，　0＝OFF
06	锁门喇叭鸣叫音	1＝ON　，　0＝OFF
07	开锁，警告灯闪烁	1＝ON　，　0＝OFF
08	锁门，警告灯闪烁	1＝ON　，　0＝OFF

19.1.3 被动防盗系统故障诊断

1. 防盗系统故障诊断

1) 防盗锁止的故障现象

(1) 防盗指示灯点亮,如图 19-7 所示;

(2) 起动机无反应;

(3) 无高压火;

(4) 无燃油喷射;

(5) 既无高压火,又无燃油喷射;

(6) 起动立即熄火;

(7) 起动加速熄火,或不能加速。

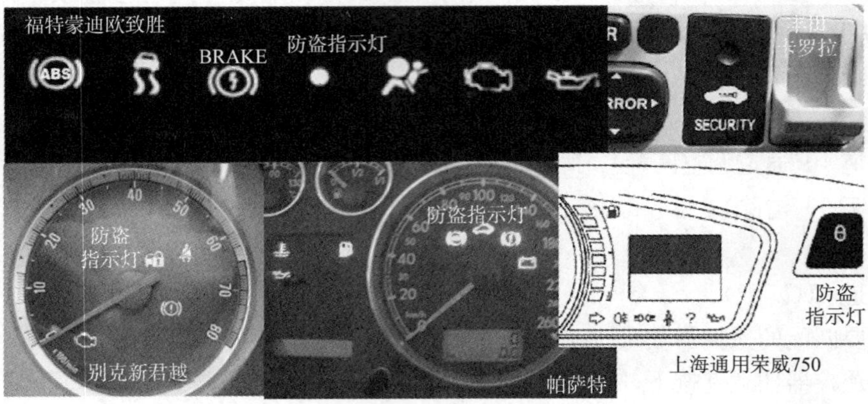

图 19-7 几种常见车型的防盗指示灯

2) 防盗系统故障诊断

(1) 读取故障码

通过发动机 ECU 和组合仪表控制单元读取防盗故障码。防盗系统常见的故障码如表 19-2 所示。

表 19-2 防盗系统常见故障码表

OBD-Ⅱ故障码	大众故障码	释义	故障部位或原因	故障诊断
P0513	16897	不正确阻断器钥匙	钥匙座,钥匙芯片	检查钥匙芯片、识读线圈
P0633	01586	防盗钥匙未编程	防盗钥匙芯片	重新匹配钥匙操作
P1570	17978	发动机模块禁用	防盗锁止	重新匹配防盗钥匙
P1574		钥匙通讯故障		更换芯片钥匙
P1600	02226	ID 数据未输入 PCM	发动机 ECU 防盗数据未适应	重新匹配
P1601		芯片防盗系统信号电路故障		检修芯片钥匙
P1602	01177	防盗止动系统- PCM 通讯错误	发动机 ECU 与防盗 ECU 不通讯	检修网络线路故障
P1610		防盗 NATS 通讯错误	防盗锁止模式	解除锁止
P1611		防盗器无响应	IMMU 与 ECM 间的 ID 信号不统一	需要进行系统初始化

（续表）

OBD-Ⅱ故障码	大众故障码	释　　义	故障部位或原因	故障诊断
P1612	00112	ECM与IMMU间NATS通讯线路故障	防盗 ECU 与发动机 ECU 通讯故障	检修网络故障
P1613		防盗器数据不稳定		
P1614		IMMU与KEY间的线路故障	BCM收不到钥匙ID信号	检测网络线路
P1615		钥匙错误	BCM收到的钥匙ID信号，经过BCM判断，确认为非法ID信号	更换钥匙，重新匹配
P1622	01179	钥匙ID数字不匹配	点火钥匙匹配不正确	重新匹配
P1623	18031	代码字或钥匙ID数字在PCM中有读写错误		重新匹配
P1624	00167	防盗止动系统通讯记数器为0	钥匙未学习	重新匹配钥匙
P1928	18336	防盗器查询未完成		重新匹配
P1629	00474	防盗系统线路不良	防盗控制模块	检修防盗单元线路
P1630		防盗系统编程模式被激活或ECU在学习状态		重新学习匹配
P1631		防盗密码输入错误		输入正确密码重新匹配
B1681	01176	识读线圈信号传输受阻	未收到线圈信号	更换钥匙座线圈
B2103		线圈未连接		检修钥匙座线圈
B2784	01128	钥匙天线线圈开路/短路	钥匙识读线圈	检修识读器线圈
B2793		收发器芯片故障	芯片钥匙	更换钥匙芯片
B2794	01179	不匹配编码代码	钥匙编码错误	重新匹配
B2796	65533	防盗控制单元故障	组合仪表(防盗单元)	更换组合仪表并匹配
B2799		发动机停机系统故障		检修停机系统
B2958		点火钥匙确认数据线对电源短路或开路		检修钥匙座
B2960		安全防盗系统点火钥匙确认数据错误但有效		重新匹配
B3031		遥控接收器处于读出编程模式		检修遥控器系统
B3106		遥控门锁数据链电路奇偶校验错误		检修遥控门锁系统
	00955	钥匙超出自适应极限		重新匹配
	01181	只能识别2把钥匙		重新添加匹配

（续表）

OBD-Ⅱ故障码	大众故障码	释　　义	故障部位或原因	故障诊断
	00750	防盗指示灯故障		检修防盗故障指示灯
	01202	防盗诊断线断路		检修防盗诊断 K 线
	02639	无钥匙进入授权天线读取器		检修智能钥匙系统
	02824	电子转向柱控制模块锁止		诊断电子转向柱控制模块

（2）读取数据流

当防盗系统有故障，而又读不出故障码，或故障码无法解释时，可以通过读取防盗系统的动态数据流，判断防盗系统故障。操作步骤（以大众车系为例）如下：

① 连接诊断仪，进入防盗系统（通道号 17）；

② 选择读取动态数据流功能（通道号 04），确认；

③ 屏幕显示[000]，用数字键输入[001]，确认；

④ 此时屏幕显示出 4 个数值，数值的具体含义如表 19-3 所示。

表 19-3　　大众车系防盗系统数据流

显示组号	显　示　屏　显　示
022	1＝发动机起动；2＝控制单元应答；3＝钥匙状况；4＝已适配的钥匙数
023	1＝可变码适配；2＝钥匙状态；3＝固定码适配；4＝防盗器状态
024	1＝组合仪表锁止时间；2＝发动机控制单元锁止时间；3＝应急打开锁止时间；4＝脉冲转发器识别锁止时间
025	1＝CAN 通讯

（3）线路检测

防盗系统线路包括：防盗控制单元线路，发动机控制单元线路，钥匙识读线圈线路，仪表控制单元（防盗 ECU）线路，门锁线路等。上海大众桑塔纳时代超人防盗系统电路，如图 19-8 所示。

（4）防盗匹配

防盗系统更换元件、更换发动机控制单元、更换组合仪表总成、更换防盗芯片钥匙、添加新钥匙都必须进行防盗匹配，否则防盗系统将锁止，发动机无法起动。防盗系统的匹配可人工匹配，不能人工匹配的，需要使用厂家专用的诊断仪器进行匹配。更换钥匙，添加新钥匙，更换新的发动机控制单元，更换新、旧组合仪表总成，匹配的程序均不一样。

2. 防盗匹配

1）大众车系防盗匹配

（1）更换组合仪表；但没有更换发动机 ECU 和防盗钥匙

操作方法（连接诊断仪器，打开点火开关）：

① 进入仪表控制单元（17）；

② 选择“系统登录”功能（11）；

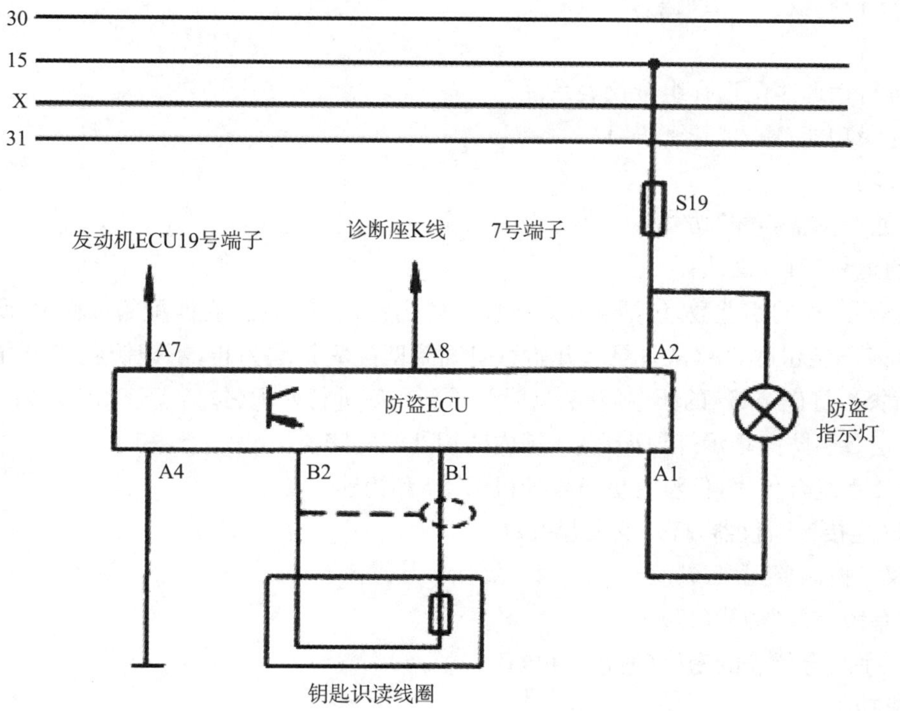

图 19－8　上海大众桑塔纳时代超人防盗电路图

③ 输入新组合仪表的密码(通常 4 位)；

④ 登录成功；

⑤ 选择“通道调整匹配”功能(10)；

⑥ 进入“50”通道；

⑦ 输入原车密码，确认；

⑧ 屏幕显示“学习值被成功保存”，确定；

⑨ 直接起动即可，不需要再配钥匙。

(2) 更换发动机 ECU，组合仪表和防盗钥匙没有更换

操作方法(连接诊断仪器，打开点火开关)：

① 进入发动机系统(17)；

② 选择“通道调整匹配”功能(10)；

③ 进入“50”通道；

④ 输入原车密码，确认；

⑤ 屏幕显示“学习值被成功保存”，确定；

⑥ 直接起动即可，不需要再配钥匙。

(3) 更换组合仪表和发动机 ECU

操作方法(连接诊断仪器，打开点火开关)：

① 进入仪表控制单元(17)；

② 选择“系统登录”功能(11)；

③ 输入新组合仪表的密码(通常 4 位)；

④ 登录成功；

⑤ 选择“传递底盘号”功能；

⑥ 进入 17 位底盘号(VIN 码);

⑦ 确认;

⑧ 重新进行钥匙匹配选择组合仪表系统;

⑨ 选择登录功能,输入“新密码”;

⑩ 登录成功;

⑪ 选择“通道调整匹配”功能;

⑫ 输入通道号“21”,确认;

⑬ 输入将要匹配的钥匙数,包括插在点火锁上的钥匙,最多 8 把,在匹配的过程中,所有的钥匙的匹配的时间加起来不能超过 30s(从登录起开始算时间到匹配完钥匙为止,不记钥匙拔出和插入的间隔时间),否则故障警告灯以 2 Hz 的频率闪亮,这时要重新彻底进行匹配(包括登录和匹配);

⑭ 按“确定”键,防盗指示灯熄灭,点火锁内的钥匙匹配完成。

(4) 更换二手组合仪表,但没有更换发动机 ECU 和钥匙

操作方法(连接诊断仪器,打开点火开关):

① 进入仪表控制单元(17);

② 选择“系统登录”功能(11);

③ 输入二手组合仪表的密码(通常 4 位);

④ 登录成功;

⑤ 选择“通道调整匹配”功能(10);

⑥ 进入“50”通道;

⑦ 输入原车密码,确认;

⑧ 屏幕显示“学习值被成功保存”,确定;

⑨ 直接起动即可,不需要再配钥匙。

(5) 更换二手发动机电脑,组合仪表和钥匙没有更换

操作方法(连接诊断仪器,打开点火开关):

① 进入发动机系统(01);

② 选择“系统登录”(11)功能;

③ 输入二手发动机 ECU 的密码;

④ 登录成功;

⑤ 选择“通道调整匹配”(10)功能;

⑥ 进入“50”通道;

⑦ 输入原车密码,确认;

⑧ 屏幕显示“学习值被成功保存”,确定。

(6) 更换防盗钥匙匹配

操作方法:

① 将诊断仪器连接到诊断座上;

② 将待匹配的钥匙插入点火开关并打到 ON;

③ 进入发动机控制系统(01);

④ 选择“读故障码”,并根据故障码内容排除故障;

⑤ 选择“清除故障码”,重新测试,确认故障码完全清除;

⑥ 进入防盗系统(17),重复第④、⑤步;

⑦ 选择系统登录(11)；

⑧ 输入 5 位密码(4 位数密码前加一个 0，如 01234)；

⑨ 选择通道调整匹配(10)，输入“21”，输入匹配钥匙数，如若匹配 3 把钥匙，则输入 00003；

⑩ 仪器提示“是否要储存改正的钥匙数?”确认后仪器提示“改正的钥匙数已储存”，则匹配成功，当前钥匙匹配完成；

⑪ 关闭点火开关，拨出钥匙，然后迅速插入下一把钥匙，打开点火开关至少 1 s，防盗器指示灯将闪烁，表明匹配已经完成；

⑫ 重复以上操作，直到把所有的钥匙匹配完毕(匹配钥匙的过程必须在 30 s 内完成)。

2) 丰田防盗钥匙匹配

(1) 钥匙匹配

丰田车系防盗钥匙有两款：黑色为主钥匙，只有一把，灰色为副钥匙，可以有多把，主钥匙只能使用专用仪器匹配，副钥匙可以通过主钥匙手工匹配。

① 主钥匙同步设定

a. 插入主钥匙到点火开关，并在 15 s 内，踩、放加速踏板 5 次；

b. 踩、放制动踏板 6 次；

c. 拔下主钥匙，并在 10 s 内插入另外一把要复制同步设定的主钥匙；

d. 踩、放加速踏板一次，SECURITY 指示灯应闪烁；

e. 等待大约 1 min，SECURITY 指示灯应熄灭，则表示完成同步设定；

f. 若想再复制另一把钥匙，则在 10 s 内重复步骤 c—e。

② 副钥匙同步设定

a. 插入主钥匙(已同时设定)，并在 15 s 内，踩、放加速踏板 4 次；

b. 踩、放制动踏板 5 次；

c. 拔下主钥匙，并在 10 s 内插入欲复制的副钥匙到点火开关；

d. 在插入欲复制副钥匙到点火开关的 10 s 内，踩、放加速踏板一次，SECURITY 指示灯应闪烁；

e. 等待 1 min 左右，SECURITY 指示灯应熄灭，此时完成复制副钥匙的同步设定程序；

f. 若要再复制另一把钥匙，则在 10 s 内，重复步骤 a—e。

③ 遥控器同步设定

a. 坐在车内，锁、开驾驶侧车门，此时保持车门开的位置；

b. 在 5 s 内插、拔钥匙 2 次，40 s 内关、开驾驶侧车门 2 次，此时保持开的位置；

c. 将钥匙插入、取出点火开关一次；

d. 在 40 s 内关闭、打开车门 2 次；

e. 将钥匙插入点火开关，并关闭所有车门；

f. 以 1 s 的时间间隔，将点火开关从 OFF 到 NO，根据次数选择遥控器钥匙设定模式：

i. 1 次：增加模式，此时中控锁会自动动作 1 次；

ii. 2 次：重新编程模式，此时中控锁会自动动作 2 次；

iii. 3 次：确认模式，中控锁会自动动作 3 次；

iv. 5 次：保护模式，中控锁会自动动作 5 次；

g. 取出点火钥匙；

h. 若为增加模式或重设模式，则同时压下“LOCK”和“UNLOCK”键 1 s 后松开，并重复 2 次，此时中控锁会自动开锁和关锁一次；

i. 有多个遥控器需匹配时，则重复以上步骤。

(2) 更换发动机 ECU 匹配

丰田车型在更换发动机 ECU 或晶片防盗 ECU 时，需要完成 ECU 通信 ID 注册程序，未经过 ECU 通信 ID 注册匹配，发动机将不能起动，人工操作步骤如下：

① 将 KEY 置于 ON 位置(不要发动)；

② 短接 OBD-Ⅱ诊断座上的 TC(13 号)CG(4 号)端子，如图 19－9 所示；

③ 等待 30 min 后，关闭 KEY 并取下跨接线，即可起动发动机。

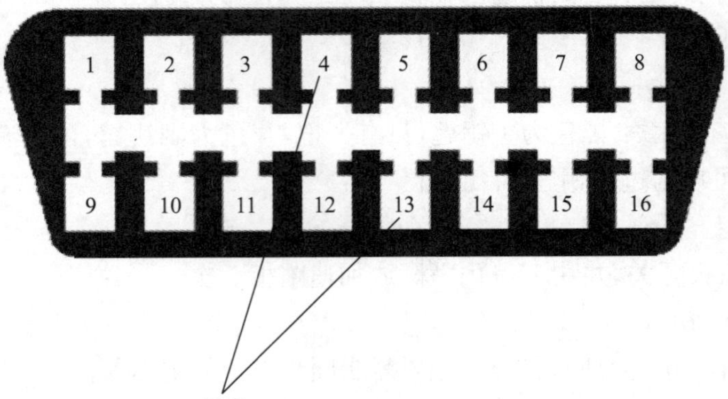

图 19－9　丰田发动机 ECU 人工匹配

3) 别克防盗钥匙匹配

别克车防盗钥匙匹配，可以人工设定，也可以仪器设定。

(1) 新添加钥匙的编程方法

① 说明

a. 如果有已经读出的原配防盗钥匙(黑色)，可用本方法添加其他的防盗钥匙(黑色)(最多 10 把)；

b. 本程序仅用于添加钥匙，不会删除先前读出的钥匙；

c. 需要读出的钥匙必须和现有钥匙齿形一致。

② 编程方法

a. 利用先前已经读出的原配防盗控制器钥匙(黑色)接通点火开关，保持发动机熄火；

b. 关闭点火开关并拔出钥匙；

c. 在 10s 内插入需要学习的钥匙(黑色)，接通点火开关，保持发动机熄火，新钥匙学习完成。

(2) 更换全车钥匙、点火开关锁芯、防盗模块或动力总成控制模块的编程

① 仪器编程方法(使用 TECH－2 完成"10 min 重新读出程序")

a. 连接 TECH－2 诊断工具；

b. 用原配钥匙确认系统Ⅲ型钥匙(黑色)接通点火开关，保持发动机熄火；

c. 在"维修编程"下选择"车辆防盗模块重新学习"；

d. 此时，在整个 10 min 重新学习期间，TECH－2 必须保持连接；

e. 观察可配置显示屏上的安全指示灯，在约 10 min 后，指示灯将熄火(在点火开关下次从 OFF 过渡到 CRANK 位置时，车辆准备重新读出钥匙信息和/或密码)；

f. 关闭点火开关并等待 5 s；

g. 起动车辆(故障诊断仪现在已经读出钥匙和密码信息)；

h. 用故障诊断仪清除任何诊断故障码。

② 人工编程方法(手工完成“30 min 重新读出程序”)

a. 用原配钥匙确认系统Ⅲ型钥匙(黑色),接通点火开关,保持发动机熄火;

b. 观察可配置显示屏上的安全指示灯,在约 10 min 后,指示灯将熄火;

c. 关闭点火开关,并等待 5 s;

d. 重复步骤 a—c 三次,共 3 个循环或 30 min,注意:在点火开关从“OFF”位置过渡到“CRANK”位置时,车辆读出钥匙信息和/或密码,在试图起动车辆前必须关闭点火开关;

e. 起动车辆(车辆现在已经读出钥匙和密码信息);

f. 用故障诊断仪清除任何诊断故障码。

(3) 更换车身控制电脑 BCM 的编程

① 将故障诊断仪 TECH－2 连接到车辆数据连接头上;

② 根据故障诊断仪上的提示输入所需要的数据;

③ 将点火开关置于“RUN”运行位置;

④ 选择“BODY CONTROL MODULE”(车身控制模块);

⑤ 选择“SPECIAL FUNCTIONS”(专用功能);

⑥ 选择新 VIN(新车辆识别号)并输入所有必要的数据;

⑦ 退回“SPECIAL FUNCTIONS”(专用功能菜单);

⑧ 选择“BCM REPROGRAM MING”(车身控制模块重新编程);

⑨ 故障诊断仪将显示“DO YOU WANT TO SET UP A BODY CONTROL MODULE”(是否设置车身控制模块);

⑩ 出现提示时,在故障诊断仪上选择“SETUP BCM”(设置车身控制模块);

⑪ 故障诊断仪将显示“NOW SETTING UP THE NEW BODY CONTROL MODULE”(现在设置新车身控制模块)。别克君威防盗模块位置,如图 19－10 所示。

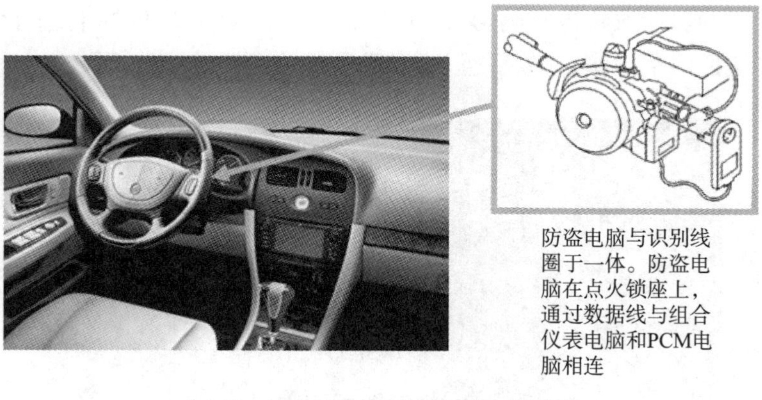

图 19－10　别克君威防盗模块位置图

3. 防盗密码

大众车系防盗系统设有防盗密码,汽车上使用的防盗器控制单元上(仪表板)贴有 14 位数编号和 4 位数防盗密码。新车钥匙圈上挂有一块涂黑的密码牌,或在乘客座的手套箱左侧有涂黑的密码条,刮去涂黑层可见 4 位数密码。如果密码丢失,可通过其他方法获取密码,否则将无法进行防盗匹配。获取密码的方法如下:

1) 维修站索取

连接 X－431,打开点火开关,选择“防盗系统”,按两次“确认”键。约 5 s 后,屏幕显示防盗 ECU 编号信息，将查出的防盗控制单元的 14 位数编号，电传到大众售后服务站；然后由大众售后服务站根据编号查询防盗密码，查得的密码电传给客户，用于匹配钥匙。

大众车系防盗密码一般为 5 位数，如果是 4 位，前面加 0。当前大众服务站的代码编排系统所记录的为 7 位密码，如果得到的是 7 位数密码，还需要通过密码转换软件进行转换，转换成 5 位数密码，用于匹配钥匙。由于 X-431 诊断仪的数字输入格是 5 格空格，所以必须转换成 5 位数密码，否则无法输入。7 位转 5 位密码可以通过转换程序操作，防盗密码转换软件界面，如图 19-11 所示。

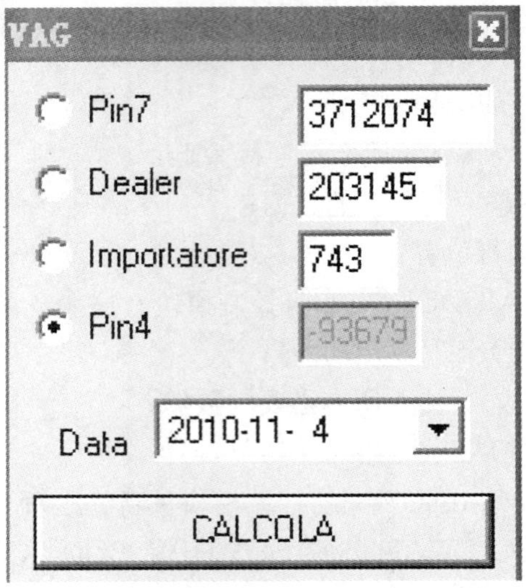

图 19-11　大众防盗密码 7 位转 5 位程序界面

2）编程器读码

大众、奥迪车型的防盗密码存储在防盗控制单元的 EPROM 存储器中，新款车型的防盗控制单元与组合仪表集成一体，密码与里程数据的存储器芯片一体，读取密码时，将存储芯片从仪表电路板上焊下，放入编程仪器中，进行读码，读取防盗密码，并记录下密码，然后将芯片再焊上组合仪表电路板，使用读出的密码进行防盗系统的匹配操作。“数易通”编程器界面，如图 19-12 所示。

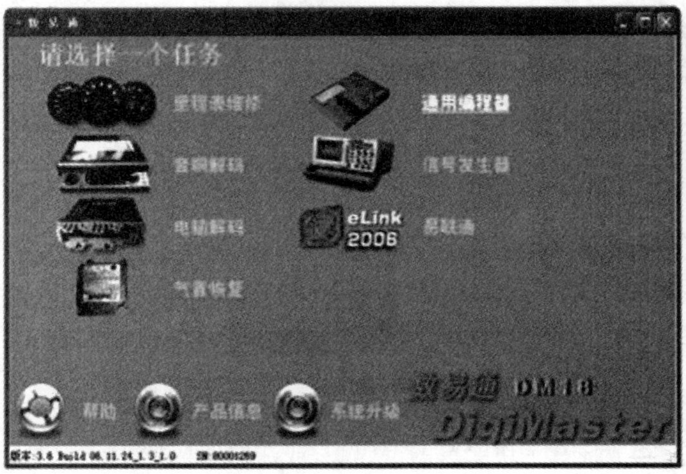

图 19-12　数易通程序界面

3）诊断仪读取

有些诊断仪器，对于有些车款车型如大众，装有第三代防盗系统的防盗密码具备读取功能，这些车的防盗密码，直接使用专用诊断仪器读取，然后通过换算，得出其匹配使用的防盗密码，再使用防盗密码进行匹配操作。奥迪 A6 组合仪表上防盗密码芯片位置，如图 19－13 所示。

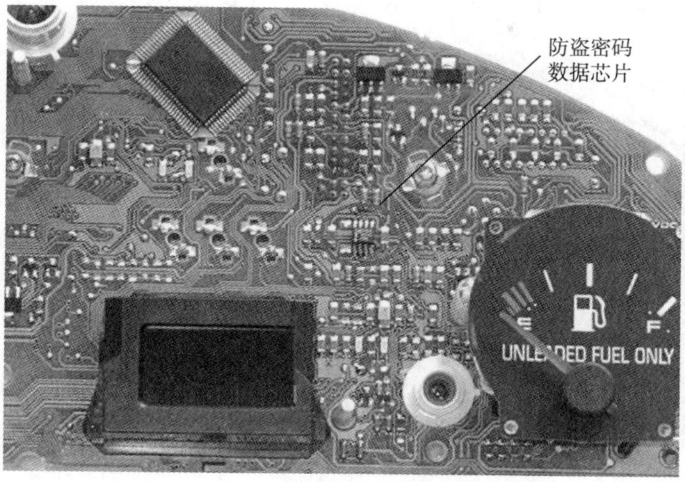

图 19－13　奥迪 A6 组合仪表上防盗密码芯片

19.1.4　智能钥匙系统故障诊断

1. 智能钥匙系统概述

汽车智能钥匙系统(Passive Keyless Enter，简称 PKE)也称汽车智能无钥匙进入系统，这种系统采用了先进的无线射频识别(RFID)技术和最先进的车辆身份编码识别系统，率先应用小型化、小功率射频天线的开发方案，并成功的融合了遥控系统和无钥匙系统，且沿用了传统的整车电路保护，真正的实现双重射频系统，双重防盗保护功能，为车主最大限度地提供便利和安全。

当车主走近车辆约 1 m 以内时，门锁就会自动打开并解除防盗；当车主进入车内时，车内检测系统会马上识别智能卡，这时只需轻轻按动起动按钮(或旋钮)，就可以正常起动车辆，整个过程，车钥匙无须拿出；离开车辆时，门锁会自动锁上并进入防盗状态。

智能钥匙系统由遥控发射器、遥控信号接收系统、门锁控制系统、驾驶授权控制系统及相关线路组成，遥控器和发射器集成在车钥匙上，车辆可根据智能钥匙发来的信号，进入锁止或不锁止状态，甚至可自动关闭车窗和天窗。各类汽车智能钥匙，如图 19－14 所示。

图 19－14　各类智能钥匙

2. 智能钥匙的功能

1) 自动解锁

通过车主随身携带的智能钥匙里的芯片感应，自动开关门锁。当车主靠近汽车时，钥匙和汽车便开始通过无线电波交换已设定好的指令信息。随即汽车的关闭系统和安全系统以及发动机的控制系统全部被激活。即当车主走近车辆一定距离时(一般是 1 m),门锁会自动打开并解除防盗;当离开车辆时,门锁会自动锁止并进入防盗状态,如图 19－15 所示。

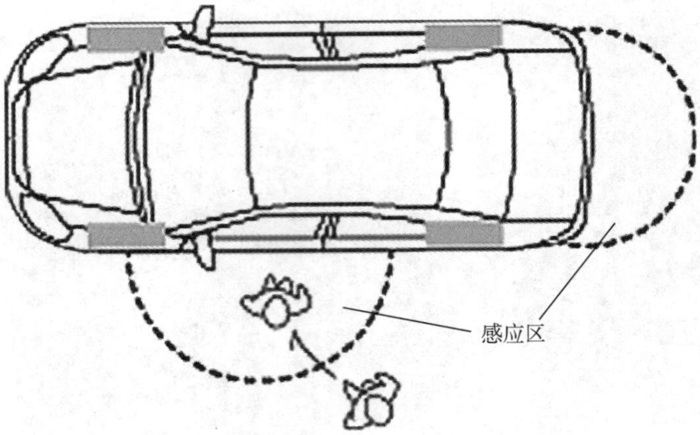

图 19－15　智能钥匙感应模式

2）智能点火

通常驾驶人需要将钥匙插入汽车点火锁孔来起动发动机,智能钥匙的无钥匙起动方式将这一切变得更为简便,智能钥匙的作用就是使发动机 ECU 识别操作者是否为车主,并进入随时起动前的待机状态,当需要起动发动机时,只要智能钥匙在可以被检测到的区域内,驾驶人即可按起动按钮或者扭动旋钮起动发动机。无钥匙起动按钮式起动开关,如图 19－16 所示。

3）识别车主

每个智能钥匙都有唯一的 ID 码与车辆 ID 码对应,即使简单复制了钥匙,没有 ID 码也不能起动车辆,只有当车主进入车内时,车内的检测系统会马上识别车主的智能卡,经过确认后车内的电脑才会进入工作状态,这时只需轻轻按动车内的起动按钮(或者是旋钮),就可以正常起动车辆。丰田皇冠智能钥匙插孔座,如图 19－17 所示。

图 19－16　无钥匙起动开关

图 19－17　丰田皇冠智能钥匙插孔座

4）自动升窗与设防功能

当智能钥匙离开车体 3～5 m 时,车门自动上锁,并进入防盗警戒状态,此时转向灯闪烁 1 次,喇叭响一短声,车窗自动升起。

5）无线遥控功能

(1) 遥控上锁：按锁门键,车门上锁,转向灯闪烁 1 次,同时喇叭响一声,汽车进入防盗警戒状态；

(2) 遥控开锁：按开锁键,车门开锁,转向灯闪烁 2 次,同时解除防盗报警状态；

(3) 寻车功能：按寻车键,电子喇叭响 8 声,转向灯闪烁 8 次;若主机检测到钥匙或接收到开门信号，则自动终止寻车功能；

(4) 无线遥控距离不小于 20 m。

6) 防盗报警功能

(1) 在防盗警戒状态下，有边门触发或 ACC 信号触发，则系统开始报警，电子喇叭鸣叫 30 s，转向灯闪烁 3 min；

(2) 一旦防盗触发，则系统切断起动电路和油路，只有防盗被解除后方可恢复；

(3) 若在防盗警戒启动后发现车门未正确关好，则系统发出警示信号，电子喇叭鸣叫 8 次，同时转向灯闪烁 8 次；5 s 后若仍未关好门则自动断开油路和起动电路。

7) 其他功能

(1) 遥控器低电量提示：当遥控器电池电量过低时，在无钥匙或遥控开门或关门时喇叭鸣叫 4 短声；

(2) 在线诊断：可在线检测系统故障、在线升级系统设置；

(3) 省电模式：系统采用模糊控制，可自动进入省电模式。

3. 智能钥匙匹配

智能钥匙一般包括电子钥匙和机械钥匙，当电子钥匙没电或因故障无法使用时，用户可以使用原始机械方式起动车辆，一旦丢失了整把智能钥匙(包括电子钥匙和机械钥匙)，则需要重新配新的电子钥匙，而剩下的另一把备用钥匙也将失效，需到 4S 店更换。

此外，为应急而设置的机械钥匙其实内置了 ID 码，复制钥匙齿部分是不能发动车辆的，但钥匙齿可以用来打开车门，故如果丢失机械钥匙，则全车锁都将更换。几种常见的电子智能钥匙与机械钥匙，如图 19－18 所示。

(a) 日产天籁

(b) 日产骐达

(c) 长安铃木

图 19－18 电子智能钥匙和机械钥匙

智能钥匙更换和添加钥匙，都必须使用专用诊断仪器进行匹配，没有人工方法。

1) 智能钥匙全部丢失

需要更换的零件：①ID 代码箱；②认证 ECU；③全车锁；④两把智能钥匙。

2) 丢失一把智能钥匙

需要更换的零件：全车锁及一把智能钥匙。

4. 智能钥匙系统使用注意事项

(1) 不要和电子装置放在一起

由于智能钥匙使用低强度无线电波，因此在有磁场干扰的情况下可能无法正常工作。经常将智能钥匙和手机放在一起不可避免会导致智能钥匙出现失灵现象，因为智能钥匙中的芯片有时会受到手机频率的干扰，可能导致钥匙的遥控功能暂时失灵。此外，如果智能钥匙接收高强度无线电波，则其可能过度消耗电池电量。因此，不要将智能钥匙放在电子装置附近，如电视或个人电脑等。

(2) 不要乱抛乱扔

对于智能钥匙来说，最害怕的就是由高空摔落在地，因为多数智能钥匙壳都比较结实，但内部线路抗冲击力则较弱，遇到剧烈碰撞时容易损坏。此外，智能钥匙进水后会烧坏内部的线路，也会造成遥控失灵。所以一旦遇到智能钥匙进水，千万不要拿着钥匙使劲地甩，这样最容易使水流到其他重要线路上，也不要立刻用遥控开锁，因为这样可能导致电路板烧坏。正确的做法是将车钥匙壳打开平放，并用吹风机吹干，然后再送到维修店检查。另外还要注意不能将智能钥匙暴露于高温直射环境中，如仪表板或者发动机罩上。

(3) 不要将备用钥匙放车内

如果汽车钥匙保管不善丢失，就会带来许多麻烦，尤其是智能钥匙，一旦丢失不仅需要重新定制，而且还要和电脑进行重新匹配。与一般机械钥匙不同，智能钥匙由于涉及整车的防盗技术，并不是车钥匙丢失了，简单地制造一个就可以继续使用。每家制造商对其售后服务部门都制定了严格的无钥匙开启车门和配钥匙的流程，所以车主尽量保护好备用钥匙，不要将备用钥匙和现用钥匙放在一起，也不要将备用钥匙放于车内。

(4) 不要用错电池

智能钥匙的电池寿命大约在 1 年左右。由于钥匙的使用频率不同，电池的消耗量也不同；不同距离使用遥控钥匙，耗费的电量也有所不同。给智能钥匙换电池要慎重，一旦出现差错，钥匙中的电路板就会烧坏。在更换前，要先看清电池更换图解，在拆开钥匙时，要注意各零件原先摆放的位置，尽量选择原装电池；在安装时要仔细辨别电池的正负极，不要放错位置；同时，要注意钥匙底部的密封圈，不要在更换中损坏，否则会烧坏电路板。

(5) 不要接触金属物品

不少女性车主喜欢在车钥匙上坠以沉甸甸的饰物，部分男车主甚至还将一大把其他钥匙也串在一起，殊不知，在汽车行驶时的颠簸跳跃中，钥匙上过多的坠物会通过锁芯对钥匙开关的限位元件和接触点产生磨损，导致其松弛和过早损坏，久而久之会造成发动机起动不灵或行驶中因断电而熄火。更何况，若与其他钥匙放在一起，钥匙是金属制品，智能钥匙与金属物品相接触或者被金属物品所覆盖，有可能出现工作失灵。

(6) 身上不要同时放置两把智能钥匙

由于智能钥匙需要不断与车身遥控信号接收器进行信号交换，如果车上装有两把以上智能钥匙，会引起互相干扰，造成信号传送紊乱，影响功能的操作和防盗信息发送。

(7) 智能钥匙携带注意事项

智能钥匙装在口袋里，不要有金属或磁性物挡在钥匙前面或周围，以免影响智能钥匙的信号发射与传送。

19.2　中央门锁控制系统故障诊断

19.2.1　中控门锁分类

中央门锁控制系统按控制方式分为气动控制和电动控制两种。

1. 气动控制

门锁气动控制(PSE)指门锁执行器为气动门锁执行器，中控单元通过控制真空泵向门锁发动机施加气压或抽真空，达到控制门锁的开闭功能。门锁气动控制系统实际上仍然需要电控系统，主要应用于老款的奔驰、奥迪、捷达等车型，新款车型多采用电控门锁。

2. 电控门锁

电控门锁指控制单元接收开关信号后，通过电路控制门锁执行器工作，门锁执行器为电磁阀或双向直流电动机。根据中控单元的结构型式，电控门锁分为：继电器控制式，集成电路-中控模块控制式，车身模块(BCM)控制式。

1）继电器控制式

继电器控制使用两只单触点继电器组成双联继电器，控制门锁执行器的电源，继电器控制的门锁执行机构为双线圈电磁阀，少数特殊车型上使用这种控制方式，工作原理如图 19－19 所示。

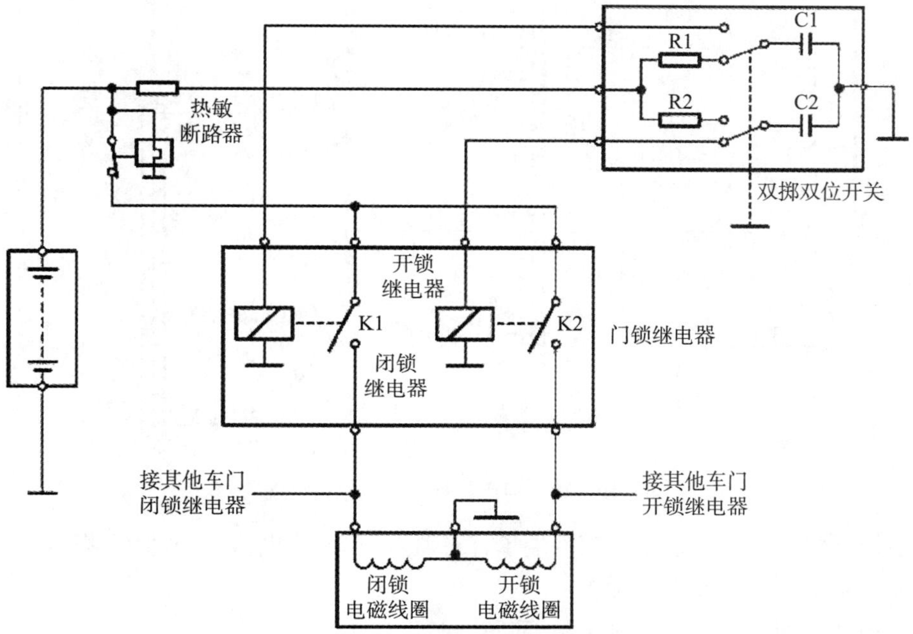

图 19－19　继电器控制中控系统

2）集成电路-中控模块

集成电路中控单元是将两只双触点继电器用集成电路来控制，并设计众多控制开关和条件信号，所控制的门锁执行器为双向直流电动机，属独立的中控单元。代表车型：别克凯越，捷达等。别克凯越门锁控制电路，如图 19－20 所示。

3）车身模块控制式

新型汽车多将中控门锁功能与车身其他电控功能如防盗系统、舒适系统等集成于一体，组成车身控制单元，统一控制车身电控系统的各种功能，有些中控开关和门锁执行器亦为集成电路单元。车身控制系统比较复杂，功能繁多，信号线路和执行功能比较多样，故障诊断需要借助于诊断仪器。代表车型：别克君威、大众、本田、丰田、日产、福特等。别克君威门锁控制系统电路，如图 19－21 所示。

19.2.2　中控门锁系统故障诊断

1. 中控开关故障诊断

(1) 检测中控开关搭铁线是否良好；

(2) 短接中控开关插头开锁端子与搭铁端子，门锁控制单元继电器是否动作，若不动作，则为控制单元或线路故障；若动作，则为中控开关故障；

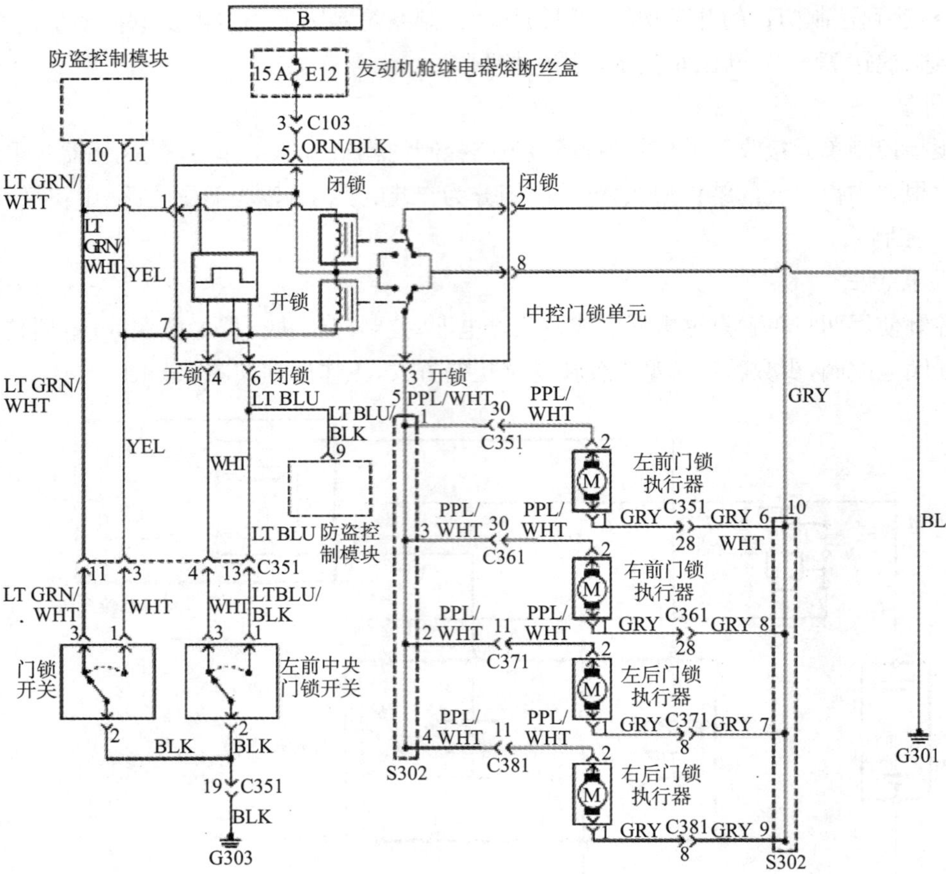

图 19－20　别克凯越中控门锁电路图

(3) 短接中控开关插头闭锁端子与搭铁端子，门锁控制单元继电器是否动作，若不动作，则为控制单元或线路故障；若动作，则为中控开关故障；

(4) 检查中控开关到门锁继电器线路是否断路。

2. 门锁电动机故障诊断

(1) 万用表测量门锁电动机内部线圈是否断路；

(2) 从蓄电池引线直接连接门锁电动机插头端子，测试电动机是否工作，门锁电动机不工作，则为门锁执行器故障；

(3) 试灯连接门锁电动机插头端子，按动中控开关，试灯是否正常点亮，若不点亮，则为门锁电动机控制线路断路。

3. 门锁控制线路故障诊断

门锁电动机与中控单元通过线束连接，线束穿越车门链接处，链接处由线束接插器连接。门锁线路的主要故障有线路断路，线路短路，线路接触不良，接插器进水等，需要仔细检测排除车门链接线束插头性能。车门链接线路接插器是最容易产生故障的部位，如图 19－22 所示。

4. 车身控制单元故障诊断

1) 读取故障码

中控门锁有故障，首先确定车身控制单元是否储存相应的故障码，若有故障码，首先排除故障码，再继续诊断其他故障。

2) 读取数据流

车身控制单元没有故障码储存，可以通过读取数据流，确定车身控制单元是否接收到中控系统的开

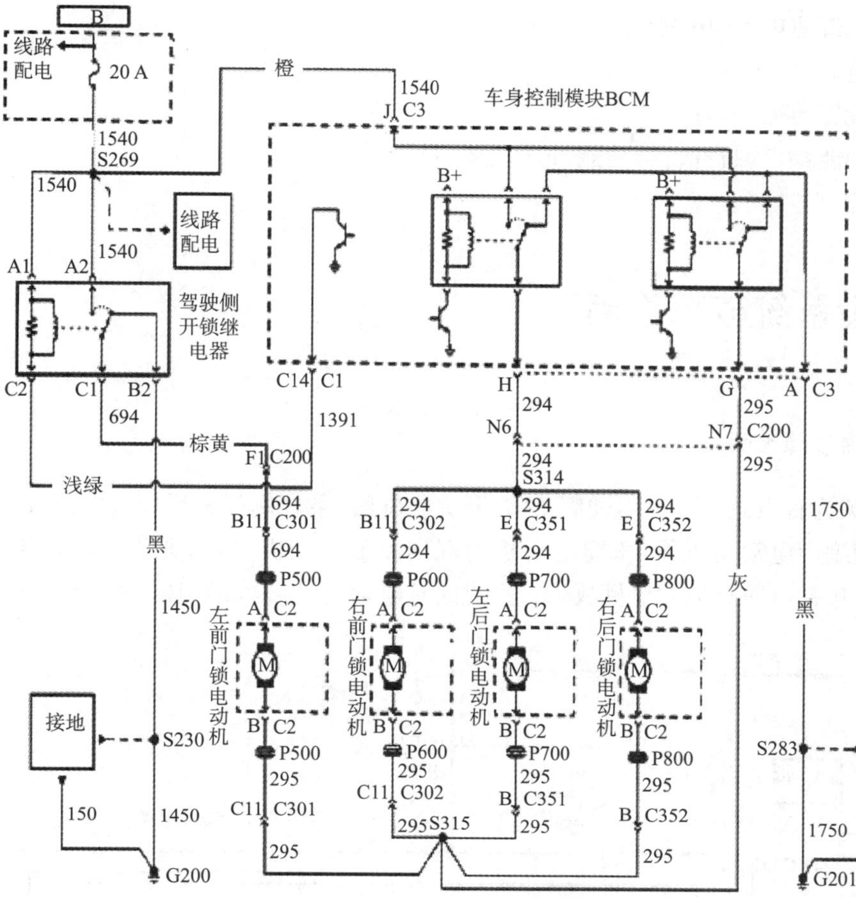

图 19－21　别克君威中控电路图

图 19－22　车门线束接插器

关信号及是否有阻止门锁控制的数据信号。

3）动作测试

通过车身控制单元对门锁执行器进行动作测试，确定门锁执行器及线路是否存在故障及是否中控单元的故障。

5. 功能设定

中控门锁功能可以通过对控制单元的功能设置，改变或设定自锁及各项功能，操作步骤如下（以大众车型为例）：

(1) 诊断仪进入舒适单元(46)或中控单元(35);

(2) 选择自适应通道(10);

(3) 选择自锁设置通道(03);

(4) 修改自锁功能：0 为打开自锁功能;1 为关闭自锁功能;

(5) 退出诊断仪。

19.3 电动窗系统故障诊断

19.3.1 传统电动窗故障诊断

传统电动窗开关为触点式，主门(驾驶侧车门)开关与副门(乘客侧门和后门)，主门开关或副门开关有故障，都不能控制副门电动窗工作，车窗电动机为双向直流电动机，传动方式有钢索传动、齿轮传动等，电动窗故障主要包括电路故障和机械故障。别克凯越电动窗电路，如图 19－23 所示。

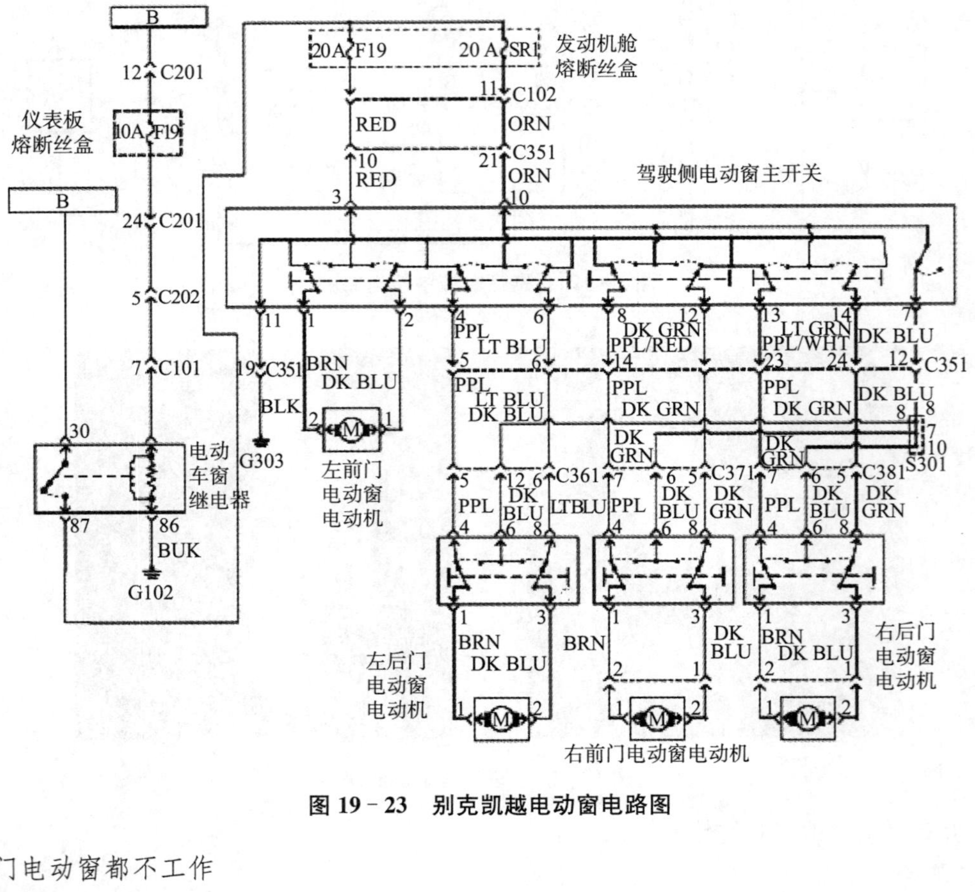

图 19－23　别克凯越电动窗电路图

1. 四门电动窗都不工作

1) 故障现象

无论按任何电动窗开关，四门电动窗均不工作。

2) 故障诊断及原因

由于四门电动窗电动机和电动窗开关同时有故障的可能性很小，故障在电动窗主开关。

(1) 检查电动窗电源熔断丝;

(2) 检查主窗总开关电源和搭铁线是否良好；
(3) 检查或更换电动窗主开关总成。
2. 主门电动窗不工作
1) 故障现象
按驾驶侧门电动窗开关，车窗升降器不工作。
2) 故障诊断及原因
由于主门车窗升降器只由主开关控制，与其他开关无关，故障主要在主门电动窗系统。
(1) 检查电动窗主开关电源和搭铁线是否良好；
(2) 按动电动窗主开关，测试是否有电源信号输出；
(3) 检测主开关到主门电动窗电动机线路是否良好；
(4) 检测主窗电动机是否良好；
(5) 检查主窗玻璃升降器是否良好；
(6) 检查主窗玻璃和门窗胶槽是否良好。
3. 副门窗不工作
1) 故障现象
(1) 主开关可以控制副门电动窗，但副门开关不能控制副门电动窗。
① 故障诊断(主开关可以控制副门电动窗)
a. 副门电动窗电动机正常；
b. 主开关至副门开关之间线路正常；
c. 主电源和搭铁线路正常。
② 故障原因和部位
a. 主开关故障；
b. 副门开关故障；
c. 副门开关电源断路。
(2) 主开关不能控制副门电动机，副门开关可以控制副门电动机。
① 故障诊断(副门开关可以控制副门电动窗)
a. 副门电动窗电动机正常；
b. 主开关至副开关之间线路正常；
c. 主开关搭铁线路正常；
d. 副门开关电源正常。
② 故障原因和部位
a. 检测主开关电源是否正常；
b. 主开关故障；
c. 副门开关故障。
(3) 主开关和副门开关均不能控制副门电动窗工作(主门电动窗正常)。
① 故障诊断(主门电动窗正常)
a. 电动窗电源熔断丝正常；
b. 主开关搭铁线路正常。
② 故障原因和部位
a. 检测副门开关电源是否正常；

b. 检查主开关到副门开关线路是否导通；

c. 主开关故障；

d. 副门开关故障。

19.3.2 电子控制电动窗系统故障诊断

新型汽车电动窗均采用电控单元控制模式，电动窗开关与中控开关集成，组成控制单元，四门开关通过网络传输控制信号和信息，并与舒适控制单元或车身控制单元通讯，电动窗的控制功能也较多。新款乘用车电动窗的常见功能如表 19－4 所示。

表 19－4　新款乘用车电动窗常见功能

功　能	介　绍
手动上升和下降功能	使车窗在开关半拉上或半按下状态，电动窗分别上升或下降，一旦松开开关，车窗立刻停止
驾驶侧(或四门)自动升降功能	开关点动，车窗自动完全打开或关闭
防夹保护功能	自动上升操作期间，车窗夹有异物时，电动窗自动停止，并下降
遥控功能	使用遥控器操作电动窗上升功能
钥匙关闭操作功能	点火开关关闭后，车门没开启时，可以操作电动窗开关 45 s
钥匙连动上升和下降功能	钥匙在驾驶侧车门锁止超过 1.5 s 后车窗上升，开锁超过 1.5 s 时车窗下降
诊断功能	开关系统检测到车窗系统故障时，车窗开关指示灯点亮或闪烁警告
失效保护功能	电动窗电动机脉冲传感器有故障时，禁用电动窗部分功能

1. 故障诊断

1) 直观诊断

(1) 检查电动窗电源熔断丝是否良好；

(2) 检查电动窗开关功能情况；

(3) 检查玻璃窗是否卡滞；

(4) 检查车门线束连接器是否良好；

(5) 检查电动窗开关插头是否接触良好。

2) 诊断仪诊断

(1) 读取车身控制单元故障码，清除电动窗相关故障码；

(2) 读取车身控制单元数据流，读取车门开关单元数据传输信号；

(3) 读取车身控制单元电动车窗功能设置情况；

(4) 控制单元编码(大众车系)。

多路传输电动窗开关模块，如图 19－24 所示。

2. 功能设定

1) 自动功能设定

电动窗系统有如下操作后，需要进行初始化设定，否则可能会出现电动窗自动升降功能及其他功能失效：

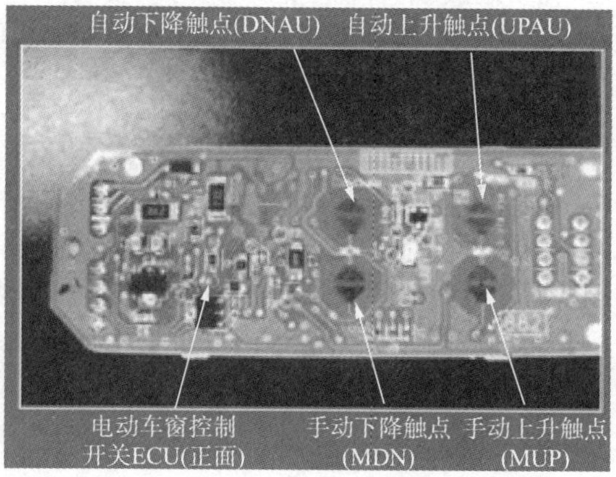

图 19－24　多路传输电动窗开关模块

(1) 蓄电池断电后；

(2) 电动窗开关插头断开；

(3) 电动窗电动机插头断开；

(4) 更换电动窗系统元件；

(5) 更换车身控制单元(舒适系统模块)。

2) 电动窗自动升降功能设定方法(以本田车系为例)

(1) 将点火开关置于 ON(Ⅱ)；

(2) 用驾驶侧开关将驾驶侧车窗直接降下，并继续按住驾驶侧车窗开关的 DOWN 位 2 s；

(3) 用驾驶侧开关将驾驶侧车窗一直不停地升起，车窗升到最高位置时，按住驾驶侧车窗开关的 UP 位 2 s；

(4) 如果车窗在 AUTO 方式下仍然不工作，则执行多路集成控制系统测试模式。

3) 电动窗防夹功能设定

进行下列操作后，需要对电动窗系统进行设定，否则防夹功能启动：

(1) 蓄电池断电后；

(2) 电动窗开关插头断开；

(3) 电动窗电动机插头断开；

(4) 拆卸电动窗系统机件、电器元件；

(5) 更换电动窗系统元件；

(6) 更换车身控制单元(舒适系统模块)。

4) 防夹设定操作方法

(1) 丰田车电动窗防夹设定

当拆开玻璃升降器和升降电动机或没有玻璃时动作玻璃升降器后，需要重新设置玻璃升降电动机(极限开关初始位置)。

① 拆下玻璃升降电动机，在玻璃升降电动机和玻璃升降器上作记号；

② 插上玻璃升降电动机和电动玻璃升降开关的插头；

③ 打开点火开关至 ON 位置，操作电动玻璃升降开关，让玻璃升降电动机向上升方向空转 6 圈以上，但小于 10 圈(多于 4 s)；

④ 把玻璃升降器和升降电动机装在一起，在升降器低于中间点时装上电动机；

⑤ 在安装玻璃升降电动机时，对准玻璃升降电动机和玻璃升降器的记号。

(2) 标致 307 电动窗防夹初始化设定

① 打开点火钥匙到 ACC 挡；

② 手动上升玻璃直到完全关闭；

③ 按住升降开关大约 4 s，松开后初始化完成。

5) 限位设定

日产轿车电动窗驾驶侧车窗设有限位开关，当进行如下操作后需要进行限位设定：

(1) 熔断丝熔断或蓄电池断开都会造成电动车窗开关或电动机电源的中断；

(2) 升降器总成的拆卸和安装；

(3) 从升降器总成上拆卸和安装电动机；

(4) 电动车窗开关线束接头的安装和拆卸；

(5) 将升降器总成作为整体操作；

(6) 车门玻璃的拆卸和安装；

(7) 车门玻璃导槽的拆卸和安装。

设定操作方法：

(1) 左前玻璃窗升至最顶端位置；

(2) 拆开驾驶侧车门内衬；

(3) 打开点火开关至 ON；

(4) 玻璃支架上找到复位按钮，用手按下按钮；

(5) 手动降下驾驶侧门玻璃到底；

(6) 松开复位按钮；

(7) 手动将玻璃升到顶；

(8) 设定完毕。

6) 编码设置(控制单元编码)

大众车在蓄电池断电或其他操作后，电动窗工作不正常，可以通过修改舒适系统控制单元编码的方法恢复电动窗功能，原因是突然的断电或其他操作，造成舒适模块的控制单元编码突变，引起电动窗工作异常，操作方法如下(以大众 POLO 为例)：

(1) 连接诊断仪，进入舒适系统(通道 46)；

(2) 选择通道 07(控制单元编码)；

(3) 检查控制单元编码(CODING)是否为 01024；

(4) 将控制单元编码修改为 00259；

(5) 检查电动窗功能是否恢复；

(6) 将控制单元编码恢复为 01024。

本章小结

(1) 汽车防盗系统分为主动防盗和被动防盗，新款汽车多具备主动和被动双重防盗功能。

(2) 遥控门锁防盗系统常见的故障有遥控失效，遥控距离短，遥控报警异常等。

(3) 遥控系统更换遥控器、遥控单元、断电源、断线束插头等操作后，需要做设定操作，否则会引起遥控失效不工作。

(4) 遥控器设定分为人工设定和使用诊断仪器设定。

(5) 大众芯片防盗技术经过了第一代、第二代、第三代、第四代技术，目前已开始第五代防盗技术的应用。

(6) 芯片钥匙的防盗匹配分为人工匹配和诊断仪器匹配。

(7) 防盗系统更换元件或控制单元及钥匙，需要进行防盗匹配，防盗匹配可以手工匹配和诊断仪匹配。

(8) 大众车系防盗系统带有防盗密码，匹配时需要输入防盗密码。

(9) 防盗密码丢失，需要咨询大众维修服务站索取，或使用数易通等编程器读取。

(10) 智能钥匙系统具有无钥匙进入、智能点火起动、车主身份识别三大功能。

(11) 中控门锁常见故障有四门均不工作，主开关不能控制副门，副开关不能控制副门等。

(12) 传统电动窗常见的故障原因有电动窗开关故障，电动窗电动机故障，电动窗线路故障，电动窗未设定等。

(13) 电子控制电动窗系统故障诊断须借助诊断仪器诊断故障原因。

复习思考题

(1) 主动防盗系统被触发，警报器鸣叫，发动机是否可以起动，如何解除防盗，若无遥控器，如何解除防盗？

(2) 防盗 ECU 传输的是什么信号，如何检测？

(3) 主钥匙丢失，如何解除防盗？

(4) 钥匙丢失在驾驶室内，而车门意外被锁住，可否在不破坏元件和设备的前提下打开车门，取出钥匙(不得用于非法操作)？

(5) 叙述后车门电动窗不工作的检测方法和流程。

普 通 高 等 职 业 教 育 规 划 教 材
21世纪卓越汽车应用型人才培养专用教材

20 安全气囊系统故障诊断

学习目标

知识目标

（1）了解汽车安全气囊的工作原理；
（2）熟悉汽车安全气囊系统的常见故障；
（3）掌握诊断安全气囊故障的思路和方法。

能力目标

（1）掌握使用诊断仪诊断安全气囊系统故障码；
（2）学会根据电路图分析安全气囊电路故障；
（3）学会正确安全的拆装安全气囊系统元件。

20.1 安全气囊系统故障人工诊断

20.1.1 安全气囊系统检修注意事项

任何不正确的维修操作，都有可能产生非常严重的安全隐患，不按正确的顺序进行维修操作，有可能使安全气囊在维修过程中意外张开，从而导致严重事故。所以在对安全气囊系统进行维修时，应严格按照操作规程进行，以避免引起损失和伤害。

(1) 拆装安全气囊系统任何元件前，将点火开关打到 OFF(或 LOCK)位置；拆下蓄电池负极，等待 90 s 以上，才能开始工作。因为安全气囊控制单元内部配有备用电源，如果从蓄电池上拆下负极后不到 90 s，就开始维修工作，气囊仍可能会充气张开。

(2) 已发生过碰撞且 SRS 已经充气张开的安全气囊、控制单元、车前传感器、中央传感器、安全带张紧器等不可重复使用。

(3) 千万不要测量安全气囊的内部电阻，这可能会使安全气囊张开，产生危险。同时，也千万不要去测量安全带收紧器的电阻，这也可能会使收紧器动作。

(4) 拆下的安全气囊不可重叠堆放，放置时，应该顶面朝上，如图 20-1 所示，因为如果安全气囊金属面朝上放置，气囊意外突然充气张开时，将会导致危险事故。

(5) 应使用高阻抗(至少 10 kΩ/V)仪表检测和诊断安全气囊系统故障。

(6) 遇到轻微碰撞时，即使气囊未展开，也应对气囊前传感器及转向盘衬垫进行检查。

(7) 切勿使用其他车辆的零件进行更换或互换。

(8) 切勿为了重新使用而拆开及维修气囊前传感器、气囊安全传感器或转向盘衬垫。

(9) 拆装转向盘时，转向盘必须在螺旋线圈位于中间位置时，正确地安装到转向柱上，否则会造成螺旋电缆脱开或产生其他故障。

(10) 在进行电焊作业等操作之前，应首先脱开气囊连接器。

(11) 安全气囊的有效使用期限为 10 年，10 年的车辆，气囊没有引爆，也需要更换。

(a) 正确

(b) 错误

图 20-1 安全气囊的放置方式

20.1.2 仪表故障灯闪码

1. 读取故障码(以丰田车系为例)

1) OBD-I 诊断座

(1) 点火开关位于“ACC”，或“ON”挡；

(2) 诊断线跨接诊断座"TC"和"E1"端子,如图 20－2 所示;
(3) 观察组合仪表气囊故障灯闪烁,根据闪烁代码,读取故障含义。

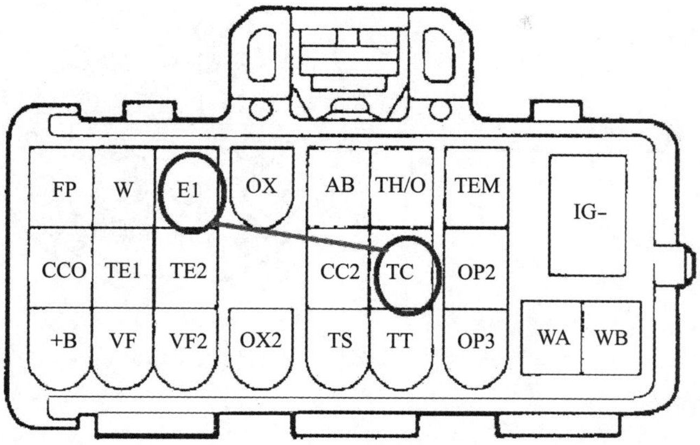

图 20－2 丰田车系安全气囊故障人工诊断法

2) OBD－Ⅱ诊断座
(1) 点火开关位于"ACC",或"ON"挡;
(2) 诊断线跨接 OBD 诊断座 4 号和 13 号端子,如图 20－3 所示;
(3) 观察组合仪表气囊故障灯闪烁规律,根据闪烁指示,读取故障含义。

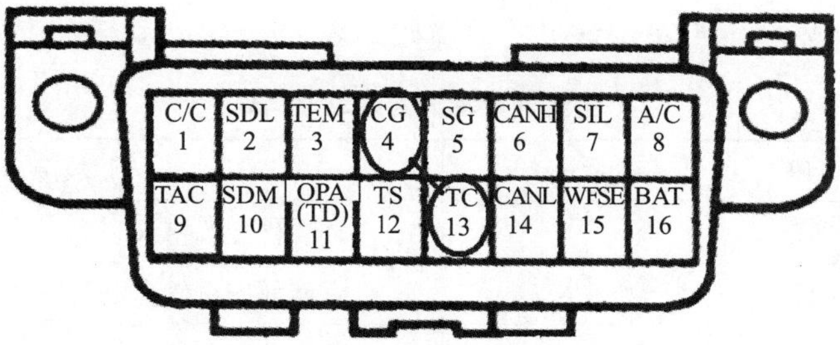

图 20－3 OBD－Ⅱ诊断座读取安全气囊系统故障码

2. 清除故障码
1) 常规故障码清除
拔掉 SRS－B 熔断丝或断开蓄电池负极 5 min 以上,装复。
2) "41"故障码清除
(1) 用跨接线连接诊断接头端子 TC 和 AB;
(2) 接通点火开关,等待大约 6 s;
(3) 用车身接地线交替与端子 TC 和 AB 相接触,每次各 0.5 s,次序为 TC,AB,TC,AB,循环两次,然后使车身接地线与端子 TC 保持接触,直至安全气囊警示灯快速闪烁,表示代码已被清除。

20.1.3 发光二极管灯闪码

二极管灯闪码法指使用二极管灯,通过诊断座读取故障码的方法,以奔驰车为例,读码方法如下:
(1) 发光二极管灯连接诊断座安全气囊诊断端子,如图 20－4 所示;
(2) 打开点火开关;
(3) 短接触发接地线;
(4) 观察二极管灯闪烁故障码。

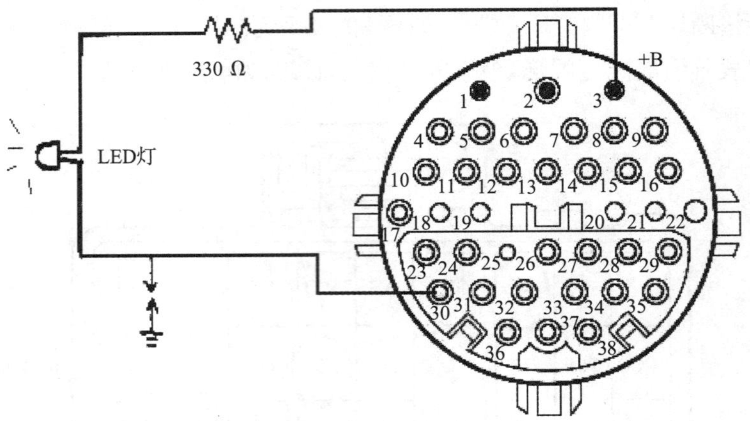

图 20－4　奔驰车安全气囊故障人工诊断

20.2　安全气囊系统故障仪器诊断

20.2.1　安全气囊系统故障码

新款汽车 OBD－Ⅱ诊断系统，安全气囊故障诊断只能使用诊断仪器诊断故障码、清除故障码、对气囊控制单元编程处理等。安全气囊系统常见的故障码如表 20－1 所示。

表 20－1　安全气囊系统常见故障码表

故障码	故障诊断
B1001	选装件配置错误
B1017	乘客侧安全气囊电阻高或开路
B1024	驾驶侧安全气囊电阻高或开路
B1035	碰撞传感器线路对地短路
B1036	碰撞传感器对电源短路
B1045	驾驶侧安全气囊电源故障
B1051	碰撞记录
B1100	安全气囊传感器组件总成故障
B1148	右前碰撞传感器故障
B1149	左前碰撞传感器故障
B1153	座椅占用识别传感器故障
B1360	驾驶侧安全带预张紧器短路
B1366	驾驶侧安全带预张紧器断路
B1061	气囊警告灯故障
B2477	气囊控制模组匹配标定错误
B1071	安全气囊控制单元内部故障
B1661	安全气囊控制单元设定不一致

20.2.2 安全气囊故障码诊断与排除

1. 驾驶侧安全气囊故障排除

故障码：B1024——驾驶侧安全气囊开路

(1) 清除故障码，重新读取，故障码依旧，说明驾驶侧安全气囊有故障。

(2) 断开蓄电池，拆卸驾驶侧安全气囊，在驾驶侧气囊插座，短接一只1～3Ω电阻，如图20-5所示，重新连接蓄电池，读取故障码。若故障码依旧，则为驾驶侧安全气囊线路故障；若故障码消失或清除掉，则判断驾驶侧安全气囊有故障，必须更换。

(3) 拆卸转向盘游丝线盘，测量游丝内部，安全气囊线路是否导通，如线路断路，则必须更换气囊游丝。

(4) 测量气囊至安全气囊控制单元线路通断，若线路断路，则维修线路；如线路连通良好，则为安全气囊控制单元故障。

图20-5 驾驶侧安全气囊故障诊断

2. 乘客侧气囊故障排除

故障码：B1017——乘客侧安全气囊开路故障

(1) 清除故障码，重新读取，若故障码依旧，说明乘客侧安全气囊有故障。

(2) 检查安全气囊系统是否有乘客侧气囊闭锁功能(开关)，乘客侧安全气囊锁闭开关，如图20-6所示。若有，启动闭锁开关，重新读取及清除故障码，故障码是否消失。

图20-6 前排乘客侧安全气囊锁闭开关

(3) 测量乘客侧气囊端子至气囊控制单元线路通断。

(4) 使用短接电阻连接乘客侧气囊插头，重新清除故障码，若可以清除，则可判断乘客侧气囊故障，予以更换。

3. 碰撞传感器故障排除

故障码：B1148——右前碰撞传感器故障

(1) 清除故障码，重新读取，故障码依旧，说明右前碰撞传感器故障。

(2) 检查前碰撞传感器是否有碰撞现象，如有碰撞事故引起气囊引爆，则全车碰撞传感器必须更换。

(3) 检查前碰撞传感器线路连接是否良好。安全气囊碰撞传感器线路一般为黄色。

(4) 测量前碰撞传感器电阻值是否符合标准值，不符合，则为碰撞传感器故障。

(5) 检测前碰撞传感器线路到气囊控制单元线路通断，如图 20－7 所示。若线路良好，则故障为气囊控制单元内部故障，更换安全气囊控制单元。

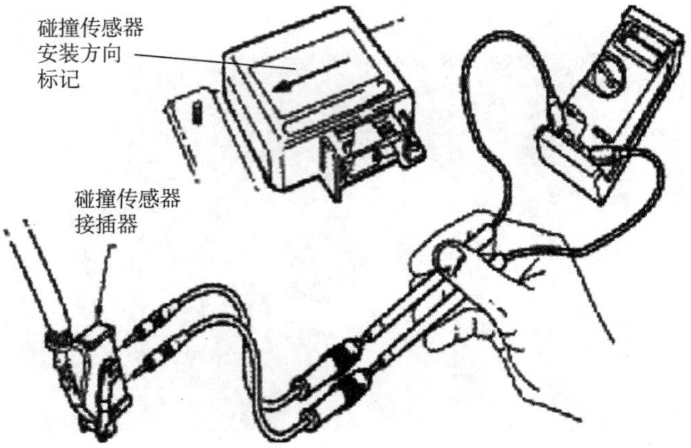

图 20－7　碰撞传感器检测

4. 安全带预张紧器故障排除

故障码：B1366——驾驶侧安全带预张紧器断路

(1) 清除故障码，重新读取，故障码依旧，说明安全带张紧器故障。

(2) 将驾驶侧安全带预张紧器与乘客侧安全带预张紧器互换，重新读取故障码，故障码变为乘客侧安全带预张紧器故障码，则表明驾驶侧安全带预张紧器故障，予以更换。安全带预张紧器工作原理，如图 20－8 所示。

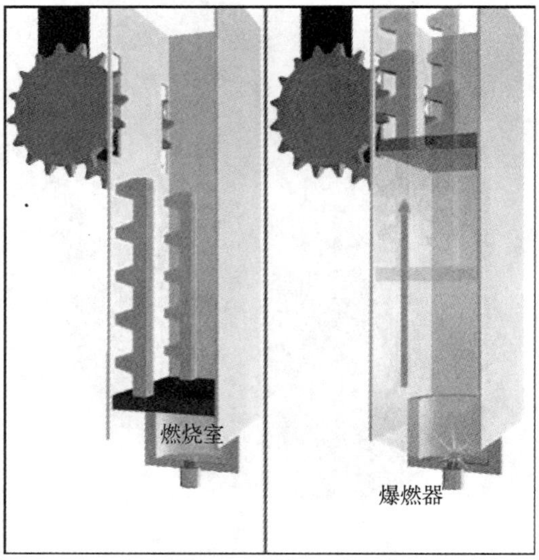

图 20－8　安全带预张紧器工作原理

(3) 若故障码依旧,检测安全带预张紧器到安全气囊控制单元线路通断。

(4) 安全带预张紧器到气囊控制单元线路良好,则为安全气囊控制单元内部故障。

5. 乘客座椅占用识别传感器故障排除

故障码:B1153——乘客座椅占用识别(PPD)传感器故障

(1) 清除故障码,重新读取,故障码依旧,说明乘客座椅占用识别传感器故障。

(2) 检测传感器模块的线路,检查 SRS 控制单元与传感器模块之间的线路连接是否可靠,线路是否断路。

(3) 检查传感器的电阻。当重量大于 15 kg 时,传感器的电阻小于 50 kΩ;当重量小于 0.6 kg 时,传感器的电阻值大于 50 kΩ。否则,更换 PPD 传感器。乘客座椅占用识别传感器结构,如图 20-9 所示。

(4) 检查传感器的线路。检测传感器与传感器模块之间的线路连接是否可靠,线路是否断路。

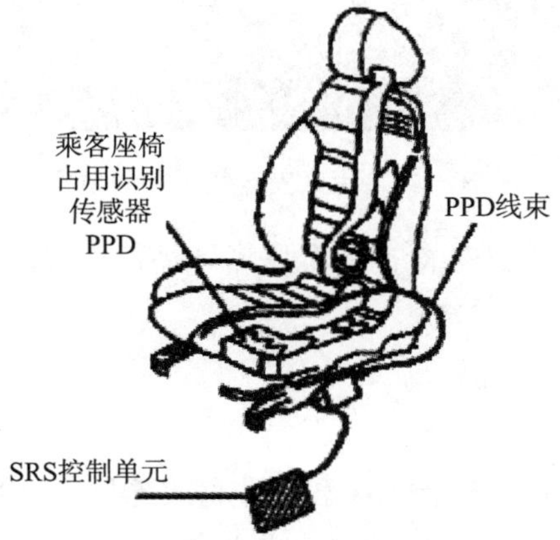

图 20-9 乘客座椅占用识别传感器结构图

6. 安全气囊控制单元编码

故障码:B1661——安全气囊控制单元设定不一致

(1) 大众车系更换新的安全气囊控制单元,需要进行控制单元编码。

(2) 新的安全气囊控制单元没有进行过编码,控制单元的初始编码为 0。

(3) 不同的控制单元编码具备不同的功能和配置。

(4) 未编码的控制单元会使安全气囊故障警报灯一直点亮,并产生故障码。

安全气囊控制单元编码操作程序:

(1) 使用诊断仪读取旧控制单元零件号和控制单元编码(CODING)。

(2) 使用诊断仪读取新控制单元零件号和控制单元编码(CODING)。

(3) 比较新旧控制单元编码是否一样,如不一样,或新控制单元编码为 00000,则需要对新控制单元进行控制单元编码(旧控制单元编码也为 00000 除外)。

(4) 诊断仪选取系统通道 15(安全气囊系统)。

(5) 选取功能通道 07(控制单元编码)。

(6) 修改新的控制单元编码。

(7) 如无旧控制单元编码号,可通过控制单元零件索引号,查阅维修资料,查找与零件号匹配的控制单元编码,大众安全气囊控制单元零件号,如图 20-10 所示。

(8) 若出现更换新的安全气囊控制单元无法进行编码,诊断仪显示“车辆系统不存在”的故障码,则需要检查安全气囊控制单元是否正确安装。

图 20-10 大众安全气囊控制单元

(9) 编码完成后，读取和清除故障码，检查气囊故障灯是否正常。

7. 安全气囊控制单元匹配

故障码：B1001——选装件配置错误

1) 故障现象

别克组合仪表安全气囊灯亮，读取安全气囊系统没有故障码，组合仪表系统有故障码 B1001——选装件配置错误，故障码无法清除，组合仪表气囊灯一直点亮。

2) 故障原因

当接通点火开关时，气囊保护装置传感器和诊断模块 SDM(安全气囊控制单元)将储存在 SDM 中的保护装置识别码(ID)与储存在组合仪表(IPC)中的保护装置 ID 号进行比较，被比较的保护装置 ID 号包含 SDM 的零件号的后四位数字；然后，SDM 将存储自身的车辆识别码(VIN)同存储在组合仪表(IPC)中的 VIN 进行比较，在这两次比较中，如果存储在 SDM 中的保护装置 ID 号同存储在组合仪表(IPC)中的 ID 号不匹配，或存储在 SDM 中的车辆识别码同存储在组合仪表(IPC)中的 VIN 信息不匹配，则设置故障码“B1001”。设置故障码后，SDM 通过二级串行数据总线，向组合仪表(IPC)发送信息，组合仪表点亮安全气囊故障灯，同时，传感器和诊断模块使所有的安全气囊系统失效。

3) 故障排除

(1) 连接别克诊断仪 TECH-2，接通点火开关，不起动发动机；

(2) 选择车型，年款，配置；

(3) 进入车身控制单元 BCM；

(4) 选择系统 F1：仪表控制单元；

(5) 选择功能菜单 F2：特殊功能；

(6) 选择菜单 F3：新 VIN；

(7) 输入车身 VIN 码，并保存；

(8) 选择菜单 F2：同步 IPC 和 SIR；

(9) 确认：(YES)；

(10) 等待模块同步完成；

(11) 清除故障码,检查气囊警告灯是否正常。

8. 安全气囊控制单元数据恢复

故障码:B1051——碰撞记录

装有安全气囊系统的车辆发生碰撞后,气囊控制单元会留下碰撞记录,并根据碰撞程度引爆或不引爆安全气囊,凡有碰撞记忆的安全气囊控制单元,将不能继续使用,必须更换新的安全气囊控制单元(宝马安全气囊控制单元可碰撞记忆使用3次),对于碰撞后的安全气囊控制单元可以通过编程器进行记忆数据恢复,经过恢复处理后的安全气囊控制单元,可以继续使用(控制单元无硬件故障)。

安全气囊控制单元数据恢复的方法有以下两种。

1) 编程器恢复数据

(1) 将安全气囊控制单元数据芯片焊下;

(2) 将芯片置于编程器上智能恢复数据;

(3) 将恢复数据后的芯片焊回安全气囊控制单元;

(4) 清除气囊系统故障码。

2) 专业气囊修复仪恢复安全气囊控制单元(专用诊断仪)

(1) 连接修复仪于OBD-Ⅱ诊断座;

(2) 按流程操作恢复气囊控制单元数据;

(3) 清除气囊系统故障码。

本章小结

(1) 传统的安全气囊系统使用人工读码进行故障诊断,新款汽车安全气囊故障诊断使用诊断仪诊断。

(2) 故障诊断仪可以对安全气囊系统进行读取故障码、清除故障码、匹配设定等操作。

(3) 车辆发生碰撞事故,气囊引爆,则安全气囊控制单元必须更换。

(4) 安全气囊点火器不可使用万用表测试其电阻值。

(5) 车辆发生事故,安全气囊引爆,安全带预张紧器也会锁死,预张紧器也必须更换。

(6) 有些车型,乘客侧安全气囊可以关闭,以减小乘客侧无人时,安全气囊引爆的损失。

(7) 更换的新安全气囊控制单元必须进行编程或控制单元编码。

复习思考题

(1) 驾驶侧安全气囊引爆,安全气囊游丝盘是否需要更换?

(2) 安全传感器能接受的碰撞力比碰撞传感器接受的碰撞力大还是小?

(3) 乘客侧气囊引爆后,若不想更换气囊,采取什么措施可以熄灭气囊故障警告灯?

(4) 安全气囊的弹簧锁扣接插器如何拔取?

(5) 根据所学知识,汽车发生碰撞事故,安全气囊引爆的同时,还有哪些功能将被触发?

21 组合仪表故障诊断

学习目标

知识目标

(1) 了解汽车组合仪表的结构和工作原理；

(2) 熟悉检测汽车组合仪表故障的方法；

(3) 掌握分析排除组合仪表故障的思路。

能力目标

(1) 学会拆装组合仪表总成；

(2) 掌握查看组合仪表印刷电路的能力；

(3) 学会分析组合仪表电路图；

(4) 学会使用诊断仪器对组合仪表控制单元诊断故障和编程。

21.1 普通组合仪表故障诊断

21.1.1 汽车组合仪表的内容

1. 仪表

汽车组合仪表上主要的仪表包括：车速表、转速表、燃油表和水温表。有的车辆还装有机油压力表、气压表、电流表、电压表等。

1）车速表

车速表实际上由两个表组成：车速表和里程表（又称车速里程表）。由指示汽车行驶速度的车速表和记录车辆所行驶距离的里程计组成。分公制（公里）和英制（英里）两种。

2）转速表

显示发动机运转速度的仪表，分指针式和数字式两种转速表。

3）燃油表

显示车辆燃油箱燃油量的仪表，多为指针式，刻度以 E（空）、F（满）标识，或以 0－1/2－1 表示。燃油表结合车速表，同时计算车辆燃油消耗量，即百公里耗油量。

4）水温表

显示发动机冷却液温度的仪表，以 C（冷）、H（热）标识，或以温度（℃）表示。红色刻度区表示发动机过热。

2. 车辆警示灯

显示车辆各种状态的指示灯，如车门未关警告灯、转向指示灯、远光指示灯、驻车制动指示灯、保养指示灯、安全带警示灯等。

3. 车辆报警灯和报警装置

车辆运行状态异常警告灯，如机油警告灯、充电警告灯、水温警告灯、防盗警告灯、制动片警告灯、燃油不足警告灯、轮胎气压警告灯等。报警装置有车门未关报警音、安全带警告音、超速报警音等。

4. 电控系统故障指示灯

汽车各电控系统的故障报警指示灯，如发动机报警灯、ABS 故障灯、SRS 故障灯、EPS 故障灯等。当点火开关打开时，报警灯点亮；发动机运行后，警报灯熄灭。若发动机运行时警告灯继续点亮，则表示该系统有故障存在，需要检修排除故障。

5. 车辆信息显示中心

组合仪表中心通过文字（英文或中文）、图案、符号显示车辆信息的屏幕，可以通过特定的按钮选取信息菜单和通过按钮进行归零等操作。车辆信息显示分为组合仪表车辆信息显示屏和独立信息显示系统。奥迪车辆信息显示系统，如图 21－1 所示。

6. 组合仪表照明系统

组合仪表灯光照明系统分为灯泡照明和冷光照明系统，多由尾灯开关控制，或点火开关控制，并且设有亮度调节开关。

7. 附属信息及其他系统

车辆其他信息显示系统，如时钟显示，室外温度显示，室内温度显示、指南针、迎面显示系统等。

图 21－1　奥迪 A6 车辆信息显示系统

21.1.2　组合仪表故障诊断

奇瑞 QQ3 组合仪表电路，如图 21－2 所示，代表传统组合仪表控制电路。

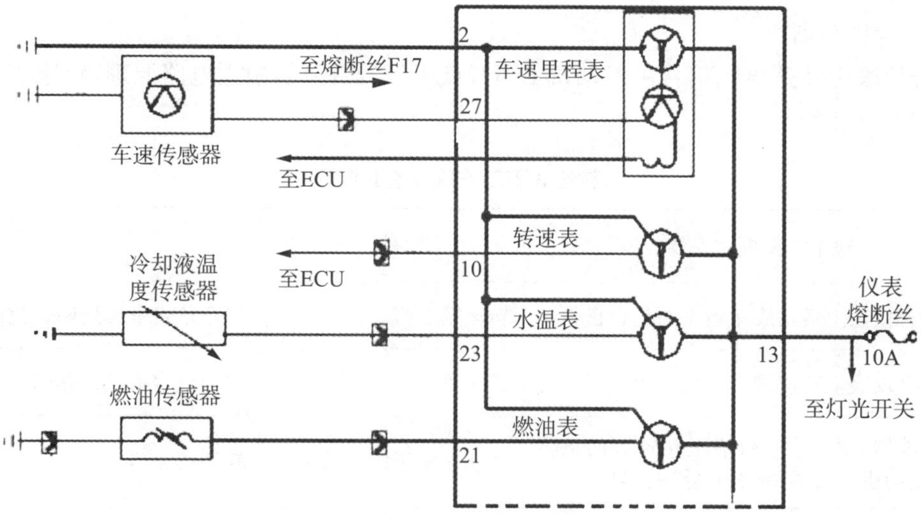

图 21－2　奇瑞 QQ3 组合仪表电路图(部分)

1. 水温表故障诊断

根据传统组合仪表电路原理，水温表不工作的故障诊断流程如表 21－1 所示。

2. 燃油表故障诊断

根据燃油表电路原理，燃油表不工作的故障诊断流程如表 21－2 所示。

表 21-1　水温表不工作的故障诊断流程

步骤	检测诊断操作	是	否
1	将冷却液温度传感器信号端子搭铁，观察水温表指针是否升至最高位置	冷却液温度传感器故障	转至第 2 步
2	组合仪表上水温表的正极是否有电源	转至第 3 步	组合仪表电源线路不良
3	检测水温表搭铁线是否正常	转至第 4 步	组合仪表搭铁线路不良
4	将水温表信号端子搭铁，表指针是否动作	转至第 5 步	燃油表故障
5	检测传感器至组合仪表线路是否良好	组合仪表线路板故障	传感器至组合仪表线路断路

表 21-2　燃油表不工作的故障诊断流程

步骤	检测诊断操作	是	否
1	将燃油表传感器信号端子搭铁，观察燃油表指针是否升至满油位置	燃油表传感器不良	转至第 2 步
2	检测组合仪表上燃油表正极是否有电源	转至第 3 步	组合仪表电源故障
3	检测组合仪表上燃油表搭铁线是否正常	转至第 4 步	组合仪表搭铁线路不良
4	将燃油表信号端子搭铁，油表指针是否动作	转至第 5 步	燃油表故障
5	检测燃油传感器至组合仪表线路是否良好	组合仪表线路故障	传感器至组合仪表线路断路

3. 转速表故障诊断

传统组合仪表上转速表的信号由发动机 ECU(点火信号)提供，根据电路原理，转速表不工作的故障诊断流程如表 21-3 所示。

表 21-3　转速表不工作故障诊断流程

步骤	检测诊断操作	是	否
1	检测组合仪表上转速表正极电源是否正常	转至第 2 步	组合仪表电源熔断丝或线路不良
2	测量组合仪表上转速表搭铁线是否正常	转至第 3 步	组合仪表搭铁线路断路
3	连接示波器，测试组合仪表上转速表的信号端子，发动机运转时，是否有脉冲信号	转速表电子电路故障	转至第 4 步
4	测量转速表信号端子至发动机 ECU 的转速信号端子之间的线路是否导通	ECU 转速信号输出电路故障	发动机 ECU 至组合仪表线路断路

4. 车速表故障诊断

汽车车速表分软轴传动式车速表和电子车速表，新型汽车均采用电子式车速表。

传统组合仪表系统的电子车速表信号来自于车速传感器，根据电路原理，车速表不工作的故障诊断流程如表 21-4 所示。

表 21－4　　车速表不工作故障诊断流程

步骤	检测诊断操作	是	否
1	检测车速传感器正极端子电源是否正常	转至第 2 步	车速传感器电源熔断丝或线路断路
2	测量车速传感器搭铁线路是否正常	转至第 3 步	车速传感器搭铁线断路
3	举升车辆，转动传动轴，连接示波器测量车速传感器的信号端子是否有脉冲信号	转至第 4 步	车速传感器故障
4	用示波器测试组合仪表的车速表信号端子是否有车速脉冲信号输入	转至第 5 步	车速传感器至组合仪表线路断路
5	检测组合仪表上车速表的电源是否正常	转至第 6 步	组合仪表电源电路断路
6	检测组合仪表上车速表搭铁线是否正常	车速表电路故障	组合仪表搭铁线路不良

21.2　电子组合仪表系统故障诊断

新型汽车组合仪表均采用电子组合仪表，电子组合仪表运用印刷电路板技术，在故障诊断、维修时必须注意检测方法。日产蓝鸟组合仪表印刷电路板，如图 21－3 所示。

图 21－3　日产蓝鸟组合仪表印刷电路板

21.2.1　电子组合仪表检修注意事项

(1) 新款汽车电子组合仪表一般都比较精密，对检修技术要求较高，检修时应遵照各汽车维修手册中的有关规定，必要时，电子组合仪表装置应送专业维修单位检修。

(2) 新型汽车电子组合仪表显示板和母板(逻辑电路板)不仅容易损坏，而且价格也较贵，因此在使用与检修时应多加小心，除非有特殊说明，否则不能将蓄电池电压直接加在组合仪表板的任何输入端。在检查电压、电阻时，应使用高阻抗电表操作，若检修汽车组合仪表不当，会造成组合仪表微机电路的严重损坏。

(3) 拆卸电子组合仪表板时，首先应切断电源，然后按拆卸顺序进行拆卸，应特别注意拆卸时不能敲打、振动，以防损坏电子元件。

(4) 拆装电子组合仪表板应按拆装顺序进行，拆装时不要用力过猛，以防本来良好的元件由于用力过猛而损坏。在拆装组合仪表板总成之前，脱开连接器或端子时，应先断开蓄电池端子。更换电子组合仪表元件时，应小心不让身体与更换元件(备用元件)的集成电路引线端子接触，备件应放置在镀镍的包装袋内，不要提前从袋中取出，取出时不要触碰各部分接头，防止静电造成元器件的损坏。

(5) 检修电子组合仪表板时，不论在车上或在工作台上作业，作业地点或维修人员都不能带有静电。因此作业时应使用静电保护装置，通常使用一根与车身连接接铁的手腕带和放置一个电子部件的导电垫板。

(6) 发动机运行时不能将蓄电池断开，这会引起瞬间的反电势，导致电子组合仪表损坏。

(7) 电子组合仪表使用冷阴极管的，应注意冷阴极管连接器上通电后存在高压交流电，因此通电后不得接触这些部位。

(8) 在处理电子式车速/里程表的电路板时，必须使用原来的塑料盒，以免因静电感应而损坏。若不慎碰触电路板的接头，将会使组合仪表的读数消除，此时必须送专业维修后才能使用。奥迪 A6 组合仪表指示灯电路，如图 21-4 所示。

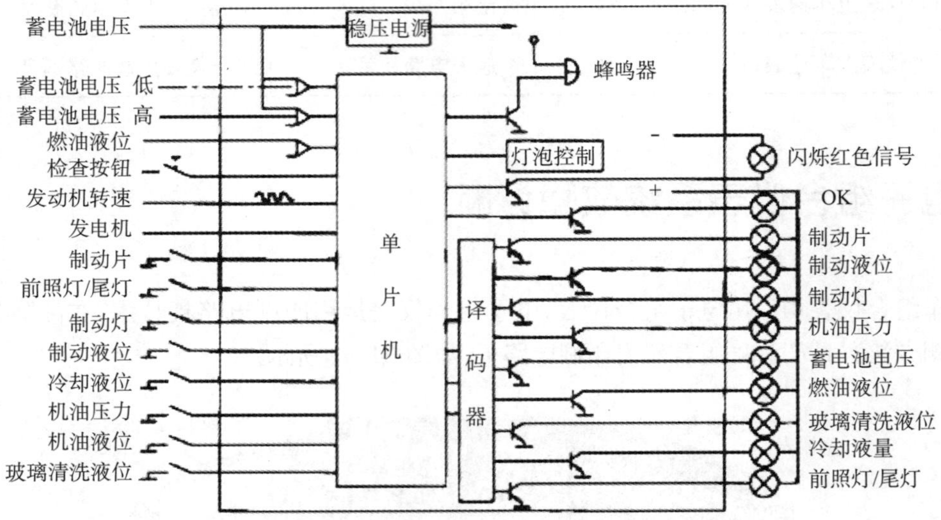

图 21-4 奥迪 A6 组合仪表指示灯电路图

21.2.2 电子组合仪表系统常用的检修方法

1. 快速检测器检测

快速检测器能模拟各种传感器信号，用它能够迅速测出故障的部位。如在使用测试器向组合仪表板输入信号时，组合仪表能够正常显示，说明传感器或其电路有故障。若显示器仍不能显示，再将测试器直接接在组合仪表板的有关输入插座端子上，此时若显示器能正常显示，说明线束和连接器有故障，否则表明组合仪表板有故障。

2. 电脑快速测试器检测

电脑快速测试器能够模拟燃油的流量和车速传感器的信号，同样把测试器所发出的信号从不同部位输入，即可检验与传感器、线束对应的控制单元和显示装置工作是否正常。

3. 液晶显示组合仪表测试器检测

用液晶显示组合仪表测试器进行测试时，直接连在组合仪表板上，能为组合仪表板和信息中心提供参照输入信号，这就可检测出信息中心的工作状态。这种测试的目的，是对组合仪表板有无故障做进一步的验证。

4. 示波器检测

电子组合仪表接收的信号大多为交流脉冲变频信号，普通电表不能检测信号电量，通过示波器波形测试，则可以检测到输给电子组合仪表的信号是否正常，以此判断故障在传感器还是组合仪表本身。

21.2.3 电子组合仪表典型故障诊断

1. 组合仪表照明故障诊断

1) 小灯泡照明系统

上海大众桑塔纳 2000 组合仪表照明控制电路，如图 21-5 所示，组合仪表照明灯不亮故障诊断：

(1) 检查尾灯照明系统是否正常；

(2) 检查开关照明灯是否正常；

(3) 组合仪表照明是否可以调整；

(4) 组合仪表照明灯泡故障；

(5) 组合仪表照明调节开关故障；

(6) 组合仪表板照明电路故障。

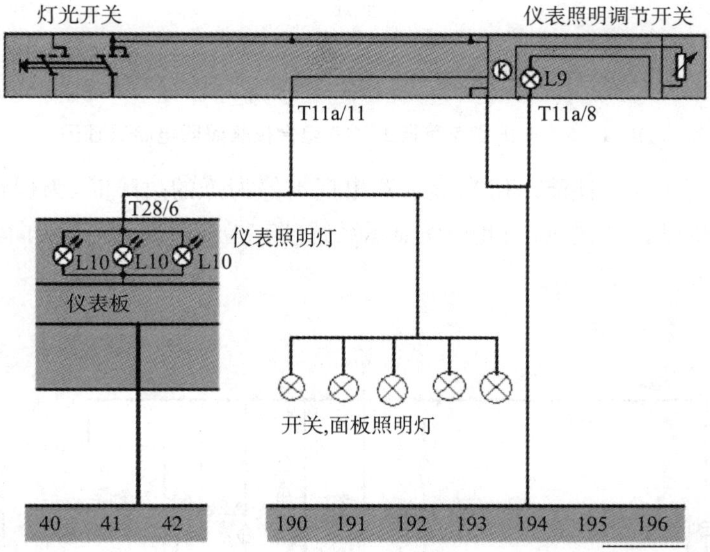

图 21-5 上海大众桑塔纳 2000 组合仪表照明控制电路图

2) 冷阴极管照明系统

以雷克萨斯 LS400 为例，组合仪表照明系统为冷阴极管做照明装置，点火开关位于 ON 挡，组合仪表照明灯点亮，开尾灯，组合仪表照明变暗。

雷克萨斯 LS400 组合仪表采用中频中压（1 200～2 500 V）控制的冷阴极管氙气体灯点亮来显示组合仪表的刻度指示和组合仪表照明，每个表头采用两个垂直向量随占空比变化的电感矢量控制表针，采用 A/D 转换器采样处理的信号，经数字-频率-矢量转换放大电路驱动表头。

冷阴极管照明异常故障一般为主电路板上电容器老化造成的。电容器 C 老化，造成交流工作电路短路、断路或电路参数改变，中频停振，氙灯无法稳定工作或无法起动。一般而言，更换电容器即可排除故障。检修时拆下组合仪表，将第一层板白色铝质电解电容器 C212 和 C202 换掉即可。如果只将此电容器取掉不装，组合仪表灯会亮，但过不了几分钟又会熄灭，排除此故障必须换上同型号电容器，电子商场有这种电解电容器出售。丰田雷克萨斯 LS400 组合仪表照明电路原理，如图 21-6 所示。

2. 迎面显示系统故障诊断（以日产蓝鸟为例）

迎面显示器是通过液晶显示屏将车速和警告灯（报警时）映射到前风窗玻璃上，以便驾驶人在行车

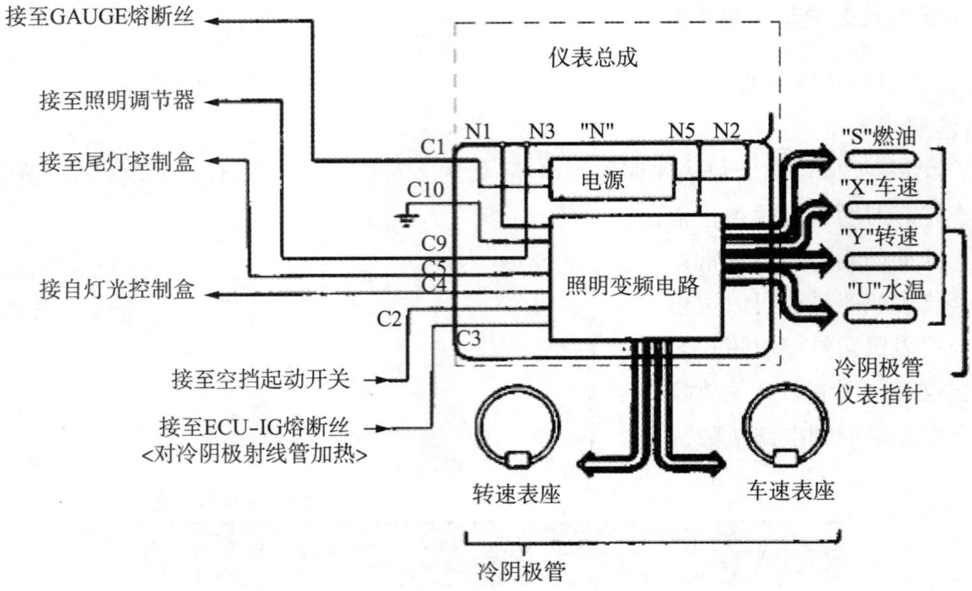

图 21－6　丰田雷克萨斯 LS400 组合仪表照明电路原理图

过程中观察，从而提高行车安全性能。但当显示器出现不停闪烁的故障时，为保证安全行车，可以将其功能关闭，否则会影响驾驶人的视线，因此迎面显示系统装有控制开关（位于转向盘左下侧）。日产蓝鸟迎面显示系统电路，如图 21－7所示。

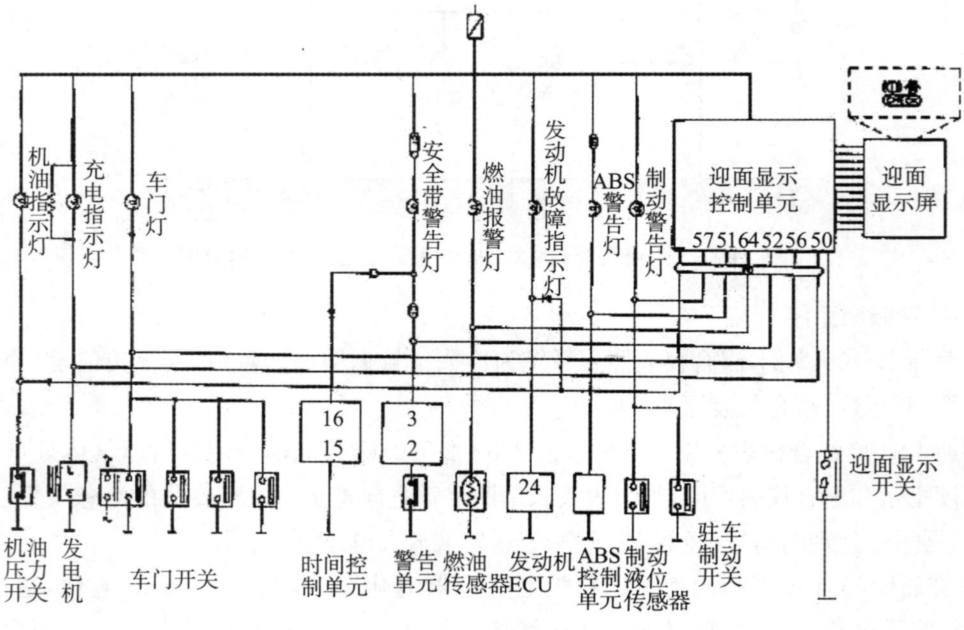

图 21－7　日产蓝鸟迎面显示系统电路图

迎面显示屏显示的条件是：发动机起动后，四门关闭良好；驾驶侧安全带系好，松开驻车制动器，将显示屏开关置于“HUD”位置，显示屏车速将显示“0”；车辆起步后，迎面显示屏显示相应的车速，若报警灯点亮，迎面显示屏也将点亮。

迎面显示系统故障诊断：

(1) 检查迎面显示器开关是否在 ON 挡位；

(2) 检查驻车制动开关是否良好;
(3) 检查车速传感器是否良好;
(4) 检查安全带开关是否正常;
(5) 检查四门车门开关是否正常;
(6) 检测迎面显示控制单元性能;
(7) 迎面显示屏故障。

21.3 组合仪表控制单元故障诊断

新型汽车组合仪表为独立的控制单元,通过车辆网络系统,与汽车网络控制系统连接,各种传感器信号和电控系统信息通过CAN BUS网络传输和共享。组合仪表控制单元的故障诊断需要借助诊断仪器的帮助。

21.3.1 组合仪表控制单元自诊断

组合仪表控制系统故障诊断可以通过诊断仪进行诊断操作。诊断仪对组合仪表控制单元诊断的功能如表21-5所示。

表21-5 组合仪表控制单元诊断功能

组合仪表控制系统(17)功能通道号	诊断功能
01	查询控制单元版本
02	查询控制单元故障码
03	控制单元诊断
04	自适应设定
05	清除故障码
07	控制单元编码
08	读取数据流
10	通道调整匹配
11	系统登录

21.3.2 组合仪表控制单元编码

对控制单元编码,可以通过不同编码调整车型的国别、发动机气缸数、机型、配置等。大众车系控制单元编码的代表含义如表21-6所示。

表 21-6　　控制单元编码含义表

<table>
<tr><td>XX</td><td colspan="3" rowspan="5">若有较多的选装设备需要编码，则必须加上各自选装设备的代码。
例如：制动片磨损显示和清洗液报警：01＋04＝05</td><td>输入用于多种选装的代码号 *</td></tr>
<tr><td>01</td><td>制动片磨损显示，有效</td></tr>
<tr><td>02</td><td>安全带报警，有效</td></tr>
<tr><td>04</td><td>洗涤水报警，有效</td></tr>
<tr><td>16</td><td>导航</td></tr>
<tr><td rowspan="8"></td><td>X</td><td colspan="2" rowspan="8"></td><td>国别</td></tr>
<tr><td>1</td><td>欧洲(EU)</td></tr>
<tr><td>2</td><td>美国(US)</td></tr>
<tr><td>3</td><td>加拿大(CDN)</td></tr>
<tr><td>4</td><td>英国(GB)</td></tr>
<tr><td>5</td><td>日本(JP)</td></tr>
<tr><td>6</td><td>沙特阿拉伯(SA)</td></tr>
<tr><td>7</td><td>澳大利亚(AUS)</td></tr>
<tr><td colspan="2" rowspan="7"></td><td>X</td><td rowspan="4"></td><td>气缸数量</td></tr>
<tr><td>4</td><td>4-(气)缸</td></tr>
<tr><td>5</td><td>5-(气)缸</td></tr>
<tr><td>6</td><td>6-(气)缸</td></tr>
<tr><td rowspan="3"></td><td>X</td><td>发动机类型</td></tr>
<tr><td>2</td><td>汽油发动机</td></tr>
<tr><td>0</td><td>柴油发动机</td></tr>
</table>

21.3.3　组合仪表系统自适应匹配

运用匹配功能，可以对组合仪表控制单元进行和存储如下的修改：

(1) 保养周期显示(SIA)的匹配；

(2) 在更换组合仪表板时里程计数器的匹配；

(3) 复位保养周期；

(4) 汽油储存量的匹配；

(5) 燃油消耗指示的校正；

(6) 适用于导航显示设备的语言种类的编码(仅适用于高档组合仪表)。

大众组合仪表常用匹配功能通道如表 21-7 所示。

表 21-7　　大众组合仪表自适应匹配功能通道

自适应调整匹配通道(10)	自适应功能
02	保养归零
03	燃油表消耗自适应设置
04	多功能语言种类选择
09	里程表显示
18	停车加热系统自适应
30	燃油表传感器特性曲线自适应
35	转速限制自适应
40	保养里程自适应
41	保养时间自适应
42	保养最小行驶里程自适应
43	保养最大行驶里程自适应
44	保养最大时间间隔自适应
45	机油质量自适应
46	总油耗量自适应

21.3.4　组合仪表语种文字修改

大众/奥迪车辆可以根据客户需求对组合仪表板上显示的语言进行设置，设置方法如下：

(1) 连接大众诊断仪器或其他诊断仪，打开点火开关；

(2) 选择快速数据流诊断；

(3) 选择 17(组合仪表控制系统)；

(4) 选择 10(通道调整匹配)；

(5) 输入通道号 04(语言设置)；

(6) 输入语言代码 0000×；

(7) 不同语种的代码分别为：

00001　德文
00002　英文
00003　法文
00004　意大利文
00005　西班牙文
00006　葡萄牙文
00008　中文

(8) 确定。

21.3.5 组合仪表保养灯归零

1. 手工归零

帕萨特 B5 组合仪表，如图 21－8 所示，可通过手工归零，手工归零操作方法如下：

(1) 关闭点火开关，按下短程距离计数器复位按钮(A)并按住；

(2) 点火开关置于 ON 挡位置，放开短程距离计数器复位按钮(A)，显示屏出现“SERVICE”；

(3) 拉出组合仪表时钟的 min 旋钮(B)，向右旋转 min 旋钮(B)，显示屏上显示里程；

(4) 关闭点火开关，重置点火开关于 ON 挡，组合仪表“SERVICE”标志消失。

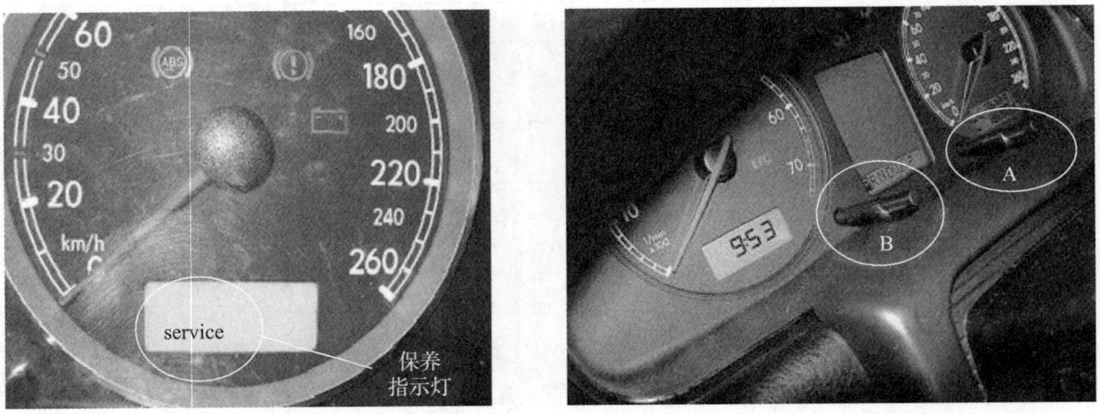

图 21－8　帕萨特 B5 组合仪表归零按键

2. 仪器归零

手工无法归零的组合仪表保养指示灯，需要使用仪器进行归零操作。大众组合仪表保养灯归零操作方法如下：

(1) 诊断仪选择 17(组合仪表)；

(2) 进入通道 10(匹配)；

(3) 选择通道 02(归零)；

(4) 输入 00000；保存(确定)；

(5) 17(组合仪表)—10(自适应匹配)—40 通道号，输入值 100(5 000 km)；

(6) 17(组合仪表)—10(自适应匹配)—41 通道号，输入值 275(90 天)。

21.3.6 组合仪表安全带警告音解除

1. 人工解除(以丰田凯美瑞为例)

(1) 打开钥匙到 ON 挡位置，按组合仪表上的“ODO”按钮，显示 ODO 公里数；

(2) 关闭钥匙，再打开钥匙到 ON 挡位置，同时按住“ODO”按钮，等待 10 s 以上不放；

(3) 将驾驶人安全带扣上，组合仪表上的“ODO”公里数会显示“b－ON”；

(4) 松开“ODO”按钮，“b－ON”会转为“b－OFF”；

(5) 关闭钥匙，即可消除安全带警告音，丰田凯美瑞组合仪表，如图 21－9 所示；

(6) 重复以上步骤，“b－OFF”转为“b－ON”，警示音恢复。

2. 仪器解除(以奥迪车系为例)

(1) 连接诊断仪，进入 17(组合仪表)；

图 21-9　丰田凯美瑞组合仪表“ODO”按键

(2) 进入 07(控制单元编码)；

(3) 设置控制单元编码倒数第 2 位数值：

编码值 0=没有座椅安全带报警

编码值 1=座椅安全带报警欧洲-NVAP(视觉报警，声音报警持续启动 91 s)

编码值 2=座椅安全带报警美国和加拿大，旧型(视觉报警，声音报警持续启动 6 s)

编码值 3=座椅安全带报警美国和加拿大，NAR-新型(视觉报警，声音报警每 30 s 持续启动)

编码值 4=座椅安全带报警欧洲-NVAP(包括前排乘客)(视觉报警，声音报警持续启动 91 s)

编码值 5=座椅安全带报警美国和加拿大，旧型(包括前排乘客)(视觉报警，声音报警持续启动 6 s)

编码值 6=座椅安全带报警美国和加拿大，NAR-新型(包括前排乘客)(视觉报警，声音报警每 30 s 持续启动)

编码值 7-9=不能编码

21.3.7　更换组合仪表总成匹配

1. 防盗匹配

大众第二、第三代防盗单元集成于组合仪表控制单元内，若更换组合仪表，则需要进行防盗匹配，匹配操作如下：

(1) 连接诊断仪，打开点火开关；

(2) 进入组合仪表板系统(17)；

(3) 选择“系统登录”功能(11)；

(4) 输入新组合仪表的密码(通常 4 位前加 0)；

(5) 登录成功；

(6) 选择“通道调整匹配”功能(10)；

(7) 进入“50”通道(组合仪表匹配)；

(8) 输入原车密码，确认；

(9) 屏幕显示“学习值被成功保存”，确定；

(10) 起动车辆，确定防盗匹配完成。

2. 挡位指示灯匹配

奥迪 A6 更换组合仪表总成后，会出现组合仪表上挡位指示不显示，系统没有故障信息。

1) 故障原因

奥迪轿车更换组合仪表后，需要进行驱动 CAN 总线匹配，因为组合仪表控制单元和自动变速器控制单元是通过驱动 CAN 总线连接的，如果不进行匹配，则组合仪表控制单元和自动变速器控制单元之间就不能进行数据交换，则组合仪表就不会有挡位显示。

2）原理分析

奥迪车有3种CAN总线，即驱动CAN总线、舒适CAN总线和显示CAN总线，更换组合仪表后要进行CAN总线匹配。

CAN总线匹配根据总线的参与者来设定的，奥迪驱动CAN总线是以组合仪表为基数(1024)，发动机(1)、自动变速器(2)和ABS制动系统(4)作为参加者。

如果是手动变速器，则设定值：

组合仪表＋发动机＋ABS制动系统：1 024＋1＋4＝1 029

如果是自动变速器，则设定值：

组合仪表＋发动机＋自动变速器＋ABS制动系统：1 024＋1＋2＋4＝1 031

3）操作方法

(1) 连接故障诊断仪器，打开点火开关，输入地址码17(组合仪表)；

(2) 选择自适应匹配功能(04)，输入通道数60，根据驱动CAN总线的设定值，输入数值1031；

(3) 查询故障存储器；

(4) 退出；

(5) 设置完成，则组合仪表显示挡位指示。

本章小结

(1) 汽车组合仪表根据发展分为普通组合仪表，电子组合仪表，组合仪表控制单元。

(2) 组合仪表上最常见的仪表有水温表、燃油表、转速表、车速表。

(3) 普通组合仪表故障诊断通过对传感器的搭铁判断故障部位。

(4) 电子组合仪表由于设计有大规模集成电路，不能采用短接等方法诊断故障，需要使用诊断仪器诊断。

(5) 组合仪表控制单元可以通过诊断仪器进行读取故障码、读取数据流、执行单元测试、控制单元编码、匹配编程等功能诊断。

复习思考题

(1) 大众帕萨特组合仪表机油液位警告灯报警，更换了机油液面传感器，线路也正常，故障仍旧存在，分析故障原因和解决方法。

(2) 马自达组合仪表，在蓄电池断电后，组合仪表指针不动，分析故障原因及排除方法。

(3) 燃油表指针拆过后，燃油表不准，如何调准？

(4) 查阅资料，奥迪仪表上时间如何校调？

(5) 组合仪表显示室外温度为－40℃，故障如何诊断？

普 通 高 等 职 业 教 育 规 划 教 材
21世纪卓越汽车应用型人才培养专用教材

22 汽车空调系统故障诊断

学习目标

知识目标

(1) 了解汽车空调的工作原理及常见故障;

(2) 熟悉汽车空调系统故障诊断的基本方法和检测手段;

(3) 掌握排除汽车空调系统故障的思路和方法。

能力目标

(1) 学会根据电路图分析空调系统的控制原理;

(2) 学会使用制冷剂加注设备及检测空调制冷剂压力,并根据压力判断故障部位;

(3) 学会根据电路图,检测空调系统元件信号;

(4) 掌握拆装空调系统元件及总成;

(5) 掌握使用诊断仪器诊断分析空调系统故障。

22.1　空调鼓风机故障诊断

22.1.1　手动空调鼓风机故障诊断

1. 故障现象

(1) 鼓风机不工作；

(2) 鼓风机无高速挡或低速挡。

2. 原理分析

手动空调的鼓风机通过手动开关直接给鼓风机电动机供电，控制其运转，通过风机调速电阻调节电动机工作电流而改变运转速度。风速开关控制电动机的模式分为正极控制和负极搭铁控制两种型式. 以上海大众桑塔纳2000空调为例，如图22－1所示。

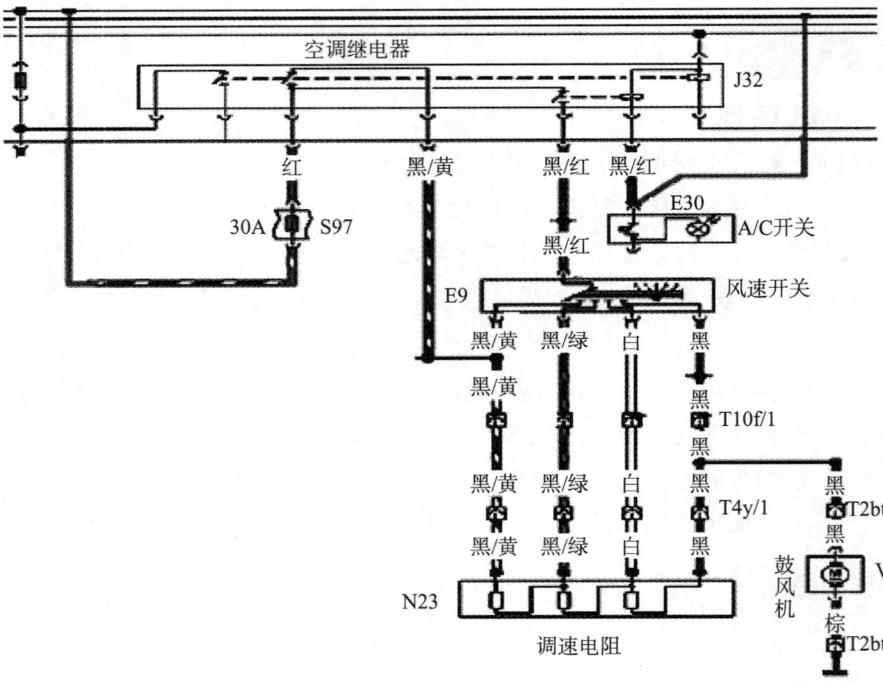

图22－1　上海大众桑塔纳2000空调鼓风机电路图

3. 故障诊断流程

(1) 点火开关打到ON挡位置，鼓风机开关打至最大挡，若鼓风机工作，则鼓风机电动机、开关至鼓风机电动机至调速电阻间线路、开关电源正常；

(2) 检测鼓风机开关电源是否正常；

(3) 检测鼓风机开关是否正常；

(4) 检测调速电阻是否正常，上海大众桑塔纳2000调速电阻，如图22－2所示；

(5) 检测开关至调速电阻之间线路是否良好；

(6) 检测调速电阻至鼓风机电动机之间线路是否正常；

(7) 检测鼓风机搭铁线是否正常；

(8) 检测鼓风机电动机是否正常。

图 22-2　上海大众桑塔纳 2000 空调鼓风机调速电阻

22.1.2　自动空调鼓风机故障诊断

1. 常见故障

(1) 鼓风机不工作；

(2) 鼓风机风速无法调节。

2. 原理分析

点火开关在 ON 挡位置时，继电器供给鼓风机电动机正极电源，当空调控制单元(空调面板)向鼓风机调速模块发送风速信号时，调速模块控制鼓风机电动机负极变速工作，同时调速模块反馈信号给空调控制单元。

自动空调的鼓风机电动机是无级变速的，空调控制单元向调速模块发送的是脉冲信号，当空调控制单元没有接到调速模块的鼓风机运转反馈信号时，将指令空调压缩机不工作，以防蒸发器结冰。

鼓风机调速模块为三极管功率放大器，为保证晶体管散热功能，调速模块一般安装于空调通风通道上，如图 22-3 所示。

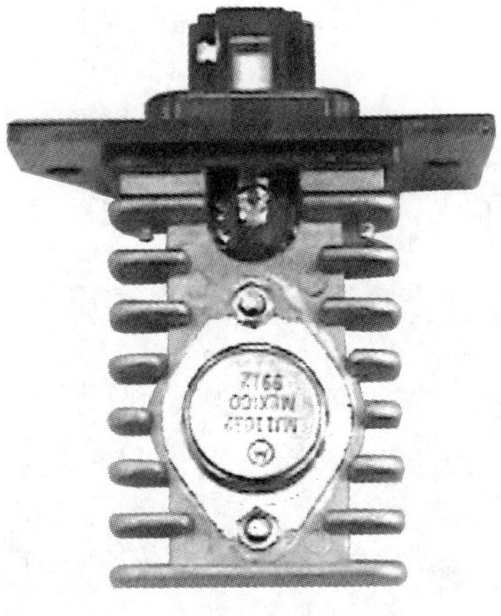

图 22-3　鼓风机调速模块

3. 故障诊断流程

(1) 操作空调面板，确认空调面板显示和操作系统正常；

(2) 点火开关置于 ON 挡，检测鼓风机电动机插头是否有正极电源；

(3) 短接调速模块插头的鼓风机负极端子与搭铁线端子，鼓风机是否工作；

(4) 检测调速模块搭铁线是否良好，自动空调鼓风机控制电路，如图 22-4 所示；

(5) 万用表连接调速模块信号端子，调节空调面板鼓风机风量开关，观察信号电压是否变化(插头端子不能断开，必须在连接状态测量)；

(6) 测量空调面板至调速模块线路是否导通；

(7) 诊断仪诊断空调系统故障码；

(8) 更换不良元件。

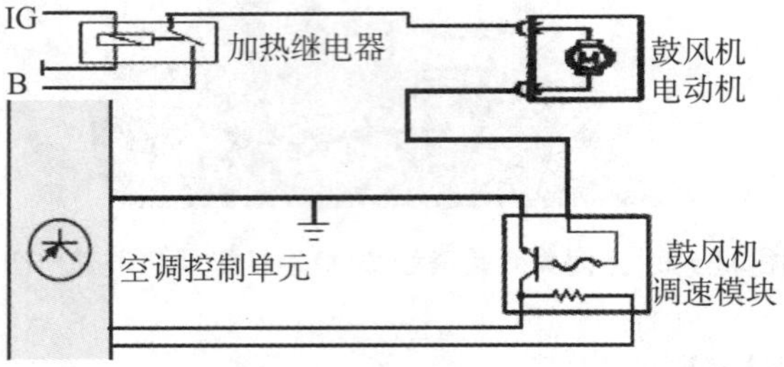

图 22-4 自动空调鼓风机控制电路图

22.2 暖风系统故障诊断

1. 常见故障

(1) 暖风箱漏水；

(2) 无暖风；

(3) 暖风调节失效；

(4) 暖风不能除雾。

2. 故障诊断与排除

(1) 检查、更换暖风水箱和水管；

(2) 检查、更换暖水阀控制开关，真空控制式暖风水阀，如图 22-5 所示；

(3) 检查更换风门调节阀；

(4) 调节风门电动机位置；

(5) 读取和清除空调控制单元故障码。

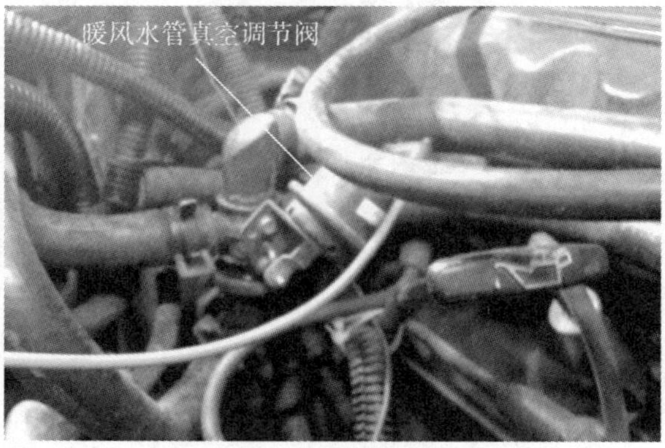

图 22-5 真空控制式暖风水阀

22.3 制冷系统故障诊断

22.3.1 压缩机控制故障诊断

1. 电磁离合器式压缩机故障

1）手动空调压缩机故障诊断

(1) 开关控制压缩机电路(以上海大众桑塔纳为例)

上海大众桑塔纳压缩机控制电路,如图 22-6 所示。压缩机不工作故障诊断流程如下:

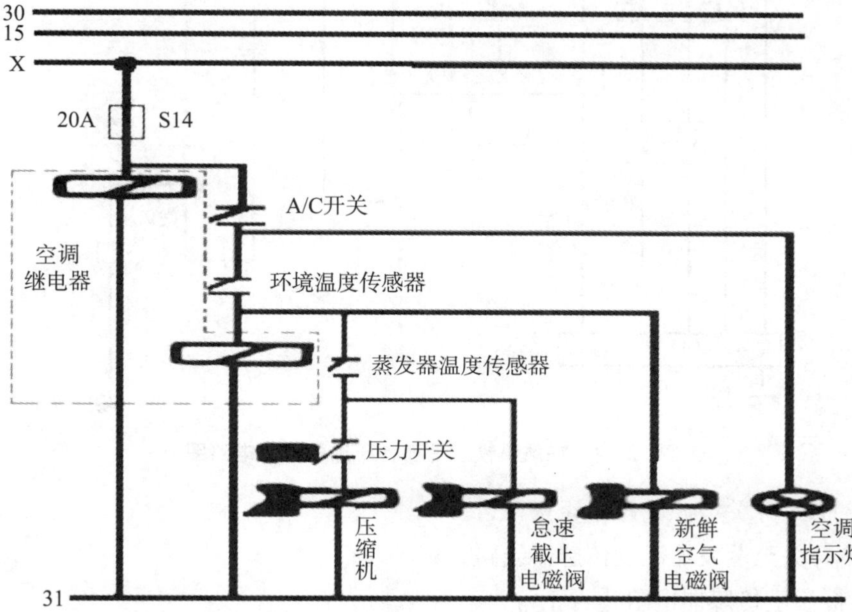

图 22-6 大众桑塔纳压缩机控制电路图

① 检测 A/C 开关电源是否正常;

② 检测 A/C 开关工作是否正常;

③ 检测环境温度传感器及 A/C 开关至环境温度传感器线路是否导通;

④ 检测蒸发器温度传感器及环境温度传感器至蒸发器温度传感器之间线路是否导通;

⑤ 检测空调制冷剂压力开关低压开关及压力开关至蒸发器温度传感器之间线路是否导通;

⑥ 检测压缩机电磁离合器是否良好;

⑦ 检测低压开关至压缩机电磁离合器之间线路是否导通;

⑧ 检查压缩机电磁离合器调整间隙是否正常;

⑨ 检查压缩机温度是否正常;

⑩ 检查压缩机皮带是否正常;

⑪ 检查压缩机吸盘缓冲胶是否良好;

⑫ 检查压缩机运转是否良好。

(2) 空调放大器控制压缩机电路

空调放大器控制电路通过空调放大模块控制压缩机工作,空调放大模块接收传感器信号,决定压缩机是否工作，控制压缩机电磁离合器的通断。东风雪铁龙爱丽舍空调压缩机控制电路，如图 22－7 所示，压缩机电磁离合器不工作的故障诊断流程如下：

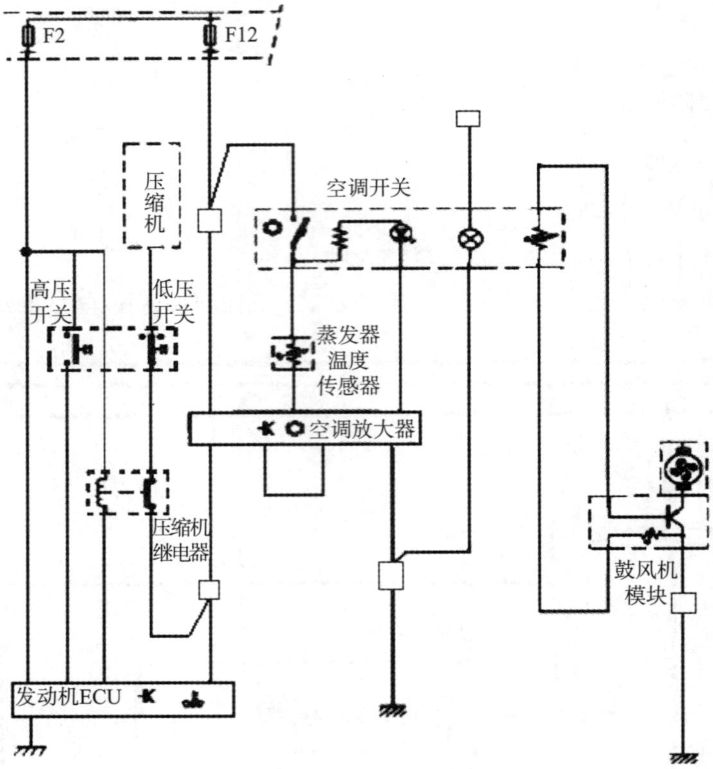

图 22－7　东风雪铁龙爱丽舍压缩机控制电路图

① 检测空调 A/C 开关电源电压是否正常；

② 检测 A/C 开关至蒸发器温度传感器线路是否导通；

③ 测量蒸发器温度传感器电阻是否正常；

④ 检测蒸发器温度传感器至空调放大器线路是否导通；

⑤ 检测压缩机继电器电源是否正常；

⑥ 检测压缩机继电器是否接收到空调信号；

⑦ 检测空调放大器至压缩机继电器线路是否导通；

⑧ 更换空调放大器单元；

⑨ 测量空调低压开关是否良好（导通）；

⑩ 检测压缩机继电器至空调低压开关线路是否导通；

⑪ 检测空调低压开关至压缩机线路是否导通；

⑫ 检测压缩机电磁离合器是否有电源；

⑬ 检测更换空调压缩机电磁离合器。

（3）散热控制单元控制压缩机电路

散热控制单元控制压缩机与空调放大器控制压缩机控制原理相同，散热控制单元控制压缩机和散热风扇的工作，上海大众桑塔纳 3000 压缩机控制电路，如图 22－8 所示，压缩机不工作的故障诊断流程如下：

① 检测散热风扇控制单元电源和搭铁是否良好；

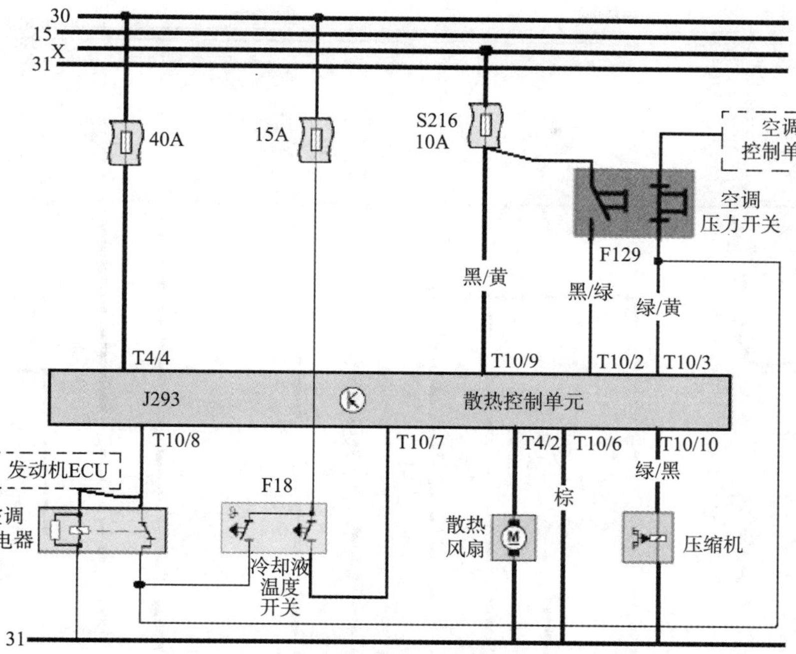

图 22－8　上海大众桑塔纳 3000 空调压缩机控制电路图

② 检测散热风扇控制单元插头连接器性能是否良好；

③ 诊断发动机控制单元故障，读取数据流，读取空调开关信号是否正常，开空调，确定发动机怠速是否提速；

④ 检测发动机 ECU 至空调控制单元（空调面板）之间线路是否导通；

⑤ 检测或更换空调压力开关；

⑥ 检测低压开关至空调控制单元之间线路是否导通；

⑦ 检测环境温度传感器是否良好（导通）；

⑧ 检测空调控制单元至空调高压开关之间线路是否导通；

⑨ 检测空调高压开关是否良好（导通）；

⑩ 检测高压开关至风扇控制单元之间线路是否导通；

⑪ 检测风扇控制单元是否接收空调开关信号；

⑫ 检测空调控制单元（空调面板）是否输出空调信号；

⑬ 更换风扇控制单元；

⑭ 检测风扇控制单元至压缩机之间线路是否导通。

（4）发动机电控单元控制压缩机电路

上海大众桑塔纳 99 新秀空调压缩机控制电路，如图 22－9 所示，压缩机的工作由发动机 ECU 根据压力、温度、负荷等信号控制，压缩机不工作的故障诊断流程如下：

① 检测 A/C 开关电源是否正常；

② 检测 A/C 开关至环境温度开关之间线路是否导通；

③ 检测环境温度开关性能是否良好（导通）；

④ 检测环境温度传感器至蒸发器温度传感器之间线路是否导通；

⑤ 检测蒸发器温度传感器性能是否良好（导通）；

⑥ 检测蒸发器温度传感器至空调压力开关低压开关线路是否导通；

⑦ 检测空调低压开关性能是否良好（导通）；

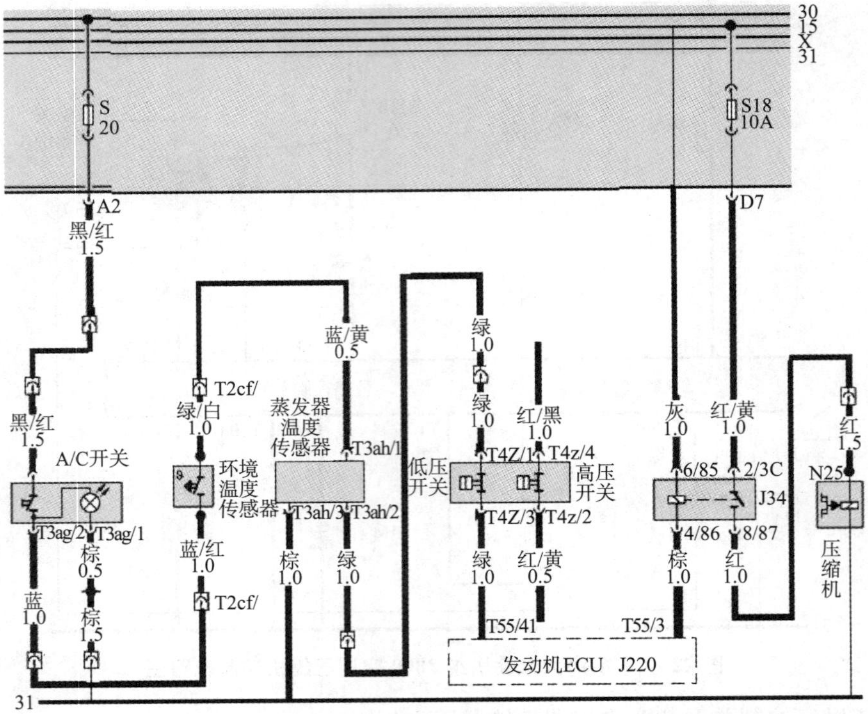

图 22 - 9　上海大众桑塔纳 99 新秀空调压缩机控制电路图

⑧ 检测低压开关至发动机 ECU 之间线路是否导通；

⑨ 检测压缩机继电器是否接收空调开关信号；

⑩ 检测发动机 ECU 至压缩机继电器线路是否导通；

⑪ 检测压缩机继电器电源是否正常；

⑫ 检测压缩机继电器至压缩机电磁线圈线路是否导通；

⑬ 检测压缩机继电器性能是否良好。

2) 自动空调压缩机故障诊断

自动空调压缩机由空调控制单元控制，空调控制单元自动检测故障，通过人工诊断或诊断仪读取故障码。

(1) 人工诊断方法

以丰田车系为例，雷克萨斯 LS400 空调面板，如图 22 - 10 所示，通过空调面板按键读取空调故障码：

① 关闭点火开关，同时按下 AUTO 键和内循环开关键不放；

② 点火开关转至 ON 挡位置；

③ 检查指示灯应间隔 1 s 连接亮、灭 4 次：

a. 指示器检查完成后，系统自动进入诊断码开始；

b. 取消检查模式时，按压下 OFF 开关即可；

④ 读取空调面板显示屏上显示的故障码；

⑤ 如果希望慢显示，则按下 FRONTDEF 开关转变成按步操作，每按下一次 FRONTDEF 开关，则显示变化一步。

(2) 诊断仪故障诊断

新型汽车空调由空调控制单元、发动机控制单元和电源控制单元共同控制压缩机工作，电控单元需

图 22－10　雷克萨斯 LS400 空调面板

要通过诊断仪器读取故障码和数据流，空调系统常见故障码如表 22－1 所示。

表 22－1　空调控制系统常见故障码含义

故障码	故障诊断
B0160	室外温度传感器电路电压错误
B0164	室内温度传感器电路范围/性能
B1073	出风口温度传感器电路范围/性能
B0184	阳光传感器电路性能
B0248	风门模式电动机故障
B0269	内外循环风门电动机故障
B0333	外界温度传感器断路
B0338	室内温度传感器断路
B0348	阳光感应温度传感器断路
B0361	风门反馈信号短路
B0441	风门电动机调节超过范围
B1228	压力传感器故障
B1229	低压传感器故障
B1230	高压力传感器
B1236	乘客侧混合风门电动机开路
B1239	蒸发器温度传感器
B1241	鼓风机电动机电路故障
B1243	空气混合位置传感器
B1262	空调 ECU 通讯停止
B1414	发动机冷却液温度传感器电路
B1500	空调开关
B2104	压缩机继电器
B2404	压缩机继电器机械性能差
B2414	鼓风机电动机电气系统

2. 可变排量压缩机故障

电控可变排量压缩机的调节阀为一电磁单元，操纵和显示单元(空调 ECU)从蒸发器出风温度传感器获得信号作为输入信息，从而对压缩机的功率进行无级调节，控制阀由机械元件和电磁单元组成。机械元件按照低压侧的压力关系借助于一个位于控制阀低压区的压力敏感元件来控制调节过程。电磁单元由操纵和显示单元通过 500 Hz 的通断频率电压信号进行控制。可变排量压缩机结构，如图 22－11所示。

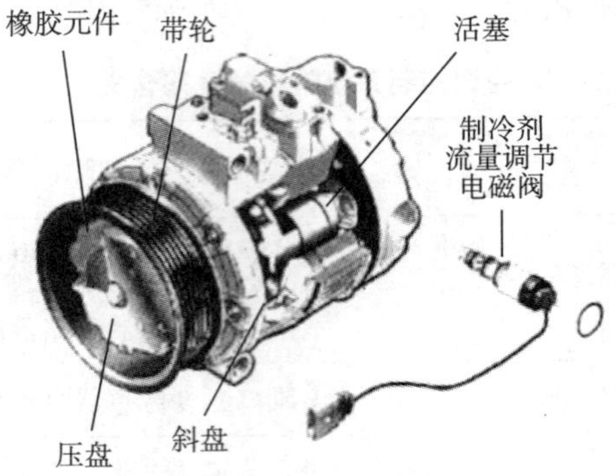

图 22－11　可变排量压缩机

1）空调控制单元故障码诊断

可变排量压缩机不工作，首先确定空调控制单元是否输出控制信号给压缩机调节电磁阀。空调控制单元接收各类温度传感器输入信号和空调开关信号，以及发动机 ECU 信号，指示压缩机工作，若空调控制单元有故障或接收信号异常，则不发送执行信号给压缩机控制电磁阀。空调控制单元故障诊断可以通过诊断仪读取故障码，根据故障码，诊断排除故障。上海大众 POLO 压缩机控制电路，如图 22－12所示。

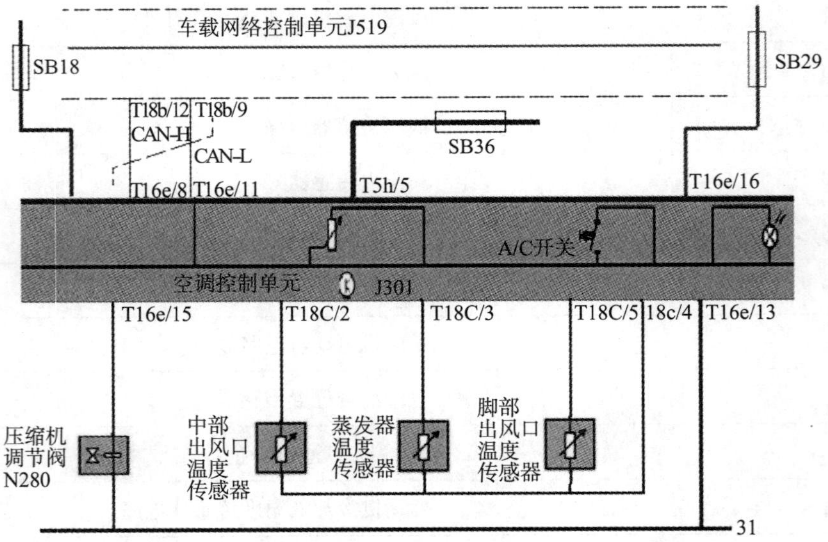

图 22－12　上海大众 POLO 压缩机控制电路图

2）压缩机电磁阀检测

(1) 电磁阀电压检测

空调控制单元控制压缩机电磁阀工作时，压缩机电磁阀接插件插头有 0～12 V 电压，压缩机输出功率越大，电压越高，由于压缩机电磁阀工作电压是脉冲电压，故实际检测电压不稳定，只要有电压，即可确定空调控制单元有信号输出。

(2) 电磁阀电阻值检测

压缩机电磁阀电阻值在 15 Ω 左右(以大众车系为例)，测量压缩机电磁阀导线插头与压缩机外壳之间电阻值，通过测量电阻值与标准电阻值比较，确定压缩机电磁阀是否良好。

3) 数据流分析(以大众车系为例)

若空调控制单元和压缩机电磁阀均正常，可以通过空调控制单元数据流分析诊断故障：

(1) 连接诊断仪，起动发动机，打开空调；

(2) 选择空调控制单元(通道号 08)；

(3) 选择读取数据流(通道号 08)；

(4) 记录相关数据，正常数据流如表 22-2 所示；

(5) 如数据流与正常数据有差异，则可判断为压缩机故障。

表 22-2　空调系统工作数据流

组号-区号	001-1	001-4	010-1	012-4
数据项	压缩机电流/A	系统压力/kPa	蒸发器温度/℃	压缩机所需扭矩/(N·m)
示值	0.8	150	3	6～7

22.3.2　制冷剂压力异常故障诊断

1. 压力为零

空调系统制冷剂压力为零，表明空调管道没有制冷剂，可以判断空调系统存在泄漏故障，需要进行检漏。空调检漏常用方法有泡沫检漏法，电子检漏器检漏法，荧光剂示踪检漏法等。

1) 泡沫检漏法

空调管道充入氮气，施加 1.8～2.0 MPa 的压力，将肥皂泡沫或洗涤剂泡沫涂抹在可能泄露的部位，如管道接头、散热器、压缩机等处，观察是否有气泡冒出，如有气泡冒出，则证明该部位有泄露现象。空调泡沫检漏法，如图 22-13 所示。

图 22-13　空调泡沫检漏法

泡沫检漏法是目前汽修企业使用最多也是最简便的空调检漏法。

泄露修复后，可以对管道施加 2.0～2.5 MPa 的压力，放置 2 h 以上，观察压力是否下降，以确定空调泄漏故障是否排除。

2）电子检漏器检漏法

空调系统加注适量制冷剂，使用电子检漏仪的探头在可能渗漏的部位附近移动（速度不能过快），当检漏仪发出报警时，即表明此处存在泄漏。

因制冷剂挥发快，此种方法在小空间使用效果较佳，如蒸发器等部位。空调风机建议使用低挡转速。但仪器探头会受水分、油污等不利因素的影响，有时会产生误报，故应注意使用技巧。空调电子检漏法，如图 22－14 所示。

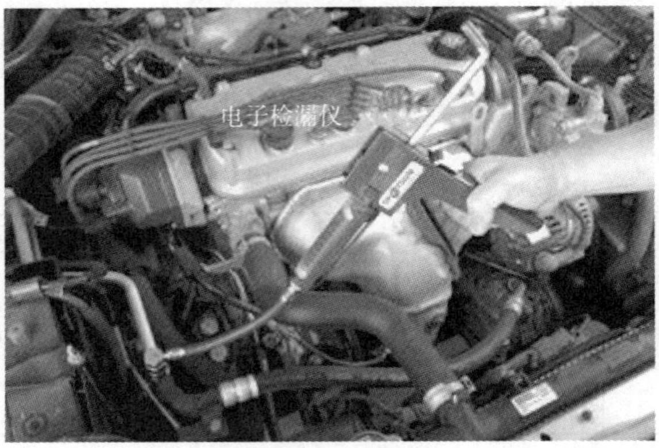

图 22－14　空调电子检漏法

3）荧光剂示踪检漏法

将荧光检漏剂按一定比例与空调制冷剂一起注入空调管道内，运行一会空调制冷后，戴上专用眼镜，用检漏灯照射空调系统的外部，泄漏处将呈明亮的黄色荧光。这种检漏法成本较高，但非常专业和准确，极其微量的泄漏都可发现，检漏剂留在系统中，不会对系统产生任何损害或影响制冷效果。汽车空调荧光剂示踪检漏法，如图 22－15 所示。

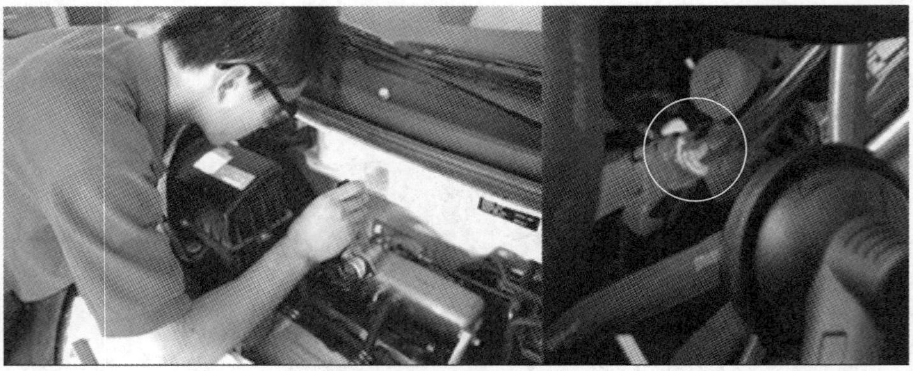

图 22－15　荧光剂示踪检漏法

2. 高压压力偏高，低压压力偏高

故障原因有：

（1）空调散热系统散热不良；

（2）制冷剂加注过多；

（3）制冷系统有空气。

空调散热不良可以通过向散热器洒水的方式判断散热效果，当向空调散热器浇水时，空调压力趋于正常，则可以判断空调散热不良。空调散热不良的主要原因有：

(1) 散热器老化，散热效果不良；

(2) 散热器外部脏污，风道堵塞；

(3) 散热器风扇系统有故障；

(4) 空调散热网风道密封性不良。

3. 高压压力偏低，低压压力也偏低

故障原因：制冷剂不足。

制冷剂量可以通过制冷剂玻璃观察孔查看，如图 22－16 所示。

空调制冷正常运行时，观察玻璃孔，如果制冷剂充足，观察孔内是透明的；若制冷剂不足，则可以看到制冷剂流动或泡沫；在压缩机开始工作时或停止工作时，可以观察到短时泡沫流动，属正常现象。

通过观察玻璃孔，确定制冷剂不足，可以添加制冷剂，在加注制冷剂之前，需要判定空调系统无泄漏故障。

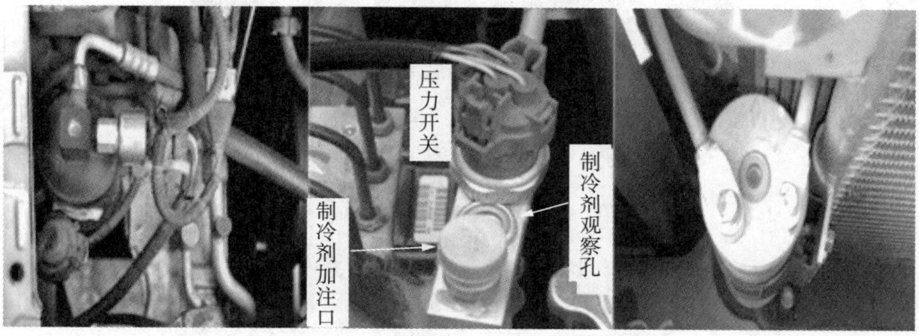

图 22－16　空调制冷剂玻璃观察孔

4. 高压压力偏高，低压压力偏低

主要原因是空调管路有堵塞现象，可能的故障原因和部位有：

(1) 制冷剂管道堵塞；

(2) 空调散热器堵塞；

(3) 干燥瓶堵塞；

(4) 膨胀阀开孔过小；

(5) 膨胀阀、节流管脏堵，空调节流管，如图 22－17 所示。

5. 高压压力低，低压压力高

主要原因在压缩机故障或膨胀阀开孔过大，压缩机常见故障有：

(1) 压缩机活塞磨损；

(2) 压缩机活塞环磨损；

(3) 压缩机斜盘烧蚀，压缩机斜盘，如图 22－18 所示；

(4) 压缩机缸筒拉缸；

(5) 压缩机调节阀失效。

6. 空调制冷剂低压为负值

空调制冷运行时，测得低压侧的压力为负值，即低压管道趋于真空，说明空调系统有严重堵塞现象，主要是膨胀阀或干燥瓶堵塞。

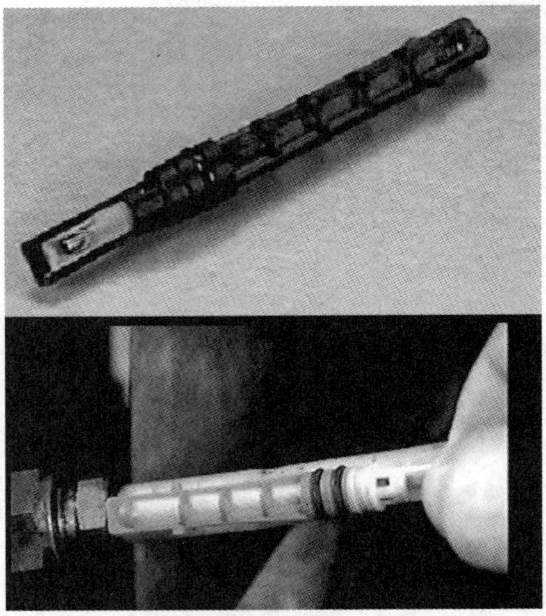

图 22-17　空调制冷剂节流管

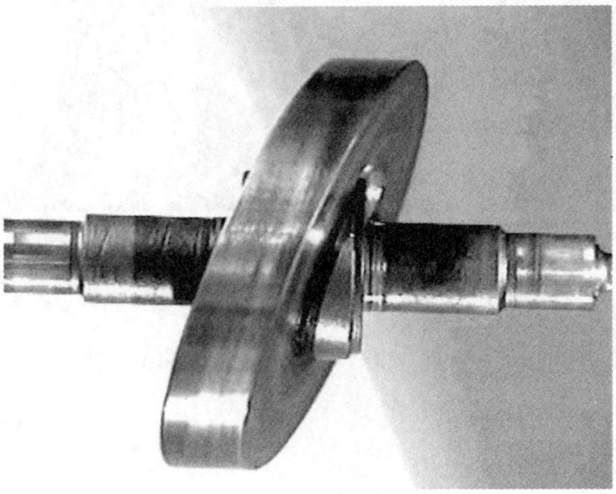

图 22-18　压缩机斜盘

引起空调系统堵塞的主要原因是空调系统过脏，而压缩机磨损是引起空调系统过脏的主要原因，空调系统因压缩机磨损而更换压缩机前，需要对空调系统及所有元件、管道彻底清洗，并更换新膨胀阀及干燥瓶。

22.3.3　空调制冷系统异常故障诊断

1. 空调系统结冰

1）蒸发器结冰

空调蒸发器结冰的原因有：

(1) 鼓风机工作不良；

(2) 空调滤芯脏堵；

(3) 空调风道堵塞，空气流通不畅；

(4) 膨胀阀堵塞或开孔过小;

(5) 制冷剂不足。

2) 低压管结冰

空调低压管结冰或膨胀阀结冰的原因有:

(1) 制冷剂不足;

(2) 膨胀阀开孔过小,或有堵塞现象。

2. 空调"冰堵"

故障现象:空调间歇性制冷,时而有冷气,时而不冷。

此故障多为空调系统"冰堵"。造成空调"冰堵"的原因是空调制冷剂含有水分,制冷时水分在膨胀阀处结冰,阻止制冷;制冷阻止后冰片又融化,制冷恢复,反复如此。

空调系统产生"冰堵",可以对空调系统制冷剂回收,更换新的干燥瓶,然后对空调系统反复抽真空,再加注新制冷剂。

22.4 空调散热控制系统故障诊断

1. 发动机 ECU 控制散热系统

丰田凯美瑞散热风扇控制系统电路,如图 22-19 所示,空调散热系统与发动机散热系统均由发动机 ECU 控制散热电动机工作。散热系统故障诊断流程:

(1) 拔掉发动机冷却液温度传感器,观察风扇电动机是否工作;

(2) 诊断仪读取发动机冷却液温度数据流是否正常;

(3) 检测风扇继电器及线路是否良好;

(4) 检测风扇电动机是否良好;

(5) 诊断仪读取空调控制单元故障码及数据流是否正常;

(6) 检测空调制冷剂压力开关(传感器)及线路是否良好。

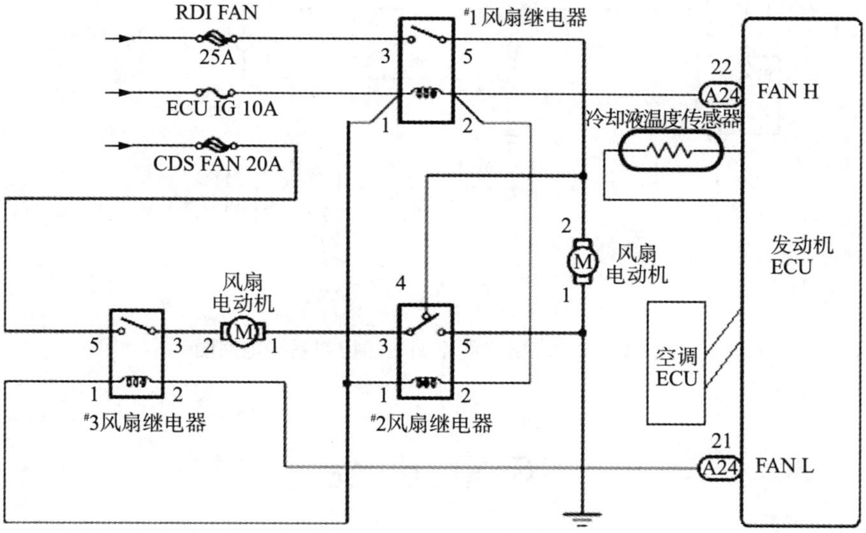

图 22-19 丰田凯美瑞散热风窗控制系统电路图

2. 空调散热系统

本田雅阁散热控制系统电路，如图 22－20 所示，空调系统有独立的冷凝器风扇，并且与发动机散热器风扇共同工作，受到发动机和空调控制系统的双重控制。

空调散热风扇电动机不工作的故障诊断流程如下：

(1) 检测风扇继电器电源及线路是否良好；

(2) 检测散热器温度控制开关性能是否良好；

(3) 检测空调制冷剂压力开关及线路是否良好；

(4) 检测发动机冷却液温度传感器是否正常；

(5) 检测空调控制单元是否储存故障码；

(6) 检测冷凝器风扇电动机及线路是否良好；

(7) 检测动力控制模块(PCM)是否有故障。

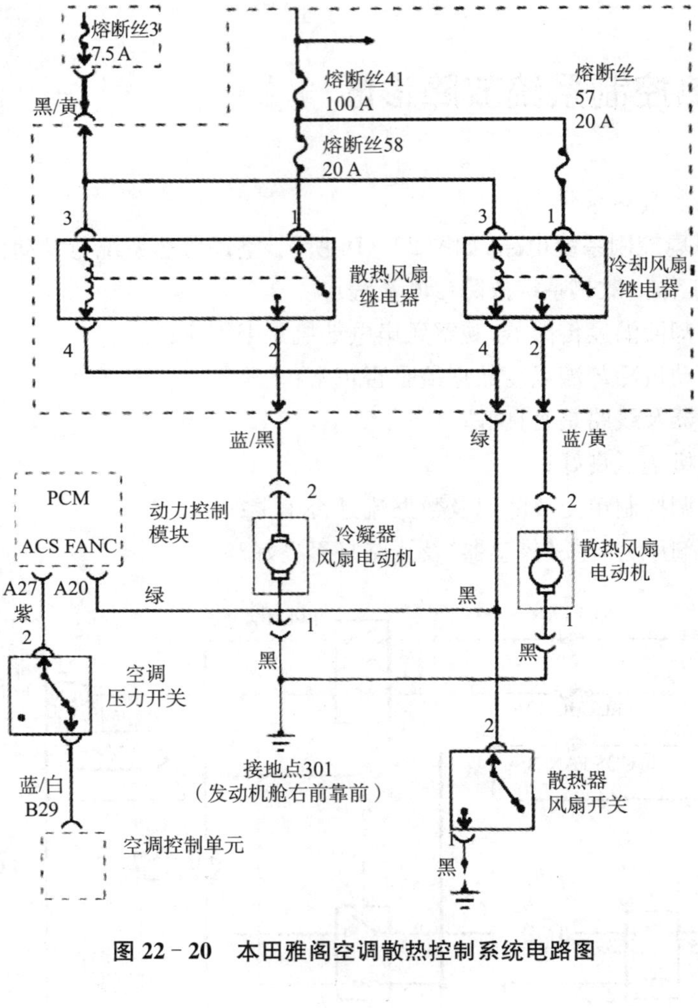

图 22－20　本田雅阁空调散热控制系统电路图

本 章 小 结

(1) 手动空调鼓风机控制系统包括鼓风机开关、鼓风机调速电阻、鼓风机电动机及线路。

(2) 自动空调鼓风机控制由空调 ECU、鼓风机调速模块、鼓风机电动机及线路组成。

(3) 暖风系统常见的故障有暖风水箱漏水，暖风水管控制开关故障，暖风风门控制故障。

(4) 手动空调压缩机电磁离合器不工作的故障原因有 A/C 开关故障，环境温度开关断路，蒸发器温度开关断路，制冷剂压力开关故障，压缩机电磁离合器故障等。

(5) 自动空调压缩机不工作的故障诊断，需使用诊断仪读取空调控制单元故障码和数据流，根据故障码和数据流分析故障原因。

(6) 空调控制单元故障码诊断有人工读取和诊断仪读取两种形式。

(7) 可变排量压缩机由空调控制单元输出脉冲电压信号控制压缩机排量调节电磁阀工作。

(8) 制冷剂高压偏高，低压也偏高的故障原因是散热不良或制冷剂过多。

(9) 高压偏低，低压也偏低的主要故障原因是制冷剂不足。

(10) 高压偏高，低压偏低的主要故障原因是制冷剂循环系统有堵塞故障。

(11) 高压过低，低压过高的主要故障原因是压缩机性能故障。

(12) 空调制冷剂泄露的主要检漏方法有泡沫法，电子检漏器检漏法，荧光剂示踪检漏法。

(13) 空调散热系统由发动机 ECU 根据温度和压力信号控制散热器风扇电动机工作，对空调冷凝器散热。

复习思考题

(1) 空调运行时，压缩机电磁离合器吸盘频繁吸合和跳开，分析可能的故障原因有哪些？

(2) 空调系统抽真空时，始终无法抽干净，试分析可能的故障原因。

(3) 空调制冷系统运行时，压缩机电磁离合器吸盘从来不跳开，分析如何诊断故障？

(4) 分析鼓风机调速模块容易烧毁的原因有哪些？

(5) 空调系统冷冻油加注过多，会造成什么故障？

(6) 可变排量压缩机出现故障后，制冷剂压力如何变化？

(7) 空调冷冻油过少，不释放制冷剂的前提下，如何补充添加冷冻油？

普通高等职业教育规划教材
21世纪卓越汽车应用型人才培养专用教材

23 汽车电控系统故障诊断

学习目标

知识目标

(1) 了解汽车电控系统的网络控制原理；
(2) 熟悉汽车电控系统的故障诊断方法；
(3) 掌握人工和诊断仪诊断汽车电控系统故障的方法。

能力目标

(1) 学会人工读取和清除电控系统故障码；
(2) 学会使用诊断仪器诊断电控系统故障；
(3) 掌握分析排除电控系统无法诊断的原因；
(4) 学会排除诊断仪无法诊断的故障。

23.1 汽车电控系统故障诊断

23.1.1 电控系统概述

随着汽车电控技术的发展，汽车上采用的电控单元和计算机微处理芯片数量越来越多，多个电控单元微机处理器之间相互连接、协调工作并共享信息，构成了车载电控网络系统。

由于汽车电控系统数量的不断增加，如果仍采用常规的布线方式，即电线一端与开关相接，另一端与用电设备相通，将导致汽车上电线数目急剧增加。目前，一根线束包裹着几十根电线的现象很普遍。在一些高级轿车上，电线的质量已占到整车质量的4%左右。电控系统的增加虽然提高了轿车的动力性、经济性和舒适性，但随之增加的复杂电路也降低了汽车的可靠性，增加了维修的难度，尤其是在追求汽车小型化及实用化的今天，粗大的线束不但占用了汽车上宝贵的空间资源，而且也越来越难以设计安装它的隐蔽位置。汽车新技术的发展应用与汽车线束根数及线径急剧增加的矛盾日趋突出。

伴随集成电路和单片机技术在汽车上的广泛应用，汽车上的电子控制器的数量越来越多。由此，一种新的概念——电子控制器局域网络CAN的概念应运而生。为使不同厂家生产的零部件能在同一辆汽车上协调工作，必须制定标准，按照ISO有关标准，CAN的拓扑结构为总线式，因此称为CAN总线。

根据汽车电控单元的特点，CAN总线将全车电控系统分为三类：驱动系统控制单元；舒适系统控制单元；娱乐系统控制单元。三类控制单元分别由三类CAN总线连接，三类CAN总线通过网关模块连接于一体，网关模块与诊断接口相连，故障诊断仪通过诊断接口提取信息和信号。大众汽车车载电控系统CAN网络示意图，如图23-1所示。

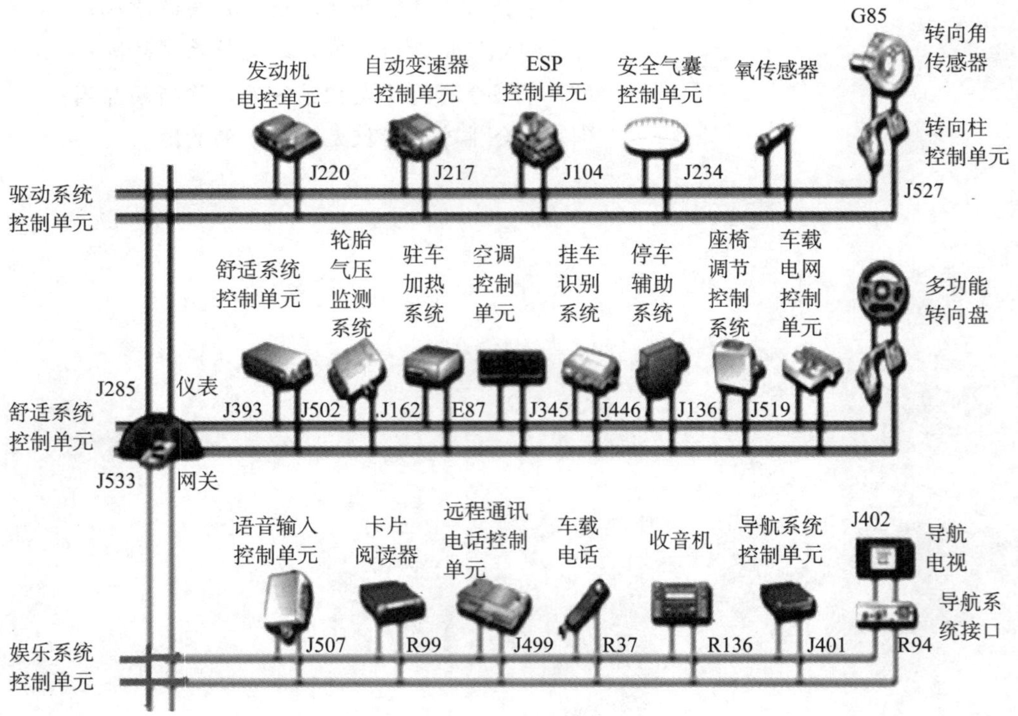

图23-1 大众汽车车载电控系统CAN网络图

23.1.2 OBD－I诊断系统

随车电控单元诊断(ON－BOARDDIAGNOSTIC,简称OBD)自20世纪80年代开始,各汽车制造厂开始在其生产的车辆上配备控制与诊断系统,这些新系统在车辆发生故障时,可以警示驾驶人,并且维修工人在维修时可以通过特定的方式读取故障码,以加快维修时间,汽车工业界称之为随车电控单元诊断系统(OBD)。

OBD诊断技术到目前经历了三代发展历史:OBD－Ⅰ,OBD－Ⅱ,OBD－Ⅲ。

第一代诊断技术OBD－Ⅰ,俗称人工诊断,通过专门的诊断座端子短接等方法,通过故障指示灯的闪烁读取故障码。常见方法有短接读码,二极管灯读码,电控单元故障指示灯读码。

1. 短接读码法

代表车型:丰田、本田、通用等。通过短接诊断座的诊断端子,根据组合仪表上故障指示灯的闪烁,读取故障码。断开电控单元电源熔断丝或蓄电池电源,可以清除故障码。丰田故障诊断座,如图23－2所示,诊断模式:

(1) 发动机电控系统故障诊断:短接端子TE1与E1;

(2) 自动变速器电控系统故障诊断:短接端子TE1与E1;

(3) ABS系统故障诊断:短接端子TC与E1;

(4) 安全气囊系统故障诊断:短接端子TC与E1。

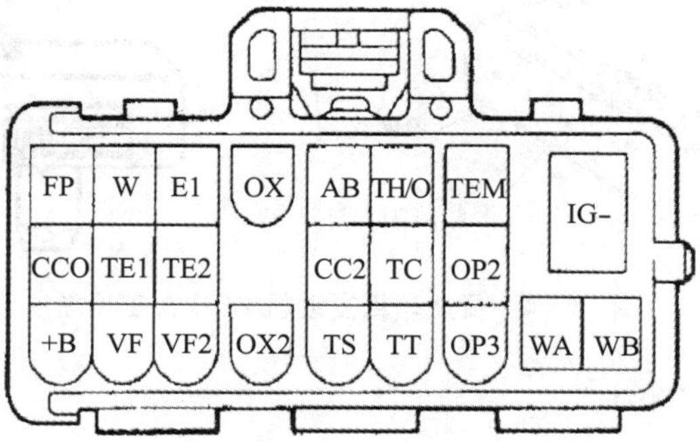

图23－2 丰田故障诊断座

2. 二极管灯读码法

代表车型:奔驰、马自达、三菱、福特等。使用发光二极管,从诊断座读取故障码。并通过诊断座清除故障码。奔驰故障人工诊断座,如图23－3所示,通过二极管将诊断端子与电源连接,将触发端子搭铁触发诊断,二极管会闪烁相应系统故障码。

3. 电控单元故障指示灯读码法

代表车型:日产,本田等。发动机ECU上设有诊断旋钮,如图23－4所示,旋转诊断旋钮,组合仪表上故障指示灯或ECU上故障指示灯会闪烁故障码。

23.1.3 OBD－Ⅱ诊断系统

OBD－Ⅱ即第二代故障诊断系统,OBD－Ⅱ使用诊断仪器诊断故障码,同时统一了诊断标准。OBD－Ⅱ的特点有:

(1) 诊断智能化;

(2) 故障码含义标准化;

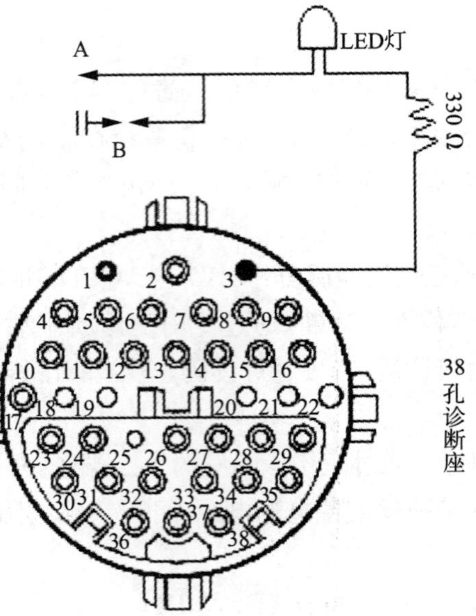

图 23-3　奔驰故障人工诊断座

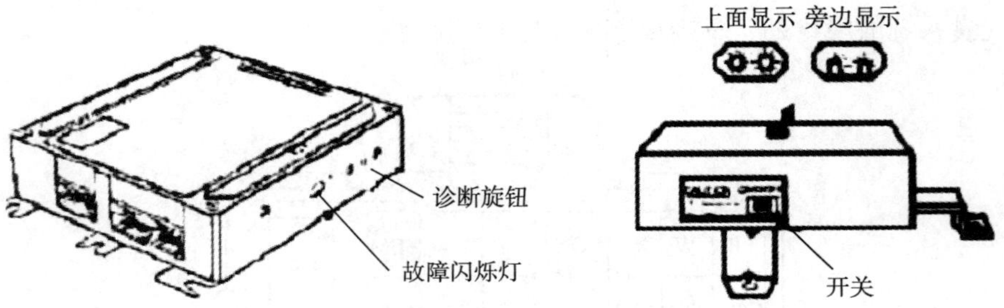

图 23-4　日产蓝鸟发动机 ECU 人工诊断

(3) 诊断接口和故障码统一化；

(4) 信息储存；

(5) 故障码记忆智能清除；

(6) 信息数据智能输出和提供；

(7) 诊断安全和稳定；

(8) 诊断功能齐备多元化。

1. 故障诊断仪

OBD-Ⅱ诊断需要使用故障诊断仪器操作，汽车故障诊断仪俗称解码器。解码器是唯一能与汽车电控单元直接进行信息交流的仪器。解码器根据使用范围可分为专用解码器和通用解码器。

解码器通过诊断接口，在一定的通讯协议支持下，与电控单元进行通讯，交流各种信息，从而获取控制单元工作的重要参数。解码器诊断故障的模式，如图 23-5 所示。

1) 解码器功能

作为汽车故障诊断的智能仪器，解码器具备诸多智能化功能：

(1) 可直接读取故障码，不需通过故障指示灯的闪烁读取；

(2) 可直接清除故障码，使故障报警灯熄灭(故障已排除)；

(3) 能与汽车 ECU 中的微机直接进行交流，显示电控单元的数据流，使电控系统工作状况一目了

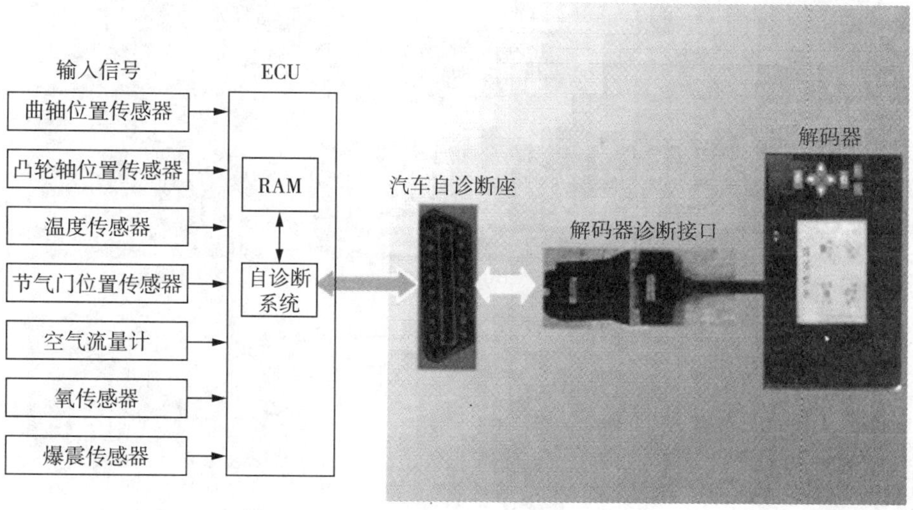

图 23－5　解码器诊断故障模式图

然，为诊断故障提供依据；

(4) 能在静态或动态下，向电控系统各执行器发出检修作业需要的动作指令，以便检查执行器的工作状况和性能；

(5) 行车时可监测并记录数据流；

(6) 具有示波器功能、万用表功能或打印功能；

(7) 部分解码器能显示系统控制电路图和维修指导，以供诊断时参考；

(8) 可与 PC 机相连，或通过网络，进行资料的更新与升级；

(9) 功能强大的专用解码器，还能对车上 ECU 进行某些数据的重新输入和更改。

2) 专用解码器

专用解码器，是汽车制造厂家为检测、诊断本厂生产的汽车而专门设计制造的解码器。世界上一些大的汽车厂家，如奔驰、宝马、大众、通用等都有自己的专用解码器。专用解码器的特点是专业性强、测试功能完善。

3) 通用解码器

通用解码器是厂家为适应检测诊断多种车型而设计制造的解码器。通用解码器存储有几十种甚至几百种不同厂家、不同车型汽车电控系统的检测程序、检测数据和故障码等资料，并配备有各种车型的检测接头，可以检测诊断多种车型，适合于综合型汽车维修企业使用。

2. 诊断座

1) 诊断座位置

诊断仪通过诊断座接口连接，进行故障诊断，由于国内车型复杂，厂家车型风格各异，诊断座也位于不同位置。故障诊断前，必须首先确定诊断座位置，以便连接诊断仪。通过查询资料可以确定车型诊断座位置。国内几种车型诊断座位置，如图 23－6 所示。

2) 诊断座型式

根据 SAE(美国汽车工程师协会)的规定，汽车诊断座统一使用标准 OBD－Ⅱ 16PIN 诊断座，但由于国内汽车的特点和厂家的风格不一，诊断座的型式仍不尽相同，通用解码器都配有相应的转接头，以便各种车型均能诊断。几种特殊车型诊断座，如图 23－7 所示。

3) 16PIN 诊断座端子含义

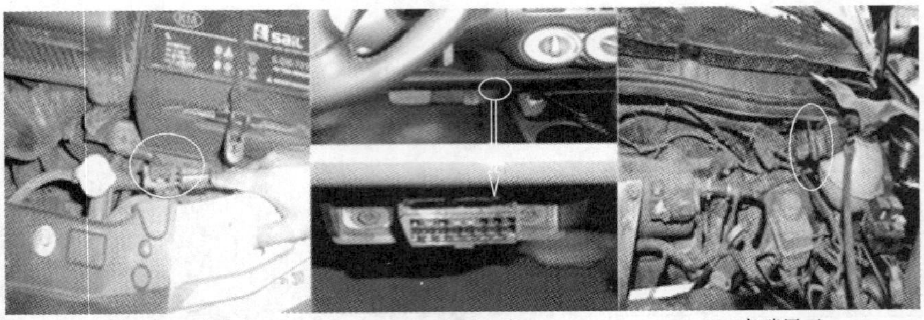

(a) 悦达起亚嘉华　(b) 本田飞度　(c)奇瑞风云

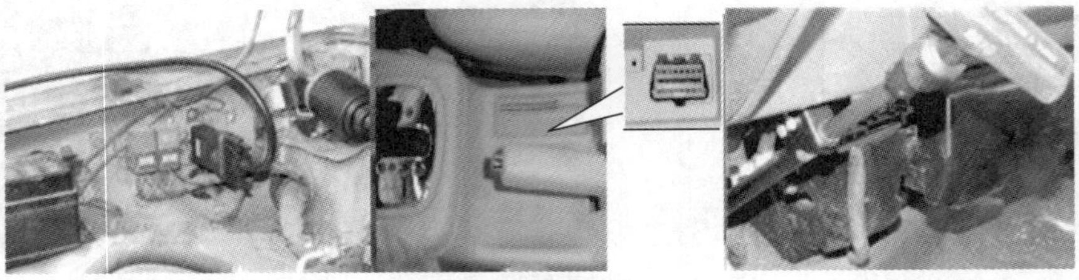

(d) 长城越野车　(e) 大众帕萨特　(f) 金杯海狮

图 23－6　国内几种车型诊断座位置

(a) 马自达　(b) 悦达起亚　(c) 海南马自达

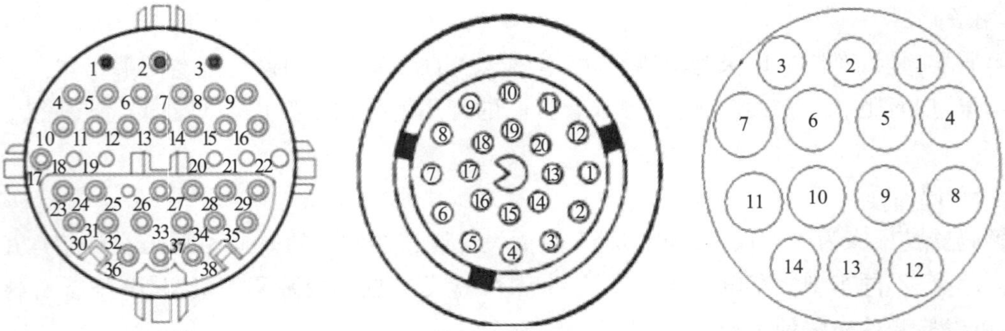

(d) 奔驰　(e) 宝马　(f) 大宇双龙

图 23－7　几种特殊车型诊断座

国际通行的 16 端子标准 OBD－Ⅱ诊断座，如图 23－8 所示。根据 SAE 制定出的标准，16PIN 端子规定了统一的针脚功能，各国汽车厂商遵照标准模式执行。标准的 OBD－Ⅱ诊断座端子功能如表 23－1 所示。

表 23－1　　标准 OBD－Ⅱ诊断座端子功能

#1	提供制造厂应用	#9	提供制造厂应用
#2	SAEJ1850 所制定的资料传输线	#10	SAE 制造厂所制定的资料传输线
#3	提供制造厂应用	#11	提供制造厂应用

（续表）

#4	直接车身搭铁	#12	提供制造厂应用
#5	信号回路搭铁	#13	提供制造厂应用
#6	提供制造厂应用	#14	提供制造厂应用
#7	ISO－9141－2 所制定的资料传输线 K	#15	ISO－9141－2 所制定的资料传输线 L
#8	提供制造厂应用	#16	直接电瓶正电源

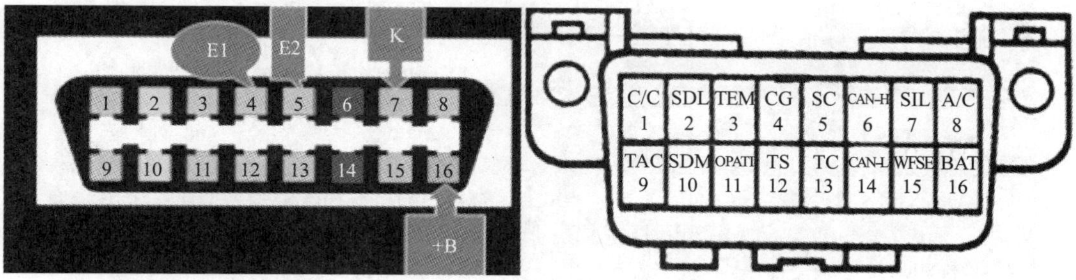

图 23－8 标准 OBD－Ⅱ诊断座

3. 诊断程序

诊断仪故障诊断程序包括：系统选择和诊断功能选择。

1）系统选择

诊断仪进行故障诊断首先选择要诊断的电控系统。新款汽车的电控系统越来越多，越来越复杂，为便于区别不同的电控系统，诊断系统将全车控制系统进行编号，进行诊断和查阅资料时，可以通过控制系统的编号（通道号）查找诊断程序通道。大众车型控制系统通道号大全，如图 23－9 所示。

2）诊断功能选择

诊断仪对电控系统的诊断功能因仪器的功能而异，通用解码器的诊断功能较少，专用解码器的诊断功能较多，比较强大，有些通用解码器对专门的车型的特殊功能不能操作，如防盗匹配等。诊断仪常见的诊断功能如表 23－2 所示。

表 23－2　　常见诊断功能表（大众车系）

通道号	诊 断 功 能
01	查询控制单元版本
02	查询故障码储存单元
03	控制单元诊断
04	系统基本调整
05	清除故障码储存单元
06	结束输出
07	控制单元编码
08	读出测量数据块
10	通道调整匹配（01－59）
11	系统登录

图 23-9　大众车型控制系统通道号大全

(1) 查询控制单元版本(01)

通过查询控制单元的版本，可以确定控制单元的零件号码、编码及所代表车型的各种配置信息，以确定控制单元是否使用于该车，是否具备一些功能等。大众车型查询的控制单元版本号，如图 23-10所示。

查询的版本含义：

4B0927156BT AG5 01V 2.8L 5V RDW 1416

编码00001　　WSC 00000

图 23－10　大众车查询的控制单元版本号

① 4B0927156BT 为零件号码；

② AG5 01V 为自动变速器代号；

③ 2.8 L 5 V 为发动机型号；

④ RDW 为世界地区代码；

⑤ 1416："14"为程序版本"16"为数据版本；

⑥ 00001 为控制单元编码；

⑦ WSC00000 为服务站代码。

(2) 读取故障码

通过读取故障码，可以将控制单元记忆的故障信息显示出来，根据故障码，确定故障部位和故障元件。故障码设有代码，OBD－Ⅱ规定了统一的代码含义，根据故障码可以确定故障码所表示的故障意义。故障码含义如表 23－3 所示。

表 23－3　故障码含义

代码性质	故障码首位数字	次位数字	故障码含义
P	0	1	燃油或进气系统故障码
		2	
		3	点火系统故障码
		4	废气控制系统故障码
		5	怠速控制系统故障码
		6	ECU 或执行器故障码
		7	自动变速器故障码
		8	
	1,2,3,……,9		厂家自定义故障码
C			底盘系统故障码
B			车身系统故障码
U			诊断网络系统故障码

诊断仪所读取的故障码，不表示一定存在此故障，因为故障码的性质不确定，根据故障码的性质，诊断读取的故障码可分为如下几种：

① 历史故障码和当前故障码

历史故障码又称间歇性故障码或软故障码，它是过去发生但当前没有发生的故障所产生的还未被清除的故障码。

历史故障码产生有两种情况，一种是故障已经排除，只是未清除故障码，该故障码能被清除后就不会再次产生；另一种是故障并未排除，只是当前没有发生，该故障码被清除后，当故障再次发生时，故障码还会出现，所以只有在彻底排除故障后才能完全清除故障码。

当前故障码又称硬故障码，是正在发生的故障所产生的故障码，是当前确实存在的故障，且故障码也存在，它属于持续性故障产生的当前故障码，它不会被清除。

② 自生性故障码和他生性故障码

自生性故障码就是由故障码所指示的元器件或相关的电路故障导致的故障码；他生性故障码是非故障码所指示的元器件或相关电路包括非电控电路所导致的故障码。若自诊断系统储存的是自生性故障码，故障可通过换件或维修相关的电路修复；若是他生性故障码，更换故障码显示的元器件或维修相关电路不但不能消除故障，有时甚至导致维修工作误入歧途。

(3) 控制单元编码(07)

控制单元编码(CODING)是大众车系控制系统的独有特点，控制单元编码是控制单元的触发数据，每个控制单元都有一个相应的控制单元编码，同种车型的配置不同，编码也不相同。例如只安装两个气囊和安装四个气囊的气囊控制单元编码是不同的，如果将安装了两个气囊的编码编到四个气囊的控制单元上，那么有可能有两个气囊不会触发。

控制单元编码在如下情况下，需要做控制单元编码(修改)：

① 更换新控制单元；

② 蓄电池断电；

③ 控制单元编码错误。

在更换新的控制单元前，需要读取旧控制单元的编码，更换控制单元后，重新编入相同的控制单元编码，无法确定控制单元编码的，需要查阅资料，确定正确的控制单元编码。奥迪的部分控制单元编码，如表 23－4 所示。

表 23－4　　奥迪控制单元编码

通道号	控制单元	常见控制单元编码
01	发动机	04002　04501　06252　04552
02	自动变速器	00004　00013
03	制动控制系统	00022　00021　06169　00031
08	空调加热系统	00160　00140　00060　00061(美规)
15	安全气囊	00004　00204　00106
17	仪表控制单元	00144　07262　00162　00062
35	中央门锁系统	06731　04683　00001
66	座椅/车镜调节	01106　00106

(4) 通道调整匹配(10)

指对控制单元的功能进行调整,以使控制单元的程序与执行元件的功能相匹配。大众常见的通道调整匹配功能(01-59)有:

① 仪表系统(17)的保养灯归零(02);

② 防盗系统(17)的钥匙匹配(21);

③ 仪表(17)语言修改(04);

④ 舒适系统(46)车门自锁功能(03);

⑤ 发动机(01)节气门设定(00);

⑥ 舒适系统(46)遥控器匹配(01);

⑦ 安全气囊(15)副气囊功能(01)。

23.1.4 诊断操作异常故障

有时候使用故障诊断仪进行故障诊断时,诊断仪不能进入车辆的诊断系统,故障诊断无法进行,出现故障诊断异常的故障,诊断故障需要针对诊断仪和控制系统进行检测分析。

1. 是否有通讯协议

诊断仪解读控制单元的信息,诊断仪程序必须与控制单元的程序通讯有协议,才能识别控制单元输出的信息,诊断仪与车型厂家无通讯协议,则诊断仪不能解析车辆控制系统的信息元素。

诊断仪无法进入系统诊断,首先确定车辆是否为最新款,通常国内最新款车型,其技术还未公开,普通诊断仪或通用解码器一般不能诊断。另外要确定车辆是普通诊断系统还是CAN BUS诊断系统,这两类通讯的诊断协议不一样。

2. 诊断仪是否正常

车辆通讯协议无问题,则需要确定诊断仪器是否工作正常。确定诊断仪性能是否正常,可以换一辆正常车测试,如果换车诊断正常,则可以确定诊断仪功能正常。

3. 系统是否正常

诊断仪功能正常,仍无法诊断,可以调整诊断通道,尝试进入其他系统,如果有其他电控系统可以进入诊断,说明无法诊断的电控系统存在故障,如果每个系统都不能进行诊断,则要考虑不是电控系统的问题。

4. 诊断通讯线是否正常

故障诊断信息主要通过诊断信号线(K)输出控制系统的通讯信号,诊断线路有故障,则诊断信息无法传输,故障诊断也无法进行。

OBD-Ⅱ诊断座16PIN端子,#7端子为K线诊断信号线;CAN BUS诊断座,#6和#14端子为信息输出端子,通过检测#7或#6与#14端子,确定诊断通讯线是否断路或异常。

5. 网络异常

汽车电控系统的电控单元通过诊断线连接在一起,网络诊断线异常有故障,会造成诊断仪无法诊断的现象,或者网络系统的某一个控制单元发生异常故障,如短路等,会引起整个网络系统的诊断困难。

诊断仪不能诊断,可以将怀疑有故障的控制单元的接插器断开,以判断是否有控制单元的故障引起整个系统无法诊断。

6. 控制单元故障

所有网络系统正常,某电控系统无法诊断,则可以判断该电控单元本身或内部存在故障,造成电控系统无法进行诊断。

电控单元故障，可以先确定电控单元的外部电路是否存在故障，电控单元外部电路故障主要有电控单元电源是否良好，电控单元搭铁线是否正常，电控单元外壳(金属外壳)搭铁是否良好等。

电控单元的电源包括常电源、点火电源等；电控单元的搭铁线一般不止一根线，需要确定每根搭铁线均搭铁正常，而且确定金属外壳必须搭铁正常。

23.2 汽车电控单元故障诊断

电控单元(ECU)是电控系统的中枢环节，也是电控系统最复杂、最重要的元件。电控单元出现故障，电控系统将不能正常工作或完全不工作。电控单元的故障分为硬件方面的故障和软件方面的故障。

23.2.1 硬件故障

电控单元(ECU)硬件故障指 ECU 内部电子元件电路出现故障。硬件故障严重的电控单元无法维修，但很多汽车 ECU 的内部硬件故障多是可以维修的，ECU 内部最容易出现问题的是电容器、二极管、三极管等元件出现烧毁、断路等故障。

1. 电源和搭铁电路断路

ECU 印刷电路板出现故障，首先确定主板的电源和搭铁电路是否有断路现象。由于电路板正极电源和负极搭铁电路电流工作比较大，容易产生印刷电路断路的故障，因此 ECU 完全不工作，首先检查 ECU 电路板的电源和负极印刷电路有无烧断或开路现象。

2. 内部继电器故障

有些 ECU 的执行电源的继电器由 ECU 外部移至 ECU 内部，如 ABS 控制模块等，内部继电器的触点接触不良，或继电器线圈工作不正常，直接导致控制单元不工作，或执行器工作不正常。这类电控模块可以尝试更换一只继电器，排除故障。ECU 内部继电器，如图 23－11 所示。

图 23－11　ECU 内部继电器

3. 保护二极管击穿

汽车电控单元内部电路板设有稳压保护二极管，电控单元电压不稳或就车充电，蓄电池正负极装反等，容易击穿保护二极管，造成电控单元保护性失效或不能工作。一般稳压二极管击穿可以通过观察，发现二极管异常，如变形、烧糊、断裂、破损等，使用万用表检测，即可判断二极管性能是否良好。二极管故障，只需更换一只大功率二极管即可，注意不要接反极性。电控单元稳压保护二极管，如图 23－12 所示。

图 23－12　电控单元稳压保护二极管

4. 功率三极管损坏

电控单元的大部分输出级一般为大功率三极管，控制执行器的工作电压输出，在汽车电路维修过程中，由于不良操作和不规范检测，如短路、搭铁试火、试灯测试等检测方法，以及线路的短路，极容易烧毁、击穿功率三极管。对于电控单元的执行线路，如点火、喷油等电路，一般设有数个功能相同的功率三极管，一般情况下，不会所有三极管均烧毁，往往一个或数个三极管烧毁，而其他三极管正常，通过对同类功率三极管的检测、比较，可以判断损坏的三极管。对于功率三极管故障，可以在市场上购买相同或替代的功率三极管予以更换，排除故障。电控单元内部功率三极管，如图 23－13 所示。

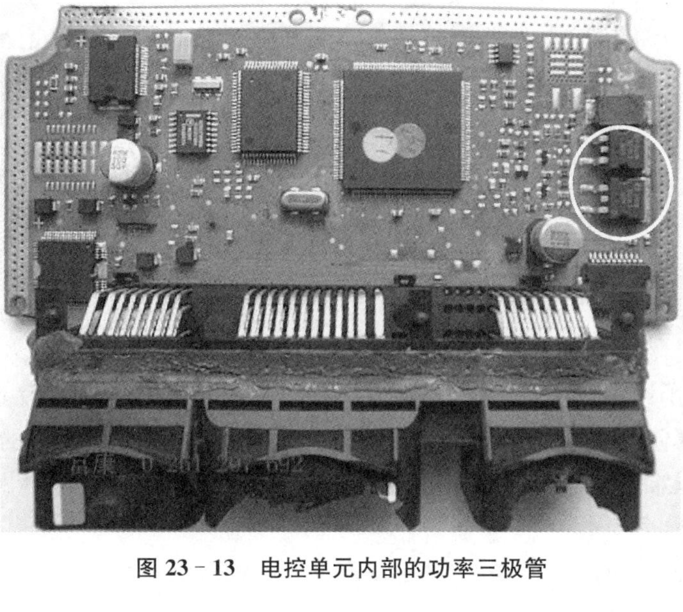

图 23－13　电控单元内部的功率三极管

5. 电容器失效

电容器的作用有整流、耦合、振荡、旁路、滤波、调谐、能量转换、控制电路等功能。汽车电控单元内部电路上设计有大量电容器。另外电容器也是个微型电源，给电控单元提供记忆储存的电源。电控单元老化、温度过高等，都会使电容器的容量下降或丧失，特别是电解电容器，长期的高温或老化，如同蓄电池容易干水一样，电容器也会失效或容量下降。电容器容量下降或丧失，会引起电控单元的记忆功能异常或产生间歇性故障，如故障与温度有关等。汽车电控单元电容器故障可以用相同型号的电容器更换即可。电控单元内部电容器，如图 23－14 所示。

图 23－14　电控单元内部电容器

6. 印刷电路板断路

汽车电控单元采用大规模集成印刷电路板，线路板的连接路线比较细小，通过的电流微弱，如果电控单元工作异常或过热等因素会造成电路板的断路，引起电路不通。另外电路板由于外力原因产生裂纹等，也会引起电路断路。对于单线电路断路，可以使用细线连接并焊接稳妥。

7. 集成芯片损坏

大规模集成芯片产生故障，一般会引起电控单元程序混乱、工作紊乱、不能调整。大规模集成芯片出现故障，将无法修复，也很难更换维修，只能更换电控单元总成。对于储存记忆数据的芯片如防盗密码芯片、气囊数据芯片等，则可以更换新的数据芯片。

8. 电控单元进水

水是电控单元的大忌，因此电控单元的密封性能一般是良好的。但由于各车型各电控单元安装的位置各异，所处环境不同，有的电控单元容易进水。电控单元进水会对电控单元造成重大损坏，因此保持电控单元的安装安全尤为重要，对于安装于底板的电控单元，要防止汽车底板进水。对于安装在发动机舱的电控单元，需要防水密封安全，禁止没防护条件下清洗发动机舱。

9. 电控单元插接器故障

电控单元接插器端子比较多，接插器的连接一般是比较牢固的，但电控单元连接器的金属针脚由于拆装、检测，容易造成针脚的变形、移位、松旷甚至脱落，从而造成电控单元插头的接触不良，而电控单元插头又是整体安装，所以难以确定哪一只针脚虚接，从而增加电控单元故障诊断的难度。

10. 电控单元高温

电控单元工作时会产生温度，由于电控单元安装位置比较密闭，散热不良，电控单元工作时间过长，就会引起温度过高，产生故障。部分电控单元内部设计有散热风扇，大部分汽车电控单元内部没设计专门散热风扇，但设有散热金属片装置。电控单元的散热不良会加速电控单元故障的产生。

23.2.2 软件故障

电控单元的软件故障指电控单元程序方面的故障，软件故障可以通过诊断仪器加以修改和恢复，使控制单元重新正常工作。

1. 电控单元刷新

汽车电子技术和电控技术的发展，新款汽车上各种电控单元越来越多，这些电控单元需要有复杂的逻辑控制，所以大多有类似单板机的结构。控制电控单元工作的程序就在电控单元的芯片内。早期的电控单元程序大多是固化在芯片上不可擦写的。近年来，各种电控单元的控制程序越来越复杂，因此芯片也变得越来越大，程序编写有漏洞的情况越来越常见，为了减少客户更新程序的成本，许多汽车电控单元都开始采用可编程的芯片来保存控制程序，这样，在维修站，维修技师可以用专用的仪器把汽车制造厂提供的新程序下载到需要更新程序的电控单元中，而不需要更换任何新硬件，而汽车制造厂可以不必要储备大量各种类型的电控单元作售后服务用，只要在芯片内写入不同的程序，就可以让一个电控单元在不同排量的车辆上使用，这就是电控单元的刷新。

由于汽车电控单元程序方便的可更新特性，因此在确定硬件一致的情况下，可以使这种技术发挥多种用途：

(1) 减少库存电控单元数量。在硬件一致的情况下，可以根据不同的车型刷上不同的程序即可。

(2) 根据客户需要更改电控单元程序达到要求的排放标准。

(3) 修复电控单元"软故障"。由于有的电控单元程序有自检功能，当发现本身的程序完整性出现问题时，会报"电控单元内部故障"，这时如果不是硬件的问题，重新更新程序能修复这种通常必须更换电控单元的故障。

(4) 修正出厂的软件错误。

(5) 改装其他软件，达到改变原来电控单元的功能的目的。

2. 编程

在早期的车辆中，每个控制模块只处理某个特定功能，如果控制模块出现了问题，不管是硬件还是软件故障，均需更换控制模组。随着车辆型号及功能的增加，一个控制模块用于一个功能的设计已变得笨拙和浪费，这就要求有一种新型的电气系统，这种新的电气系统是使用分配式功能、控制区域网络(CAN)通讯、可重新编程的控制模块。

汽车电控单元编程指装入新电控单元后，CPU空白需重新用仪器编写程序。汽车电控单元编程分为广义编程和狭义编程。狭义编程指对新安装的空白电控单元，输入软件程序；广义的编程指对控制单元的程序进行修改和编写，以达到所需要的功能。

3. 控制单元编码

每一个电控单元对应一个控制单元编码，正常情况下，控制单元编码不会变化，但在电控系统检修过程中的误操作，会改变控制单元编码，如电池断电、诊断线搭铁、试灯错误测试、诊断仪误操作等。控制单元编码错误，发生变化，控制单元的功能就发生变化，某些功能可能失效，因此必须修改控制单元编码，达到正常的功能状态。

4. 初始化设置

电控单元在工作过程中，由于传感器信号参数的变化，使电控单元接收到的各类信号发生变化，与标准参数及电控单元的原始数据发生偏差，造成电控单元无法识别和调整正常的工作状态和功能，这时，有必要对电控单元进行初始化设置。

电控单元的初始化设置即对电控单元进行记忆清除，使电控单元恢复到设定的标准数据状态，令电控单元工作达到出厂时的工作状态。

常见的控制单元初始化设置有发动机怠速初始化设置，节气门位置初始化设置，自动变速器初始化设置，防盗系统初始化及舒适系统初始化设置等。

5. 自适应设定

汽车电控系统由电控单元控制执行器工作，执行器的工作状态与电控单元内部的程序必须相匹配，如果不匹配，电控单元无法得知执行器工作状态，就不能正确控制发送指示信号，因此执行器的工作必须与电控单元认定的程序相适应，要到达这一目的，就必须对电控执行元件进行自适应设定。

常见的自适应设定有遥控器设定，怠速位置设定，传感器位置设定，组合仪表设定等。

6. 功能匹配

在整个电控系统中，各电控单元在一个大网络系统里，各控制单元之间必须达到互相匹配，若某个电控单元与其他电控单元不相匹配，则整个网络系统功能将不能正常工作，因此需要做功能匹配，常见的功能匹配有防盗匹配，钥匙匹配，发动机电控单元匹配等。

23.2.3 CAN BUS 网络系统故障诊断

装有 CAN BUS 多路信息传输系统的车辆出现故障，应首先检测汽车多路信息传输系统是否正常，因为如果多路信息传输系统有故障，则整个汽车多路信息传输系统中的有些信息将无法传输，接收这些信息的电控单元将无法正常工作，从而为故障诊断带来困难。

汽车多路信息传输系统故障的原因有三种：一是汽车电源系统引起的故障，二是汽车多路信息传输系统的链路故障，三是汽车多路信息传输系统的节点故障。

1. 汽车电源系统故障

汽车多路信息传输系统的核心部分是含有通讯 IC 芯片的电控模块，电控模块的正常工作电压在 10.5～15.0 V 的范围内，如果汽车电源系统提供的工作电压低于该值，就会造成一些对工作电压要求高的电控模块出现短暂的停止工作，从而使整个汽车多路信息传输系统出现短暂的无法通讯，这种现象就如同用故障诊断仪在未起动发动机时已经设定好要检测的传感器界面，当发动机起动时，往往故障诊断仪又回到初始界面。

汽车电控单元的电源故障主要有：

(1) 蓄电池电压过低，或发电机发电电压过低；

(2) 电控单元电源接触不良，电压异常；

(3) 电控单元搭铁线不良，发动机与车身搭铁线不良。

2. 汽车多路信息传输系统的链路故障

汽车多路信息传输系统的链路（或通讯线路）出现故障时，如通讯线路的短路、断路以及线路物理性质引起的通讯信号衰减或失真，都会引起多个电控单元无法工作或电控系统错误动作。

判断是否为链路故障时，一般采用示波器或汽车专用光纤诊断仪来观察通讯数据信号是否与标准通讯数据信号相符。光纤诊断仪用来观察通讯数据信号是否与标准通讯数据信号相符。CAN BUS 网络总线接点，如图 23－15 所示。

3. 汽车多路信息传输系统的节点故障

节点是汽车多路信息传输系统中的电控模块，故障就是电控模块的故障，包括软件故障即传输协议或软件程序有缺陷或冲突，这种故障一般成批出现，且无法维修。硬件故障一般由于通讯芯片或集成电

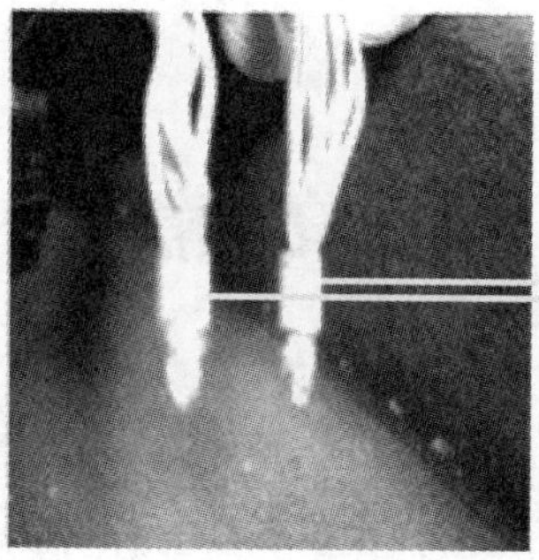

图 23-15　CAN BUS 网络总线接点

路故障，造成汽车多路信息传输系统无法正常工作。

本 章 小 结

(1) 电控系统的故障诊断分为人工诊断和仪器诊断。

(2) 故障诊断仪分为专用诊断仪和通用诊断仪。

(3) 故障诊断仪的功能有读取故障码，清除故障码，读取数据流，自适应匹配，通道匹配调整，系统登录.元件测试等。

(4) 故障码的含义为国际统一标准。

(5) 电控单元的故障包括硬件故障和软件故障。

(6) CAN BUS 网络故障包括电源故障，节点故障，链路故障等。

复习思考题

(1) 电控单元插头断开，能否检测到电源电压？

(2) 电控单元的常电源的功能有哪些？

(3) 点火开关打到 ON 挡，发动机电控单元开始哪些功能？

(4) 诊断座诊断信号线(K 线和 CAN BUS 线)信号电压是多少？

(5) 诊断仪如何升级？

(6) 诊断仪显示的故障码无解释怎么办？

参 考 文 献

[1] 罗福坤. 汽车故障诊断与检测[M]. 北京：劳动和社会保障出版社，2008.
[2] 李春明，刘艳莉，张军，等. 汽车故障诊断方法与维修技术[M]. 北京：北京理工大出版社，2008.
[3] 王胜年. 汽车空调音响维修经典案例[M]. 北京：科学文献出版社，2009.
[4] 王胜年. 汽车电器维修经典案例汇编[M]. 北京：科学文献出版社，2009.
[5] 陈育彬. 新款轿车维修技术咨询案例汇编[M]. 北京：机械工业出版社，2007.
[6] 陈峰，步渊. 东风雪铁龙爱丽舍轿车维修手册[M]. 北京：人民交通出版社，2004.
[7] 李东江. 奥迪 A6 维修手册[M]. 北京：北京理工大学出版社，2003.
[8] 胡建军. 思维与汽车维修[M]. 北京：机械工业出版社，2010.